本書由香港青松觀資助出版

本書爲國家社科基金項目
“山東道教碑刻收集、整理與研究”階段性成果

本書爲山東大學人文社科重大研究項目
“道教碑刻文獻集成與研究”階段性成果

《山東道教碑刻集》
趙衛東　主編

山東道教碑刻集

肥城卷

趙衛東　王新華　張　彬　編
劉漢忠　梁冬梅　孫　健

齊魯書社

圖書在版編目（CIP）數據

山東道教碑刻集.肥城卷/趙衛東等編.--濟南：
齊魯書社,2020.11
ISBN 978-7-5333-4330-9

Ⅰ.①山… Ⅱ.①趙… Ⅲ.①道教－碑刻－彙編－肥
城 Ⅳ.①K877.423

中國版本圖書館CIP數據核字(2020)第218580號

策劃編輯：趙發國
責任編輯：武良成
裝幀設計：趙萌萌 亓旭欣

山東道教碑刻集·肥城卷
SHANDONG DAOJIAO BEIKEJI FEICHENGJUAN
趙衛東 王新華 張 彬 劉漢忠 梁冬梅 孫 健 編

主管單位	山東出版傳媒股份有限公司
出版發行	齊魯書社
社　　址	濟南市英雄山路189號
郵　　編	250002
網　　址	www.qlss.com.cn
電子郵箱	qilupress@126.com
營銷中心	（0531）82098521 82098519 82098517
印　　刷	山東臨沂新華印刷物流集團有限責任公司
規　　格	16開（185mm×260mm）
印　　張	24.75
插　　頁	4
字　　數	471千
版　　次	2020年11月第1版
印　　次	2020年11月第1次印刷
標準書號	ISBN 978-7-5333-4330-9
定　　價	240.00圓

山東道教碑刻集

序

國學大師王國維先生在二十世紀初提出了“二重證據法”,時至今日已有近百年的歷史。在這期間,“地下之新材料”與“紙上之材料”互證的學術方法得到普遍運用,解決了許多學術難題。同時,新材料的出土與發現亦日益得到重視,並不斷推動學術研究的進展。

上世紀七十年代初,湖南長沙馬王堆3號漢墓出土的帛書《老子》《周易》《五十二病方》等,給沉寂的學術界帶來了生機,極大地推動了中國哲學與醫學的發展。同時,山東臨沂銀雀山1號漢墓出土的《孫子兵法》與《孫臏兵法》,使長期以來圍繞孫子的世系、《孫子兵法》的作者、版本以及孫武與孫臏關係等問題的争論得以冰釋。1993年湖北荆門市郭店1號戰國楚墓出土的一批竹簡,在學術界掀起了研究的熱潮,形成爲“簡帛學”。1994年上海博物館從香港文物市場購回的戰國楚竹書,雖然至今仍然没有全部整理發表,但就已經發表的《孔子詩論》而言,就足以推動學術界對孔子詩學思想的深入研究。2008年清華簡的發現和2009年北大藏竹書的公佈,雖然其學術價值尚不好預測,但已經引起學術界的廣泛關注。以上證明,每一次新材料的發現都會在學術界引發研究的熱潮,推動學術研究的深入與發展。

道教研究向來重視新材料的運用,早在十九世紀中葉,王國維的“二重證據法”尚未提出以前,廣東酥醪觀主陳銘珪就運用大量碑刻、筆記、文集等材料,對丘處機龍門系全真道的傳承情況進行了詳細考證,寫出了《長春道教源流》一書,開全真道研究之先河。二十世紀四十年代,王國維的“二重證據法”提出之後,道教研究學者對新材料更加重視,陳垣先生利用其所收集整理的道教碑刻材料,對南宋初産生於中國北方的太一道、真大道和全真道三大新道派進行了研究,出版了具有突破性的重大成果《南宋初河北新道教考》一書。二十世紀八十年代末,陳垣先生編纂的《道家金石略》正式出版,其中收録自漢至明道教碑刻一千五百餘通,成爲研究道教的重要材料。進入二十一世紀以來,受海外漢學研究方法的影響,國内學者對碑刻材料越來越重視,北京大學王宗昱教授對各種方志資料中收録的而《道家金石略》未收的金元時期全真道碑刻進行了收集,編輯出版了《金元全真教石刻新編》,並在此基礎上寫出了一系列富有價值的學術文章。但是,真正系統運用《道家金石略》《金元全真教石刻新編》等碑刻材料來研究全真道的是中國社會科學院歷史所張廣保研究員，他自二十一世紀初開始，大量運用道教碑刻材料展開對金元時期全真道的研究，發表了一系列具有補闕性和創新性學術價值的文章，並於2008年結集爲《金元全真教史新研究》一書，由香港青松出版社出版。

儘管道教碑刻材料的廣泛運用，極大地推動了道教學術研究的發展，解決了許多道教史上的難題，但是，仍然有諸多課題因史料缺乏而尚未解決。以全真道研究爲例，早在上世紀八十年代任繼愈和卿希泰兩位先生主編各自的《中國道教史》時，就已經感到了全真道史料的缺乏。近年來，隨著全真道研究的進一步深入與拓展，史料缺乏成爲限制全真道研究的最大障礙，比如七真道派的形成、北京白雲觀藏《諸真宗派總簿》所記載的各個宗派的傳承、明清全真道的發展狀況等，都需要新材料來加以解決。與此同時，許多過去已經定論的問題，現在看來仍然值得商榷，有必要重新加以審視與思考。可以這樣説，目前全真道研究已經進入了一個瓶頸狀態，祇有依靠新材料的發現纔能最終改變這種狀況。

山東道教文化源遠流長，戰國齊文化中的神仙傳説曾風靡一時，秦漢方仙道及其術士們對長生不老的承諾和對神仙世界的描述，令秦皇漢武瘋狂展開大規模的尋仙活動。在漢末道教產生過程中，山東又扮演了重要角色，齊魯文化不僅成爲道教的重要思想來源，而且第一部道經《太平經》的成書與早期流傳即在山東一帶。然而，在山東道教文化中最值得稱道的還是產生於金大定年間的全真道。全真道祖師王重陽雖然是陝西咸陽人，但全真道却是在山東膠東創立的。王重陽在陝西終南山一帶得道之後，即東出潼關來到山東沿海傳道，收全真七子，建三州五會，創立全真道。在早期全真道中，不僅全真七子都是山東人，而且金元之際的大多數全真高道，或爲山東人，或曾在山東傳道。明清以降，雖然全真道整體呈衰勢，然而山東全真道仍然有新的發展，在嶗山產生了鶴山、金山、金輝三大全真龍門支派，並產生了像周玄真、孫玄清、匡常修等大批著名的全真高道。歷代全真高道在山東修道和傳教過程中，留下了諸多文化遺存，其中道教碑刻就是其中最主要的代表。據初步考察，目前山東現存道教碑刻有幾千通，且正面臨被毁壞的危險，亟須收集整理。

基於山東現存碑刻材料的重要學術價值，2005年我們完成四卷本《王重陽集》《馬鈺集》《丘處機集》《譚處端、劉處玄、王處一、郝大通、孫不二集》校點以後，趙衛東博士便開始了對山東現存道教碑刻材料的收集、整理與研究工作。這項工作一開始因爲經費缺乏等原因而步履維艱，但憑著對學術研究的執著和熱愛，趙衛東博士無論天寒地凍，無論盛夏酷暑，有時忍饑挨餓，餐風飲露，爬山涉水，出入於山林宫觀之中，足跡踏遍整個山東，與他的團隊一起，衝破各種困難，一直在堅持著這項工作。隨著工作的進展，趙衛東博士對碑刻材料的收集越來越受到學術界的關注，並得到了各方面的支持，先是2008年“山東道教碑刻收集、整理與研究”被列爲國家社科基金項目，接著2009年香港青松觀又立項資助。有了經費的支持，山東道教碑刻的收集與整理工作正式全面展開，其成果在以後的幾年中將陸續出版。相信他的這份學術貢獻必將給道教研究帶來新的契機，使道教研究進入一個新的境界。

周立昇

2009年11月25日

凡例

（一）《山東道教碑刻集》輯録了山東境内現存與道教相關的碑碣、墓誌、塔銘、摩崖、經幢、題記等，以上資料皆通過田野考察得來，除少數曾有著録外，絶大部分首次公開發表。

（二）該叢書按當前行政區劃分卷，每一縣或市爲一卷，泰山、嶗山等碑刻相對集中的地方則單獨設卷；每卷按碑刻現存地點分類，每一地點又按立碑時間先後排序。

（三）每一碑刻包括名稱、簡介、碑文等内容，部分碑刻附有拓片。

（四）碑刻名稱爲編者所加，其中包含了立碑時間、碑文標題等信息；立碑時間不詳者，衹以碑文標題爲名稱；碑文無標題者，碑刻名稱則由編者代擬。

（五）碑刻簡介包括：碑刻現存地點，立碑時間，撰文、書丹、篆額者姓名，碑刻形製，正文、碑額的書體、字徑，碑文主要内容，著録情況，現存狀況，等等。

（六）爲了讓讀者瞭解碑刻原貌，抄録碑文時，一律遵遁照録碑文的原則，對於碑文中的通假字、異體字、錯别字等皆不作任何改動。

（七）對於碑文中殘缺、破損和因漫漶而無法辨認的文字以“□”代替，一個“□”代表一個字，無法確知缺損字數的地方，則以“……”代替；行與行之間以“」”分開。

（八）爲了方便讀者研究與查詢，每卷後附有方志資料中與道教相關的内容，每册後附有按時間順序排列的本册碑刻目録。

目　録

護魯山

明正德五年善信施財石枕題記

題記在山東省泰安市肥城市孫伯鎮護魯山岱陽觀,明正德五年(1510)刻。石灰石質。幅面高22厘米,寬17厘米。正文楷書,字徑1.5厘米。幅面完整,文字漫漶。該題記記載了明正德五年(1510)奉佛弟子尉思忠施財殿門石枕之事。

明正德五年善信施財石枕題記

泰安州栾任集見在張侯村街南居」住奉佛弟子尉思忠,奉」佛殿門石枕一□。謂曰」:施財石枕,静□奉劝德,來世街□」若有興心來拜奉,留與後人作□」。

正德五年二月十三日□石枕人尉思忠」,同室人李氏……」。

同書單人□□」,同□匠人姚□□」。

明萬曆三十四年重修天仙聖母行宫記碑

碑在山東省泰安市肥城市孫伯鎮護魯山岱陽觀，明萬曆三十四年(1606)立。石灰石質。圓首。高 210 厘米，寬 86 厘米。正文楷書，字徑 2.5 厘米。題名楷書，字徑 2 厘米。碑陰額題“重修泰山行宫”，楷書，2 行，字徑 6～9 厘米。碑陰題名楷書，字徑 2 厘米。碑體完整，文字漫漶。該碑記載，明萬曆年間，孫伯社首雷宗霰等，移建天仙聖母祠於舊址西，並增設十王配殿，三載餘功竣，立碑以記其事。

明萬曆三十四年重修天仙聖母行宫記碑

重修天仙聖母行宫記

粵自州治以西，擊山之陽，誠清淑之處，其形勢歷歷有可紀者。前臨汶水，稱亘古名川；後聳群峰，聯從來疊嶂。左顧兮趦趄，俊秀崎」嶇；右盼兮折旋，溪澗潺湲；亦乾坤一勝槩也。舊有」天仙玉女祠在焉，剏自嘉靖初年，歲久殿宇傾頹，聖像剥落，見者靡不興嗟。有孫伯社首雷宗霰等，每每望之慼愴。矧斯山麓，又係直」隸河南諸省朝山進香之通衢，適今神祠圮壞如此，不惟土人之蘄禳無由資藉，抑且過客之往來奚壯觀瞻？緣是，雷君等遂相與」議之，共發善願，欲移聖祠於舊址西，用擇地基平曠處營建興工。迺捐社内錢粮及四方輸財若干，更築崇臺一所，上建」聖母祠堂，下設十王配殿。爰賴神功默相，諸凡木石人工無不輻輳雲集。比及三載有餘，大功告成。嗣是，往還君子有時而登高遐」覽，祇見奇峰環抱，棟宇巍峩，輪奐曷增美也；藻餙瑩煌，金貢交輝，粧塑曷争妍也。迴視向之故宫，制度不啻恢擴，巖廊邃乎改觀矣」；規模如彼宏遠，廟貌煥然一新矣。臺之崇雅，有空中樓閣氣象，依稀仙境小蓬萊；形之勝式，萃宇内山河靈秀，恍是人間一洞天。頓」令多方來者，謁」聖母以趨蹌，猶憑虚御空，洗塵襟而善心聿興；踵森羅以逡巡，類畏威省躬，睹罪案而惡心自息。其有關於勸善懲悪者，前後繼也，斯」不亦感化愚俗一盛事耶。知此則雷君等之善果，殆將俛爾完成；冥漠中之福澤，於兹誕膺寵綏，無俟訊卜，而可預期矣。不然，作善」降之百祥，似影隨形，令德食夫厚報，如持左券，固不易之理也。孰謂靈椿延長之慶，瓜瓞緜緜之休，不始於今日乎哉？雷君等因廟」功就緒，請文於予。予嘉群公之樂善，遂陳巓末，爲之記，於以垂諸不朽云」。

本社買香火地東西貳段：東至山口、西至大□、南至山坡、北至山坡。

萬曆三十三年孟月吉旦重修聖母行宫殿臺発心會社善人性名開列于後：

會首：雷宗霦、許津、史恭、崔世剛、崔大真、雷希賜、王銓。

生員：林登、許可□、許情。

省祭：姚尚詩、許可代、林選、朱傲、王守業、雷毅然、張九興、朱東洋、許邦領、張九疇。

修東殿會首：刘儒、雷宗霦、雷周臣、崔大真、朱東坡、武邦顕、鄭廷实、尹大京、王九成、李子璋、鄭汝林、雷應周、朱東淵、林蘭、許恒、雷汝其、姚澤民、孫朝仲、雷宗美。

萬曆三十四年歳次丙午孟夏之吉，岱下宗尼野叟宋文野揮毫謹誌」。

鐫字匠：耿文炯。

陰陽生：雷應春。

明崇禎五年泰山聖母行宫上供十王善事記碑

碑在山東省泰安市肥城市孫伯鎮護魯山岱陽觀，明崇禎五年(1632)立。石灰石質。圭首。高100厘米，寬50厘米，厚15厘米。正文楷書，字徑2厘米。題名楷書，字徑1.5厘米。碑下部略殘，文字清晰。該碑記載，臨清善士李清，每於佛誕，持齋誦經，附近信女秦氏等，每年四月八日至十王殿供養禮拜，十年功滿，立碑以記其事。

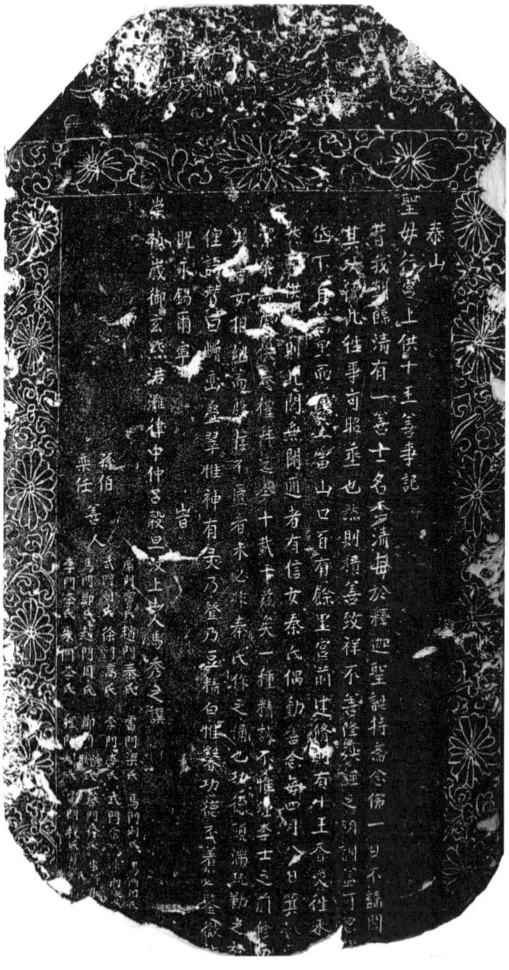

明崇禎五年泰山聖母行宫上供十王善事記碑

泰山聖母行宫上供十王善事記

昔我朝臨清有一善士名李清，每於釋迦聖誕，持斋念佛一日，不諱閻□□□□」其功德比徃事可昭垂也。然則積善致祥，不善降殃，經之明訓，盖可忽哉？□□□」岱下自蒿里而□至雷山口百有餘里，宫前建脩則有十王香火，徃来□□□□」然而供奉則比間無聞。邇者有信女秦氏，偶動善念，每四月八日箕歛一□□□」潔粢吉虔，供養禮拜，迄今十載于兹矣。一種精誠，不惟踵李士之前修，而□□□□」男善女相継而殷荐不匱者，未必非秦氏作之俑也。功德願滿，既勒之於□□□□」俚語賛曰："嵋峦叠翠，惟神有灵，乃登乃豆，精白惟馨，功德丕著，必鑒微□，□□□」貺，永錫爾寧」！"

崇禎歲御玄黓涒灘律中仲吕穀旦，汶上山人馬秀之譔」。

孙伯栾任善人：席門竇氏、武門刘氏、馬門鄭氏、李門李氏；趙門秦氏、徐門高氏、趙門周氏、朱門李氏；雷門梁氏、李門李氏、鄭門陳氏、鄭門耿氏、程門刘氏；馬門刘氏、武門雷氏、蔡門徐氏、雷門程氏；馬門周氏、朱門姚氏、雷門朱氏、徐門□□。

明崇禎十一年妝修天仙聖母金身記碑

碑在山東省泰安市肥城市孫伯鎮護魯山岱陽觀，明崇禎十一年(1638)立。石灰石質。圓首。高210厘米，寬86厘米。正文楷書，字徑2.5厘米。額題“重修金身”，楷書，2行，字徑7厘米。碑體完整，文字漫漶。該碑記載了信士徐宗□、雷希應等於明崇禎十一年(1638)募資妝修天仙聖母金身之事。

明崇禎十一年妝修天仙聖母金身記碑

粧修天仙聖母金身碑記

□□□□神無以靈將恐歇，明其公，報有德，匪云□□可徒曰神道遠，人道邇，而□為□□也哉！故修整廟貌，所以安□」聖靈，使一方得致虔敬耳」。聖母坐鎮泰岱，照臨下土生民」，皇王俾以戩□□厚眷顧生民，遺之介福无疆，□一代之具瞻，萬方可共戴也。惟」閻君洞□吉善囬□之以其應□不爽□□下民可不知輸誠崇奉□乃□之西南百里計，有山口名曰呼雷□□」嶽之□□□□□之勢□山環遶，呈天作之奇；川巖疊翠，獻輝□之瑞。詢東省之盛槩，岱右之奇观也。於焉立」聖母廟」，閻君□列焉，亦以□□□聚秀氣鬱□□□□□□□聖區□□□□□□□年既久，而棟折榱崩，聖像圮頹矣。有信士徐宗□」、雷希應等□然為念□□□□□不□修葺」聖靈俯□不幾□乎？遂□□□修築焉。爰是偕十方善信□資粧修，及功裸告成之期，观其棟宇壯麗，焕然美輪而□」玉；節棁□□，嚴兮烏革而翼飛。像貌□印，足悚人作肅之思；衣冠森嚴，□動人處惕之念。惟願祈奠安邦國，邊陲無烽烟」之□；□□一方，閭闔有寧止之休。則至誠感神之説，良不誤矣。因□數言，勒銘於石，以誌不朽云」。

本郡儒生□□□譔」。

募化道人：王玄陽。

東平州管理鐫字什物尚九□□。

明崇禎拾壹年歲次戊寅梅月上浣吉旦立石」。

清康熙年間碧霞元君殿諷誦皇經記碑

碑在山東省泰安市肥城市孫伯鎮大橋村，清康熙年間立。石灰石質。圓首。殘高 130 厘米，寬 70 厘米，厚 23 厘米。正文楷書，字徑 2 厘米。題名楷書，字徑 1 厘米。額題“萬代流芳”，楷書，單行，字徑 7 厘米。碑下部殘缺，文字漫漶。該碑記載了清康熙年間附近信女諷誦皇經之事，並附信女題名。

碧霞元君殿諷（下殘）

嘗謂佛之有□□□□□□□□□□必自□而□□□□為有益未有借他人之呫嗶為一己之心得者也（下殘）」然但婦女輩目既不覩詩書□□□□□□□□□□□□□黄氏女□□之説□□□經言之不誣而一段好（下殘）」□不可遏，特請僧道坐禪礼拜，此諷誦□□□□□□□□□□□□□□氏□稱以與人為善，于是□（下殘）」□結社數道，年年在碧霞元君殿前諷誦皇經，或□□□□□□□□□□□□□善事□□□□祈（下殘）」□不知敬而遠之也。雖事属幽冥，未知何如，然其用意肫切，供奉虔誠，較之放肆□□□神□□□□□□（下殘）」□可謂一鄉之善士也。今其期已滿，不可泯没，故特勒石以誌云。

本州庠生朱□□撰」。

北栾任村：首領善人孫長松，孫門王氏，程門張氏，陳門胡氏，刘門黄氏，□門王氏，□門□氏，陳門胡氏，□門李氏，于門刘氏，于門杜氏，孫門沈氏，□門蕭氏，柴門□氏，陳門初氏，□門張氏……陳門于氏，陳門杜氏，陳門徐氏，吕門陳氏，□門馬氏，□門李氏，朱門武氏，刘門陳氏，刘門徐氏，于門徐氏，李門梁氏，李門徐氏，李門夏氏，刘門林氏，刘門董氏……朱門豆氏，刘門雷氏，陳門武氏，刘門劉氏，□門張氏，高門孫氏，高門孫氏，徐門孫氏，刘門李氏，朱門許氏，王門李氏，于門谷氏，張門李氏，刘門丘氏……刘門雷氏，郗門趙氏，刘門張氏，楊門刘氏，胡門刘氏，李門張氏，胡門武氏，李門張氏，刘門姚氏，高門陸氏，李門許氏，張門吴氏，高門朱氏，刘門刘氏……

南栾任村：崔門雷氏，李門杜氏，武門刘氏，李門郗氏，□門李氏，周門賈氏，孫門楊氏，李門陳氏，孫門刘氏。

倉丘村:黄門徐氏,黄門孔氏,趙門紀氏,趙門穆氏,祝門余氏,祝門吴氏,祝門□氏,滑門周氏,張門吴氏,李門李氏,滑門林氏,滑門張氏,滑門王氏,郝門鮑氏,王門刘氏,吕門郝氏,董門姜氏,董門丘氏,□门□氏,□門刘氏,周門郝氏,澤門杜氏,張門澤氏,郝門張氏,刘門胡氏,顧門徐氏,高門陽氏,□門李氏,刘門吕氏,吕門王氏,蔣門姚氏,蔣門李氏,王門□氏,石門陳氏,石門董氏,吕門王氏,齊門□氏,戴門□氏,□門□氏,□門牛氏,戴門孟氏,陳門徐氏,王門刘氏,李門張氏,李門王氏,孫門尹氏,張門刘氏,張門王氏,張門周氏,張門朱氏,張門魏氏,張門張氏,張門徐氏,刘門戴氏,夏門李氏,滑門張氏,李門胡氏,陳門□氏,陳門□氏,刘門□□,程門□□、□□□□、李門袁氏、王門杜氏、李門王氏、李門高氏、胡門趙氏。

程家庄:□門□氏,刘門蔡氏,張門尹氏,張門王氏,刘門吕氏,張門刘氏,張門武氏,張門胡氏,張門徐氏,張門曹氏,刘門武氏,王門孔氏,滑門王氏,張門趙氏。

大清康熙五……

清乾隆四年重修泰山行宫廟記碑

碑在山東省泰安市肥城市孫伯鎮護魯山岱陽觀，清乾隆四年(1739)立。石灰石質。殘高129厘米，寬98厘米，厚27厘米。正文楷書，字徑3.5厘米。題名楷書，字徑2.5厘米。碑側題名楷書，字徑2厘米。碑陰題名楷書，字徑2厘米。碑陰額題“萬古流芳”，楷書，單行，字徑14厘米。碑下部略殘，文字漫漶。該碑記載，清乾隆四年(1739)，附近善男信女募資鳩工，重修泰山行宫，使廟宇焕然一新，事成立碑以記其事，並刻善男信女題名於碑陰碑側。

清乾隆四年重修泰山行宫廟記碑

重脩太山行宫廟記

太安縣，古奉符郡也。治西南百有餘里，突起二山，雙峯環抱而不觧，兩嵎對照中間……」呼雷山口之所由名也。是口也，礪九山而帶汶水，天地鍾灵之氣寔萃于是焉。以故……」一座。其精灵之感應由近及遠，四方属耳目焉。每逢四月八日，香火藹藹，絡繹不絶……」下数萬焉，洵一方之勝概也。但歷年久遠，風雨漂揺，以致庙貌殘破，神像闇淡……」疏募化，鳩工貲財，不三月而焕然維新。豈因人事之粧點而然與？抑太山之灵……」相望而呼，而四方來觀者，亦將頌声如雷矣。爰誌偉績，以垂不朽云」。

皇清乾隆四年三月念七日立」。

管尊善人：馬禹，子李公；管尊善人：林一、趙□。

領袖：王门孫氏、雷门王氏。

會首馬縉、□□肖崇茂、□十馬經、五千史美、馬綸、武元臣、馬綱、武玘、刘士禄、武元振、馬瑞、楊兆、徐珍、徐玘。

馬書公、姬成州、楊霄、姬振州、李国邦、楊国貞、楊旺、姚開基、楊云、楊瑞、馬長公、馬李公、馬欽功、肖崇光、武應蘭、李振。

史書、刘玘、陸□□、雷三河、郭上玘、馬守□、楊霖、崔文振、魏可旺、肖府、朱天□、刘有祥、朱爵、朱明、馬禹、雷相。

武门徐氏、刘门楊氏、顔门徐氏、史门栗氏、史门董氏、陳门武氏、陳门□氏、陳门柴氏、雷门褚氏。

□□庠生□国治……施錢五千、雷□臣。

許门武氏、雷门楊氏、雷门錢氏、雷门李氏、許门刘氏、雷门周氏、許门雷氏、徐门□氏、雷门武氏、雷门李氏、雷门屈氏、許门雷氏、許门徐氏。

朱门□氏、朱门王氏、胡门□氏、張门許氏、雷门崔氏、許门張氏、雷门孟氏、□□□氏、□□□氏、周门任氏、雷门肖氏、雷门高氏、苗门雷氏、雷门史氏、□门馬氏。

陳门薛氏、陳门□氏、武门潘氏、林门邢氏、雷门林氏、雷门祝氏、□门雷氏、雷门楊氏、雷门□氏、陳门鄭氏、趙门陳氏、刘门陳氏、雷门許氏、雷门□氏、雷门趙氏、張门刘氏、韓门王氏、王门胡氏、雷门楊氏、徐门□氏、史门王氏、刘门張氏、徐门韓□、王□□□、紀□□□、孫□□□……

陳门徐氏、雷门□氏、雷门□氏、雷门□氏、雷门王氏、姜门吕氏、刘门閆氏、雷门李氏、□□王氏。

雷门尉氏、雷门齊氏、雷门馬氏、雷门張氏、雷门刘氏、雷门趙氏、雷门郝氏、雷门趙氏、曹门雷氏、雷门王氏、雷门許氏。

司门徐氏、孫门雷氏、雷门李氏、雷门于氏、刘门李氏、桑门刘氏、羅门刘氏、李门李氏、卞门吕氏、雷门徐氏。

姚门刘氏、王门孫氏、王门姚氏、齊门王氏、齊门李氏、袁门刘氏、袁门張氏、張候□齊门畢氏、齊门郭氏、齊门馬氏、齊门張氏、齊门梁氏、程门□氏、袁门□氏、袁门□氏、袁门□氏、袁门□氏……

（以下碑陰）

孫伯領袖雷文焕、袁□臣、雷文豹、袁計夏、雷文福、雷開河、徐州如、雷文忠、徐州言、雷丙全、雷文立、倉邱滑土箱、孫伯任興、雷文興、王天成、王文治、刘福、徐廷賜、司宣、司平、貢生王曰漸、張玉、□□□、荆□、王怀礼、王国忠、王天太、王□、趙憲祖。雷光印、雷光賢、雷光瑞、雷光□、雷三友、雷開旺、許桂榮、許尽成、仇安。領

清乾隆四年重修泰山行宫廟記碑碑陰

袖許養性、許治、林俊、許太、許進明、林强、許□、屈□、楊肖、雷文式、王亮、王興、許□□、□□□、史明輝、許尽涼、許□公、□文□、許□□。房□□、房□□、□□辰、□□文、房朗□、房朗堂、房朗京、房朗□。領袖王□□、房星□、刘善行、□□□、□□寛、王珍、房允治、□国太。領□周□□、王圣訓、齊□倉、関□□、□国荣、武好礼、武好□、王□□、□□□、李□□、林□□、許□坦。□方長、陳維斗、陳維几、陳維显、高宗武、房星会、刘寛、梁克元、梁克亮、陳維公、陳維寧、高□□、□□文、□□文、□□□、□吉□。焦庄：□□□、□□□。尚家庄：□□云、尚□任、□□□、□□公、□□□、馮光祖、□□□：□□□、司宗、井在□、□□□、井林浦、井脉涼、井永福、□員九、□員名、趙祖武、趙□□、趙□、趙賀春、趙□□、□□□、趙永□、趙□昌、□□□、□□坦、趙□□、趙□□、趙国吉、□□□、張□太、王□□、□□□、□永□、□□□、趙□□、趙□明、宋志□、侯□□、□□□、王得升、□□□、段然平、趙計餘、趙永立、□门趙氏、安□□、布希義、布希礼、布希仁、布好礼、布好碩、布淵泉、布廷枚、布友枚、布友三、布長生、□□、□文□、□文英、□文□、□文□、□□秀、□□□、□希礼、刘□岱、□□□、肖□□、□□傑。徐守成、陸旺、楊尽美、陸剛、陸克、徐計瑞、徐□孝、吕宝興、刘英世、刘英皆、刘英文、刘高爵、楊計□、肖於賀、刘英会、刘英智、刘英石、刘景礼、刘方□、□□□、□□□、張文成、安世□、安□明、安□□、安□□、安□聚、□文□、袁廷柱。袁□□、袁□、袁景礼、齊天章、袁亮、張鳳林、張升、李見召、袁景□、李□□、刘光成、楊倫、楊岳、楊崑、楊岹、王国斗、楊開剛、楊計貞、楊計足、楊計孔、楊計□、□德立、刘太□、刘太奎、刘太□、刘太才、許□□、邢玺、邢斌。邢□、邢仁、楚□忠、張兆西、尉□成、張郎、張功、尉進□、尉□□、袁忠、尉成□、尉成九、尉尽□、錢国安、慰尽□、□之錫、尉尽孝、尉成連、王子斌、王子來、張皆、刘英□、尉尽瑞、胡□、尉尽性、錢光文、錢光祥、謝書、米祭垚。□□□、張□□、白□盛、亓□□、米永□、楊尽□、刘英祥、刘英□、錢国礼、□高□、□魁甫、□際倉、武生武□□、白玉□、趙□□、刘名□、吴永□、刘開□、刘開□、桑玉□、桑玉□、王□□、顔□□、顔□□、□□□、□□□、孫廷□、甯□□、顔紹臻、吴居松(下殘)。

(以下碑側)

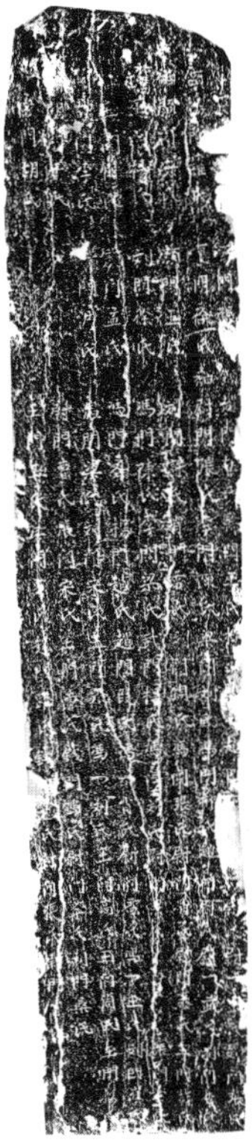

清乾隆四年重修泰山行宫廟記碑碑側(一)

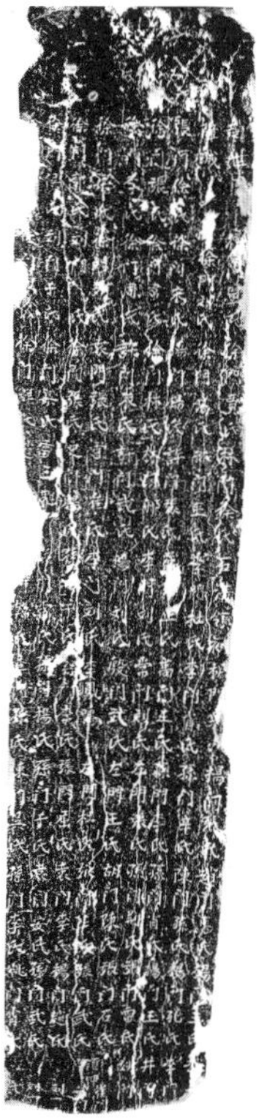

清乾隆四年重修泰山行宫廟記碑碑側(二)

趙世□、□城、張门徐氏、徐门張氏、徐门李氏、徐门□氏、徐门郭氏、徐门侯氏、□□□、□□單氏、徐門刘氏、徐门宋氏、徐门常氏、徐门周氏、徐门刘氏、刘门□氏、刘门于氏、徐门□氏、徐门賈氏、徐门高氏、楊门楊氏、徐门林氏、許门米氏、袁门張氏、徐门張氏、徐门梁氏、徐门解氏、林门徐氏、林门王氏、許门張氏、林门邢氏、許门武氏、雷门崔氏、史门楊氏、雷三魁、趙□□。石溝領袖:李门杜氏、□□□氏、李门刘氏、楊门刘氏、李门刘氏、孫门于氏、□门雷氏、□门韓氏、楊门□氏、李门□氏、高门王氏、常门刘氏、殷门武氏、李鳳鳴、孫门李氏、孫门楊氏、李门孫氏、楊门張氏、孫门辛氏、孫门李氏、左门張氏、左门王氏、左门杜氏、張门屈氏、孫门于氏、陳门吴氏、趙门馬氏、陳门孫氏、孫门肖氏、孫门荆氏、胡门陳氏、張门□氏、袁门李氏、袁门安氏、孫门李氏、楊门王氏、楊门孔氏、楊门王氏、張门雷氏、張门石氏、張门武氏、楊门趙氏、孫门武氏、姚门肖氏、李门□氏、李门□□、井门□□、姚门□□,領袖崔门□□、□门□□,刘门□□、刘门□□、武门□□(下殘)。

清乾隆十八年建醮行宫記碑

碑在山東省泰安市肥城市孫伯鎮護魯山岱陽觀，清乾隆十八年(1753)立。石灰石質。高165.5厘米，寬67.5厘米，厚17厘米。正文楷書，字徑3厘米。題名楷書，字徑3厘米。額題“永垂不朽”，楷書，單行，字徑9厘米。碑體完整，文字清晰。該碑記載，附近欒任村善女武門李氏等會衆結社，每歲令辰建醮，三年功滿，立碑以記其事。

清乾隆十八年建醮行宫記碑

建醮善人：武門徐氏、武門王氏、王門武氏、武門李氏、武門李氏、雷門武氏、武門姬氏、武門焦氏。

武門徐氏、徐門劉氏。

郭門于氏、李門張氏、武門魏氏、武門陳氏、李門徐氏；仲門劉氏、劉門于氏、路門趙氏、劉門楊氏、吴門徐氏、武門裴氏；武門郎氏、曹門膠氏。

周門李氏、張門蕭氏、劉門楊氏、劉門姚氏、劉門徐氏、劉門韋氏、劉門劉氏、馬門劉氏；李門劉氏、劉門張氏、劉門吴氏、謝門徐氏、劉門李氏、趙門張氏、劉門張氏。

劉門周氏、劉門薛氏、劉門顔氏、劉門魏氏、劉門尹氏、李門路氏、李門邵氏、李門李氏。

建醮行宫碑記

岱之西南百里餘，舊有太山行宫，在呼雷山口，祈禳者四方雲集，已數百年于兹矣。蓋太山巍尊五嶽，封禪」七十二君，澤被九州，感應億萬兆姓。兹雖蕞爾，神固顯赫，有不為之嚮應者哉？今有欒任村善女武門李氏」等會衆結社，每歲令辰建醮，于是三年竭誠，一心匪懈，卒欲勒碑垂後，聊以是誌其事云」。

乾隆十八年十月朔日立」。

清乾隆二十九年行善十年滿願記事碑

碑在山東省泰安市肥城市孫伯鎮護魯山岱陽觀，清乾隆二十九年(1764)立。石灰石質。圭首。正文楷書，字徑2～2.5厘米。題名楷書，字徑2厘米。額題“明昭久遠”，楷書，單行，字徑6厘米。兩側對聯楷書，字徑5厘米。碑斷裂爲兩塊，文字清晰。該碑記載，孫伯村善人雷自省，倉邱村善人劉邦然，屢做善事，十年願滿，立碑以記其事。

善功垂百世，芳名貽萬年。

呼嚅山口建立」太山行宫由來久矣，殿前兩廊環列十帝閆君，固」聖母之羽翼，亦羣黎之覆庇也。于今本縣孫伯村善人雷自省，倉邱村善人刘邦然，屡做善事」，既已十年。人有凋謝，事豈無終，故于满愿之日勒之于石，以傳不朽云」。

岳門韓氏、張門楊氏、會首雷門張氏、高門刘氏、任門刘氏；刘門任氏、郭門張氏、屈門楊氏、屈門顔氏、羅門豆氏；張門高氏、王門胡氏、□門許氏、雷門張氏、朱門張氏；張門刘氏、趙門吴氏、張門于氏、屈門楊氏、張門雷氏；雷門楊氏、陳門董氏、郭門高氏、楊門李氏、張門崔氏；徐門侯氏。

刘門張氏、宋門趙氏、會首張門李氏、刘門刘氏、王門張氏；陳門周氏、張門羅氏、李門展氏、刘門李氏、魏門刘氏；刘門朱氏、刘門刘氏、丁門陳氏、李門仇氏、刘門楊氏；刘門省氏、張門刘氏、刘門張氏、張門雷氏、張門石氏；刘門徐氏、郝門刘氏、李門宋氏。

大清乾隆二十九年歲次甲申四月初一日吉立」。

清乾隆二十九年行善十年滿願記事碑

清乾隆四十一年太山行宫建醮記碑

碑在山東省泰安市肥城市孫伯鎮護魯山岱陽觀，清乾隆四十一年(1776)立。石灰石質。殘高130厘米，寬60厘米，厚18厘米。正文楷書，字徑2.5厘米。額題“永垂不朽”，楷書，單行，字徑9厘米。碑下部殘缺，文字清晰。

清乾隆四十一年太山行宫建醮記碑

太山行宫建醮碑記

大清国山東泰安府泰安縣西南鄉孫伯地方人氏、前詣呼魯山……」道祈福建醮信士會首雷秉教等」。

馬門王氏、屈門朱氏、宋門馬氏、雷門竇氏、刘門程氏、會首雷門李氏、姚門閆氏、崔門刘氏、任門武氏、司門崔氏、程門王氏、刘門張氏、雷門高氏。

皇清乾隆四十一年三月初二日立」。

清嘉慶十年道士題名殘碑

碑在山東省泰安市肥城市孫伯鎮護魯山岱陽觀，清嘉慶十年(1805)立。石灰石質。高233厘米，殘寬46厘米，厚14厘米。正文楷書，字徑4厘米。題名楷書，字徑2厘米。碑中間劈開，衹餘左側，文字漫漶。因該碑殘損，具體情況不詳，但碑中著録了四十位道士題名，據此可知，當時該觀所居道士爲全真道龍門派。

寧邑辛酉科舉人甯世基撰文。

泰邑儒學生員劉□□書丹」。

會首：王立、雷丙實、劉貢、朱存業、房序、梁廷元、雷景璡、武正心、崔朴、錢誠、雷景朱、雷序。

住持劉本義，趙合振、尉合欽、雷合良，孫教禄、張教清、曹教來、張教白、張教常、錢教節、范教德、趙教倫、白教普、趙教赫、徐教純、辛教聚、吴教林、許教誨、王教習、趙教□、□教平、屈教春、張教平，欒永祥、孫永寧、張永禄、陳永安、張永均、徐永□、董永□、錢永吉、袁永江、顔永□、武永黄、孔永盛、王永州、位永兩、雷永建，趙元明、郭元清、徐元順。

泥水：錢□箱。

木作：常□恭。

石作：陳士祥。

塑工：李萬亭。

助工人：王興士、趙玉、許景賢、朱述存、姬衍恕、許貴環。

嘉慶拾年歲次乙丑六月上浣吉旦」。

清嘉慶十年道士題名殘碑

清道光年間重修泰山行宫記碑

碑在山東省泰安市肥城市孫伯鎮大橋村，清道光年間立。石灰石質。高190厘米，寬85厘米，厚25厘米。正文楷書，字徑3厘米。題名楷書，字徑2厘米。額題“重修泰山行宫”，楷書，2行，字徑6～8厘米。碑體完整，文字清晰。該碑爲捐資題名碑，著録了清道光年間重修泰山行宫捐資信士題名。

山東濟南府泰安州栾任張□各□俱在孫伯集方圍居住，衆家喜□□財功德。

崔世強，崔大順，崔大□，雷大□，雷希應捨石灰一燒，雜粮五石。王門□氏，鄒東□母徐氏。雷希增，雷崔蘭，雷希盛，陳□。□□氏，林居。朱東□，徐□□。朱東蒙捨艮三錢。朱東巡捨艮三錢。雷信、丁道興捨艮三錢，司國勳，司倫，姚通民捨艮五錢，生員司國彦。崔大志，崔大荣，崔大金，崔大化捨艮一刄。雷起蒙，許可□，馬應隨，雷希宋捨艮一刄，雷希雍捨艮一刄，崔大進捨艮三錢，雷尚文，雷宗儒，雷縉，雷興，崔大□捨艮□錢，王乙世，王乙亮，雷方遠，雷允。

栾任集捨財功德善人李子□捨艮五錢，盛家庄捨財功德善人張登捨艮一刄五錢，張侯保捨財功德，王添助，馮添奇，蔡自仁，蔡一□。

共管尊：朱東洋父朱男施銀捌两，姚尚詩父姚大經施銀伍两，崔大進同父崔世剛施銀伍两，雷宦施銀壹两伍錢，朱東淵銀壹兩伍錢，雷宗霦施銀伍两，林桂技次男林□、林會施銀伍两。

□平州路正、李生□、史□、張錦、雷倫、雷寂通，許德敬，許德艾，雷□□，崔汝香，刘世□，朱尚忠，□□□，林甫□，雷東□、武宗旺，□周□，楊進禄，馬□□，雷□遠，□□□，雷希忿，紀澤，司謙，司国賓，崔大□，郭大李，馬進智，雷順，司澤民，紀宗显，孫□中，姚新民，姚成民，姚牧民，雷軫，雷宗師，雷宗吉，□虎，雷宗堯，雷應元，袁進，宋子貴，朱子順。

刘光前，刘源，刘涇，刘滿，徐拱，□汝信，□守忿，李氏，滑廷仲，刘丙翠，李思厚，李世荣。西盛庄捨木料善人張文齡，吉滕白艮三錢。胡文魁，張敏忠，孟春，滑士臣，鄆城張□載。

縣香頭芦應常，芦應科共艮二錢。道人雷守先，住遲李虎。

女善人：雷門□氏、男雷□□……雷門馮氏……林門刘氏，馮氏長男……李氏長男……栾任集程門□□……雷门崔氏……雷門袁氏……羅門程氏，長男羅……許門張氏，長男……雷門韓氏，長男雷起□……

清道光二十七年重修泰山行宮記碑

碑在山東省泰安市肥城市孫伯鎮護魯山岱陽觀，清道光二十七年(1847)立。石灰石質。高190厘米，寬85厘米，厚25厘米。正文楷書，字徑3厘米。題名楷書，字徑2厘米。碑體完整，文字清晰。該碑記載，清道光年間，全真道龍門派道士住持泰山行宮，見廟宇殘損，廟貌不再，遂與附近信士共同發心，募緣重修，使廟貌煥然，並立碑以記其事。

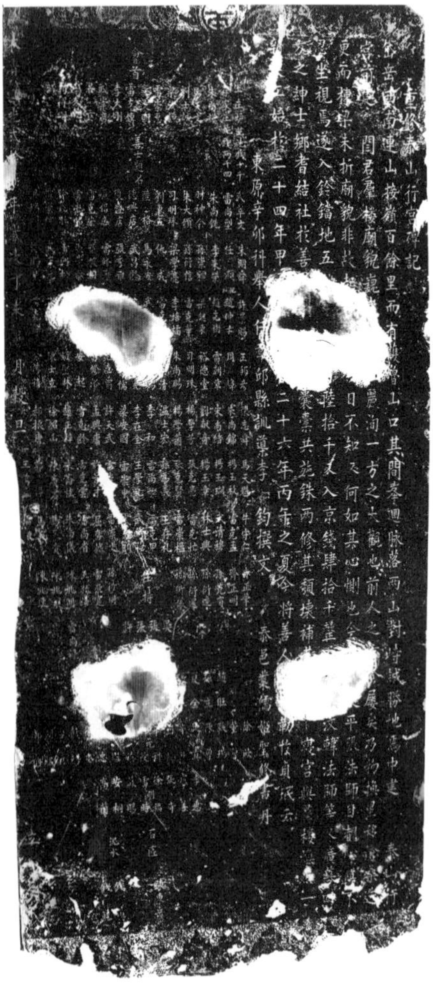

清道光二十七年重修泰山行宮記碑

重修泰山行宮碑記

岱岳西南連山接嶺百餘里，而有護魯山口，其間峯迴脉落，兩山對峙，誠勝地焉。中建泰山行」宫，前建閆君羣樓，廟貌巍峩，□□□麗，洵一方之大觀也。前人之重修屢矣，乃物换星移，滄桑迭」更，而棟梁未折，廟貌非故。起□□□□日不知又何如其心惻也。今□□□平張法師，目覩心傷，不」忍坐視焉。遂入鈴鐺地五□□□□□陸拾千，又入京錢肆拾千整□□汶韓法師等，又廣募四」方之紳士鄉耆，結社於善□□□□□囊槖，共施銖兩，修其頽壞，補其□□，寢宫與羣樓焕然一」新矣。工始於二十四年甲辰之□，□□二十六年丙午之夏，今將善人姓名，勒於貞珉云」。

東原辛卯科舉人任章邱縣訓導李鈞撰文。

泰邑業儒姬聖修書丹」。

會首：□庄炉□施錢十千、□家庄施錢兩千四、朱尚謨、馬天文、劉士誠、梁汝謙、雷崇惠、齊文明、雷克傳、李大剛、武崇廣、梁貢、李友□、劉耀州、姬聖傳、梁繼孔。

善士題名：武萃文、雷尚型、朱尚銑、財神会、朱大顔、司明珠、劉惠五、陸格、德興店、復盛店、廣信店、雷克宏、雷崇節、徐範旺、雷崇信、梁瑞圖、朱明舜、任灝、李來榮、孫崇禮、孫衍信、梁學亮、仇成、馬永安、武昌齡、張秀雅、雷修海、張振湘、張崇泰、雷朝松、武崇元、楊賜良、許景賜、肥城趙仲士、趙克樹、梁起東、雷克華、李培橘、雷克□、武□□……雷克傑、王邦彦、周焯、雷朝章、裕德堂、司明珠、朱尚賜、□□清、□□賜、□□堯、□□儒、□志爵、□修洛、安起、姬聖林、陳士立、徐藩禧、陳志舜、朱尚錦、朱尚緒、劉献奇、楊學芳、楊學蘭、温士宏、李和、李在全、梁安國、許天武、孟興庸、雷克齡、趙正梓、徐紹山、郝振唐、馬天魁、楊玉枚、楊玉瑚、楊玉章、張克亮、張克賢、孫為義、雷尚燦、王學礼、雷崇申、雷崇□、許景才、雷克雲、朱崙桂、陳廣君、郭祥、王萬盛、牛守仁、雷克孟、武清穆、林士興、雷克忙、雷崇楹、王存礼、雷克甲、武繼孔、武□明、雷崇文、屈存誠、雷尚省、朱尚儀、馬永貴、馬□元、雷克省、齊正華、齊正明、孫克賓、孫衍達、孫衍還、孫衍儀、孫衍同、雷崇寔、王振海、陳兆明、陳兆水、陳兆連、雷尚禄。

住持張教□、張教□、吴教□、許教□，趙永旺、孫永立、夏永全、張永□（下殘）□永春、徐元欣、董元曾、張元瑞、陳元曾、殷元真、辛元升、劉元枚、□元科、□元汶、□元禧、□元魁、□元忠、徐元□、彭元緒、賈元昌、胡元輝、郝元珃，李明惠、盧明善、張明奇、徐明福、雷明時、蘇明賜、安明桐、高明蘭。

石匠：陳東岳。

泥水：錢興、錢旺。

大清道光弍拾柒年歲次丁未暑月穀旦立」。

清光緒二十二年蘇明泗墓碑

碑在山東省泰安市肥城市孫伯鎮護魯山岱陽觀，清光緒二十二年(1896)立。石灰石質。高152.5厘米，寬64厘米，厚21厘米。大字楷書，字徑10～13厘米。小字楷書，字徑8厘米。題名楷書，字徑5厘米。碑體完整，文字清晰。

清光緒二十二年蘇明泗墓碑

光緒廿二年歲次丙申仲冬月中望吉辰」。
皇清羽化蘇真人諱明泗字洙泉墓」。
徒辛致傑、王致玉，孫潘禮言、齊禮信，曾孫高宗魯。

岱陽觀創修山門殘碑

碑在山東省泰安市肥城市孫伯鎮護魯山岱陽觀，立碑時間不詳。石灰石質。圓首。殘高87厘米，寬84厘米。題名楷書，字徑1.5厘米。額題“創修山門”，楷書，2行，字徑7厘米。碑僅餘上部，下部殘缺，文字漫漶。

岱陽觀創修山門殘碑

……

直隸保定府新安縣甯攀龍」。

省祭□尚詩」。

孫伯村合會人等：

雷縉、雷宗詩、社首雷希應、雷起萠、許潤、雷希宋、雷應期、雷宗還、雷宗臣、雷宗□、雷宗□、雷宗氣、雷宗儒、雷師崗、雷希良、雷起隱、徐應召、雷方遠、生員梁可望、李簡、李□、李奇观、李布。

袁□□、雷□□、雷起□、雷希福、孫守、孫計化、雷毅然、段守才、齊春、許邦林、許邦寧、許診、崔大本、崔大順、己淮、崔桓、崔鄉、史忠、雷周臣、雷希曾、雷希倉、雷希庫、張弘仁、雷澤、雷沾、雷湧、崔入可、刘文遠、刘文傑、荊節、徐昇。

（上殘）武□、武□、武□、□□、武奇、武禎、武蓮、武强、武剛、雷汝化、雷希選、雷房、雷宗吉、雷守才、雷師禹、雷師賢、雷巡、馬應隨、許邦順、許可速、許洲、許測、許志教、許詢、許堯、許諮。

（上殘）雷□□、許□□、許東□、孫□□、孫應□、孫汝□、孫汝□、張鳳□、張禹、張才。

（上殘）歲次戊辰孟夏之吉」。

護魯山重修泰山行宫記碑

碑在山東省泰安市肥城市孫伯鎮護魯山岱陽觀，立碑時間不詳。石灰石質。高235厘米，殘寬46厘米，厚16厘米。正文行書，字徑3～5厘米。碑自上至下劈開，左側殘缺，祇餘右側部分，文字清晰。該碑記載了全真道士趙教倫與周圍信士共同重修泰山行宫之事。

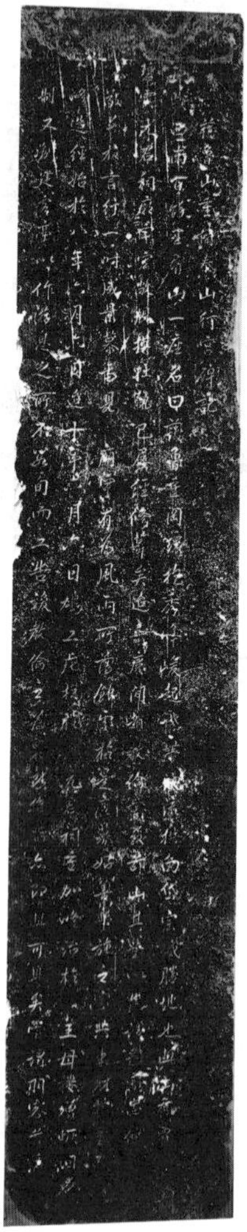

護魯山重修泰山行宫記碑

護魯山重脩泰山行宫碑記

東嶽西南百餘里有山一座，名曰“護魯”，重岡環抱，秀峰崾起，襟帶□流，拱向岱宗，誠勝地也。此山舊有」碧霞元君祠，廟宇宏敞，規模壯麗，已屢經修葺矣。迨嘉慶間，趙教倫嘗教兹山，其學以真誠為家，忠信篤」敬，□於言行，一時咸景慕焉。見廟宇有為風雨所寖蝕處，於是廣募好善樂施之家，共出財貲，重為」修造。經始於八年六月六日，迨十年六月六日，鳩工庀材，於元君祠重加修治，於王母樓增恢回」制。又創建客亭，以作遊息之所。不爲旬而工告竣，教倫之為衆所推服，亦即此可見矣。嘗謂羽客者流（下殘）

岱陽觀喬正倫、牛天養等善信題名殘碑

碑在山東省泰安市肥城市孫伯鎮護魯山岱陽觀，立碑時間不詳。殘高98厘米，寬45厘米，厚22厘米。題名楷書，字徑1～1.5厘米。側面題名楷書，字徑2厘米。碑僅餘殘片，文字漫漶。

（上殘）□倫、□義訓、□復業、□□有、□□成、□承現、□寵、□亮、□弘功、□弘治、□碩、常九京、穆文現、梁克明、李士起、羅山、張文學、趙節、刘思學、趙太、梁禎、位思孝、□□貴、□□吉、張弘猷、孫秉書、孫秉礼、李会、王者起、杜玉、尚茂才、牛領、李進成、李善祀、李見、崔經、于銀、于宿、王□、杜宗興、牛玉、尚茂忠、梁爵、杜信、郭美、尚茂修、孫文礼、馬継曾、吴弘吉、周倫、路孝、孫汝秋、王三鐲、杜信、馬中仁、張進、何士要、刘中成、周世廷、路中正、路中純、張焕、薛逢李、薛素冬、薛□冬、王國珍、刘仁孝、□□貴、王國相、徐德良、郭普、陳奉□、孫起鳳、辛相若、王治、王國英、王國輔、朱幾、刘應林、薛連冬、徐德修、楊弘舉、李之強、梁廷蘭、李乾以、姜文燦、潘成、滕礼、趙漢文、吕瑞九、滕正祥、滕玺、郝朝忠、李宗孔、張明顕、吕進科、滕居、吕進為、吕英、趙海龍、李魁生、刘廷玉、杜大□、杜大成、杜大悦、趙存、杜景深、李節、趙起騰、杜大澤、趙順□、趙德□、張明□、趙□須、杜□、杜□、杜三重、杜友□、刘□、杜三思、李丕顕、杜友程、杜景□、袁□□（下殘）許□□、□云□、王□□、王玉□、王現章、□宗賢、李太还、尹祥九、刘官、刘高箱、刘高養、刘宗堯、刘萬省（下殘）刘□□、楊計□、雷秉儀、雷文如、張礼、王景量、安成章、刘高增（下殘）安□□、刘英□、安應□、雷振修（下殘）

（以下碑側）

東平州城南喬正倫、東平州城東牛天養、趙思珮、□記容。

岱陽觀喬正倫、牛天養等善信題名殘碑

岱陽觀道士墓殘碑

碑在山東省泰安市肥城市孫伯鎮護魯山岱陽觀，立碑時間不詳。石灰石質。殘高 43 厘米，寬 57 厘米，厚 20 厘米。“道人諱永”，楷書，字徑 8 厘米。題名楷書，字徑 4 厘米。碑僅餘中間殘片，上下皆殘缺，文字清晰。

岱陽觀道士墓殘碑

(上殘)六年歲次(下殘)」

(上殘)道人諱永(下殘)」

孝徒：董元曾、辛元魁(下殘)」

岱陽觀朱孟松等善信題名殘碑

碑在山東省泰安市肥城市孫伯鎮護魯山岱陽觀，立碑時間不詳。石灰石質。殘高110厘米，殘寬45厘米，厚15.5厘米。題名楷書，字徑1.5厘米。碑僅餘殘片，文字漫漶。

岱陽觀朱孟松等善信題名殘碑

□□□、朱孟松、楊□爵、□□□、□□□、□□□、□□元、□□□、□□□、□□□、□子明、楊□□、□□□、□□□、楊□玉、武□□、□崙峯、朱尚岫、朱尚炳、朱尚襄、刘尚志、王起□、朱存義、王聖基、王士全、馬□、雷克□、張□□、□□□、□□□、李□東、張□□、張崙□、□□玉、□□□、□□□、□□□、□□□、□□□、□□□、□□□、雷□□、□□林、□□□、雷□□、邱□□、胡□□、□□成、孫玉□、葛□□、尉三□、刘思□、刘□□、□□□、□□□、□□□、□□□、□□□、刘崑壁、魏世臣、□□貴、高子榮、高子興、高子順、滑□、張士□、萬中□、□□□、張洞、張清□、□□□、□□□、張□、張培□、□□□、□□□、□□□、徐□□、徐□□、□得友、□□□、□□□、□基□、□□□、孫□榮、□□恭、□□□、□□□、徐□□、□□□、徐□□、徐紹起、孫懷德、徐□玉、□□□、□□□、□□□、□□□、□□□、□□□、□□□、趙□□、□□、□□店、□□□、□□□、□□□、□□□、□□□、□□□、□□□、□□□、李□□、齊永□、井□畢、于□桓、永□店、井肇林、井源太、趙維交、李繼□、趙宗

礼、趙季、□崙、刘君召、□□□、刘興唐、齊京、齊中、朱光宗、刘興武、梁玫、梁□、孔興□、翟宗□、梁楷、王□、聶柏、王海、王成、蘇□德、蘇錦、蘇□德、梁珠、梁木、刘□德、尹立成、臧玉、李應□、梁見月、齊尚□、杜宏文、丘興□、□□長、□宗周、武清穩、武清柱、王尊孔、張成、武尚志、武□德、孟宗孔、刘文興、馮□□、□□□、韓中梅、韓中法、刘思序、韓中海、□□□、葛□、韓中池、□□、韓□、胡□、□怀周、□□泉、胡文瑞、胡法瑞、陳□□、陳思節、陳讓居、陳松居、陳思平、刘大用、刘大□、張大法、王汝福、吴尚志、陳永太、劉太、王継堅、陳貴安、□明江、王其功、陳思太、陳思治、陳思景、陳思立、陳思成、陳思□、陳思文、張□□、張中玉、張□□、□□□、□成、王珠玉、李□武、喬克仁、□□□、辛□來、李宣□、□□□、喬□□、刘中□、刘中立、李思智、李思□、李怀□、刘□継、石継□、徐□□、韓□、□□□、□□、翟□□、□文、王□□、□□□、□□□、布□□、楊□□、楊□□、楊□□、侯旺□、楊□□、趙□旺、□立身、韓宗成、安□□、郝大本、郝大柱、王□□、□□□、朱□□、□□□、武□□、□□□、王志□、□□□、辛□□、□□□、韓□□、□□□、□□□、□□□、郝恭純、郝世炳、刘□□、□□□、刘子□、刘宗德、□□□、王□□、王□□、王□□、韓宗香、朱尚□、刘宗□、刘錫□、刘宗富、王□□、王□□、□□□、□□□、張□□、張□□、刘□□、刘□□、□□□、□□□、董□才、□克祥、孫□、孫高、□□□、□□□、孫□□、孫□□、□□□、□□□、孫□□、孫□□、□□禄、孫□亮、王□興、張□□、王淂才、王淂安、王淂□、王□□、葛致坤、王□先、王荣先、王□禹、王来富、王来興、葛克升、葛茂生、葛祥生、葛治惠、張□□、□□□、□士□、張□□、張□□、張□□、□□□、張□□、□□□、□□□、□基□、□□□、□□□、□□□、□齊□、徐基□、徐基□、徐基□、徐□公、徐□□、徐基□、徐基義、徐基明、徐基亮、徐培生、徐□□、徐□成、□□□、武子海、武□華、武□寬、武□□、武正貴、武子訓、武子祖、武崇玺、武崇元、武子□、武□文、武□□、武□□……

岱陽觀趙永昌撰文殘碑

碑在山東省泰安市肥城市孫伯鎮護魯山岱陽觀，立碑時間不詳。石灰石質。殘高78厘米，殘寬98厘米，厚26厘米。正文楷書，字徑3厘米。題名楷書，字徑2.5厘米。碑陰題名楷書，字徑2厘米。該碑衹餘中間一截，上下殘缺，文字漫漶。

（上殘）東西通衢有□□應□□□（下殘）」跡，蔚然深秀之中有太山（下殘）」女以及農工商賈踵足而至（下殘）」者之羞與？道人布来禎德行足（下殘）」與功成之後，吾知行過是地者（下殘）」

岱陽觀趙永昌撰文殘碑

（上殘）郡庠生趙永昌撰文」。

（上殘）安府庠生房端書」。

（上殘）泰安縣處士雷承宣統孫秉廉題名」。

（上殘）刘门弋氏、安门刘氏、楊门肖氏、楊门安氏、張门張氏、王门邹氏、□门李氏、安门杜氏。

住持道人布来禎、謝来保、許陽吉、張陽志，徒王復住、張復臣、滕復明、陸復德、趙復旺，徒孫孫本安、吕本泰、朱本成、褚本府，徒曾孫合□、畢合□、王合□、□合□、□合□、李合□（下殘）

（上殘）丹青：羅禹；□匠：田復臣。

栾任：段泗水、宋魯乙、徐計忠、李□、李□、刘□□、李□思、徐培初（下殘）

（以下碑陰）

（上殘）□穩、司文振、崔士功、姚文燦、崔文修、朱瑀、朱珖、朱天水、朱天禄、朱天振、朱天叙、朱天矣、朱天祥、朱天與、□□□、□□祒、□□□、□□□（下殘）

岱陽觀趙永昌撰文殘碑碑陰

領袖張奉先、張守梅、雷寧、張皆、張玺、徐照臨、馮占功、張孝、孟秀、雷門張氏、馬良公、司為、徐福、滕方興、屈貴、王禎、馮濟公、雷安民、屈伸、史玉強、雷丙強、刘福、□文廣、郭三才、刘显名、朱天斗、刘大容、雷秉讓、□惠。領袖高玉□、武□□、武应賀、武应喜、武应□、武思尚、武槐、武江、武起竜、武召吉、武天命、武岱、武杭、武安仁、武印起、武天助、武君荣、武正、武正君、武應知、武可從、武天文、武子林、武良、武梅、武天舉、武大貴、刘可旺、雷門楊氏。武□贊、武应臣、武君安、武君重、武己夫、武应濟、武应会、武天賜、武思禹、武□曾、武□良、武秉元、武思文、武思忠、雷魁、崔門武氏、崔門徐氏、崔門雷氏、崔門武氏、崔門李氏、崔門刘氏、仇門崔氏、崔門刘氏、崔門。

雲蒙山

清順治八年重修白衣觀音大殿記碑

碑在山東省泰安市肥城市孫伯鎮雲蒙山白衣庵，清順治八年(1651)立。石灰石質。圓首。高159厘米，寬80厘米，厚16厘米。正文楷書，字徑3厘米。額題“重修白衣觀音大殿”，楷書，2行，字徑5厘米。碑陰題名楷書，字徑2厘米。碑陰額題“三教堂”，楷書，單行，字徑3～5厘米。碑體完整，文字漫漶。該碑記載了清順治八年(1651)重修雲蒙山白衣庵白衣大士殿之事，並附參與其事的道士及信士題名。

蓋聞雲琶山遺跡歷來舊矣，索其所由，余未識之。庵名“修真觀”，原」元時修真□□也。又歷明，爰有孫伯鄉鄉官姚翁諱尚詩，創建」白衣大士殿一所。原翁之意，無非棲神于聳翠之區，濟人于仁壽之域」也，翁之意亦盛矣乎！然而，翁鶴駕□登，殿宇圮頹，勢必至也。又歷」清，一□各鄉諸翁避乱蹈此，無不目覩神愴，而重修之意舉焉。是以」，各蠲資財，糾合匠工，煥廟貌于如新，妥神明于罔恫，風新百祀，又自」此始也。神安人愉，非諸翁之力所致乎？乃告成無記，歷遠湮矣。仍有」孫伯鄉雷翁諱崗，懇余一記，余遂不辞，援筆而叙数鄙言，以誌永傳」云」。

清順治八年重修白衣觀音大殿記碑

計開：

武經、□崗、林永培、□沾、□□□、管尊□士守、尉□樂、尉登第、尉□群、□福、楊門孔氏、□恒方、梁杞、□□、林永立、崔璋、崔桐、武□邦、崔□、崔□□、李汝珎、張應節、□師江、雷元、□□、張名高、許標、史忠、□□中、林大明、林大覺、□希禹、□□□、崔□、□寅、□計□、刘印連、丁□成、梁曰梓、孫肖松、□太。

募化道人:時太玉、王守慶、王真壽,楊玄聖、祖玄智。

□門□氏、李門□氏。

濟寧州唐經沐手書」。

石匠:姚金。

木匠:王□弟。

泥瓦匠:王□□。

順治八年季月仝立」。

(以下碑陰)

安文郁、□□斗、李可德、楊應禄、□慶、□□来、□□官、□計成、馮常、□□、于懷□、楊□、刘希宋、刘希佑、尉□□、滑應智、刘□□、□□□、□士□、梁□明、□□□、李□□。

安□技、紀□、孔文礼、張□美、刘志明、刘□亮、刘名□、刘□□、于英、李見名、□□行、□□才、白□龍、陳明忠、□文、□□□、□令□、□□亮、□□□、□□□、□□□、□□□、梁□□。

梁善悟、王亮、房炳、刘光太。

……

清雍正四年重修雲琶山白衣庵記碑

碑在山東省泰安市肥城市孫伯鎮雲蒙山白衣庵，清雍正四年(1726)立。石灰石質。圭首。高130厘米，寬53.5厘米，厚19厘米。正文楷書，字徑2厘米。題名楷書，字徑1.5厘米。額題“萬代流芳”，楷書，單行，字徑8厘米。碑體完整，文字清晰。該碑記載了清雍正四年(1726)重修白衣庵之事，並附參與其事的道士及信士題名。

重修雲琶山白衣庵碑記

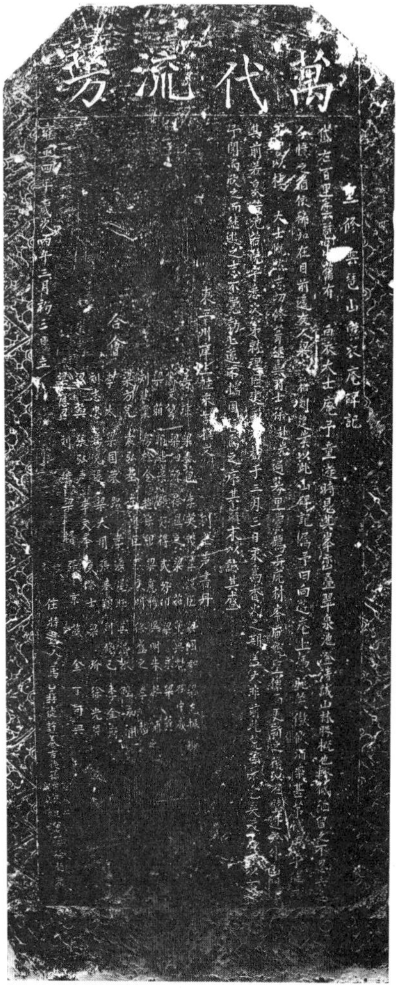
清雍正四年重修雲琶山白衣庵記碑

岱右百里雲琶山，舊有白衣大士庵，予童遊時，見其峯峦叠翠，泉池澄清，誠山林勝槪也，輒低徊留之不忍去，迄」今憶之猶依稀如在目前。適友人梁箱、刘建業以此山碑記属予曰：向遊庵上憑眺，笑傲飲酒樂甚，第憾殿宇催殘」，不□以棲大士，慨然志切修葺。継與村士徐赴光遍募里黨，鳩工庇材，舉庙貌聖像而更新之。復以石壁週於外，山門峙」其前，若泉、若池、若院宇，悉次第就理，因建□□□于三月三日，永爲香火之期，盖大非前此荒凉景色矣。是□□以不□」，予聞而欣之，而継遊之志不覺勃勃，遂不揣固陋，爲之序其巔末，以誌其盛」。

東平州庠生陸永吉撰文，刘金声書丹」。

合會：房琮、蕭文萼、梁葙、刘建業、梁方兑、李太、刘志忠、梁蕻、梁應召；梁春苞、梁泗源、郭継宗、房桧令、袁弘基、梁国荣、房允逯、張弘声、刘緯；李英茂、徐显之、張好得、趙宗印、王忠臣、路孝、梁大用、李文舉、梁稰；李漢臣、梁茹、武好印、梁應聘、張文明、房星旺、張奉翔、陳際士、張京；梁国如、董興魁、梁京、吴明朱、徐盛之、王淂水、刘修已、梁玠、蘇金;梁克振、石中成、梁蕡、杜浦、李楷、陸永渊、李金府、徐光曾、丁可興。

住持道人馬乙林、徒許養吉、徒孫孟來玉、布來貞、謝來保、曾孫徐赴光。

雍正四年歲次丙午三月初三日立」。

清雍正四年香供記碑

碑在山東省泰安市肥城市孫伯鎮雲蒙山白衣庵，清雍正四年(1726)立。石灰石質。圭首。高123厘米，寬65.5厘米，厚19厘米。正文楷書，字徑1.5厘米。題名楷書，字徑1厘米。額題“香供碑記”，楷書，單行，字徑8厘米。碑中間斷裂，局部殘損，文字漫漶。該碑記載了周圍信女以香供獻神靈之事，並附信女題名。

(上殘)香供碑記

世皆(下殘)知□之神，夫以神之神感人之神，即以人之神應神之神。神也(下殘)」白衣(下殘)香火，創建固倡自梁君萷、刘君建業者，而四方遂焚香頂禮雲(下殘)」糾合(下殘)□敬以香供献，且欲刻石以垂永久，非以神之神感人之神，即以(下殘)」為之(下殘)人也。其神一也，人必念念自持，無愧于人之神，始可以對乎神之□(下殘)」

(上殘)庠生陸永吉撰文，刘仝聲書丹」。

(上殘)姚门梁氏、刘门姚氏、□门梁氏、□门朱氏、□门刘氏、□门李氏、□□房氏(下殘)

陳门武氏、陳门徐氏、陳门張氏、張门袁氏、袁门肖氏、梁门陳氏、李门侯氏、陳门臧氏、李门郭氏、左门王氏、侯门馬氏、□门武氏、于门杜氏、□门房氏、□门周氏。

梁门張氏、楊门趙氏、鄭门翟氏、蘇门鄭氏、蕭门桑氏、蕭门王氏、張门林氏、李门

清雍正四年香供記碑

梁氏、梁门郭氏、房门戚氏、房门宋氏、房门李氏、梁门聶氏、梁门李氏、梁门宋氏、梁门李氏。

師门郭氏、張门常氏、王门馮氏、常门刘氏、杜门馮氏、趙门辛氏、趙门葛氏、梁门李氏、梁门□氏、刘门蘇氏、梁门徐氏、梁门王氏、杜门徐氏。

路门杜氏、路门張氏、馬门朱氏、王门張氏、王门陳氏、杜门趙氏、師门秦氏、武门蘇氏、□门陳氏、□门尉氏、吴门陳氏、吴门武氏、徐门孟氏、杜门梁氏、梁门武氏。

王门王氏、苗门付氏、李门仇氏、楊门房氏、王门杜氏、高门馬氏、王门尉氏、徐门韓氏、王门王氏、王门馬氏、王门張氏、徐门楊氏、梁门王氏、王门刘氏、姚门□氏。

□门馬氏、辛门范氏、刘门武氏、刘门馬氏、王门朱氏、刘门邵氏、王门牛氏、刘门王氏、刘门陳氏、張门郭氏、王门□氏、楊门程氏、王门梁氏、陳门王氏、丁门刘氏、張门翟氏。

梁门李氏、梁门徐氏、梁门司氏、梁门刘氏、孫门張氏、孫门張氏、王门陳氏、王门馮氏、苑门孟氏、苑门張氏、李门王氏、王门陳氏、孟门王氏、王门宋氏、吴门李氏、李门王氏。

梁门□氏、張门鄭氏、王门馮氏、徐门侯氏、刘门梁氏、杜门李氏、梁门杜氏、房门刘氏、房门張氏、刘门□氏、梁门李氏、梁门辛氏、梁门辛氏、梁门徐氏、陳门凌氏、時门房氏、□门梁氏。

李门燕氏、武门徐氏、郭门李氏、梁门尉氏、宋门雷氏、梁门徐氏、梁门李氏、張门武氏、付门陳氏、趙门張氏、□门武氏、郭门崔氏、郭门王氏、凌门王氏、房门張氏、陸门段氏、陸门李氏。

□□□□、□□□□、高□□□、高□□□、于门□□、李门□□、李门□□、李门□□、梁门□□、張门郭□、侯门梁氏、時门鄭氏、時门蔡氏、房门孫氏、房门郭氏、李门尉氏、李门齊氏(下殘)

刻字(下殘)

清雍正十年雲琶山庵分任徵糧記碑

碑在山東省泰安市肥城市孫伯鎮雲蒙山白衣庵,清雍正十年(1732)立。石灰石質。圭首。高125厘米,寬62厘米,厚20厘米。正文楷書,字徑2厘米。題名楷書,字徑1.5～2厘米。額題"萬古流芳",楷書,單行,字徑7厘米。碑體完整,文字清晰。該碑記載了白衣庵全真道士布來貞募化善士分任徵糧之事,並附當時住庵道士以及參與其事的信士題名。

雲琶山庵分任徵粮碑記

安駕庄地方雲琶山白衣大士庵,舊有贍養地四十畝有餘,碑文具在,非無稽也。切有山主刘建業暨男志□、舜,梁藉暨男志禹」,廣糾衆信,積累貲財,此又筆之於石,而爲四方善士所共知者也。但山險地磽,終歲所獲每不足以供」一年之賦,住持者甚苦之。近有道人布來貞募化善士,祈蠲□徭,永免催科,心焉惻之,爰约同志分任」徵粮。徵粮既除,則住持者得遂生全,而大士禋祀亦永□無缺矣。故特志之,以揚盛德,以垂後世云」。

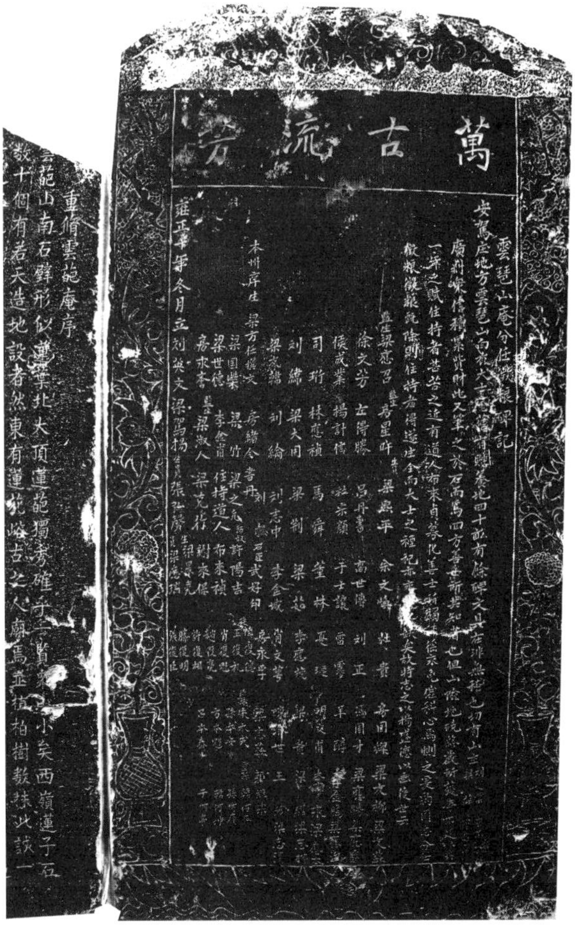

清雍正十年雲琶山庵分任徵糧記碑

監生梁應召、徐文芳、侯成業、司珩、刘緯、梁友韓;監生房星昕、左得勝、楊計信、林應禎、梁大用、刘綸;生員梁熙平、吕丹書、杜宗颜、馬舜、梁荆、刘志中、刘松;佘文焕、高世傳、于士讓、董林、梁茹、李金城、石匠武好印;杜貴、刘正、雷霶、夏璉、李應茂、肖文萼、房永孚;房国樑、馮国才、羊醇、明文甫、梁貴、陳済世、梁志蘇;梁友柳、梁應聘、李金鳴、李永、梁緒、王珍、郭継宗;梁友蘇、梁應爵、梁應治、梁應太、梁志獅、梁志漢。

梁国榮、梁世德、房永畬、刘英文;梁竹、李金甫、監生梁淑人、梁駕揚;梁之允、梁克行、生員張弘聲;生員梁景堯、梁應瑞。

本州庠生梁方任撰文,房緒令書丹」。

師叔許陽吉、住持道人布來禎、謝來保,徒陸復德、王復礼、肖復魁、趙復亮、許復相、滕復明、張復臣,徒孫朱本成、孫本安、方本魁、吕本泰,重孫韓何太、孫何慶、韓何坤、于何亭。

雍正十年冬月立」。

清嘉慶二十年雲琶山白衣大士庵記碑

碑在山東省泰安市肥城市孫伯鎮雲蒙山白衣庵,清嘉慶二十年(1815)立。石灰石質。高146.5厘米,寬58厘米,厚15厘米。正文楷書,字徑2.5厘米。碑斷爲三截,文字清晰。該碑記載,清嘉慶年間,白衣庵和尚性坦欲將廟地佔爲己有,被官府和當地信士驅逐,並於嘉慶十七年(1812)重修龍王廟,恐事久年湮,故立碑以記其事。

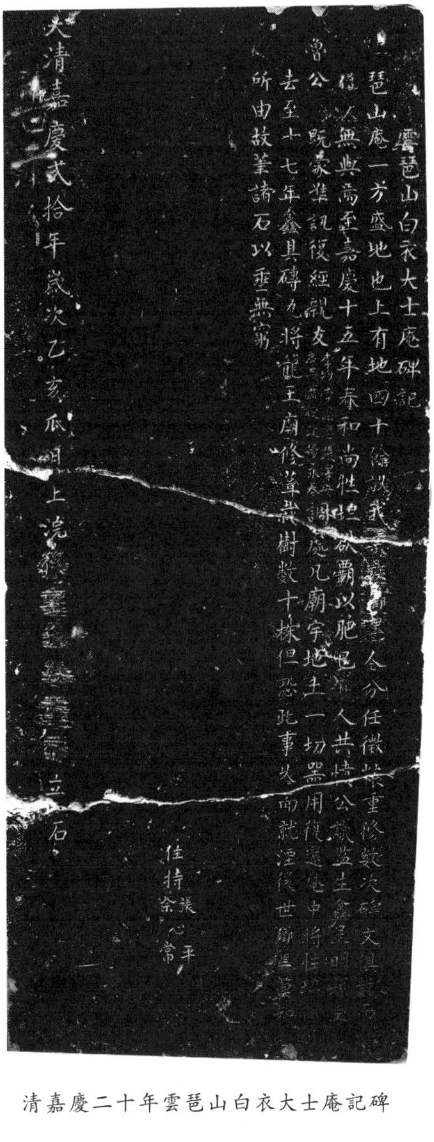

清嘉慶二十年雲琶山白衣大士庵記碑

雲琶山白衣大士庵碑記

琶山庵,一方盛地也。上有地四十餘畝,我宗族鄉里仝分任徵粮,重修数次,碑文俱載,而」僧人無與焉。至嘉慶十五年春,和尚性坦欲覇以肥己,鄉人共憤,公議監生鑫呈明縣主」魯公。既蒙準訊,復經親友李均、房玉、李思忠、蕭梗政、張澤安、楊永春調處,凡廟宇地土一切器用復還庵中,将性坦阻」去。至十七年,鑫具磚瓦,将龍王廟修葺,栽樹数十株。但恐此事久而就湮,後世鄉里莫知」所由,故筆諸石,以垂無窮」。

住持:張心平、佘心常。

大清嘉慶弍拾年歲次乙亥瓜月上浣□□□□□□立石」。

清道光二年重修雲琶庵記碑

碑在山東省泰安市肥城市孫伯鎮雲蒙山白衣庵，清道光二年(1822)立。石灰石質。圭首。高130厘米，寬53.5厘米，厚19厘米。正文楷書，字徑1.5～2厘米。題名楷書，字徑1～1.5厘米。額題“萬古流芳”，楷書，單行，字徑6厘米。碑體完整，文字清晰。該碑記載了清道光元年(1821)善士房潔庵、蕭立中、梁金三等主持重修白衣大士殿之事，後附捐資信士和道士題名。

清道光二年重修雲琶庵記碑

重修雲琶菴碑記

白衣大士正殿自創建以来屡次修葺，不必復述。至道光元年六月間，後面坍塌，淒風苦雨侵」及神像。本地善士房潔菴、蕭立中、梁金三等來遊於此，見之惻然，因約仝鄉共出資財，於道光二年四月間」鳩工数日，焕然如故。將施資財善士列名於後，永垂不朽」。

凌雲書閣蘇志仁撰文，姫聖修沐手敬書」。

李永禎五百、房潔菴五百、蕭立中九百、梁清菴一仟、梁東來八百、監生梁金三一仟、王馨遠六百、仇寧遠一仟、李顯揚八百、張宅太五百。

李曰廣三百、張魯瞻八百、雷藎臣六百、蕭登魁五百、武清玉四百、袁太信四百、張宅平四百、李可興二百、刘福臣二百、□□□二百。

梁恭五百、雷作平四百、雷作恒三百、雷朝安五百、張希全二百、李存實三百、李中杰二百、張宅如二百、梁更東二百、劉公玉四百。

孟□□二百、李永禄三百、王永禄二百、陸德法四百、梁儉三百、梁安三百、李紹海三百、房友讓二百、張林五百、李可成二百。

雷作□四百、雷作孝三百、雷作聖四百、屈興乙三百、張永安二百、仇旺二百、孫繼福二百、雷克運二百、劉揚烈三百、雷朝湖三百。

馮成瑚六百、雷克孟四百、緒方秀二百、李可儉二百、馬淑禮二百。

泥水:楊永興。

石工:陳士孟、梁效貢。

住持道人:張心平、佘心常,徒司傳聚、孔傳參、張傳典。

大清道光貳年歲次壬午暑月穀旦立石」。

清道光二十六年重修白衣庵記碑

碑在山東省泰安市肥城市孫伯鎮雲蒙山白衣庵，清道光二十六年(1846)立。石灰石質。兩碑聯體。第一塊碑，高109厘米，寬54厘米，厚15厘米。正文楷書，字徑3厘米。題名楷書，字徑1.5厘米。碑陰題名楷書，字徑1～1.5厘米。碑體完整，文字清晰。第二塊碑，高109厘米，寬53厘米，厚16厘米。正文楷書，字徑3厘米。題名楷書，字徑1.5厘米。碑陰題名楷書，字徑1～1.5厘米。碑體完整，文字清晰。該碑記載了清道光年間住持張心平與四方善士重修白衣庵之事，並附捐資信士題名。

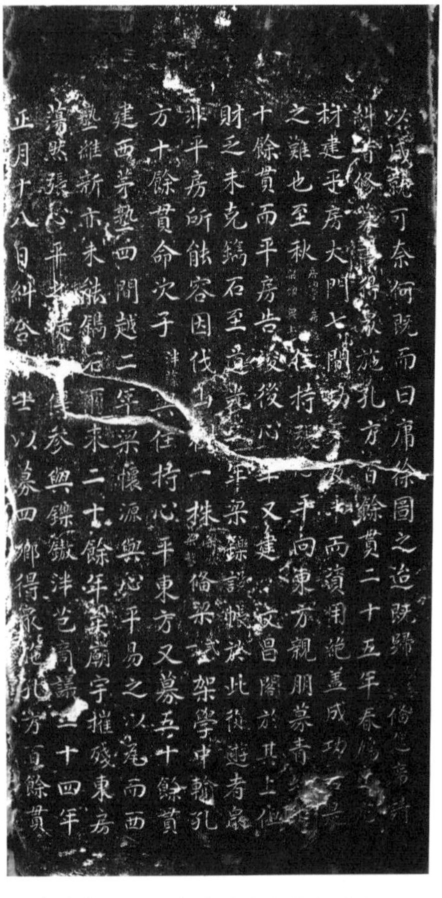

清道光二十六年重修白衣庵記碑(一)

……以成就可奈何，既而曰"庯"，徐圖之。迨既歸，欽、鑫、鑠、鏊備筵席，請」糾首，修募書，得衆施孔方百餘貫。二十五年春，鳩工庀」材，建平房大门七間，功未及半，而資用絶，蓋成功若是」之難也。至秋，房淵亭、房勉、梁鑠、梁鏊、住持張心平，向東方親朋募青蚨七」十餘貫，而平房告竣。後心平又建文昌閣於其上，但」財乏未克鐫石。至道光二年，梁鑠設帳於此，從遊者衆」，非平房所能容。因伐山樹一株，梁欽俻梁式架、梁鏊俻梁一架，學中輸孔」方十餘貫，命次子泮藻與住持心平東方又募五十餘貫」，建西茅塾四間。越二年，梁懷源與心平易之以瓦，而西」塾維新，亦未能鐫石。爾來二十餘年矣，廟宇摧殘，東房」蕩然，張心平之徒□傳參與鑠、鏊、泮、芑商議，二十四年」正月十八日，糾合善士，以募四鄉，得衆施孔方百餘貫」，重修大殿鐘楼石影壁碑一座，院之前後修除之，廟之」傳椽增易之，门庭户牖丹沃之，垣墉傾頽整飭之。雖無」井幹麗譙之華，而内外燦然，頗有可觀。是皆四方善人」君子，不惜刀布，仗義樂輸之力也。謹將台甫勒諸琘」珉，流芳百世，後之人嗣而葺之，庶斯地之不朽云」。

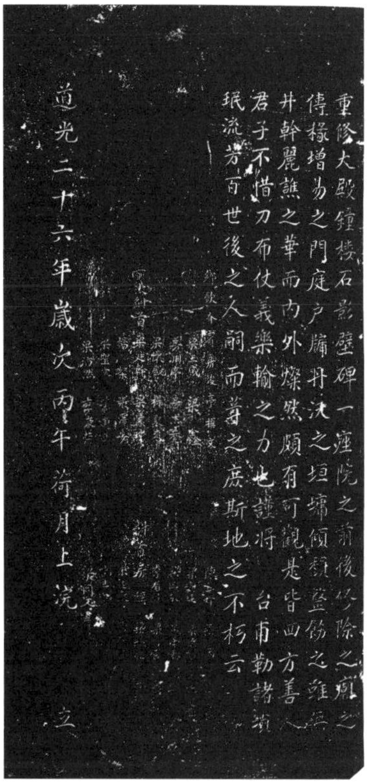

清道光二十六年重修白衣庵記碑(二)

鄉飲介賓房浚亭撰文」。

前次糾首：梁玉成、房渊亭、梁懷殿、梁廷幹、楊璨、梁聖文、梁沛然；梁鑫、房杰菴、楊東來、梁懷璣、張澤安、蕭更正、李來荣。

糾首：陳章舜、梁對廷、梁継孔、李有乾、房經、梁□東、劉士诚；梁雨、梁德謙、張崇泰、梁雷、梁振乾、雷朝望、張澤平、蕭懷禮、楊起雲、梁□、梁汝謙、武衍倉、李中清、黄國□。

梁同文書丹」。

道光二十六年歲次丙午荷月上浣立」。

（以下第一碑碑陰）

李緒統五千、張國璧二千五、杜君修七百、馬東勳六百、侯玉□一千、張□五千、王立一千、馬甫九五百、張樂田六百、賈仲子一千、賈聖祥一千、劉貢植三千、□成興兩千、劉清山一千、刘清漣一千、合成店一千、永和店一千、永順店一千。

宋振玉一千、宋振九一千、李景堯一千、顏純□一千、張敬斋四百、同生堂三百、聶仰菴六千、武清和兩千、宋傳文兩千、孫傳游兩千弍、徐濟萬兩千、張萬成兩千、朱文錦兩千、朱安信一千、朱戴午一千、朱文林三千、光成店四百、朱尚泗三百、朱崙全三百、滕仙舟兩千。

于□禄一千、于銑五百、張□五百、姜廷奎五百、于本五百、王□三百、張培鳳五百、刘□□四百、張忠常五百、□□□五百、賈□□五百、李尚德五百、李尚用五百、李尚忠三百、李尚華五百、李尚科五百、李永由三百、李寧懷三百、邱垣俊四百、邱垣利弍百。

葛大□二百、邱廷管二百、李大倫二百、胡正會二百、雷克杰一千、尹復莊一千、陳仰聖一千、王培善一千弍、張清洛一千、合太号一千、魁盛号弍百、

清道光二十六年重修白衣庵記碑碑陰(一)

興盛号弍百、光益店一千、義順店一千、復盛号五百、刘□太六百、蕭子璵一千、蕭世明八百、蕭懷□八百、蕭怀聪五百。

蕭君度五百、蕭怀盈一千、蕭登衢一千、王文□五百、王得□二百、解永□弍百、陳玉清弍百、王文同弍百、王文運弍百、楊思裕一千、史研東一千、尚際泰一千、展文修一千、張志均弍千、梁巨亭一千、鄭□亭一千、梁玉成三千、梁用成五百、孫國興五百、梁巨成五百。

梁恒緒□百、李端杰二百、孫怀宝二百、陸德普二百、葛孟殿三百、楊震公二百、楊盛如二百、李殿林二百、王玉二百、李綸元三百、范心平伍百、陸明五兩千、尚慶餘四百、杜瑞麟八百、孫永敬一千、常清四百、李清遠六百、巨成興四千、福成店兩千、□□□一千。

武正己一千、光生店兩千、刘尚□一千、牛代荣一千、錢尔錫兩千、刘德選一千、李鳳林一千、周德智一千、刘文□一千、李□成五百、張□明一千、刘夫□一千、李曰廣一千、李可興一千、李尚海一千、張泽兆一千、李可成一千、李可□一千、房□□一千、李永爵一千。

李忠傑一千、蕭更東一千、蕭□舟□□、李來禎一千、□□□千五、□□信千五、楊春兩千、張□□一千、張泽□兩千、張泽太兩千、武清□□□、□□□、蕭更正三千、□林千五、蕭更南□□、□□□三千、蕭怀臣兩千、陸德法千五、梁珙千五、□継新四百。

刘公玉□百、梁□三百、王永洛二百、梁汾兩千、□禄一千、元泰興四千、□義店兩千、光生店三千、聚盛店五千、洪泰店千五、□□店一千、□□鹽一千、三合店五□、善□堂一千、湧泉店□□、□德□五□、善□店一千、福源店一千、邱宗久五百、□紹文五百。

李友乾九百、梁□□三千、李方□□□、梁顯□□千、房萬秋□□、□和店□□、□□店十五千、□□池一千、梁和璧十□千、恒興店一千、□□□□百、□□□兩千、□□□□□、梁□□五百、□□□□□、梁士彦□□、梁廷柱一百、□友□三百、陸秉惠三百、□□□□□。

前此施主。

（以下第二碑碑陰）

□□□□□、梁學亮□千、梁學錦五千、孫焕章四千、□起□兩千、李清遠兩千、梁起荣一千、陸德法兩千、梁□□□千、公義□十五千、路□□□□、□□□□□、□□□兩千、□□□□千、梁永寧一千、李允恭兩千、李恭一千、張迎泰兩千、李均照一千、王文彩一千。

梁宗清一千、梁德謙一千、李傳交一千、李傳□兩千、翟樂俊兩千、張泽平兩千、房光□□千、路□□□千、梁德亮八百、李永禎一千、□□□□□、郭振□□千、梁汝謙一千、李□泰兩千、張思讓兩千、李中習一千、楊起雲兩千、姬振望十千、堯欲居一千。

梁鎔成一千、苑中德千五、翟樂傑一千、李連三三千、梁烽一千、□□干一千、孫□箱一千、梁文交一千、梁春成兩千、□□□□千、范□爵兩千、□世申一千、陸□亭七千、安立東一千、楊起坤一千、路德泰兩千、姬圣傳千五、趙克樹八百、孔傳炌兩千、劉士誠千七。

清道光二十六年重修白衣庵記碑碑陰(二)

陳國俊千六、顔振□千五、武玉芳□千、武玉枚一千、王希中兩千、孫杰三一千、房元配一千、李丕吉一千、汪廷南兩千、梁信成一千、杜宏廉一千、刘文明一千、梁振松一千、梁同亮一千、□九經千五、梁圣文一百、梁同珠一千、梁雷兩千、梁怀玐兩千、梁信八百。

李明太千五、楊興兩千、雷崇武一千、李可興一千、雷□讓一千、范□□五百、梁斌千四、李有一千、刘玉亭一千、趙平顔四千、王建功一千、梁紹闵一千、王永康一千、王玉千四、梁明成一千、武際昌一千、雷克忠六百、李中選一千、雷作讓千五。

仇成千□、蕭怀福三千、梁垣灼一千、趙金山二百、梁元成五百、梁紹墳二百、梁曰太二百、□陶成三百、□□□五百、□□□□百、□□□二百、趙□民四百、梁玉□□□百、刘相□□□、陸得福□□、李文遠三百、齊正明五百、袁章二百、李松二百、梁宏德五百。

□□□□□、房涵二百、姬圣林五百、孫愉唐六百、□玉英四百、□□德三百、□元恭三百、房勣三百、李德廣四百、□□林□□、吴□然五百、李文山三百、武顯義三百、公盛店三百、□□□□百、□□□七百、□□□□百、□□□兩千四、梁□民二百、梁丕緒五百。

梁振□□□、李□□□百、張廷□五百、梁振成三百、□德聚六百、肖宗泗三百、李永盛九百、杜存箱四百、侯□□三百、蘇志元一千、益寿堂一千、梁學□百、畢星亮三百、尚吉道千五、程序□□百、馬成三百、梁維範五百、趙義五百、李錦二百。

裕德堂□百、□□□□百、□曰□一千、廣信店五百、義和楼五百、梁塾□□、王

□□二百、張士杰二百、房之成三百、蕭怀曾三百、蕭怀章二百、李來聖三百、蕭怀喬四百、楊起龍六百、□□□□□、武衍文四百、張□太三百、司士瑞二百、張常寧二百。

張錫範三百、雷朝璽一千、李存厚三百、李存实二百、李中清一千、李□太二百、李述□一千、李成桐一千、李成梅三千、武照□五百、朱大朋一千、孟效三一千、李道存五百、武子遜五百、□成曲兩千、趙永平千五、安秀生千五、張揚起一千。

後此施主。

清同治九年重修雲葩庵序碑

碑在山東省泰安市肥城市孫伯鎮雲蒙山白衣庵，清同治九年(1870)立。石灰石質。高107厘米，寬54厘米，厚18厘米。正文楷書，字徑2厘米。題名楷書，字徑2厘米。碑陰題名楷書，字徑2厘米。碑體完整，文字清晰。該碑記載了住持張照臨重修白衣大士廟之事，並附道士與信士題名。

重脩雲葩庵序

雲葩山南石壁形似蓮葉，北大頂蓮葩獨秀，確乎一覽衆山小矣。西嶺蓮子石」数十個，有若天造地設者。然東有蓮花峪，古之人廟焉，並植柏樹数株，此誠一」方之勝地名區也。中建白衣大士廟，昔人之重脩屢矣。咸豐十年，南匪過」境，近山居民脩寨避難，屢蒙護佑焉。至同治七年，南匪盡平，住持照臨張師者」，睹廟貌摧殘，道房傾圮，不忍坐視。協同會首，賣地一段，而猶慮工大難成也。又」廣募四鄉善士，各出資財，於暗淡者丹雘之，損壞者脩葺之，又添塑菩薩四尊」，創脩道房三間，己巳春工已落成矣。今將善士姓名鐫石以垂不朽云」。

檢修梁學錦增捐錢一百一十二千五」。

業儒姬聖脩沐手敬撰」。

文童雷尚策、李學道沐手書丹」。

住持：張傳輝、李傳遂，徒鄭乙修、陳乙松、侯乙山、徐乙成、劉乙芳；孫吴己敏。

大清同治九年歲次庚午暑月中澣穀旦立」。

清同治九年重修雲葩庵序碑

清同治九年重修雲葩庵序碑碑陰

（以下碑陰）

陸長太六千、陳玉楨四千、陳光含四千、梁學愚三千、梁人英五千、梁玉華三千、新□元五千、張崇陽三千、梁文交三千、梁玉倫三千、于友常三千、梁曰翕三千、梁承先三千、杜元英三千、杜中選五千、梁震甲五千、後寨子十千、陸長策三千、蕭玉亭三千、□作勤三千。

梁霖三千、梁玉健三千、雷崇冰三千、于国思二千、劉崇明二千、雷寶玲二千、雷崇卜二千、武文吉二千、趙永平二千、辛馨遠二千、德合堂二千、陸長成二千、梁為周二千、朱松齡二千、刘在範三千、楊啟成二千、梁卓漢二千、汪俊藻二千、張立文三千、滕玉達三千。

趙學仁千七、姬聖林千五、姬緒仲二千、□玉珠五千、梁啟禄二千三、張澤河二千、益聚店二千、杜傳啟二千、汪殿□二千、蘇景召二千、梁泮亭二千、陳玉梓二千、孫継安二千、陸長諾二千、陸長緒二千、孫永純一千五、孫為周千五、雷崇震千五、武玉儉千五、武衍文千五。

陸長恪五千、李成□五千、馬傳法千四、李孝文千五、□有爵千□、□明堂千五、□清冉千五、苑效居千五、孫衍信千五、宋尚□一千、葛甲申一千、陸長敬千五、陸長寿二千、刘文杰千五、馬殿文三千、陳光輝千五、陳玉模千五、趙光宗千五、梁維新千四、趙一福千四。

梁效賢、陳玉本、梁學清、劉澤萬、楊□全、許鳳儀、許鳳來、張国安、梁曰修、魏光水、尉傳岱、尉傳修、錢玉德、姚子敬、刘元桂、雷崇芹、馬天元、梁景西、趙淑梓、梁淑宜四百。

李士修、朱興成、王殿一、王清儉、房啟章、李吉林、武崇岱、安長玲、王兆鳳、姚萬春、蘇志敬、尹士唐、徐蕃吉、尹士盤、中興店、李宏龍、房萬才、梁安禮、吴興道、杜傳經四百。

梁德舜、梁□亭、朱興孔、侯重清、汪得禄、房資久、房印久、□景坤、武青雲、恒盛店、協成店、劉澤沛、路得衆、梁恒學、梁恒楹、梁曰祥、梁恒光、梁恒明、李强林、邱廷樂四百。

張錫月一千，梁曰明、杜元武、張清揚、張崇商、張漢彬、張志江、武光貞、王金燦、張昌太、朱俊元、尹兆平、杜可汶、張崇來、王文萃、郭天慶、武衍篤、許鳳梅、于清遠、房從仁四百。

劉恒芳、孫永常、孫永柱、孫曰琮、温紹禹、温紹路、尉衍宏、梁曰執、孫士成、梁国安、梁國元、趙淑本、范士科、范玉冉、李志同、李志文、孟繼敬、許鳳瑞、趙學□、房從五三百。

魏洋河、刘成林、梁承孟、梁同來、梁曰梓、陸楷、刘文法、蕭怀香、梁淑和、楊起為、梁淑元、梁□□、李□□、安順峯、范志玉、陳貴、辛邦廷、張揚起、□宏學三百，尹士孟一千。

清光緒十一年重修白衣大士殿記碑

碑在山東省泰安市肥城市孫伯鎮雲蒙山白衣庵，清光緒十一年(1885)立。石灰石質。高133.5厘米，寬65厘米，厚17厘米。正文楷書，字徑3厘米。題名楷書，字徑3.5厘米。碑體完整，文字清晰。該碑記載了清光緒年間重修白衣庵之事，並附捐資信士和道士題名。

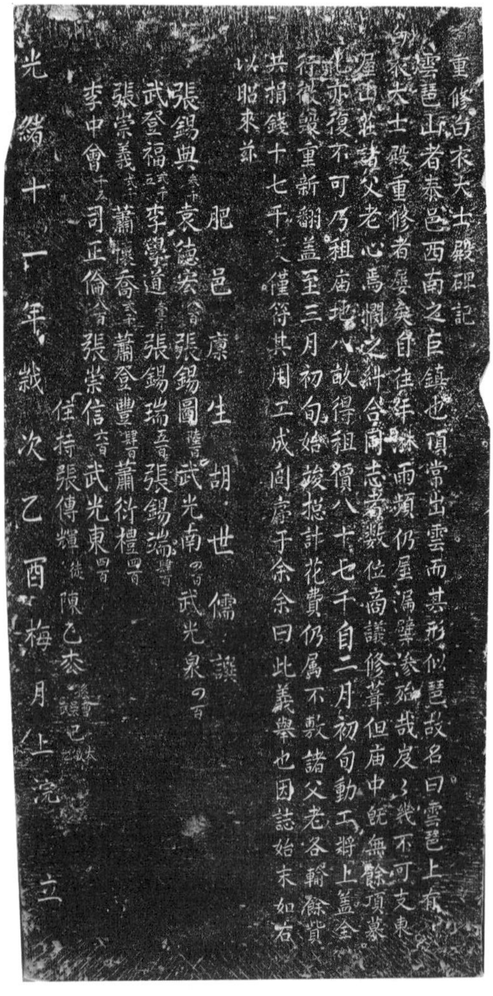

清光緒十一年重修白衣大士殿記碑

重修白衣大士殿碑記

雲琶山者，泰邑西南之巨鎮也。頂常出雲，而其形似琶，故名曰“雲琶”。上有」白衣大士殿，重修者屢矣。自往年淋雨頻仍，屋漏壁滲，殆哉，岌岌！幾不可支。東」屋山莊諸父老心焉憫之，糾合同志者数位商議修葺。但庙中既無餘項，募」化亦復不可。乃租庙地八畝得租價八十七千，自二月初旬動工，將上盖全」行徹毀，重新翻盖，至三月初旬始竣。捴計花费仍属不敷，諸父老各輸餘貲」，共捐錢十七千文，僅符其用。工成問序于余，余曰：“此義舉也！”因誌始末如右」，以昭來兹」。

肥邑廪生胡世儒譔」。

張錫典叁千、武登福弍千五、張崇義弍千、李中會千五；袁德宏八百、李學道壹千、蕭懷喬弍千、司正倫八百；張錫圖陸百、張錫瑞五百、蕭登豐肆百、張崇信六百；武光南四百、張錫端肆百、蕭衍禮四百、張光東四百；武光泉四百。

住持張傳輝，徒陳乙枩，孫曾己太、吴己敏、武己魁。

光緒十一年歲次乙酉梅月上浣立」。

白衣庵冉光芹、馮元坤等善信題名碑

碑在山東省泰安市肥城市孫伯鎮雲蒙山白衣庵,立碑時間不詳。石灰石質。高109厘米,寬56厘米,厚17厘米。題名楷書,字徑2厘米。碑陰題名楷書,字徑2厘米。碑體完整,文字清晰。

冉光芹、馮元坤、李道千、李道生、李秀芳、雷崇農、雷崇尼、朱尚道、趙燦林、朱興邦、朱卿雲、趙乙福、武光校、陳友賢、楊孟選、馮繼湯、雷崇篤、雷尚需、顔振曾、侯玉坤乙千。

王兆宗、王希功、倪振川、范玉錦、顔士賢、劉學曾、李清太、顔錫太、劉炳松、侯玉山乙千,梁學正一千五,李學儉、邢文敬、趙廣、劉恒吉、劉安愚、顔士玉、蕭超峯、馬殿明、雷昭瀛、侯玉倫、武光漢乙千。

王文甲、王永江、劉懷玉、王永貴、梁曰元、李宗東、廣信成、武可平、武玉夏、杜康年、孫為緒、武方参、李超林、劉際清、趙永純、武衍保、李德祥、布干城、辛邦學、趙長盈、杜士脩、王存礼乙千。

王鳳林、張崇龍、陳光遠、張立中、梁曰篇、李吉隆乙千,梁學唐十千,李宗湯、李中惠、趙學義、雷崇尚、梁順成、趙蘭亭、王作杜、石賢、張清太、劉衍渭、胡明道、張渭蓮、武玉亮、梁恒武、薛平乙千。

王賜全、王永揚、蕭懷謨、劉恒明、雷崇鑠、孫基鳳、朱茂魁、馬永昌、楊仁德、楊清梅、梁仰成、齊尚朴、房德太、李存寔、王賜訓、梁泮文、雷兆君、楊夫立、楊

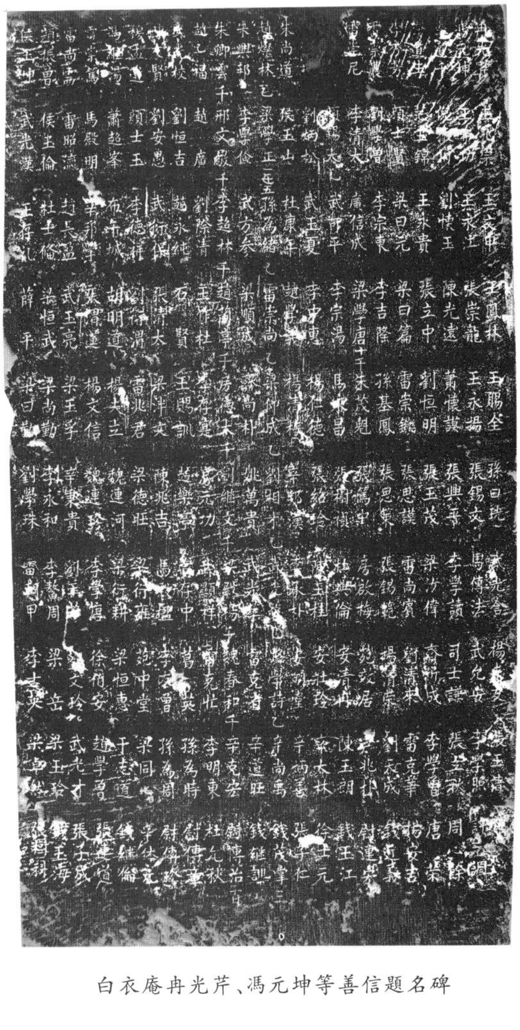

白衣庵冉光芹、馮元坤等善信題名碑

文信、梁玉孚、梁尚勤、梁曰勤乙千。

孫曰珖、張錫文、張興平、張玉茂、張思謨、張思策、張篤中、張樹禎、張紹玲、辛邦漢、劉相才、姚萬貴、劉繼文、房元功、趙樂亭、陳兆吉、梁德旺、魏連河、魏連珍、辛秉貴、李永和、劉學珠乙千。

武光含、馬傳法、李學讀、梁汝偉、雷尚賓、張錫範、房啟梅、杜興倫、陳玉桂、李承朴、武光安、武光學、梁殿揚、武顯祥、□存中、馬殿楹、梁衍雍、梁衍耕、李學唐、劉玉□、李鰲周、雷朝甲乙千。

楊□友、武允安、司士謙、齊祈成、劉清來、楊清荣、苑效居、安清冉、安壯玲、安明堂、路學詩、雷克省、魏春和、雷克忙、葛英、李友曾、苑中堂、梁恒惠、徐伯安、劉文玲、梁岳、李士英乙千。

張玉清、李學照、張立秋、李學曾、雷克華、劉天成、尹兆朴、陳玉朗、辛太林、辛炳善、辛尚禹、辛道旺、辛克宏、李明東、孫為時、孫為周、梁同心、于志道、趙學曾、武光才、梁玉玲、梁卓然三百。

計元調、周心餘、唐荣、楊安吉、錢近義、尉連宏、錢玉江、徐士元、張子仁、錢茂掌、錢繼訓、尉傳治、杜允秋、尉傳章、尉傳珍、辛体元、錢繼倫、張連道、張子成、錢玉海、張樹科三百。

（以下碑陰）

張興成七千、王兆言十四千、張崇礼十二千、張廷玉六千、趙一祥五千五百、劉文信四千、劉繼唐三千、梁學唐十一千、梁學固二千、張渭南十一千、董元奎二千、梁學錦十三、姬聖修六千、武顯義十五千、李德聚十千、孫永安十五千五、許鳳林四千五、武光輝□千、姬隆臣十三千、蕭怀喬十一千、齊功成三千。

王兆貞二千、楊夫長一千五、張陽中四千、趙格一千五百、趙儉四千、司正倫十千、劉光坦二千、劉光宗二千、張錫典十三千、孫培中三千、李中權十千、顏錫荣三千、雷朝錦三千、孫為中十三千、朱尚先、孫曰璋三千、陸樹三千、姬聖傳三千、齊正明一千、宏泰店。

常永桂、房美焕、梁玉傳、梁恒樹、蘇之讓、王永桂、孫培本、刘宏礼、馬從鰲、王作傳、于克仁、王兆明四百，孫吉安一千八百，楊夫盈、李永明、孫曰連、孫曰玺、鄭光元、鄭光含四百。

馬殿柱、尚繼道、李廷魁、馬怀臣、孫永中、張傳雨、葛方、荊□禄、錢繼武、袁大成、袁大荣、袁士魁、雷尚灝、雷尚欽、周聖乾、劉光清、劉永哲、周為東、劉玉中、安文玲、梁學商四百。

孫文龍、孫廷棟、邢得温、戴興發、李中華、李存厚、李中清、李中捷、蕭光漢、梁勤、蕭光允、吴桂年、刘聖孝、房照久、梁恒盛、許元興、許明乾、安永玲、雷尚化、蕭汝楫、翟汝明四百。

武昌厚、李芳林、福順店、汪德年、汪寶樹、汪珊樹、王孟玲、王衍義、房勳、陳玉階、許元平、房俊、范玉盛、左方周、房廓久、刘文炳、傅成元、尹秉荐、尹兆柏、尹兆吉、尹兆經四百。

福泉永、廣益堂、趙廷梅、于連、張□太、馬學田、汪殿元、李宏湘、李光明、李光春、李成時、李文玉、張西華、徐蕃瑞、張存義、馬天禎、孫廷良、尹士珠、張現吉、刘性仁、李振清四百。

刘興雲、梁友成、孫焕武、袁學孟、□德年、陸鳳舞、辛邦曾、復盛泉、張玉甯、郝興斌、汪德秋、武昌祜、武公安四百，徐荣康、汪德春、郝興鈍共四千，杜可欽、李承義、李朝哲、李照琦四百。

武玉琢、武光成、武昭明、怡山堂、雷昭寧、李士儉、程萬興、姚萬義、張鰲、李清魁、李仁廣、崔朝元、崔昌緒、雷尚礼、張清石、許鳳玲、蘇承龍、井啟祥、蘇亮、許鳳瑞三百。

白衣庵楊起業、汪俊彩等善信題名碑

碑在山東省泰安市肥城市孫伯鎮雲蒙山白衣庵，立碑時間不詳。石灰石質。高 109 厘米，寬 56 厘米，厚 17 厘米。題名楷書，字徑 2 厘米。碑陰題名楷書，字徑 2 厘米。碑體完整，文字清晰。

楊起業、新盛店、汪俊彩、許元亭、姚萬道、孔繼元、杜學礼、孫為純、孟效思、王文忠、劉玉成、辛邦乾、安明禄、辛邦元、李玉秀、桑秉仁、梁曰華、朱茂松、柳德焕、高玉玲、李傳義五百。

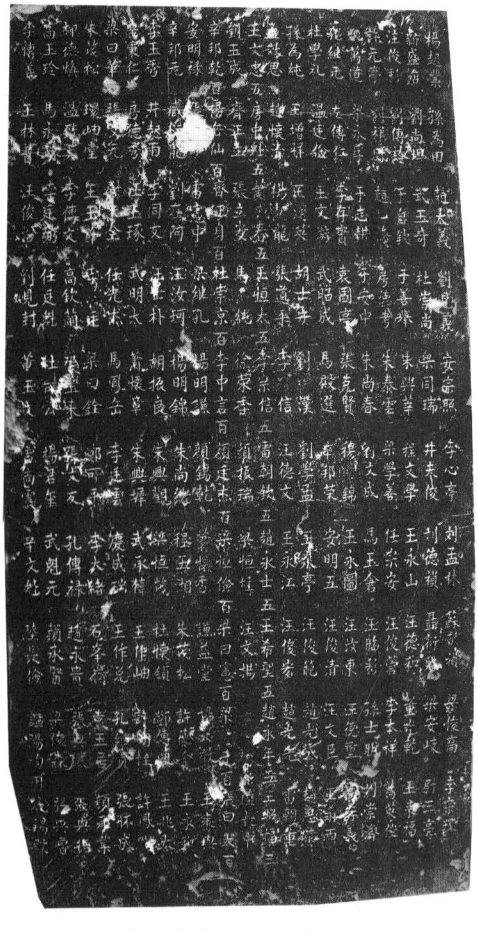

白衣庵楊起業、汪俊彩等善信題名碑

孫為田、劉尚坦、劉傳玲、劉祥鳳、梁永孚、左傳仁、温廷儉、王增祥、趙懷清、房中魁、齊正立、楊岳仙、張□□、臧□龍、井起雨、房德秀、張文元、環岫堂、温致□、馬永成、王林普五百。

趙太義、武玉奇、于自欽、趙乙海、于志耕、李存實、王文游、王漢英、楊起龍、蕭成春、張立安、齊正身、雷憲中、劉在阿、李同友、汪玉琢、尉□全、王玉茚、李傳文、李廷弼、汪俊汾五百。

劉見義、杜崇尚、于善舉、房德考、于安中、袁國亭、武昭成、胡士安、張道平、王恒太、馬純、杜崇京、梁繼孔、汪汝珂、汪士朴、武明太、任先杰、李廷、高欽蘭、任廷魁、劉見封五百。

安宗照、梁同瑞、朱興莘、朱泰雲、朱尚春、張克賢、馬殿選、劉漢、李信、李宗信、徐荣季、李中言、楊明謙、楊明錦、胡振良、蕭懷章、馬鳳岳、梁曰銓、張玉來、杜可公、董玉文五百。

李心亭、井夫俊、程文學、梁學善、劉文成、穆錦、辛邦荣、劉學孟、汪德文、雷朝欽、顔振瑞、顔廷杰、顔錫乾、朱尚緒、朱興觀、朱興墀、李廷雲、鄭可平、張文友、楊君璽、雷尚震五百。

刘孟林、刘德禎、王永山、任宗安、馬玉倉、王永圖、安明五、王永亭、王永江、趙永士、梁恒柱、梁恒儉、蕭懷香、程玉湘、梁恒茂、武承偉、慶成瑞、李大緒、孔傳禄、武魁元、辛文魁五百。

蘇献禎、聶衍魁、汪德和、汪俊管、汪臨彩、汪汝東、汪俊清、汪俊範、汪俊宏、王希聖、汪文揚、梁曰憲、謙益堂、朱茂松、杜懷領、王作岫、王作兑、石峯嶺、趙永貴、顔承賢、陸長儉五百。

梁俊高、梁安岐、董光乾、李本祥、孫士朋、汪德重、汪文臣、趙光成、趙光先、趙永年、梁元、楊大效、許德全、鄧傳典、許明柱、孔繼貢、袁玉居、張興讓、梁俊森、謳陽均用五百。

李宗環、尉三亮、王来福、葛英俊、刘崇濟、□存義、王永兩、趙思恭、雷朝重、王昭福、陸長中、張曰太、王来興、王永和、王兆太、許鳳喈、張怀成、顔承業、張興德、張興魯、張錫殿三百。

（以下碑陰）

范士堦、牛守禮、雷崇瑶、楊夫厚、張國榮、石□嶺、□宗舜、劉全成、□衍禮、尹兆玲、尹國安、李為經、李道修、孫泰、李志廣、苑中信、安清言、安蓮峯、孟傳樹、楊啟殿、張振□、郭振魁、左方文、孫基瑞、孟毓文、屈懷章、益合成、王志成、武光立、陳光勤、武光鐸、李中武、李明義、梁學杜、趙良、袁恒路、孫曰興、董永昌、梁明成、趙銘松、雷尚風、姚萬湘、梁魁成、李基太、趙乙美、張學仁，以上各施錢八百。

劉耀德、梁英聚、雷尚丙、劉永康、尹丙重，以上各施錢七百。

辛盛遠、梁貴、張廷禄、蘇景冉、郝連才、井夫文、李進武、曹林經、顔士卜、雷明見、張振雷、雷昭成、李秀珍、武鳳書、井啟雲、武玉法、徐榮□、趙□□、梁同禄、李學廉、武光照、尹士華、雷尚型、杜學信、許鳳岐、雷克商、孫基寬、武光傑、戴興讓、許鳳奇、孟毓殿、顔承化、李存學、李道顯、路化九、郭淵亭、雷崇集、劉尚塾、王增文、雷崇灝、路宏銓、劉繼冉、路宏鑫、路光封，以上各施錢六百。

劉澤浹、梁安鎬、梁継元、梁紹法、雷朝欣、雷尚瑞、温廷普、房從義、劉玉春、房從文、房從武、梁泮玉、梁恒學、房玲九、于友寬、梁玉東、劉均安、房玉經、房從祥、梁玉蘭、袁清德、梁曰秋、梁曰泰、楊清禹、朱尚選、雷崇珩、王興詩、雷崇山、梁峯、張同現、李儒林、尹兆松、尹肇唐、王兆龍、姬茂臣、王守明、杜興儉、杜其速、春和堂、張彭年、于友章、武玉蔟、于樂泉、武光□、馬殿安、馬殿興、武光玉、武均、武光宗、郭圃、王永安、王興富、雷克同、杜學珠、陸長勤、武光遠、武清教、廣信店、永盛店、辛尚思、孟傳薪、李祥林、安魁全、雷崇旺、魏大榮、梁需、梁恒純、張興邦、梁曰□、武文興、劉玉傳、劉在明、劉明貴、李俊蘭、安明輝、楊得志、石守志、陳寬、袁太貞、梁人和、馮盛□、張興詩、張興為、雷昭經、雷□□、齊正章、雷克忠、雷崇長、楊君楹、徐榮常，以上各施錢四百。

趙殿林、趙均、趙淑平、梁學泗、王文舉、梁陶成、張存法、張立柱、李來全、□學蘭、雷□盜、雷□密、梁□成、張克柱、仇玉文、仇玉章、孫肄時、楊夫光、左傳成，以上各施錢□百。

白衣庵董元魁、梁學錦等善信題名碑

碑在山東省泰安市肥城市孫伯鎮雲蒙山白衣庵，立碑時間不詳。石灰石質。高 108.5 厘米，寬 66 厘米，厚 17.5 厘米。題名楷書，字徑 2.5 厘米。碑陰題名楷書，字徑 2.5 厘米。碑體完整，文字清晰。

糾首：主簿董元魁，監生梁學錦。

張立文、孫衍信、雷克省、姬聖修、王肇顔、梁泮亭、張崇禮、李德聚、李中權、孫永安、朱松齡、梁震甲、蘇景韶、李俊蘭、張廷玉。

梁衍庚、孫太、齊尚朴、朱尚道、孫為中、劉文信、梁學唐、梁衍雍、武顯義、張錫典、梁人英、李學文。

雷崇卜、梁霖、尉三亮、陸長太、武玉亮、鄭永平、姬隆臣、蕭懷僑、武光惠、劉繼唐、張繼訓、劉耀武。

陸樹、張仰平、許鳳林、齊功成、司正倫、楊福常。

石匠：鄭可平。

木匠：袁清德。

画匠：李平。

泥水：張興平、張錫文。

（以下碑陰）

刘見同一千，陳国常、刘志富、范士玺、路宏箱、李有聖、苑明奎、鄭永顔、鄭光乾、鄭汝東、王汝弼、梁恒太、李孝功、武錫爵、張興双、顔承文、□永順、王清元、張怀美、馬玉璋、孟傳道、梁學静、武顯德三百。

李中文一千，苑明禎、安秀梅、姚萬桐、楊奎吉、楊夫興、楊夫明、張殿臣、袁

白衣庵董元魁、梁學錦等善信題名碑

存善、雷崇玟、張安志、梁学智、楊宏吉、孫永讓、房彬、張興存、孫為連、苑中詔、安清魯、齊正梅、安崧峯、安清杰三百。

武衍杰、徐茂武、徐茂申、雷尚舜、蕭汝亮、李清太、李作林、尉敬矦、刘継玲、英聚、王曰□、刘性甫、刘元哲、高起舜、杜允中、刘傳旺、徐茂成、左傳亮、左方年、梁恒信、梁士友、魏茂安、孫廷玉三百。

范士允、梁学平、趙一元、李爱中、鄭光聚、梁玉佩、鄭光新、李承德、梁恒緒、梁讓、趙鈍、刘丙德、李傳教、梁学召、李可儉、房元道、鄭汝檀、武玉亭、李作儒、龐玉殿、韓永寛、武清富、張学考、武衍祥三百。

李爱智、張可、梁一成、李文傑、武安明、張清友、馬玉琢、梁学農、李志孟、刘萬清、李德立、李德月、武志明、李煥章、梁德禄、李為東、蕭怀桓、張興仁、張怀祥、高曰峻、鄭光成、路大成、李爱孝三百。

梁曰聰、徐茂章、梁学誦、李爱存、王学玲、李志方、薛太、房元仁、李爱春、胡起宏三百，張從信五千，梁浩然、張憲俊、孫曰中、馬玉振、郭存重、孫嗣遠、孫永信、孫殿荣、馬聖傳、尚継武、王兆荣、刘尚泗三百。

梁学讓、武昭吉、武玉棟、梁寶甲、温志洪、武光龍、陸鳳棲、武玉堂、陸鳳鳴、梁曰貞、張怀平、梁曰蘭、曹振綱、張廷□、張怀寶、張怀本、張朝善、張怀幹、張廷芳、梁曰宗、梁型、梁曰方、徐荣法、馬殿經三百，姚子良四百。

白衣庵董元魁、梁學錦等善信題名碑碑陰

許鳳良、陸桓、孫曰信、齊業成、李明岐、梁曰珩、刘注林、郭存連、杜可漢、汪淑爵、雷尚礼、高振祥、張國杏、張国□三百，張継業二千，李光脩、齊守成、謝士林、張怀珍、張清月、齊曰成、汪世偉三百，李孝公四百。

姬茂重、徐荣科、同春堂、趙大安、張□仁、彭興旺、馮国箱、孫曰義、李継耕、温廷雪、孟継敬、刘元太、松寿堂、張怀全、馮溪、馮興揚、馮若元、馮興東、馮若彦、馮若安二百。

李道同五百，張学重四百。

雲蒙山修真觀重修記殘碑

碑在山東省泰安市肥城市孫伯鎮雲蒙山白衣庵，立碑時間不詳。石灰石質。圭首。碑現存兩塊殘片。第一塊殘片：殘高48厘米，寬68厘米，厚22厘米。第二塊殘片：殘高22厘米，殘寬46厘米，厚22厘米。正文楷書，字徑3厘米。額篆“脩真觀□脩記”，2行，字徑6厘米。文字漫漶。

脩真观重脩記

蓋聞」混元上德□□（下殘）」太上玄元教祖（下殘）」名也所以□方（下殘）」之北，無謂也（下殘）」泰麓西南曰琵（下殘）」時□朝大金世（下殘）」□□□之間平（下殘）」□□□李志寬（下殘）」□□□刱建東（下殘）」非其人也，自李（下殘）」門下道人成志（下殘）」弊壞停□忘滄□（下殘）」□□不再月而（下殘）」載始末之源流□（下殘）」能□眉而請，應命（下殘）」。

大哉至道（下殘）」東訓尼父（下殘）」□銘勒石（下殘）」。

住持□觀（下殘）」。

（以下第二塊殘片）

雲蒙山修真觀重修記殘碑

（上殘）寧陽縣紫雲（下殘）」（上殘）觀□來舊□」□有□存其（下殘）」（上殘）□戈興□迨（下殘）」（上殘）殿宇法像存（下殘）」（上殘）者無棲息焚」傾墁者梓者（下殘）」（上殘）立九仙琶□（下殘）」（上殘）汪萦然如榮（下殘）」（上殘）□不獲已拾（下殘）」（上殘）澄澈無□（下殘）」（上殘）□所誘□（下殘）」。

蓮花峪村

民國十一年重修關帝廟記碑

碑在山東省泰安市肥城市孫伯鎮蓮花峪村關帝廟,民國十一年(1922)立。石灰石質。高135厘米,寬69.5厘米,厚22厘米。正文楷書,字徑3.5厘米。題名楷書,字徑3厘米。額題"萬古流芳",楷書,單行,字徑8厘米。碑體完整,文字清晰。該碑記載了善士于泮貴、郝鴻義主持重修關帝廟之事,並附捐資信士題名。

蓋闻:莫為之前,雖美而弗彰;莫為之後,雖盛而弗傳。即敬神亦何?莫□□□」東首舊有」關聖帝君廟一座,創修不知何時。然日久年遠,風雨損傷,苔□剥蝕,廟貌神像俱以」傾頹。不有踵其事者,鄉先輩立廟之善行不幾替乎?幸賴本村于君泮貴、郝君」鴻義發善念,糾合鄉鄰,各輸資財,議定移舊基而復建廟於莊中,地勢當陽,供」奉妥便。於是鳩工庀材,經之營之,而廟貌神像煥然一新。嗚呼!是舉也,不惟神」有所憑依,即人亦有所景仰云」。

民國十一年重修關帝廟記碑

國民學校趙樹人譔並書」。

首事:王廷臣捐錢五百,朱輔珂捐錢四百,郝鴻選捐錢壹千,于泮貴捐錢壹千、栽树式株,郝鴻義施庙地乙叚、捐錢式千四百,劉恒範捐錢六百,劉文德捐錢六百,郝鴻德捐錢四百,郝景明、鄭長貴、劉振玺、郝富先八百,于泮夏、郝兆先各捐錢六百、施庙基乙叚,劉文坦、劉文玺、劉文明,郝鴻玲、朱輔貴、郝聖先、郝茂先、劉振德各捐錢四百,郝庚先捐錢二百,郝景安、劉常印捐錢壹千五百。

中華民國拾壹秊歲次壬戌臘月上浣穀旦立」。

石横四村

明萬曆四十二年創建聖母行宫昌裔連合家施柱題記

題記在山東省泰安市肥城市石横鎮石横四村泰山顯靈宫，明萬曆四十二年(1614)刻。石灰石質。高73厘米，寬25.5厘米。正文楷書，字徑3厘米。小字楷書，字徑2.5厘米。幅面完整，文字清晰。該題記記載了明萬曆四十二年創建聖母行宫時，善人昌裔連一家施石柱之事。

山東濟南府肥城縣高餘社石横鎮創建」聖母行宫，善人昌裔連合家施柱一根」。

善人昌裔連、室人白氏；男昌晚得、女昌二姐、昌雙姐；侄男昌來亨、室人范氏。

萬曆四十二年三月　日吉立」。

明萬曆四十二年創建聖母
行宫昌裔連合家施柱題記

明萬曆四十二年創建聖母行宫師榮合家施柱題記

題記在山東省泰安市肥城市石横鎮石横四村泰山顯靈宫，明萬曆四十二年(1614)刻。高55厘米，寬24厘米。正文楷書，字徑2～2.5厘米。幅面完整，文字清晰。該題記記載了明萬曆四十二年創建聖母行宫時，善人師榮一家施石柱之事。

明萬曆四十二年創建聖母行宫師榮合家施柱題記

山東濟南府肥城縣高餘社石横鎮創建」聖母行宫，善人師榮合家施石柱一根」。

善人師榮、室人尹氏、朱氏；侄男師進禮、葛氏，師進策、張氏。

萬曆四十二年三月　日吉立」。

明萬曆四十二年創建聖母行宫尹連舉等施柱題記

題記在山東省泰安市肥城市石横鎮石横四村泰山顯靈宫，明萬曆四十二年(1614)刻。石灰石質。高80厘米，寬19.5厘米。正文楷書，字徑2.5厘米。幅面完整，文字清晰。該題記記載了明萬曆四十二年創建聖母行宫時，會首尹連舉等施石柱之事。

山東濟南府肥城縣高餘社石橫鎮創建」聖母行宫，會首尹連舉等同施柱壹根」。

會首尹連舉齊氏、昌承業李氏、王希成王氏；張宗智張氏、昌門王氏男承印、張守王氏；昌門高氏孫昌旺、齊佰李氏；昌承德何氏、馮子英王氏；于門陳氏男于進表、高大言安氏、張吉王氏；孫一賓孫氏、王登张氏、高門張氏男高英、何朝用高氏；林栢盧氏、閆宗仁李氏、李門張氏、阮一孟吕氏；昌門劉氏男昌洪、梁文舉鄧氏、尹門范氏、馮門盧氏。

萬曆四十二年三月　日仝立。

明萬曆四十二年創建聖母行宫尹連舉等施柱題記

明萬曆四十二年創建聖母行宫朱崑等施柱題記

題記在山東省泰安市肥城市石横鎮石横四村泰山顯靈宫，明萬曆四十二年(1614)刻。石灰石質。高 54 厘米，寬 24 厘米。正文楷書，字徑 2.5 厘米。幅面完整，文字清晰。該題記記載了明萬曆四十二年創建聖母行宫時，會首朱崑等施石柱之事。

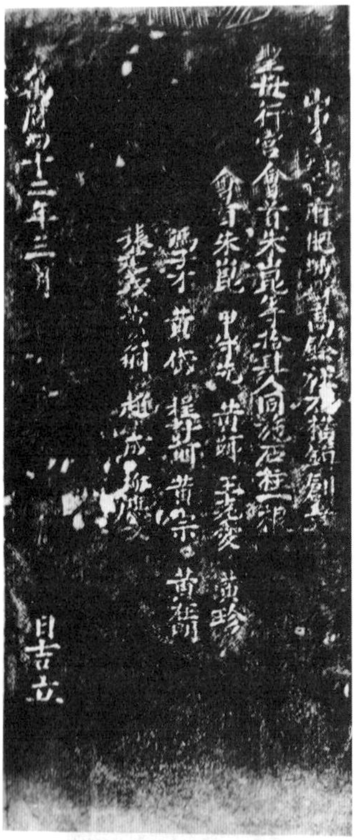

明萬曆四十二年創建聖母行宫朱崑等施柱題記

山東濟南府肥城縣高餘社石横鎮創建」聖母行宫，會首朱崑等拾肆人同施石柱一根」。

會首朱崑、甲守先、黄師、王克愛、黄珍；馮子才、黄岱、程計前、黄宗、黄在明；張建義、黄家桐、趙成、柳應文。

萬曆四十二年三月　日吉立」。

明萬曆四十二年高餘等社善信施銀置買正殿椽料題記

題記在山東省泰安市肥城市石横鎮石横四村泰山顯靈宫,明萬曆四十二年(1614)刻。石灰石質。因位置較高,無法測量幅面尺寸。正文楷書,字徑2.5厘米。小字楷體,字徑2厘米。幅面完整,文字清晰。該題記記載了明萬曆四十二年創建聖母行宫時,會首尹繡等捐資置辦正殿椽料之事。

山東濟南府肥城縣高餘等社,見在石横鎮居住」會首尹繡,發心約合會善信,同施銀叁两捌」錢,置買正殿椽料公用,自立碑石,載名于後」。

會首尹繡張氏、尹門宋氏男尹冲斗、尹緯李氏、王宦、王自明、尹門張氏次男尹自化趙氏、劉文鄉邵氏、林友才陳氏、尹彦明張氏、梁守業張氏、劉公李氏、尹孔道、趙一臣路氏、張守江、尹来富張氏、張守河孫氏、董尚立、尹門甲氏、尹門宋氏……

萬曆四十二年三月　日仝立」。

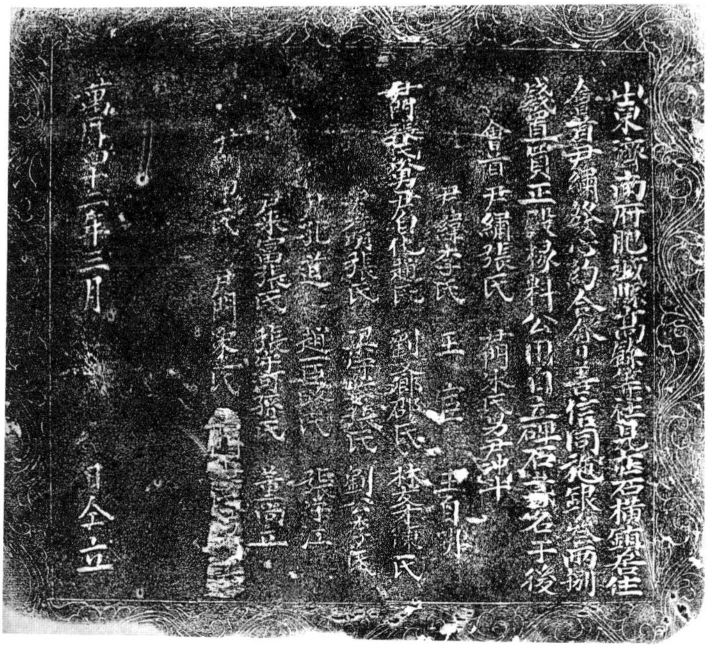

明萬曆四十二年高餘等社善信施銀置買正殿椽料題記

明萬曆四十二年創建聖母行宫會首甲階等施柱題記

題記在山東省泰安市肥城市石横鎮石横四村泰山顯靈宫，明萬曆四十二年(1614)刻。石灰石質。高40厘米，寬17.5厘米。正文楷書，字徑2厘米。碑體完整，文字清晰。該題記記載了明萬曆四十二年創建聖母行宫時，會首甲階等施石柱之事。

明萬曆四十二年創建聖母行宫會首甲階等施柱題記

山東濟南府肥城縣高餘社石横鎮創建」聖母行宫，會首甲階等柒拾壹人同施柱貳根」。

會首甲階、陳尚忠、許科、王應舉、吴守宗；甲金、甲桂、甲永燦、王應選、龐希舜；盧守德、張登舉、丁全、張守科、林順；甲銓、李行、張進守、鄭進忠、劉仲義；甲玉翠、劉愛、程計府、宋科、王信；甲永泰、張立巳、劉子茂、王應登、劉玉；王第、藏希堯、周尚義、宋花、劉仲器；王倫、門守業、徐孝、張一誠、鄭守才、徐行；王進福、崔雲朋、陳尚禮、蒿明、蒿清、□應時；李思登、于守高、龔天福、李九州、盧巽、郭明；張聞道、李守節、劉應書、昌千、蘇志誠、周本强；吕梁、崔雲忠、崔成、金朝禮、馬才富、陶言；安守福、池文仲、常保、柳文善、齊整、王清。

萬曆四十二年三月　日仝立」。

明萬曆四十二年沙溝等社善信施银置買正殿椽料記碑

碑在山東省泰安市肥城市石横鎮石横四村泰山顯靈宫，明萬曆四十二年(1614)立。石灰石質。高77厘米，寬123厘米。正文楷書，字徑2.5厘米。碑體完整，文字清晰。該碑記載了明萬曆四十二年創建聖母行宫時，會首張明等捐資置辦正殿椽料之事。

山東濟南府肥城縣沙溝等社人氏，見在石横鎮」孟宅居住會首張明，發心約合會善信人等，同施銀拾两置買正殿椽料公用，自」立卧石，書名于後」。

明萬曆四十二年沙溝等社善信施银置買正殿椽料記碑

會首張明室人孟氏、尹師曾室人郭氏、甲門李氏、張門林氏、趙立周氏、陳明劉氏、殷門齊氏、周門王氏、劉子富鄭氏、王夢州于氏、李門鄭氏男李有智、張九印宋氏、吴邦才姚氏、劉仲義龐氏、黄門王氏、王應舉李氏、王應科李氏、崔門董氏、蘇世連李氏、孫朝仲黄氏、門守業孫氏、魏子才張氏、焦茂夏氏、陳大業吴氏。

杜子棟吴氏齊氏、甲階室人丘氏、甲門王氏、張寧陳氏、李彦節閆氏、王門劉氏男王一喬、王語劉氏、李彦緒郭氏、徐佐張氏、賈尚信張氏、張門李氏男張鳶、田門李氏、尹第王氏、張明安趙氏、徐科于氏、潘門關氏、張登王氏、高門蕭氏、徐德劉氏、孟門袁氏男孟朝輔、戰旗劉氏、宋門王氏、張九鳳李氏。

劉家政王氏、張大科李氏、黄國禎劉氏、王門黄氏、屈東周楊氏、張都黄氏、李勉之龐氏、甲春邵氏、張守業武氏、劉变王氏、郭禮李氏、盧應遷張氏、李彦卿馬氏、張九成孫氏、李高孫氏、魏仲楊氏、宋貴王氏、閆思恭劉氏、張豹丘氏、王門馬氏、孫尚禮劉氏、石學徐氏、王進善尤氏。

吕化台劉氏、吴門夏氏、王門昌氏、王東魯孫氏、徐門鄒氏男徐賢、林順常氏、王門宋氏、蕭一才徐氏、郭忠王氏、李登雨楊氏、甲夏宋氏、王平武氏、昌惟才徐氏、陳門劉氏、石子高王氏、張府郭氏、張洪王氏、張門張氏、蕭門朱氏、王朝臣鄭氏、郭雲會王氏、袁志學李氏、鄭盡忠。

大明萬曆四十二年三月　日吉立」。

明萬曆四十二年創建聖母行宫會首甲階、陳尚忠等施柱題記

題記在山東省泰安市肥城市石横鎮石横四村泰山顯靈宫，明萬曆四十二年(1614)刻。石灰石質。高40厘米，寬17.5厘米。正文楷書，字徑2厘米。幅面完整，文字漫漶。該題記記載了明萬曆四十二年創建聖母行宫時，會首甲階、陳尚忠等施石柱之事。

山東濟南府肥城縣高餘社石横鎮創建」聖母行宫，會首甲階、陳尚忠、許科」合會柒拾壹人仝施柱貳根」。

萬曆四十二年三月　日吉立」。

明萬曆四十二年創建聖母
行宫會首甲階、陳尚忠等施柱題記

明萬曆四十二年創建聖母行宫鳳山社善人殷朝綱合家施地題記

題記在山東省泰安市肥城市石横鎮石横四村泰山顯靈宫,明萬曆四十二年(1614)刻。石灰石質。高 38 厘米,寬 17.5 厘米。正文楷書,字徑 2.5 厘米。幅面完整,文字清晰。該題記記載了明萬曆四十二年鳳山社善人殷朝綱合家施香火地之事。

明萬曆四十二年創建聖母行宫
鳳山社善人殷朝綱合家施地題記

山東濟南府肥城縣高餘社石横鎮創建」聖母行宫,鳳山社善人殷朝綱合家施香」火地肆畝作施柱工價」。

信女殷門王氏,男殷朝綱王氏」,侄男殷朝臣,孫男殷廷、高氏」。

萬曆四十二年三月　日吉」。

明萬曆四十二年創建聖母行宫會首甲選等施柱題記

題記在山東省泰安市肥城市石橫鎮石橫四村泰山顯靈宫，明萬曆四十二年(1614)刻。石灰石質。高 90 厘米，寬 18.5 厘米。正文楷書，字徑 2.5 厘米。幅面完整，文字清晰。該題記記載了明萬曆四十二年創建聖母行宫時，會首甲選等施石柱之事。

山東濟南府肥城縣高餘社石橫鎮創建」聖母行宫，會首甲選等同施柱一根」。

會首甲選、丘輔、張豹、張伯順、甲夏、甲斗映、甲斗照、甲斗□、趙桂、甲緯、尹師曾、黄国禎、甲遇春、尹和、張大常、張大科、吴尚仁、昌惟勤、張承業、李克成、張中鵠、尹建義、甲衛體、黄九德、齊強、趙□勤、甲玉翠、張印、張乾、馬迎、甲擢、甲斗輝、張應科、張邦用、盧居恩、張守己、李清行、宋景節、宋貴、趙子河、陶継芳、甲一洪、王天福、朱珮、張恕、張整、張彦清、黄科、張應德、張景隆、張崇信。

萬曆四十二年三月　日仝立」。

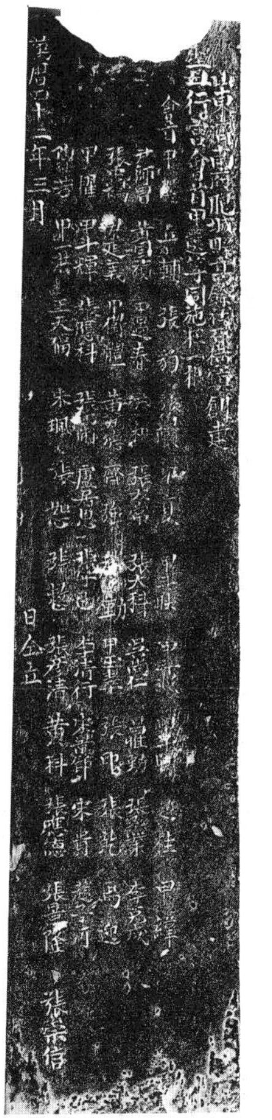

明萬曆四十二年創建聖母行宫會首甲選等施柱題記

明萬曆四十二年創建泰山行宫記碑

碑在山東省泰安市肥城市石横鎮石横四村泰山顯靈宫，明萬曆四十二年(1614)立。石灰石質。殘高125厘米，殘寬66厘米，厚49厘米。正文楷書，字徑4厘米。碑側題名楷書，字徑2厘米。該碑爲四面碑，因被砸碎作他用，現僅存殘片，文字清晰。

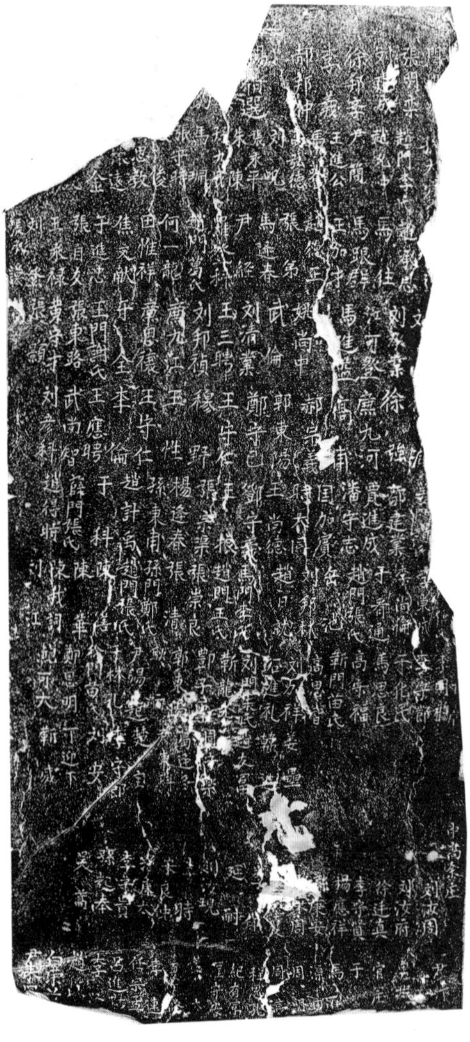

明萬曆四十二年創建泰山行宫記碑

閆□□、張明栾、刘建成、徐邦孝、李義、郝邦仲、楊伯選(下殘)趙門李氏、趙光中、尹簡、王進公、馬會、高弘德、刘岘、張永平、朱陳、孫九成、馬珮、張守時、□俊、□思教、□□遠、□金(下殘)趙承恩、馬住、馬跟群、王加才、趙德正、張弟、馬逢春、尹經、羅登科、趙門葛氏、何一龍、田惟祥、焦文献、于進忠、張自友、王永禄、刘登、張承謨(下殘)刘承業、江可登、馬進益、姚尚中、武倫、刘清業、王三聘、刘邦禎、廉九江、廉思禳、于全、王門謝氏、張東路、黄守才、張顥(下殘)徐強、廉九河、高甫、郝宗義、郭東陽、鄭守己、王守仁、穆野、王性、王守仁、李倫、王應聘、武尚智、刘彦科(下殘)鄒建業、賈進成、潘守志、国加賓、時大同、王尚德、鄧守義、王振、張宗渠、楊逢春、孫東甫、趙計禹、于科、薛門張氏、趙得時(下殘)李東成、李尚倫、于看通、趙門張氏、岳池、刘邦林、趙日就、馬門李氏、趙門王氏、張崇良、張清、孫門鄭氏、趙門張氏、陳善、陳華、陳我詞、刘江(下殘)李明鶴、李守節、于化民、馬思良、高守福、靳門苗氏、高思智、刘加祥、石進礼、刘門朱氏、靳龍光、鄄子厚、郭東陽、耿炳、尹湯起、于林孔、徐門苗氏、鄭思明、鮑可大、姜壘、韓進、趙友富、周守樂、葛逢冬、趙東科、楚宝、李守節、刘安、丁迎下、靳威。

中高余庄：刘汝周、刘汝府、徐廷真、李守賢、楊應祥、孫康安、孫東周、□□夏、李邦、延耐、刘汝現、李時、宋良仲、孫康太、李子貴、孫起奉、吴高、尹汴、男尹焕。

官庄：于興、馬進、渠田、周明、周亭、程思孔、紀有富、程守安、宋太、夏明修、李連、任宗孟、吕進魁、李路、趙□、白荣□、尹来富（下殘）

明天啓三年東嶽行宮創建靈官殿題名碑

碑在山東省泰安市肥城市石橫鎮石横四村泰山顯靈宫，明天啓三年(1623)立。石灰石質。高46厘米，寬58厘米。正文楷書，字徑3厘米。題名楷書，字徑1.5厘米。碑體完整，文字清晰。

東嶽行宫創建靈官殿姓名」開列于後」。

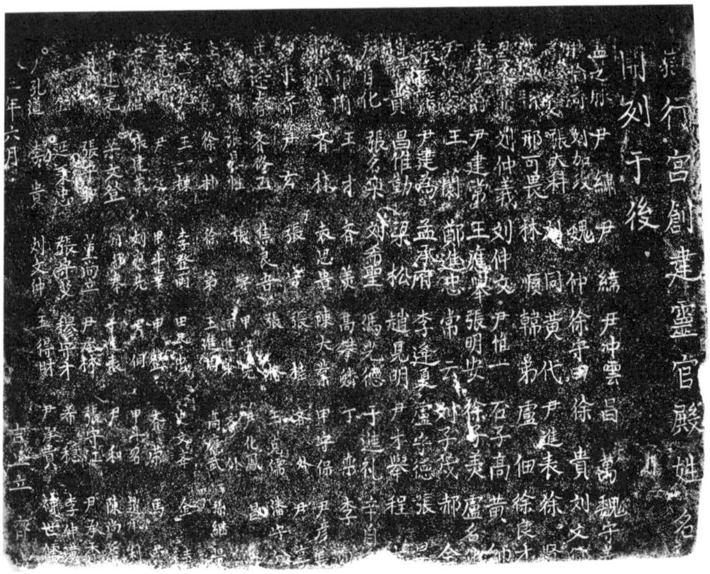

明天啓三年東嶽行宫創建靈官殿題名碑

孟之脉、尹□奇、□□□、□□□、昌□□、宋天爵、尹□□、張玄□、趙□貴、尹自化、□邦用、□邦選、□承濟、王逢春、□□□、李□□、王一□、王克□、□□蘊、尹建堯、刘□□、□□金、尹孔道、尹繡、刘加政、張大科、邢可畏、刘仲義、尹建常、王蘭、尹建為、昌惟勤、張名栾、王才、齊楝、尹玄、齊修己、張見性、徐朴、王一楝、尹起、張建美、葉文登、張守和、延秉忠、李貴、尹緯、魏仲、刘同、林順、刘仲文、王應舉、鄭進忠、孟承府、梁松、刘希聖、齊美、袁思貴、張守、焦良吾、張守、徐第、李登雨、甲斗華、刘應先、刘志奉、董尚立、張守艾、刘文仲、尹冲雲、徐守田、黄代、韓弟、尹惟一、張明安、常云、李逢夏、趙見明、馮光德、高攀鱗、陳大業、張桂、張格、甲守先、師進策、王進周、田尽忠、甲整、尹侗、于進表、尹承林、穆守才、王得財、昌萬、徐貴、尹進表、盧佃、石子高、徐子美、刘子茂、盧守德、尹才舉、于進礼、丁栾、甲守保、齊外、王克儒、尹化鳳、齊外、高應武、史文舉、齊荣、甲斗召、尹和、張守江、希穩、尹承貴、魏守義、刘文卿、徐賢、徐良才、黄師、盧名化、郝全、張昇、程才、辛自□、李迎、尹彦長、尹享、潘守分、昌旺、張継量、金声、馬荣、趙承利、陳尚質、尹承香、李伸漢、神世儒、齊成。

天啓三年六月吉旦立」。

明崇禎九年夏問等善信題名碑

碑在山東省泰安市肥城市石横鎮石横四村泰山顯靈宫，明崇禎九年(1636)立。石灰石質。高 43 厘米，寬 61 厘米。正文楷書，字徑 3.5 厘米。題名楷書，字徑 1 厘米。碑體完整，文字清晰。

崇禎九年拾月初一之吉」。

夏問、尹旛然、趙新民、□□林、朱彦、鄭進志、鄭楝、刘仲文、刘仲儀、王廷舉、崔□、張□信、王道行、師光美、齊□、尹光衡、尹明衡、甲倫奇、高攀鱗、高攀□、尹□□、尹沖雲、邢可畏、昌期、尹緒。

明崇禎九年夏問等善信題名碑

王克儒、王守忩、武尚文、徐邦定、王道盛、尹成、王蘭、高隨、徐□桂、聶登科、甲□、刘茂、常云、陳一才、盧□化、程継前、張喜香、尹進表、王進孝、尹輔、杜守安、渠荣、魏□義、尹建堯。

邢平、尹安然、張守江、尹邦珍、尹化鳳、尹建標、尹桐、尹承柱、奉□祚、刘□昇、趙天禄、甲斗换、徐花、邢通、尹周、尹玄、昌洪、許進、昌昇、張昇、王真德。

馬盈、趙宗木、甲守先、齊科、齊勳、張開甲、穆□科、徐良才、徐良□、徐良□、□

彦洪、盧佃、林程貞、尹承香、徐守玉、尹憲德、尹慎、師先、邢得時、許奉祥、高登、王一僑。

邢□祭、林栢、王有良、鄭朝□、張大科、尹志成、孫□□、尹名□、王朝賓、李建□、□守□、□□茂、刘□茂、張東□、王守進、昌□、趙建□。

募化人:齊成。

住持道人李常興、安守志。

清康熙二十六年重修泰山行宫記碑

碑在山東省泰安市肥城市石横鎮石横四村泰山顯靈宫，清康熙二十六年(1687)立。石灰石質。圓首。高118厘米，寬59厘米。正文楷書，字徑2厘米。碑面略有斑駁，文字清晰。題名碑一：圓首。高118厘米，寬59厘米。題名楷書，字徑1厘米。題名碑二：圓首。高118厘米，寬60厘米。題名楷書，字徑1厘米。題名碑三：圓首。高116厘米，寬60厘米。題名楷書，字徑1厘米。題名碑四：圓首。高115厘米，寬58厘米。題名楷書，字徑1～1.5厘米。題名碑五：圓首。高118.5厘米，寬59.5厘米。題名楷書，字徑1～1.5厘米。以上題名碑，碑體完整，文字漫漶。該碑記載了清康熙年間尹時、王希唐等主持重修泰山行宫之事，並附參與其事的善男信女題名。

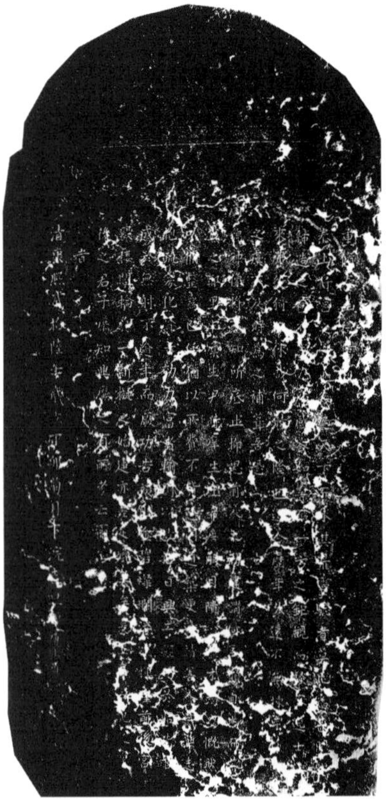

清康熙二十六年重修泰山行宫記碑

重脩泰山行宫記

泰山行宫之□也，幾遍天下，而求其最靈驗者，莫此爲甚。聞之」締造之初，有求必應，感答如響，誠一方之鉅觀。而騷客逸士徃」來弗絶，猗與休哉，何時之隆也！迄今歷年久遠，不無棟宇損壞」之虞，不及時爲之補葺，吾恐」廟貌神像將不知所底止。抑思前人之刱建，謂可□顧自此而荒」蕪之耶？里中廩生尹時、庠生王希唐，觸目隤心，□才竭力，慨然」以脩整爲己任。猶以所費不貲，恐□道築，更就請善人戴洪志」抱疏募化。貧者効力，富者輸財。以故，擇日興工，經始於姑洗，落」成於無射。不逾年而厥功告竣，則金碧燦爛，浮光輝煌，前後宫」殿、楼閣輪奂一新，擬之始建亦差足媲美矣。爰工□□記之，俾」後之君子，庶知興廢之有所考云爾」。

旹」皇清康熙貳拾陸年歲次丁卯菊月下浣吉旦」。

增廣生員李文軫撰文、王維書丹」。

（以下題名碑一）

永明縣知縣尹足法、辛卯科武舉王朝屏、候選州同知朱景奭、候選州同知朱輝璋、靖明縣教諭王啓祒、候選縣丞朱景頣、候選縣□王啓祚、國子監□貢□標、國子監監生朱景瞻、國子監監生丘星煜、國子監監生王啓礼、國子監監生朱允寛、國子監監生田潢、廩膳生員尹士衡、廩膳生員郭輯玉、廩膳生員朱允恭、生員高況、生員尹贇、生員胡源溥。

生員尹亮、生員程宗珣、生員尹足式、生員丘堳、生員陳加爵、生員甲廷樾、生員郭天禎、武生尹世奇、生員李元亨、生員何廷式、生員丘坤、生員紀修、生員張希堯、生員宋士吉、生員徐尚、生員王錫智、生員孔貞楷、生員何及洙、廩生翟天路。

劉茂、尹奇、尹喁、尹大本、尹翀、姜成儒、黄侍臣、尹脩道、黄近臣、李興祖、王元吉、尹興、宋進德、尹瑞、王朝宗、程周宗、徐明、尹曙、甲向辰。

尹大年、丘岳、秦守德、張學礼、宋禄、牛换業、王燦、趙虎、柳應時、刘邦先、張進忠、王貴、昌現明、鄧夏、王毓奇、甲運開、甲思振、宋建章、禹濟世。

高守福、孟春、尹玉、趙鳴球、張旺春、黄旺、宋美、徐明、姜世美、昌貴明、王毓秀、王忠、李□、尹憲周、宋利仁、尹楷、申恒、程俭、尹瑁。

甲登、張魁、刘珮玉、馬興旺、趙真秀、郭夏、刘玉秀、張奇、尹長春、張四明、趙守福、徐士旺、張成富、郭魁、甲騰龍、尹敬、徐得玉、業成柱、宋賢。

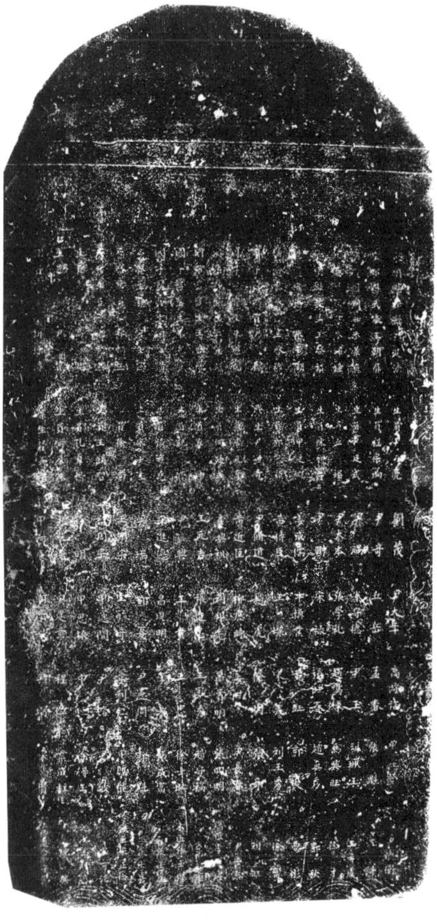

清康熙二十六年重修泰山行宫記碑題名碑(一)

尹德衡、沈科、王希虞、徐才、鄧秋、曹彬、徐富、刘名旺、尹安泰。

鐫匠：李進瑆、李府。

木匠：張士傑、張士□、張士喜。

鉄匠：宋正倫、宋可法、馬起誠、陳興。

住持道人：馬守安。

（以下題名碑二）

王貴民、謝成名、刘立恒、牛文科、王明太、張文基、張光宗、陳君爰、朱旺錫、謝秋明、

清康熙二十六年重修泰山行宫記碑題名碑(二)

清康熙二十六年重修泰山行宫記碑題名碑(三)

昌明、孔安、謝志成、謝志善、于良能、史朝相、郭三重、李秀、張中斗、張建遠、司廷訓、張夢賚、趙桂、徐天禄、張弘浩、刘夏、趙文舉、王慎教、王慎獨、刘貞、王惠、葛倫、刘嗣淥、夏作疄、夏作節、邹應夏、刘金城、張府、刘金声、楊進礼、孫奉旺、張德順、趙成業、韓譸、何見名、陳教、鄭延禧、刘之翼、陳珩、陳龍、張見德、刘漣、宋有良、李富、馬中驥、刘丕績、朱炳、徐萬山、郭永濟、王玉、牛進、姚之魁、竹東名、趙名春、袁計什、刘憲康、李光泗、李光廷、李光玉、范景星、刘可李、神化民、李成、張興旺、張文孝、盧吉、王□名、張明、張有德、趙守礼、楊興旺。

王門王氏、任門李氏、張門尹氏、張門李氏、夏門□氏、王門蔡氏、董門張氏、□門□氏、刘門张氏、翟門宋氏、于門李氏、王門程氏、范門韓氏、王門□氏、張門□氏、尹門于氏、李門□氏、李門馬氏、李門孫氏、李門孟氏、尹門張氏、張門李氏、刘門□氏、刘門□氏、□門□氏、何門尹氏、何門楊氏、尹□□楊氏、李門于氏、李文軫黃氏、王門胡氏、孟門姚氏、趙門高氏、王□□王氏、王□侯氏、張門□氏、王門徐氏、張亮刘氏、李門顔氏、刘門孫氏、尹□□□氏、張垣王氏、許門孟氏、何門丁氏、尹門喬氏、孟春韓氏、刘門尹氏、梁門刘氏。

(以下題名碑三)

尹門陳氏,王門徐氏,胡門丘氏,丘門靳氏,尹門張氏,黄門沈氏,鄭門邢氏,趙門胡氏,謝門丘氏,姚門戴氏,田門王氏,董門王氏,董門夏氏,妮姑廣全,約首楊福韓氏,朱門宋氏,宋門巫氏,刘門孟氏,刘門王氏,陳門劉氏,胡龍倪氏,趙門王氏,刘金成、孟氏,郭從善、蔣氏,郭立、趙氏,趙玉、李氏,蕭子英、谷氏,程開基、紀氏,王從德、張氏,昌和、宋氏,夏門張氏,尹進賢、韓氏,尹進禄、田氏,趙門郭氏,趙門張氏,趙門尹氏,趙門柳氏,王名正、譚氏,郭魁、李氏，尹聰、葛氏，徐才、郭氏，徐門王氏，陳門張氏，張府、張氏，刘門趙氏，刘門師氏，張門孫氏，張德順、高氏，約首尹門王氏，尹門范氏，尹華、郭氏，尹海名、趙氏，楊興、蕭氏，尹孟海、昌氏，尹豪、刘氏，尹門杜氏，尹門律氏，尹門郭氏，王元吉、韓氏、高氏，趙有奇、尹氏，尹門王氏，孫門趙氏，王門董氏，尹門趙氏，程門張氏，尹門董氏，尹門楊氏，孫門李氏，尹門王氏，尹門張氏，尹門藩氏，約首孫門馬氏，張門尹氏，張門張氏，李門黄氏，孫門姚氏，甲門柳氏，昌門郝氏，趙門尹氏，姜門秦氏，孫門張氏，甲門張氏，甲門尹氏，史門甲氏，王門甲氏，梅占魁、王氏，岳全仁、王氏，楊門張氏，周門王氏，約首尹門徐氏，尹門甲氏，尹門徐氏，曹門刘氏，李門宋氏，郭門王氏，張門邹氏，約首□門姜氏，張可成、孟氏，姜門韓氏，牛門常氏，牛門王氏，王門趙氏，盧門張氏，賈門趙氏，姜門宋氏，尹玉、胡氏，趙門李氏，張杰、胡氏，黄門馬氏，王門刘氏，張門張氏，謝門王氏，何門姜氏，黄門盧氏，□門賈氏，吴門甲氏，甲門張氏，吴門宋氏，□門徐氏，朱門尹氏，沈門甲氏，陶門高氏，李門紀氏，徐門高氏，徐門王氏，徐門金氏，宋門吴氏，孫門蘇氏，李門邹氏，馮門葛氏，孫門葛氏，約首昌門張氏，陳禎、李氏，朱門丁氏，唐門宋氏，何門王氏，高況、昌氏，高門張氏，尹士衡、郭氏，陶門李氏，王門張氏，高門張氏，張門田氏，王從義尹氏，李門時氏，王門李氏，張門吕氏，邢門尹氏，邢門孫氏，吕門賈氏，張門刘氏，張門孫氏，張門馬氏，王門公氏，王門業氏，葛倫、譚氏，邹門李氏，邹門徐氏，邹門龐氏，昌門何氏，昌門孫氏，刘門居氏，胡門趙氏，胡門張氏，胡門葛氏，張門孫氏，宋門沈氏，張門夏氏，張門□氏，張門張氏。

（以下題名碑四）

王明政、尹聰、李穩、柳应田、刘印、陶濟美、張孝、尹廷召、趙名宦、尹海名、王道亨、任俊、趙璽、刘仝安、張文棟、尹太、夏景倫、趙九州、周才、牛山、尹荣先、尹章、王重臣、周桂枝、岳順、張摇旗、辛奉、王貴、王進孝、夏得印、董海、趙士奇、李化民、夏景祥、岳孝、王自有、邢美、郭弟、范東京、李振府、邹柱、邢廷輔、張傑、王重德、肖文、尹正衡、程舉、譚夏、宋全礼、戴文成、梁相、高亮、張全德、昌合、李文升、尹松齡、張嘉祥、馬貴、唐應旺、王印、李民望、王洪畲、張文素、張李詩、王九水、王民心、古朝鳴、趙文明、姬文焕、趙維德、王民信、阮禎、□可智、王九山、朱鉉、朱廷掄、賈臣碧、

清康熙二十六年重修泰山行宫記碑題名碑(四)

朱光显、于可信、王標、刘一秋、朱廷彩、朱景禹、于士化、孫任富、朱應会、刘舉、趙萬善、朱景舜、朱廷观、姜岷、夏世岱、姜永恩、李現文、張純善、王進孝、張純德、夏九錫、孟忠弟、刘守貴、張文显、王相显、袁世則、李津、尹名儒、夏世興、張大明、夏世進、李守貞、夏思讓、夏思爱、李東岩、夏九京、師應河、師應水、師可玉、田克讓、田有才、田□倉、戴明祥、田克亮、郭繩武、王貴業、袁思親、袁显親、袁德親、袁天□、郭永瑞、朱光正、謝重望、吕應舉、袁成德、徐廷貴、馮文第、刘德河、于福、刘起禄、丘星灼、丘星焯、刘権衡、刘貴業、刘明業、刘正恒、田養心。

清康熙二十六年重修泰山行宫記碑題名碑(五)

(以下題名碑五)

馮恩、王富、馬金、郭俊、張維基、姚運昌、刘國柱、盧瑞、張加祥、孟爾旺、張煥斗、張傑、葛冼、邢廷湊、王立富、李福旺、王從義、尹進府、張樂、張全孝、趙魁、刘貴、周貴聖、楊泰、尹英、尹玉泰、王廉、趙瑜、尹華、張可成、張希曾、王柱、郭從善、程開基、王更新、王從礼、尹光衡、刘乙花、尹貯、王太、昌順、尹倚衡、鄭之功、尹進李、尹旺、趙世傑、姚盛、高弘德、馬東明、岳正、尹舉、尹起先、尹正德、尹進禄、尹進賢、王起鳳、刘一桂、孟楨、張貴名、阮正己、李献文、張崇善、王積業、肖子英、刘起信、楊朝玉、王尊、徐士观、許成文、姚計春、趙福禄、王從弟、田育世、李守荣、□文灼、王從德、張起、趙守荣、沈印、刘超羣、王永太、昌亭、王從忠、張鵬翼、李景世、宋福、王郡、張文斗、宋禄、徐智、郭擇、戴復旺、孫禄、張洪德、閆可教、刘誠、刘怀奇、甲金章、柳天旺、刘質、徐可久、張選、李申、刘傑、楊朋、李府、于藻、孙振江、刘禹、刘忠、李興旺、邹興旺、朱文明、湯起名、孫怀亮、吴府、沈府、張文著、梅占魁、陳建名、曲郡、夏得科、周山、程義名、李香、張禄、甲還、徐可興、徐士俊、吴州、尹湏、王朝俊、王誠、沈州、王峪、馮守柱、甲光显、張歷服、趙夫印、孟忠、尹憲奎、林尚文、裴有倫、趙可傑、王光濟、張法脉、楊星、沈文舉、刘一梅、高尚礼、尹興旺、趙文元。

清乾隆十五年泰山顯靈宫王玉仙祠堂記碑

碑在山東省泰安市肥城市石横鎮石横四村泰山顯靈宫，清乾隆十五年(1750)立。石灰石質。圭首。高125.5厘米，寬70厘米，厚20厘米。正文楷書，字徑2厘米。碑體完整，文字清晰。該碑記載了泰山行宫道士王陽霞的生平事蹟，並附王陽霞一支全真道龍門派道士題名，對於研究全真道龍門派的流布具有重要價值。

王玉仙祠堂記

道長乃孫北之高士也，姓王名陽霞，字玉仙。蓋自妙齡，心厭紅塵，爰拜道於大封山金蟬洞乙山之門，玄學精深。来居兹」宫，其奉誦之勤，寔出人頭地。後年華雖迈，志益强壮，盛建皇壇，名曰“龍花會”。迨三載功滿，發會之明日，乃雍正十三年二」月十二日也。夙興談咲之間，忽羽化禅房，誠世内不数見之事也。以是遠近檀那，景其灵異，議立此祠。其化骵則坐棺於下，影」像則凝粧於上。雖无鳥革翬飛之盛，而四壁清趣，亦足以娱樂幽冥。既而属序於余，余窃思亦鎮中之美事也，不揣固陋」，聊序俚言，以彰勤修之良報，以示道門之繼起者」。

乾隆十五年歲在庚午之冬陽月上浣立」。

銕杠儒末高登元肅序兼書」。

玄門本支派列於左：

長支李清減，徒刘乙山，徒王陽霞，徒：

清乾隆十五年泰山顯靈宫王玉仙祠堂記碑

一孟来玉，徒李復帶，徒孟本周；二刘来處，徒王復柱，徒徐本緒；三邱来成，徒孟復倫；四刘来純，徒王復侍；五黄来仙、李来敬，徒閆復存、趙復惠、趙復荣，徒李本玉，徒王合禎；六齊来修，徒孔復存、吕復仲、吕復荣，徒□本義，徒鄭合坤；七金来法，徒付復坤、董復禎，徒趙本崑、柳本礼；八李来眷，徒李復儹，徒張本義；九程来節，過嗣孫梁本崙；十刘来斌。

馬乙林，徒張陽志、吕陽松、徒王來印、布來貞、孫朱本成，徒王合旁。

泰山顯靈宫住持道人宋静舉等題名碑

碑在山東省泰安市肥城市石横鎮石横四村泰山顯靈宫，立碑時間不詳。石灰石質。高 42 厘米，寬 77 厘米。題名楷書，字徑 2.5 厘米。碑體完整，文字清晰。該碑爲題名碑，著録了泰山顯靈宫道士以及善信題名。

住持道人宋静舉、潘真慈、李常興、李守全、曹真讓、齊成。

李廷智、徐第、李添才、王進州、馬添常、徐守礼、王登佃、翟善行、宋計文、朱庭選、張倫、馬九經、馬九綸。

泰山顯靈宫住持道人宋静舉等題名碑

泰山顯靈宫直隸大名府元城縣善信題名碑

碑在山東省泰安市肥城市石横鎮石横四村泰山顯靈宫，立碑時間不詳。石灰石質。高43厘米，寬110厘米。題名楷書，字徑2～2.5厘米。碑左側殘缺，文字清晰。該碑爲題名碑，著録了直隸大名府元城縣陳道仙村施財善信題名。

直隸大名府元城縣陳道仙村施財善人信士：王光国、孫剪、馬獻圖、程萬户、王一登、米世荣、張梅芳、申化蘭、朱寧、刘興枝、甯邦治、劉登選、李進宝、馮三墀、吴守科、宋守清。

莘縣：何浩然。

大名縣：曲進孝、張国相、申自玘、張継光、石瑛、陳門張氏、陳継宗張氏。

魏縣：牛恩。

泰山顯靈宫直隸大名府元城縣善信題名碑

泰山顯靈宫邢可畏等善信題名碑

碑在山東省泰安市肥城市石横鎮石横四村泰山顯靈宫，立碑時間不詳。石灰石質。高42厘米，寬72厘米。正文楷書，字徑2.5厘米。“曲阜縣聖公孔”，楷書，字徑4厘米。碑體完整，文字清晰。該碑爲題名碑，著録了本莊善信題名。

本庄善人山主邢可畏、尹惟一、尹弘蓄、刘仲文、郭進礼、張門梁氏、尹先覺、閆門張氏、武世良、甯守才、高攀龍、王應舉、張門尹氏、丘從善、馬吉、尹潤、高攀枝、尹明衡、昌期、尹弘蕴、趙新民、高攀鱗。

曲阜縣聖公孔。

舉人賈廷燁、王進城。

泰山顯靈宫邢可畏等善信題名碑

泰山顯靈宫尹文炳撰文重修殘碑

碑在山東省泰安市肥城市石横鎮石横四村泰山顯靈宫，立碑時間不詳。石灰石質。碑現存4塊殘片，每塊殘片高約30厘米，寬約80厘米，厚28厘米。正文楷書，字徑2.5厘米。題名楷書，字徑2.5厘米。碑被人爲破壞爲四塊，殘存部分文字清晰。

（上殘）丁亥重修碑序

（上殘）開其先，非述無以繼其（下殘）述亦不易，若夫聰明正（下殘）今古慴人於魂夢者，依古（下殘）不有，作者無以妥神靈」（下殘）者，無以協人事之修葺（下殘）舊有」（下殘）□前明萬曆八年迨我」（下殘）堂伯祖誥封文林郎體（下殘）余之大父齡高太府君增（下殘）之後樓兩廡穿廊俱各輪（下殘）余之從□伯聲斯公與鄉（下殘）公諱明倫，字盡五者，於□（下殘）九年募諸衆善士，於山門前（下殘）□雲集者少息之所□□」（下殘）□□□例貢生晉封奉直（下殘）□天公施捨，工未竣物力不（下殘）垂成，吾先君太學生字于□（下殘）有能道之者。嘉慶十□□」（下殘）武庠生候選衛千總字仲（下殘）□余再從侄從九品職銜（下殘）同本鄉毓鵬高公欣然領（下殘）尉先登公施資獨修□□」（下殘）廿載，而或被風雨剥蝕，或遭（下殘）壞，神靈無以妥侑善信無（下殘）余與諸君子目擊心惻者（下殘）余之從堂侄孫武庠生□」（下殘）□乾公之元孫仲孚之胞（下殘）於祭，余慨然不忘先人之（下殘）諸糾首徧募鄰鄉，量力施（下殘）已廢者復建之，將傾者修」（下殘）善士之功居多，余與肇灼（下殘）祖武也。古人云：莫為之前（下殘）彰，莫為之後，雖勝弗傳。工（下殘）實欲使後之善者，觀感而」（下殘）有協資姓氏甚夥序後（下殘）則泐諸别石，以共垂不朽（下殘）

（上殘）庠生尹文炳熏沐謹撰。

（上殘）肇寯書丹」。

（上殘）事：尹其璉施錢□千，文庠生尹鴻磐施錢二千，尹恭祀施錢五千，武庠生徐傑龍施錢□千，文庠生尹文炳施錢五千，武庠生尹文駿施錢七千，尹碩祀施錢二千，□□文林郎邯鄲縣知□□前□□縣知縣尹鴻璐施錢四十千，監生甲善述施錢二千，監生尹其環施錢五千，尹漣祀施錢二千（下殘）……鴻湘施錢五千……玲施錢五千……琬施錢二千……聃施錢二千……珃施錢二十千……鴻撰施錢十千……鴻璋施錢五千……鴻珖施錢五千……採施錢十千……揄施錢十千……桂施錢十二千，誥□朝□大夫江西廣信府醫糧（下殘）銘，尹肇源施錢□千，武庠生尹肇煦施錢□千，監生尹鴻逵施錢□千，郡庠生尹鴻據施錢十千，武庠生尹鴻揀施錢□千，監生尹鴻琦施錢□千，郡庠生尹鴻揮施錢十千，監生尹鴻琮施錢十千，高毓鶴施錢二千，監生尹孜施錢十千，監生尹雲施錢七千，甘肅西寧府通判朱禄基施錢五十千（下殘）

□□来、□□遂叩募。

泰山顯靈宫王朝臣等善信題名殘碑

碑在山東省泰安市肥城市石横鎮石横四村泰山顯靈宫，立碑時間不詳。石灰石質。殘高 26 厘米，殘寬 41 厘米，殘厚 21 厘米。僅餘殘片，文字清晰。碑側面爲題名，楷書，字徑 2 厘米。

（上殘）□一琴以（下殘）道人宋静（下錢）前户科都給□（下殘）

（以下碑側）

（上殘）王朝臣、肖永德、張仲鵬、齊貴、王思教尹氏、王拜珍、趙門鄧氏、吴栾、（下殘）黄□、孫朔泰、楊志、徐一説、李子東、賈建成、夏現、范門昌□、李（下殘）

泰山顯靈宫濟南府肥城縣高余等社尹繡等善信題名碑

碑在山東省泰安市肥城市石横鎮石横四村泰山顯靈宫,立碑時間不詳。石灰石質。高42厘米,寬111厘米。題名楷書,字徑2～3厘米。碑體完整,文字清晰。該碑爲題名碑,著録了濟南府肥城縣高余等社善信題名。

濟南府肥城縣高余等社善人信士:

尹繡、尹緯、李紹芳、周良實、楊国禎、朱玉于氏、齊乾、王振、張昇、刘重義、王克儒、袁光魯、尹自新、王芍、高之相、王順礼、張□、高湧、尹邦珍、趙新民、何仲烈、于守礼、刘仲儀、刘守安、張起言、張永成、千户所陳守己、刘加奉、楚世玉。

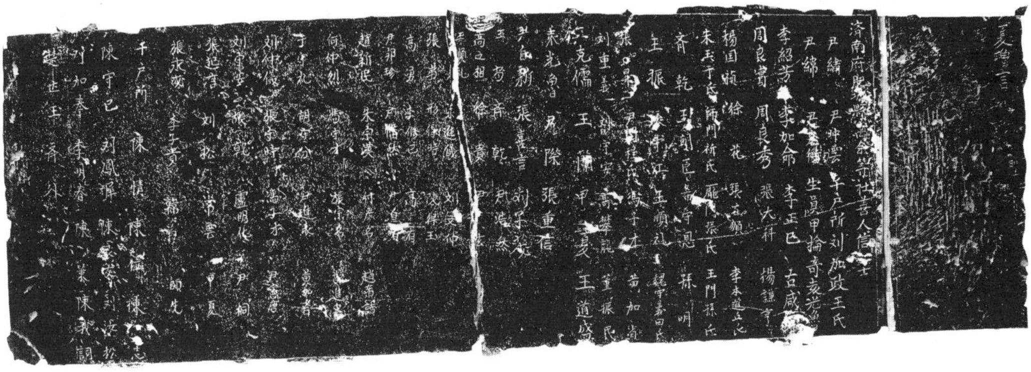

泰山顯靈宫濟南府肥城縣高余等社尹繡等善信題名碑

尹沖雲、尹光衡、李加命、周良秀、徐花、師門祈氏、王朝臣、張守江、尹門程氏、刘守安、王蘭、尹際、張喜言、齊乾、徐貴、宋進儀、形得時、李修己、尹□然、朱宗漢、馮守才、胡守分、張守時、張乾、刘松、李子貴、陳情、刘鳳墀、李明春、齊外。

千户所刘加政王氏、生員甲掄奇、李正己、張大科、張百順、龐門張氏、希守恩、王順礼、馮子才、高攀龍、甲夏、張重信、刘子茂、尹浩然、尹玄、刘文仲、陳得玉、高有、尹自有、付彦名、張宗名、尹進表、馮子才、盧明化、常雲、韓□、陳位、陳良友、陳策。

袁光魯、古咸□、楊謙亨、李本道丘氏、王門孫氏、孫明、魏守義田氏、黄加省、董振民、王道盛、趙希語、鄭進□、黄加省、尹憲唐、尹桐、甲夏、師先、陳□志、刘汝松、陳我詞。

泰山顯靈宫兖州府東平州平陰縣善信題名碑

碑在山東省泰安市肥城市石横鎮石横四村泰山顯靈宫，立碑時間不詳。高 42 厘米，寬 115 厘米。題名楷書，字徑 2～2.5 厘米。碑體完整，文字漫漶。該碑爲題名碑，著録了兖州府東平州平陰縣善信題名。

兖州府東平州平陰縣善人信士：□産、進士張梧、舉人孫振圖、徐邦艾、張守江、張大常、刘仲文、王應舉、刘艾、盧守財、郭進礼、趙李、甲端、程計前、孟文州。

泰山顯靈宫兖州府東平州平陰縣善信題名碑

倪宗仁、刘門何氏、何應宿、張治全、朱玉、尹才舉、形通、丘從善、李本道、陳一才、陳良有、刘文松、尹承貴、尹費然、師光玉。

倪守義、石東齊、藍葵、甲惟勤、□一全、趙見名、甲守先、穆廷舉、張華、尹會、朱彦容、崔好、王来貴。

杜佛保、張宗良、李子真、林百、李居民、武世良、□動、張昇、鄭李詩、孫名、高洪業、甲□衡、徐東太。

東阿縣：于門何氏、候辨甫。

東平州：王得富。

陽谷縣：田應豹、趙氏、刘弘道、夏增言。

隆莊村

明天啓六年關公風雨竹真筆跡記碑

碑在山東省泰安市肥城市石横鎮隆莊村,明天啓六年(1626)立。石灰石質。高 148 厘米,寬 137 厘米。兩邊書“風雨竹真筆跡”,行書,字徑 3.5 厘米。中間部分行草,字徑 10 厘米。碑體完整,文字清晰。

風雨竹」。

真筆跡」。

癸亥子風高升讚」:

利不動,色不悦,威不屈,害不」折。忠能耿,義烈烈,偉丈夫,真豪」傑。綱常備,古今絶」!

唐弘文館學士虞士南撰」。

天啓癸亥春三月王性□上石」。

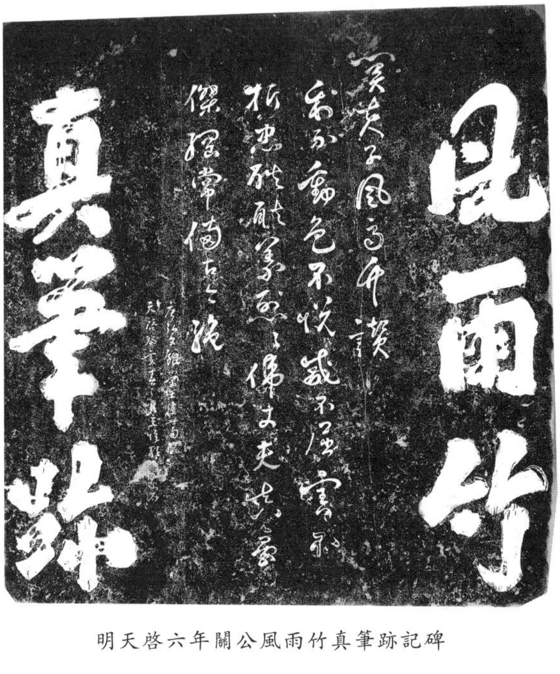

明天啓六年關公風雨竹真筆跡記碑

清康熙十五年重修紫雲橋行祠臺階記碑

碑在山東省泰安市肥城市石横鎮隆莊村，清康熙十五年(1676)立。石灰石質。高134厘米，寬67厘米。圓首。正文楷書，字徑2厘米。額題“重修紫雲橋行祠臺階記”，2行，楷書，字徑4～5厘米。碑體完整，文字清晰。該碑記載了清康熙年間劉得文、袁顯親、王貴民、王之祥等重修關聖帝君廟之事。

清康熙十五年重修紫雲橋行祠臺階記碑

原下社諸疃落，惟撩駕庒爲最勢，居邑西南要地，衆泉會流，經村過□入於漕，是曰“惠河”。河北岸」舊有」関帝君行祠，蓋當日自許昌之河北阻風雨止宿之地，亦古蹟也。當南北之衝，燕、趙、荆、襄輪蹄沓集，往來」病涉。先有石橋，因循沉敝，匏葉濡衣之患，渡以為虞，徒杠輿梁之成，惠而爲政，况天津臨於析木」，而閣道駕乎王梁？天上且然，人間可少？按周制，因時而脩津濟，遵律令鳩力而理浮梁，利涉大川」，行非小惠。费不止百金，工亦非一手。則急公好義者，有土人刘得文、袁顕親、王貴民、王之祥等，殚心□□事，不□」劳怨，不憚艱辛，日夜圖維設施。鼓舞聞之」，賢父母樂捐俸資謀之，我士民咸知指囷。於是，人衆開金穴，經之营之，不日成之。目此而後，行客八千里」路也，不讓霸陵，過風月二十四橋，盡説勝，揚州好，濟川壽久，福水流長。橋竣，又分工於祠前之臺」階，凡所需用，無不備之。今且朴素渾堅、宏廠壯麗矣。聳然者，臺也！坦然者，橋也！厥工告成，洵非小」補，行旅者不病跋涉，瞻禮者不苦登陟，廟貌橋梁，兩事兼濟，比之淮南道之海東神人，何多讓焉」？予小子，亦村中人也，贅兹數言，以垂永久。深望千百世後之君子，幸睹此而興脩葺之念云」。

康熙十五年歲次丙辰季春月上浣之吉」。

賜进士出身知肥城縣事廣州尹任，儒學訓導東海王佐良，典史荊楚張文臣」，防守千捴古兖馬應林」。

甲午科恩拔貢生邑人王嘉亮薰沐撰。

丹書：邑庠生傅健」。

□主：邑庠增生王寅亮，廪生王懋學」。

募化道人：真性。

石匠：馬祚昌、周之荣」。

大留村

清光緒十九年重修大留村關聖帝君殿記碑

碑在山東省泰安市肥城市石横鎮大留村，清光緒十九年(1893)立。石灰石質。殘高54厘米，殘寬57厘米，厚23.5厘米。正文楷書，字徑3厘米。碑僅存上半部，文字清晰。該碑記載，石横鎮大留村西南舊有關聖帝君廟一座，村中張氏一族多次主持重修，清光緒十九年(1893)，廟宇傾圮，張氏族人再次重修，並立碑以記其事。

大留西南隅舊有」關聖帝君殿一座，自余九世祖掖垣公夢(下殘)」餘年，中間重修數次，至是而東壁□(下殘)」廟前枯柏一株，賣錢三十千，以作(下殘)」而堂兄壽逾古稀，不惜殘年，朝來(下殘)」財。其間，傾者扶之，缺者補之，廢者興之(下殘)」是舉也，協衷共濟，諸君子皆與有力(下殘)」為文，因歷述之，以誌不朽云爾，是為□」。

邑庠生張啓昂撰文」。

首事：張啓瑞、張啓沃、張啓佑、張啓濂、張啓彭(下殘)

大清光緒十九年六月中浣(下殘)」

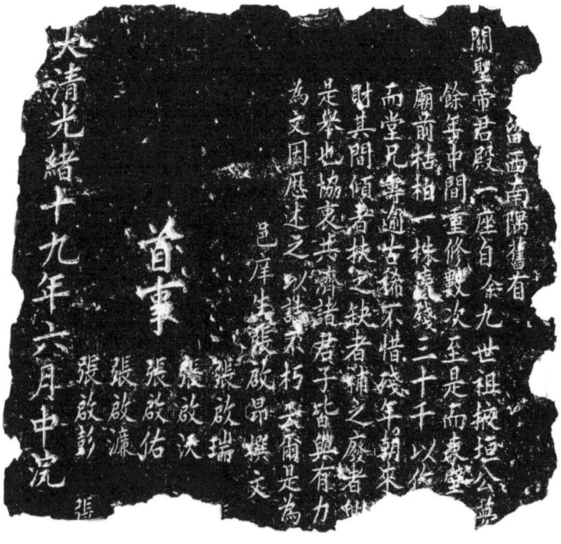

清光緒十九年重修大留村關聖帝君殿記碑

馬山

明隆慶六年創建雲陽庵玉帝廟記碑

碑在山東省泰安市肥城市安臨站鎮北村馬山，明隆慶六年(1572)立。石灰石質。圓首。高 145 厘米，寬 70 厘米，厚 25 厘米。正文楷書，字徑 3 厘米。額題"玉帝廟記"，楷書，2 行，字徑 7 厘米。碑陰題名楷書，字徑 1.5 厘米。碑陰額題"協贊題名"，楷書，2 行，字徑 6 厘米。碑體完整，文字清晰。該碑記載了明隆慶六年(1572)創建雲陽庵之事，並著録善信題名於碑陰。碑陰不録。

創建雲陽菴玉帝廟記

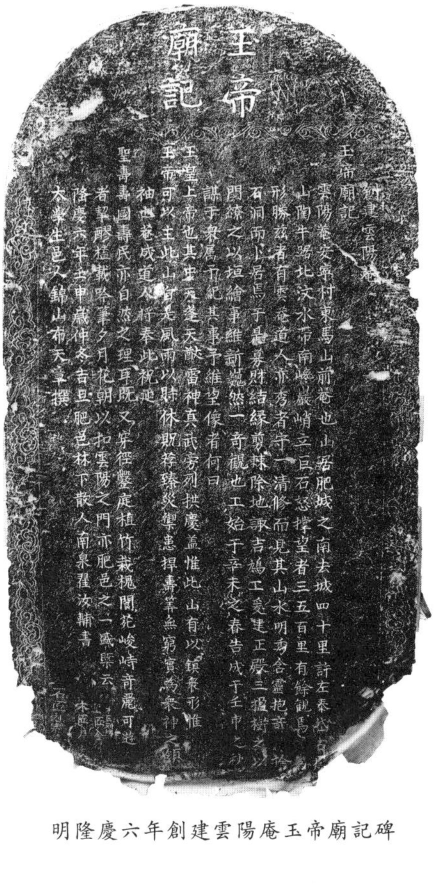

明隆慶六年創建雲陽庵玉帝廟記碑

雲陽菴，安寧村東馬山前菴也。山居肥城之南去城四十里許，左泰岱，右鳳」山，陶牛踞北，汶水帶南。巉巖峭立，巨石怒撑，望者三五百里有餘觀焉，實為」形勝。兹者有雲菴道人亦秀者，守一清修，而見其山水明秀，含靈抱奇，遂拾」石洞而卜居焉。于是募財結緣，剪棘除地，諏吉鳩工，爰建正殿三楹，樹之以」門，繚之以垣，繪事維新，巍然一奇觀也。工始于辛未之春，告成于壬申之秋」。謀于衆，属予紀其事，予維望像者何？曰」：玉皇上帝也。其中天蓬、天猷、雷神、真武，旁列拱慶，盖惟此山有以鎮衆形，惟」玉帝可以主此山。自是風雨以時，休貺荐臻，災禦患捍，壽筭無窮，實為衆神之領」袖也。菴成，道人将奉此祝延」聖壽，壽國壽民，亦自然之理耳。既又穿徑鑿庭，植竹栽槐，閬苑峻峙，奇麗可遊□」者。挈醪榼，載吟筆，夕月花朝，以扣雲陽之門，亦肥邑之一盛槩云」。

隆慶六年壬申歳仲冬吉旦，肥邑林下散人

南泉翟汝輔書」。

太學生邑人錦山布天章撰」。

□匠:刘□。

□匠:金得□。

木匠:翟□。

石匠:刘宗□。

明崇禎十年重修雲陽庵題名碑

碑在山東省泰安市肥城市安臨站鎮北村馬山，明崇禎十年(1637)立。石灰石質。圭首。高132厘米，寬55厘米，厚13厘米。正文楷書，字徑2厘米。額題“萬古流名”，楷書，單行，字徑5厘米。碑斷爲五截，文字漫漶。該碑爲題名碑，著録明崇禎十年(1637)重修雲陽庵施財善人題名。

大明國山東濟南府肥城縣安寧社重修雲陽菴」玉皇殿前群牆。施捨善人姓名開列于後」：

糾首韓天長，室中趙氏，男奇、貴、□；管行，室中王氏，男□邦、為邦；孫李堯，室中李氏，男□□、二貴；□□經，室中孫氏，男定邦、思邦；李國用，妻韓氏、唐氏，男為□、為□、為□；□友誠，妻布氏；韓真玉；劉進魁李氏；韓應震□氏，男□相、□玉、□弼；李國禎；李國琦；王加順；□□□；孫應□；孫□□；李□□；□明成；韓□□；管進奏；張□□；張□□文；□□道；□□□；李九功；張□科；牟□舉；□□明；□□□、□□□；李勳功；□□□；□□洪、□□□。

助□□人：□□□、□進財、□□□、□成□、□□□、□□□、刘□□、管安邦、李鴻□、孫學文、孫□礼、管習□、□□科。

□匠：刑化、劉東才。

重修廟□□善□……

龍飛崇禎拾年二月十一日立石」。

清康熙三十二年重修雲陽庵玉皇上帝廟記碑

碑在山東省泰安市肥城市安臨站鎮北村馬山，清康熙三十二年(1693)立。石灰石質。圭首。高136厘米，寬66厘米，厚19厘米。正文楷書，字徑3厘米。額題“玉帝廟記”，楷書，單行，字徑8厘米。碑陰額題“萬世留名”，楷書，單行，字徑10厘米。碑陰題名楷書，字徑2.5厘米。碑體完整，文字清晰。該碑記載了清康熙三十二年(1693)雲陽庵創建玉皇廟之事，並附參與其事的善信題名於碑陰。碑陰不録。

康熙三十二年重修雲陽庵玉皇上帝廟記碑

重修雲陽庵」玉皇上帝廟記

原夫兹地迺吾高祖布天璋同鄉親遊玩於此，覩兹路徑崎嶇，山川秀麗，峯巒峭拔佇立」。南顧見其衆山，高者矗擁，卑者伏擁，且四圍端莊，環遶嚴密。與衆言曰：“此地盛壯，可建殿宇」，以爲後人觀覽。”随糾衆創建殿三楹，裝塑」玉皇上帝聖像。創修於隆慶陸年，歷兹蓋百年有二十載餘。有劉惟贊、李爲棕、孫璜等遊此，觸目」心動，見其殿宇傾圮，牆垣崩催，随會社重修于康熙貳拾玖年春仲。月餘殿告成」，聖像森嚴，廟貌聿親。有住持亦林，于殿左鑿吕祖洞，殿右龍母洞仍其舊趾。植松栢數株」，月季花卉巨麗可觀。後君子若遂前人志，重加修葺，歷覽愈無窮竟，以爲序云」。

皇清康熙三十二年癸酉仲春立」。

本邑庠生布昭文書丹」。

清雍正六年重修雲陽庵記碑

碑在山東省泰安市肥城市安臨站鎮北村馬山，清雍正六年(1728)立。石灰石質。高162厘米，寬65厘米，厚24厘米。正文楷書，字徑3厘米。額題“重修雲陽菴”，行楷，單行，字徑10厘米。碑陰題名楷書，字徑2厘米。碑陰額題“萬古題名”，楷書，字徑5厘米。碑體完整，文字清晰。該碑記載了清雍正六年(1728)善士李池隆等重修雲陽庵之事，並著録善信題名於碑陰。碑陰不録。

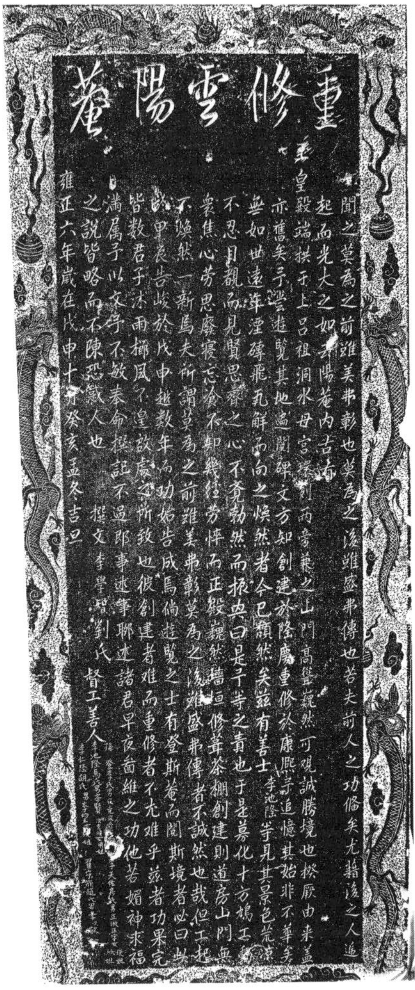

清雍正六年重修雲陽庵記碑

聞之莫為之前，雖美弗彰也；莫為之後，雖盛弗傳也。若夫前人之功脩矣，尤藉後之人遞」起而光大之。如云陽菴内，古有」玉皇殿端拱于上，吕祖洞、水母宫環列两旁，兼之山門高聳，巍然可观，誠勝境也。揆厥由来，盖」亦舊矣。予尝遊覧其地，遍閲碑文，方知創建於隆慶，重修於康熙。予追憶其始，非不華矣」。無如世遠年湮，磚飛瓦觧，而向之焕然者，今已頹然矣。玆有善士李池隆等，見其景色荒凉」，不忍目覩，而見賢思齐之心不覔勃然而振興，曰：“是予等之責也。”于是募化十方，鳩工動」衆，焦心劳思，廢寢忘飡，不知幾經劳悴。而正殿巍然，墻垣修葺，茶棚創建，則道房、山門無」不焕然一新焉。夫所謂莫為之前，雖美弗彰，莫為之後，雖盛弗传者，不誠然也哉！但工起」於甲辰，告峻於戊申，越数年而功始告成焉。倘遊覧之士有登斯菴而閲斯境者，必曰：此」皆数君子沐雨櫛风，不遑啓處之所致也。彼創建者难，而重修者不尤难乎？玆者功果完」滿，属予以文。予不敏，奉命撰記，不過即事述事，聊述諸君早夜畐維之功，他若媚神求福」之説，皆略而不陳，恐惑人也」。

撰文：李學智、劉氏」。

督工善人：李池隆、馬氏，男李賢，次男明，女用姐；孫登、李氏，男從堯、從舜、□□；李仁隆、胡氏，男李望，女□姐；李天佐、房氏、男正倣、正字，女便姐、紙姐；翟守能、趙氏，男孝，次敬□。

雍正六年歲在戊申十月癸亥孟冬吉旦」。

清道光三年重修雲陽庵記碑

碑在山東省泰安市肥城市安臨站鎮北村馬山，清道光三年(1823)立。石灰石質。碑部分埋於地下，地上部分高154厘米，寬70厘米，厚20厘米。正文楷書，字徑2厘米。額題“萬古流芳”，楷書，單行，字徑6厘米。碑陰題名楷書，字徑1厘米。碑陰額題“永垂不朽”，楷書，單行，字徑6厘米。碑體完整，文字漫漶。該碑記載了清道光三年(1823)善士劉英俊、李興富、李學江、李思棟等重修雲陽庵之事，並附善信題名於碑陰。值得注意的是，當時雲陽庵由僧人住持。碑陰不録。

闻之自古几有功于民者，皆立庙以祀之。况」玉皇上帝之神，尤為天下所仰賴，其有功于民者更多也。马山之有玉皇庙，由來已久」，創建、重修俱有碑記可考。迄今歷时又遠，殿宇傾圮，神像暴露，皆風雨損壞之」。有善士刘英俊、李興富、李孶江、李思棟等，目睹心惻，爰是積財重修。恐大厦□」支，又延請本庄並四方善男长者，各輸金貲，然後于棟楹梁桷之腐黑撓折者，□」甎之破缺者，神像赤白之漫漶不鮮者，並皆治之則已。無侈前人，無廢後观□□」水母宫、道房、書院、牆壁，以及盤路之灵官庙，莫不焕然一新。工竣立石，以垂不朽，属予」為文，余記其重修巔末以應之云尔」。

戊寅年動工，癸未歲告成」。

首事：張道祥、孫所彦、李學江、刘英俊、李興富、李思棟、管興、韓啓登，韓啓珍、張成範、李元貞、李思明、孫肇鳳、李盛德、李思松、孫一清，李思貞、孫旺、李興貴、刘英杰、孫箱、李元明。

泥水(下殘)石作(下殘)

住持僧人(下殘)

大清道光三年歲次癸未夏四月立」。

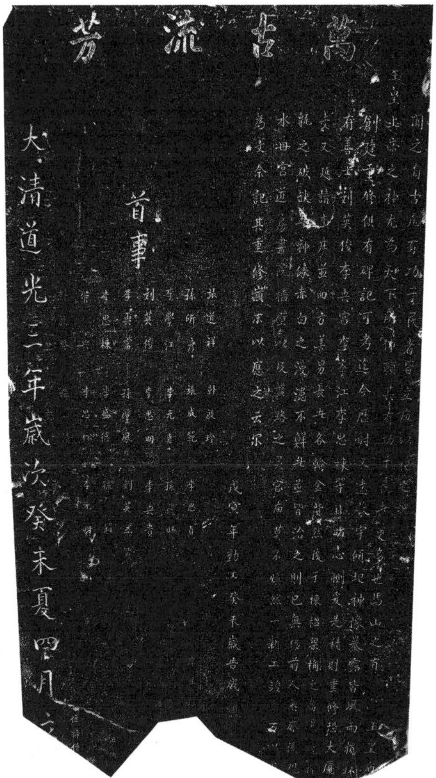

清道光三年重修雲陽庵記碑

清光緒三十四年重修雲陽庵記碑

碑在山東省泰安市肥城市安臨站鎮北村馬山，清光緒三十四年(1908)立。石灰石質。圓首。高 80 厘米，寬 104 厘米，厚 13 厘米。正文楷書，字徑 4 厘米。額題“永垂不朽”，楷書，單行，字徑 5 厘米。碑體完整，文字清晰。該碑記載了清光緒三十四年(1908)劉希文、李玉富、韓均泰等善信主持重修雲陽庵之事。

重脩雲陽菴

嘗思有功德於民者，皆立庙以祀」之。肥邑南鄉安臨村東馬山前，舊」有玉皇殿一座，歷年久遠，風」雨摧蝕，瓦崩磚裂，見者神傷。兹有」劉希文、李玉富、韓均泰等，糾合莊衆，共捐資」財而重修之，焕然聿新。功成告竣」，勒諸貞珉，著仁人善士於其上，名」垂後世，萬古常新，以誌不朽云爾」。是為序」。

劉家祥、李志學撰文」。

張方文、李□□書丹」。

清光緒三十四年重修雲陽庵記碑

首事:李應富、孫樂山、侯玲漢、李□□、王經明、李應年、韓克聖、徐榮安、劉永祥、李英禄、張方舜、張永海、布崇勳、管永智、韓克亮。

木工:李志淇。

泥水:李鴻謨、劉繼蒼。

石工:趙立恩。

住持:李文雨。

大清光緒叁拾肆年歲次戊申桐月上澣穀旦立」。

陳家樓村

清乾隆二十三年重修陳家樓七聖堂記碑

碑在山東省泰安市肥城市安臨站鎮陳家樓村，清乾隆二十三年(1758)立。石灰石質。圭首。高157厘米，寬75厘米，厚20厘米。正文楷書，字徑3厘米。額題“流芳萬代”，楷書，單行，字徑9厘米。碑體完整，文字清晰。該碑記載了清乾隆年間陳家樓村王太修等重修七聖堂之事，並著録善男信女題名。

清乾隆二十三年重修陳家樓七聖堂記碑

重修七聖堂記

嘗思：天高地下，莫非陰陽之散著；自古及今，率皆鬼神之呈能。是以人間敬立廟貌，春祀秋嘗，无處不然焉。若肥邑南五十里」有陳家楼庄，古有草廟一座，不知始自何時。廟貌摧殘，神像暴露，旁观者不覺目睹心傷。故本村有王太修等意欲重脩」，更思擴其規模，善念光明，更欲益以磚瓦，独力不能，募化四方，善男信女，共施資財，以成善事。于是興工建造，不数日」而功告竣焉。廟貌改觀，神像焕然，庶几神聖得慰，而人心亦安矣。又欲勒之貞珉，以示不朽，作文属余，余又學淺識陋，僅畧序」其事以誌之云爾」。

領袖王太修、管正尊趙襄文、會首邢世富、會首胡文玺、會首陳重、會首胡文坤、會首李奉太、會首胡文珍、太學生趙鈴、會首陳箱、陳士杰、太學生趙江、白春文、會首趙夫成、高進有。

女會首：胡文先辛氏、陳重辛氏、趙鈴李氏、胡文坤鄧氏、□□文□□、陳尚信鄧氏、胡文玺孫氏、王玉信吕氏、陳□董氏、邢世富陳氏、胡文珍董氏、岳圣其刘氏、胡文璧張氏、陳門聶氏、胡門朱氏、王文長木氏。

岳門郝氏、邢世荣張氏、陳尚倫董氏、白春書陳氏、王開龍王氏、李廷居刘氏、陳文然翟氏、岳坤代氏、曾夫明徐氏、趙江辛氏、陳尚礼辛氏、刘奉起辛氏、李廷知韓氏、陳興尹氏、王门岳氏、王能修李氏、王保山、王圣修。

刘家庄:刘際安辛氏、刘海江吕氏、刘杰才張氏、刘秉玉李氏、刘玉花李氏、刘良玉孫氏、刘碧玉段氏、刘門辛氏、刘秉千李氏、刘秉万趙氏、刘門張氏、刘君宣韓氏、刘松林吕氏。

張家庄:張興寬吕氏、張門李氏、張成夫馬氏、張門辛氏、張興甫刘氏、張門陳氏、張門吕氏、張所珍李氏、張巽辛氏、張兑王氏、張国璧張氏、張国用趙氏、張所召刘氏、張国玺李氏、張門李氏。

賀老庄:米德吕氏、吕從周孫氏、吕門孫氏、吕君重聶氏、吕君志王氏、米應璧管氏、米應聘侯氏、米應召郝氏、吕貴周刘氏、吕明芦氏、趙夫成葛氏、刘门辛氏、刘昌周、吕夫然、王玺房氏、吕門徐氏、陳義孫氏、辛門孫氏、刘安王氏、吕君甫張氏、吕門王氏、吕玉李氏。

牛家庄:王立德刘氏、王立能王氏、王立礼馬氏、王立義孔氏、孫门翟氏、張可法孫氏、王门田氏、孫門魏氏、孫車張氏。

東虎门:伊景和張氏、孫门刘氏、孫爲王氏、孫門辛氏、孫仁王氏、孫礼王氏、孫信李氏、孫智辛氏。

横山前:王门梁氏、王合生辛氏、王貞刘氏、王門陸氏、張志河李氏、王法謝氏、陳純乙李氏。

董家庄:董景堯王氏、王氏子董克孟、董景禹王氏、董景圣郭氏、董林朝氏、董克讓周氏、董克義董氏、王友曾郝氏、董景蕬王氏、辛氏子李汝能、李孝李氏、葛有礼王氏、張義周氏、王継善王氏、王継性孫氏、董三聘王氏。

萧氏子董璜、芦氏子董林、周欽于氏、董竹楊氏、蒋文境李氏、楊氏子董李、张氏子蒋文玉、蒋李張氏、蒋文重衛氏、鄧賓王氏、翟法李氏、張氏子翟法、董怀辛氏、董世□孫氏、温成宗段氏、苗氏子孟宗、張明如董氏。

施地基一分张国璧。

乾隆二十三年三月二十六日立」。

清嘉慶十七年重修陳家樓七聖堂記碑

碑在山東省泰安市肥城市安臨站鎮陳家樓村七聖堂，清嘉慶十七年(1812)立。石灰石質。高179厘米，寬72厘米，厚24厘米。正文楷書，字徑3厘米。額題"萬古流芳"，楷書，單行，字徑8厘米。碑體完整，文字清晰。該碑記載了清嘉慶年間趙臨祥等重修七聖堂之事，並附參與其事的善信題名。

清嘉慶十七年重修陳家樓七聖堂記碑

蓋謂極功难継，亦有不难継者，善事伐功，亦有不伐功者。吾於胡、趙、陳君之重修此堂而知之焉。想此堂之」創建也，已多歷年所矣。風雨摧殘，亦極索然。有臨祥趙君等，目触心傷，意欲重修，不惮尽心竭力，糾工」修葺。不日而庙貌焕然，神像改观。豈曰好大而喜功哉？亦以極功当継，以致永垂不朽云」。

庠生張大志撰并書」。

領袖：李永祀、陳公、李紹敬、李興泗、王禄禎、岳明、胡大武、胡大文、胡法朱、陳奉祖、趙連禎、胡法仁、胡法□、胡法敬、李紹法、胡大章、李紹興、辛□□、王大绪、陳明、陳旺玉。

糾首：刘法全、岳朋興、李紹德、李成泗、胡啓圣、宋柱安、段進法、岳朋来、陳永孚、陳旺、陳永富、陳大齊、趙淑澤、胡大德、陳□□、張□□、□□□、胡大倫、陳永太。

上庄：刘興唐、柳永清、蕭鴻賓、蕭継颜、蕭宋荐、蕭汝德、蕭継成、蕭宏礼、杜宗成、杜宏臣、董應文、張盛德、張博雅、董應誠、张聘漢、董應武、尹恒久、韓緒曾、刘宗孔、張泗水、尹希信。

趙京梅、刑德平、王廷楝、牛進德、名盛店、張殿、張孝伋、監生張師武、刘興仁、陳友全、翟相魯、翟名魯、王玉成、刘永玉、王士重、葛志崑、王□先、潘士礼、王朝福、王朝立、孫立福。

孫立名、孫立業、孫耿、孫瑾、孫立德、孫立功、孫法、孫輝、孫鎬、孫士榮、孫亭、孫珮、孫士雍、監生□容、耿成基、趙淑□、王金生、李興華、尹宏亮、陶文普、周雨立。

吕君用、吕永才、趙怀玉、刘廷吉、王培成、米萬興、吕永法、吕超、吕經名、吕思義、監生趙均亭、李思訓、王得志、胡光成、辛秋雨、伊永荣、王夫吉、□存讓、高進香、李朋悦。

辛立德、辛格、辛洙、辛安顺、監生楊法孟、侯思来、辛大如、辛希思、監生辛樂曾、辛士貞、辛荣均、辛大立、武勤、武儉、辛文彩、王夫周、李永振、李思義、孫旺、韓国嵩、韓啓珍。

趙淑性、閆美林、監生鄧献可、鄧献楚、鄧開安、鄧国訓、葛文彩、王玉梅、鄧海□、鄧興□、鄧献□、王貴梅、監生葛中岳、刘中祥、辛殿如、刘立年、辛義如、刘清荣、刘盛泉、趙緒、陳清璧。

張進賢、張国礼、張国朋、張克讓、李思敬、李思公、王士法、張継曾、刘永立、刘永玘、刘蘭亭、刘永塘、刘子文、刘永玺、刘成德、刘□德、張□祥、張国範、馬樂崑、張敬如、馬朋高。

袁夫先、辛克敬、張志德、周永清、袁百如、監生刘夫長、王元名、刘秉敬、刘秉爱、刘国良、刘国楝、刘殿祥、刘国進、監生刘朋思、刘朝建、刘思成、刘朝耿、刘文林、曲令德、刘永唐、曲令文。

布□類、庠生布雲龍、庠生布元泰、監生布圣周、監生布肇盤、監生布永祥、監生布肇塘、布文清、張志孝、刘敬、孔毓英、張文、刘吉祥、孟宗祥、孟宗圣、孫玉成、王興公、李荣宗、鄧云清、李桂亭、張廷海。

李汝香、李汝公、李友成、李友勤、李永林、李成魁、李成義、高孝思、刘宗富、刘保善、監生王志讓、布克祥、李振玺、胡法端、胡啓蘭、尹立成、監生翟文周、翟喬周、復盛□。

陳禄爵、陳友容、陳禄年、陳旺成、趙克信、張孝易、張孝冉、張孝臣、張孝信、張孝伊、張海珠、張有德、張大用、張大可。

泥水：葛孟周。

石匠：張在楹。

大清嘉慶十七年歲次壬申十月十二日立」。

清光緒七年重修陳家樓七聖堂記碑

碑在山東省泰安市肥城市安臨站鎮陳家樓村七聖堂，清光緒七年(1881)立。石灰石質。高 172 厘米，寬 74 厘米，厚 22.5 厘米。正文楷書，字徑 2 厘米。額題“萬古流芳”，楷書，單行，字徑 9 厘米。碑陰題名楷書，字徑 1.5 厘米。碑陰額題“碑陰題名”，楷書，單行，字徑 9 厘米。碑體完整，文字清晰。該碑記載了四方善信重修七聖堂之事，並附參與其事者題名。

清光緒七年重修陳家樓七聖堂記碑

重修七聖堂碑誌

嘗搜神記內一切道祖、佛宗，修仙煉化、解難救苦之情，莫如觀音之為勝也。至於諸聖之威靈，亦若日月」經天、江河行地矣。如肥邑陳家楼，舊有七聖堂一座，不知創建何始，修補屢次，因歷有年，所以被風雨摧」殘。不獨本莊仁人目睹心傷，即往來君子亦莫不慨然嘆也。故糾合四方善士，樂輸資財，共勷善事，而修」補之。不日，而垣墻、山門、廟貌、神像俱煥然一新矣。然功成之告竣，固所宜誌，而四方之義舉，尤不可掩。爰」勒諸石，以為永垂不朽云」。

廩貢生辛芳年撰文」。

郡庠生辛華年書丹」。

領袖：齋奏陳冠東、陳福榮、耆賓陳冠羣、胡世俊、陳冠仕、典籍陳昭明、陳大儒、胡世彦。

首事：張漢鐸、陳冠西、劉相興、陳明重、張樹桂、张錫貞、陳明善、段志、陳冠文、劉方俊、刘元魁、陳明泰、張漢讓、陳明傑、張紹謙、張玉合、劉文燦、李漢章、胡啓文、陳奉林、李玉珩、陳大訓、陳世倉、陳冠武、王興堂、邱明文、宋文平、胡世詢、張錫平、李英聚、胡世水、王清明、胡世常、段興禮、胡世平、胡世儉、胡啓遠、岳思清、李玉章、李得龍、劉文舉、胡世明。

石工：趙承祥。

泥工：布鴻柱。

木工：陳明傑。

大清光緒柒年歲次辛巳葭月吉立」。

（以下碑陰）

刘光玺、布榮甲、刘兆廣、井衍春、張樹倉、張樹貞、石継賢、辛邦俊、李貴文、刘方正、辛邦選、辛尚思、辛義禄、王金章、褚秀良、辛馨遠、于培基、刘相雅、管永長、李来法、刘曰松、刘相弼、張汗楹、張汗良、王肇範、辛休森、辛文冉、王守等、閆師高、孔廣士、解兆楹、曲殿安、張漢倬、蔡景山、刘殿魁、孫萬選、聶思龍。

趙建平、刘恒堯、刘常林、刘奉安、趙安平、孫子容、孫元禄、葛義華、葛育臣、葛育平、王子祥、李国宗、李文政、張錫安、張樹桐、李宏卓、李英柱、李思臣、張錫梅、張鴻達、刘相舜、張玉玲、張錫恒、蘇白松、田永昌、張大嵩、喬曰東、胡世祥、辛泰常、張汗秀、張大臣、恒德堂、廣信源、恒盛祥、張存揚、胡廷儒。

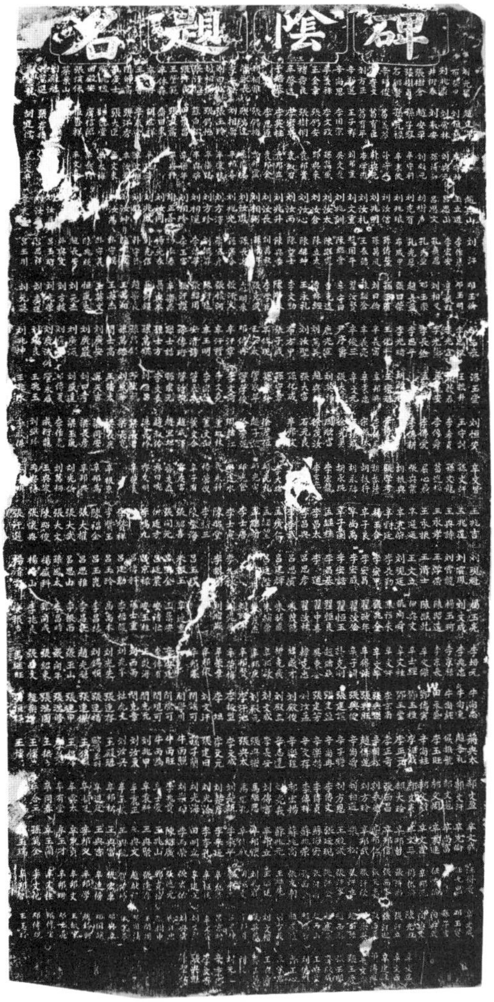

清光緒七年重修陳家樓七聖堂記碑碑陰

辛守坤、刘興元、孫清泗、刘殿元、辛守科、辛秉俊、韩守成、韩興元、布学海、刘邦重、吴文長、孫萬盛、鄧興来、袁邦貴、袁淑有、袁邦立、袁邦金、袁邦重、聶傳為、辛邦喜、辛秉桂、辛樂廷、辛興瑞、辛樂年、辛興科、辛建清、辛文桓、辛汝恭、辛文東、辛太梅、辛泰利、辛文喜、辛文平。

趙興山、王立道、吕思山、吕思文、胡樹声、刘克有、刘兆琅、刘汝信、刘兆明、刘汝礼、刘文重、刘兆訓、刘汝太、刘汝倉、刘汝心、刘汝丙、刘汝升、刘汝長、刘相弼、刘汝鳳、刘兆光、刘方澤、刘方珍、刘相運、刘相玲、謝正善、刘汝同、刘兆鳳、刘殿甲、刘汝坤、刘汝為、刘汝巨、刘汝重、辛秉□。

刘汗、李作康、李宏安、孔廣恩、孔光壘、孔光厚、布成甲、孫傳鰲、孫萬風、王奉德、趙国平、陳継堂、陳継寬、陳立太、陳継坤、陳望士、陳興泰、刘萬秋、孫長年、孫長名、孫樂合、李宏彥、刘継存、李清華、李玉富、楊奉泰、楊光春、韓克信、韩守曾、陳兆啓、韓守謨、韓守義、陳兆欣、趙長安、韓興文、吕玉珩、吕思祥、吕玉川。

邓玉倫、邓玉明、辛振旺、刘相又、邓玉樂、趙長盈、張曰荣、孫玉有、刘曰倫、陳継倉、翟汝賢、辛守田、曹克遠、曹林經、王永礼、李文勳、陳昭振、李学臣、張克盛、盧明来、張汗久、張懷河、張汗遠、張紹周、張汗謨、辛樂舜、聶興本、聶衍鎮、趙樂良、王萬相、王英杰、王英文、恒盛太、刘元杰、刘方拔、刘光荣、刘廣運、刘元英。

邓玉恭、李思温、李光宣、李光鰲、李長儉、李思平、李光緒、王化一、辛義富、辛義亮、辛俊三、尹序爵、鹿光宣、刘萬義、刘汝聖、布方甲、張子成、辛体現、王京太、邓傳冉、辛汗章、辛汗哲、辛玉明、安清詩、孫傳珩、孫士詰、孫士方、孫萬錤、孫萬鋳、孫萬鑠、閆士高、刘廣安、刘廣巖、刘廣瀛、刘廣□、刘廣浹、刘継良、刘兆坤。

潘玉堂、王振升、胡啓春、孟兆安、孟成武、胡啓□、王宗魁、辛邦冉、辛秉忠、辛文元、張大貴、刘英祥、趙興□、張大富、孫化成、孫守章、孫業珍、管永年、管学俊、李文河、李文堯、李宏盈、管永太、管汝泗、孫宗元、李文春、刘恒昌、邓宏禄、刘盛華、王清太、甯天吉、刘曰考、刘盛逵、邓傳夏、管永居、王兆玉、王兆水。

刘恒安、王守訓、李希貞、李傳舜、李傳爰、李傳耕、李傳真、李傳成、宋振太、宋法成、徐光美、周欣富、徐茂汝、石元良、辛邦文、徐茂位、趙子然、徐荣運、周緒江、董曰林、董文泗、董文合、趙咸澤、趙宜坦、趙淑佑、梁長玲、梁長曾、梁長寬、梁長庚、梁同安、梁長彥、梁玉嵐、李作虎、臧衍龍、刘継玲、李啓保。

辛文皆、孫文汗、孫文龍、葛進墀、屈心廣、張興業、胡振興、張学考、胡振清、胡振行、胡永魁、胡永純、李宏龍、李宏亮、李大緒、邱光礼、邱光寅、邱光登、邱□水、武永科、楊荣俊、辛子有、喬友富、喬友杰、喬曰啘、喬友明、辛荣良、辛振東、辛邦為、辛邦典、刘光倫、刘萬炳、王興家、王興禄、王兆明。

王兆吉、王兆遠、王興詩、王永孝、王永振、辛選廷、辛秉荣、辛對廷、楊玉合、辛子良、辛尚禹、辛子蘭、孟継桂、李昌太、李昌興、李孝武、孟廣仁、孟継望、孟継翰、李士唐、李士寅、陳昭堂、李楷三、陳望海、張紹喜、張開元、伊廷方、李鳴九、李贊祥、李贊玉、陳福全、張大權、張大武、張大文、陳昭俊、張懷興、張汗選。

刘現魁、刘雲鳳、刘雲龍、王学荣、王清士、王文立、刘現廷、李長勤、李宏甲、李宏昌、李宏成、李宏誥、李昌基、李運、吕思彥、吕思賓、吕建輝、吕廷陛、李允秋、李振蘭、吕玉璞、米振玉、吕玉全、吕廷業、吕京禄、吕傳科、吕建勳、吕玉玲、吕玉崑、吕思雅、吕思由、孫鳳太、楊盛科、楊清山、楊清雲。

楊玉亮、刘文成、楊玉珂、陳昭遠、陳照乾、伊興文、張開舜、陳福来、張兆金、翟汝年、翟汝倫、翟恒玉、翟恒良、翟中喜、翟汝林、朱茂德、朱輔盛、朱輔常、朱茂杰、刘昭平、刘光厚、刘昭顕、辛連重、王景安、安清忙、安玉柱、孫士重、李福隨、高尚本、李昌林、李昌廷、李振雨、李昌時、孫開成、李兆良、安振声。

李培元、李兆忠、李京禄、李京長、辛文傑、辛士經、辛文柱、辛文汗、辛文平、辛得法、辛子訓、韓克剛、趙緒謙、吴東全、韓克忠、韓盛才、韓克廣、辛邦啓、辛邦庚、辛邦賢、辛荣梅、辛荣章、辛邦依、辛邦基、辛安廷、李傳有、王啓海、刘西雨、刘光峯、刘光先、刘錫順、趙光魁、張玉山、張開年、張紹東、張□文、馬継旺。

牛尚忠、牛尚連、牛尚純、田永盛、鄧傳寅、鄧玉楹、鄧玉堂、李京南、張興傑、張興旺、張興俊、張建讓、張建盈、張建芳、刘汝孟、刘殿俊、刘殿立、刘文成、刘殿元、李汗池、李振型、李坦、刘文汗、閆讓可、閆學川、閆際可、閆現可、閆克元、閆克章、杜允文、張連存、張連揚、張連傑、張連甲、張鴻修、張鴻圖、趙樂曾、刘恒禄。

蔣興太、趙李礼、侯振龍、李玉旺、辛尚柱、李継成、李正元、李正奇、辛朝松、趙傳道、辛尚舜、辛子瞻、辛尚冉、辛樂揚、辛文存、辛樂程、辛志遠、李長安、張興楽、張興太、李文成、李文元、張建田、孫子蘭、牛丙照、牛丙旺、牛丙為、刘兆甲、刘汝東、刘汝興、王殿魁、歐陽至烈、王得學、王得仲、李英富、王振立、王懷為、王懷明。

郝文盈、郝文汗、郝文苞、郝文周、郝文殿、郝文庚、郝大玪、張西昌、刘奉德、刘方玲、刘相選、刘方恩、李傳文、李傳貞、李傳祥、郝宏揚、刘光峩、刘傳言、馬継思、馬継孔、刘楚显、刘楚彦、刘光治、刘光海、刘樂璋、李兆貴、辛士爱、辛秉科、辛秉正、辛玉振、辛邦松、辛道廷、辛順廷、辛雲太、辛有堂、辛同春、辛合三、□□□。

辛文成、辛克倫、辛尚富、辛秉連、辛文吉、辛文三、辛邦曾、辛邦信、辛邦仁、辛邦武、張松、王殿武、張廷現、蘇海宏、蘇兆荣、蘇兆高、蘇兆元、辛邦立、辛邦懷、辛休成、李来平、李来廷、李李孔、田明立、李丙荣、陳継廣、王兆山、王興聚、王興文、王興龍、王興富、王興吉、辛邦乂、辛秉貞、辛玉才、辛玉蘭、孫萬全、□玉瑞。

汪得貢、任九思、任友倫、辛邦元、楊振海、張汗南、張西峯、張玉杰、張汗欣、張汗立、張汗舉、張汗金、張汗甫、張西全、張友明、王継先、王継廷、刘兆寅、刘兆文、李来雨、辛允恭、辛桓廷、辛建蓮、張宏佑、張連元、鄧克治、張連存、趙献禄、賀茂坤、張宏卓、辛連榜、辛邦学、辛邦文、辛邦明、辛文柱、辛文化、辛邦智。

辛文成、邓玉賢、孫子言、闫興武、闫興文、陳光田、張汗立、張汗運、張西盛、趙樂英、趙西禄、趙西魁、趙盛基、趙西山、趙鳴智、趙盛遠、刘方茂、刘文楷、段英蘭、辛邦有、吕思坤、吕京坤、辛文質、刘文禄、刘興雲、張汗忠、張樹申、王閏周、邓国清、辛秉恭、邓興立、邓国讓、趙錫朋、王振家、邓玉亮、邓傳宝、邓傳現、王玉玲。

辛文立、辛文西、辛建盈、邓傳典、辛文殿、張玉秀、張玉明、齊欣成、王興業、刘傳杰、齊正心、孟学思、王興彦、齊正□、刘在□、刘元孟、辛秉鐸、李文貴、張興魁、蔣聖佑。

溝北村

清康熙四十七年三義殿前創修神道記碑

碑在山東省泰安市肥城市安臨站鎮溝北村，清康熙四十七年(1708)立。石灰石質。圭首。高137厘米，寬66厘米。正文行草，字徑3.5厘米。額題“萬古流芳”，行書，單行，字徑7厘米。碑體完整，文字清晰。該碑記載了清康熙四十七年(1708)溝北村善信重修三義殿之事，並附善信題名。

三義殿前創修神道碑記

從来善由己修，福自神降。本庄古有三義殿一座，内塑」三聖金身，乃衆家焚修之所。年久暴雨霖霪，廟之左右，神之目前，傾塌崎嶇」，瞬夕則厥將危矣。庄有發心善人楊芳、王成義等，謀諸合庄衆信，咸乐输資。於是」，各倒倉廪之粟，積蓄有載矣。康熙四十七年春興工鑿石，創修石垣周」圍，自此神安。其功豈容泯兮？竣日，命予為文，余實固陋不才，謹誌年月，聊」敘其事云尔」。

本庄訓蒙舘人胡中涵拙撰書丹」。

發心善人：王國柱、楊思弘、王成義、楊芳、郝貴中、楊明心、李起龍、孔尚章、刑貴方、王成礼。

刘旺、葛興、李之旺、李玉、李敬、楊進禄、王加禎、王國松、孫弘明、刘心玄、張秋。

清康熙四十七年三義殿前創修神道記碑

胡中先、李名章、康進才、趙武魁、滕堯才、楊百川、楊茂然、段□公、方正中。
辛美章、楊思如、田濟文、李貴陽、李進龍、楊成舉、任良、韓貴起、王德。
王夫祥、王興山、王廷彦、張書申、張希倫、韓貴法、董子祥、李云龍、白之俊。
徐秉礼、王荣、曹旺、郝正明、趙世登、張大山、韓貴能、錢可山。
楊進登、邢得言、王彦平、石法成、張汝經、孟九太、李進、申敬、張文登。
鉄筆匠人趙居。
旹皇清康熙四十七年嵗次戊子小春月之吉仝立」。

清雍正三年重修三義殿記碑

碑在山東省泰安市肥城市安臨站鎮溝北村,清雍正三年(1725)立。石灰石質。圭首。高 135 厘米,寬 65 厘米,厚 17 厘米。正文行書,字徑 3 厘米。額題"萬古流芳",行草,字徑 8 厘米。碑體完整,文字清晰。該碑記載了清雍正三年(1725)李起龍、郝明謀等主持重修三義殿之事,並附善信題名。

重脩三義殿記

肥邑南鄉六十里上庄,古有三義殿一座,創建不知始於何代。迄今年」遠日久,屢經風雨催殘,榱桷门墻幾将危矣。倘庙觀□圮,而吾儕輩漠」不關心焉,雖神不我咎,至如聖功何?是以有李起龍、郝明謀諸鄉衆,朝夕從事」,於此共勦厥事,不日告成矣。此□可不有以記□之乎?記之此,非敢」曰居功也,以為有剏必有因,後之有好善者,脩之之功为不可闕焉」云尔」。

李起龍、郝明、辛明齊、邢德、楊成名、孫良如、郭奉龍、楊楚玶、楊成功、葛如久;楊茂生、李進龍、曹興吾、王成礼、王永仁、王永信、王永礼、王永智、楊百川、方正玉;李鏡□、方正中、郝青、□旺山、李之海、楊永立、鄭應龍、孫良才、李之湖、王成義、李永玉、滕堯才;孟九□、許寵、韓荣、李明、李德倫、胡文選、楊百山、趙星、韓貴能、李雲龍、方魁、韓国杰;任良、王預脩、徐欽然、陳京柱、龎安魯、董思矣、錢可山、徐自漢、刘世强、王夫瑞、滕玉和、張志莭;董思美、石文秀、張輝、朱興、趙武魁、孔雲霞、楊百河、趙恒、范信、葛□、張門孟氏、張門張氏、董門張氏。

峕皇清雍正三年歳次乙巳仲春月之吉」。

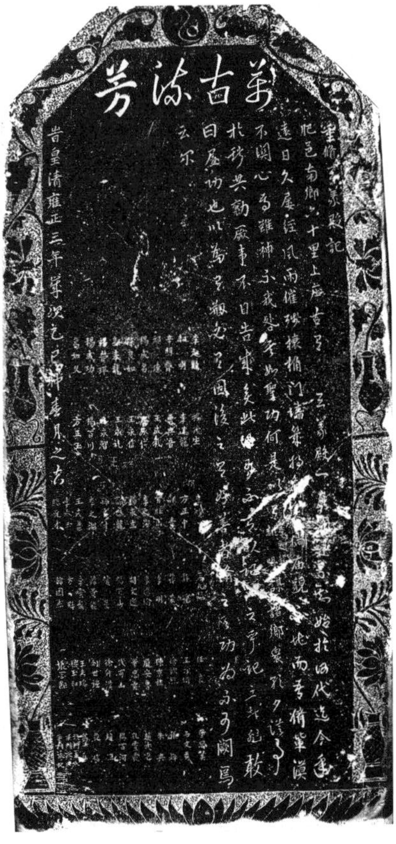

清雍正三年重修三義殿記碑

清嘉慶七年重修三義廟並創月臺記碑

碑在山東省泰安市肥城市安臨站鎮溝北村，清嘉慶七年(1802)立。石灰石質。圭首。高 145 厘米，寬 67 厘米，厚 24.5 厘米。正文楷書，字徑 2 厘米。額題“永垂奕祺”，楷書，字徑 8 厘米。碑體完整，文字清晰。該碑記載了清嘉慶七年(1802)重修溝北村三義廟之事，並附參與其事的善信題名。

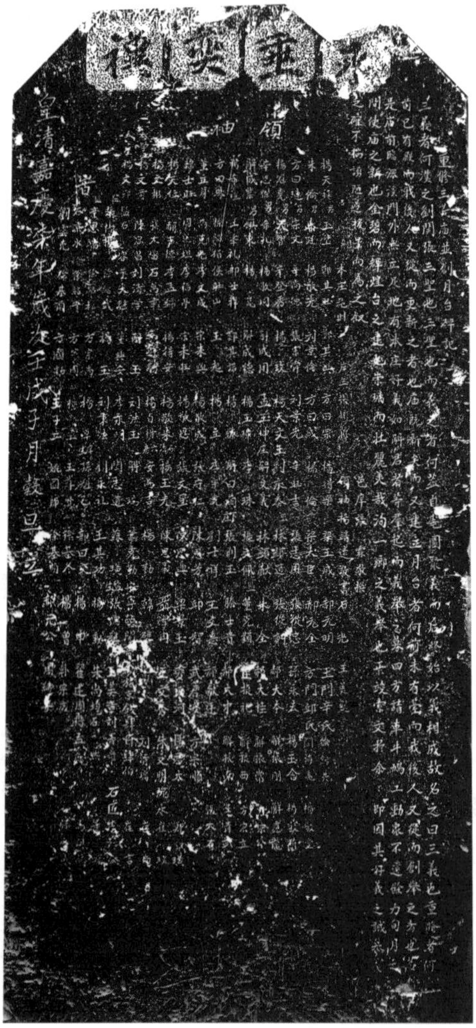

清嘉慶七年重修三義廟並創月臺記碑

重修三義庙並創月台碑記

三義者何？漢之劉、関、張三聖也。三聖也，而義之者何？蓋自桃園聚義，而后终始以義相成，故名之曰“三義”也。重脩者何」？前已有殿，而我後人又從而更新之者也。庙既新矣，而又建立月台者何？前未有臺而我後人又從而創舉之者也。蓋」是庙前臨深溪，門外無立足地，有本庄好義如解君者等，羣起而義舉之。募四方，請車牛，鳩工動衆，不遺餘力。旬月之」間，使庙之新也，金碧而輝煌，台之建也，崇墉而壯麗。美哉！洵一鄉之義舉也。工竣索文於余，余即因其好義之誠，慕義」之確，不揣謭陋，遂援筆而爲之叙」。

邑庠張霖敬撰」。

領袖楊靖遠敬書」。

領袖：楊天禄、男玉璧，朱倫、男泰廷，方曰璉、男宗文，楊冠堯、男天智，辛思傑、男希孔，解成業、男鎮东。楊希禮、方曰珠、董立身、韓士旺、楊天位、楊文彬、太學生楊文奇、太學生楊文卿、王孝礼、徐紹栢、喬克光、周道坦、郝士德、張大雷、陳思昌、監石容、監張傳□、監辛思瑞、石京水、劉雲克。

本庄施財：鄭其旺、楊敬先、辛尚德、辛登秀、楊敬周、楊崑、郝士祥、侯旺山、李文成、李福亭、李孟端、石萬章、刘清學、董大魁、徐紹武、徐紹松、徐紹貴、徐基蘭。

鄭其興、刘景倫、張宗舜、楊玫、解成用、解成德、鄭其諾、王起、宋来興、宋来旺、楊得安、□□□、□玉、董興安、楊玉、方宗禹、方宗周、方國勳。

庠生張彬雅、方曰宗、方曰成、刘景先、楊天文、孟玉坤、楊玉璋、楊臻、楊立、楊敬成、楊敬思、楊敬朱、楊自得、刘法玉、李永明、刘秉法、楊卓、楊璽、王子立。

楊得樂、楊倫、辛旺吉。王庄刘永泰、解文義。李珠、解曰蘭、李宗尭、張守仁、張文璽、石清楊玉先、六房安禹吉、解瑞、閆志道、劉永礼、庠生孫魁乙、王尊賢、姚國師。

梁玉成、梁大臣、張志用、監林显道、林显猷、張文佩、下庄張荆玉、劉士祥、陳思芳、陳思興、陳思義、楊勤、蕭克勤、蘇璜、王其功、郭曰交、徐基冬、徐基蘭。

石光、郝元明、郝元全、張從忠、張從訓、朱全、監董克類、滕士貴、王文惠、邱智、梁景玉、聶學冉、韓璧、安寧站関帝會施京錢肆仟肆伯、監生張儒□、楊動、楊申、楊曾、郝元公。

王美寔、王門辛氏、方門邱氏、孫永夫、郝大本、郝大桂、王振礼、郝大才、郝猷廷、武君安、安天河、王文秀、王美章、朱尚均、翟建周、韓宗成、周緒安。

徐紹先、閆海亮、楊玉含、鮮振剛、鮮振常、鮮振西、鮮振南、方宗順、楊君太、朱文明、刘清瑞、刘清章、石然、楊孟府。

楊敬堂、楊敬蘭、鮮應龍、方宗公、方宗立、王青武、張大有。

泥水：鄭璜、崔環、崔尚、崔言。

石匠：李淳公、董順、馬興然、滕□成。

皇清嘉慶柒年歲次壬戌子月穀旦立」。

民國九年創修山門道房垣墉記碑

碑在山東省泰安市肥城市安臨站鎮溝北村，民國九年(1920)立。石灰石質。高 108 厘米，寬 49.5 厘米，厚 15 厘米。正文楷書，字徑 3 厘米。碑體完整，文字清晰。該碑記載了民國九年(1920)溝北村三義廟創修山門、道房、垣墉之事，並附善信題名以及廟產四至於後。

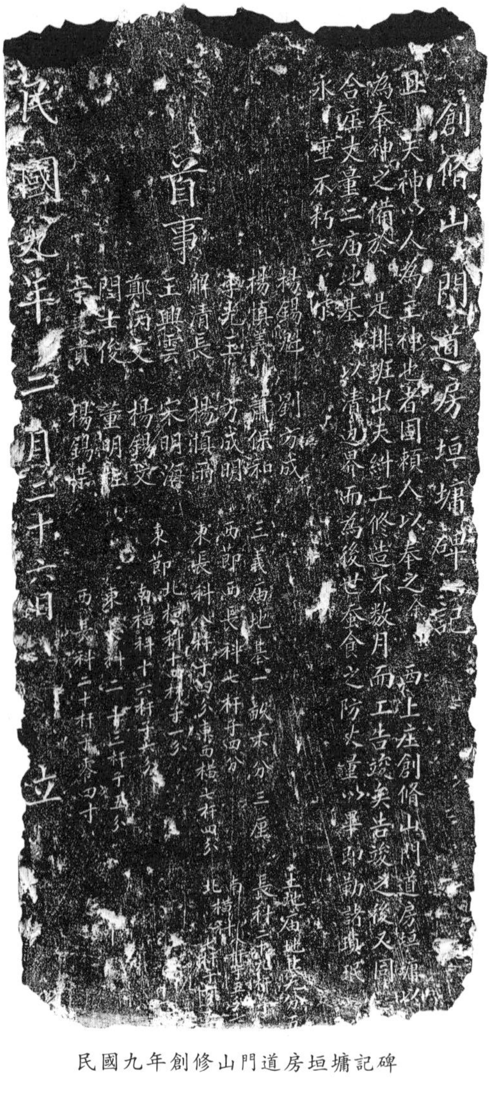

民國九年創修山門道房垣墉記碑

創脩山門道房垣墉碑記

且夫神以人為主，神也者，固賴人以奉之。余西上庄創脩山門、道房、垣墉，以」為奉神之備。於是，排班出夫，糾工修造，不数月而工告竣矣。告竣之後，又同」合庄丈量二庙地基，以清边界，而為後世蚕食之防。丈量以畢，即勒諸瑱珉」，永垂不朽云尔」。

首事：楊錫魁、楊慎義、李光玉、解清長、王興雲、鄭丙文、閆士俊、辛建貴。

劉方成、蕭保和、方成明、楊慎雨、宋明海、楊錫文、董明柱、楊錫荣。

三義庙地基一畝六分三厘。

西茆：西長科七杆子四分，東長科八杆子四分，東西横七杆四分。

東茆：北横科十四杆子一分，南横科十六杆子六分，東長科二十三杆子五分，西長科二十杆子零四寸。

土地庙地基九分五。

長科二十九杆子。

南横科八杆子五分七。

北横科七杆子一分五。

民國九年二月二十六日立」。

鳳凰山

清道光四年重修鳳凰山吕祖洞記碑

碑在山東省泰安市肥城市安臨站鎮鳳凰山，清道光四年(1824)立。石灰石質。高 161 厘米，寬 69 厘米，厚 22 厘米。正文行楷，字徑 5 厘米。額題“永垂不朽”，楷書，單行，字徑 7 厘米。碑陰題名楷書，字徑 2 厘米。碑體完整，文字漫漶。該碑記載了清道光四年(1824)監生劉澤遠等重修吕祖洞之事，並著録捐資善信與商號題名於碑陰。

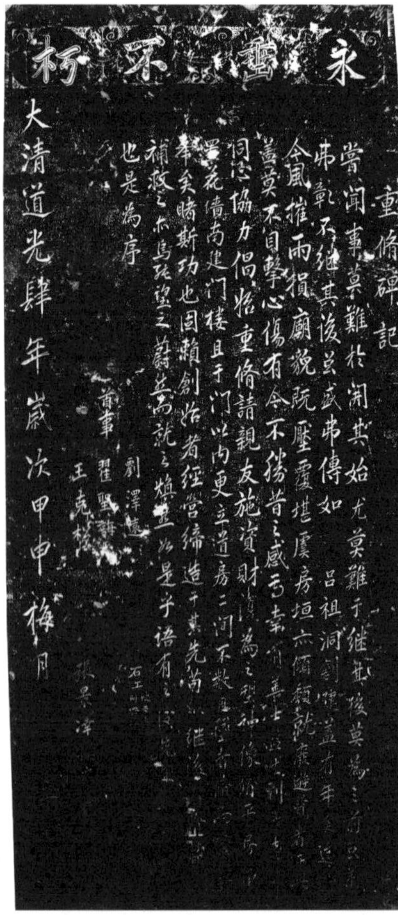

清道光四年重修鳳凰山吕祖洞記碑

重脩碑記

嘗聞事莫難於開其始，尤莫難于継其後。莫為之前，雖美」弗彰；不継其後，雖盛弗傳。如吕祖洞創建盖有年矣，迄於」今，風摧雨損，廟貌既壓覆堪虞，房垣亦傾頹就廢，遊覽者于此」，盖莫不目擊心傷，有今不勝昔之感焉。幸有善士監生劉澤遠等」，同心協力，倡始重脩。請親友施資財，復為之塑神像，脩平房，東」置花牆，南建門楼，且于門以內更立道房二间，不数月，墜者脩而廢者」舉矣。睹斯功也，固賴創始者經營締造于其先，苟非継後者脩葺而」補救之，亦烏能望之蔚然而就之焕然如是乎？語有之後先，成美良有以」也。是為序」。

首事：劉澤遠、翟聖誨、王克松。

石工：陳東太、刘興旺。

張景澤撰文書丹」。

大清道光肆年歲次甲申梅月立」。

(以下碑陰)

同首事人：刘□公、辛克敬、布兆統、布魁元、趙方山、鄧昌吉、張紹唐、孫兆鳳、張廷祥、李元明、李元貞、□永玉、韓其珍、刘維懷、陳禄年、翟景周、牛良柱、翟俊方、翟祥魯、刘成德、刘文德、刘安德、監生□中岳。

牛良華、王継成、曹文彬、孫立功、孫曰錦、王来富、王得安、孫萬邦、闫克顕、孫楡峯、王献寅、翟賓周、李炳文、董国正、刘楚宗、孔傳孟、刘宗富、刘魁、喬殿□、刘□□、□□祚、胡□夏、辛義德。

李保玉、辛荊献、辛荣鈞、辛孝庭、張□□、□□□、□□□、□□□、張□□、□□□、□□□、□献琭、辛烈先、刘圣林、孫榮、辛義如、辛苞如、李昌遠、喬門董氏。

同盛店、聚盛店、光生店、仁義店、德元店、正共店、福源店、公益店、石華東、沈兆麟、陳□□、陳焕唐、陳玉光、梁儒林、辛鳴岐、梁江、刘自明、刘焕章、刘思臣、曲令聞、孔毓璉、孔傳游、孔傳林、孔傳森、張霖。

復盛店、張景仁、鄧雲照、鄧興旺、鄧雲礼、辛朝刚、布雲黄、辛文平、周道淳、張立生、刘振明、刘祥瑞、刘文瑞、袁福先、袁百显、趙淑典、王文貴、張成九、趙樂堂、辛倫修、吕永重、吕景秋、吴子寬、吴萬太、辛旺臣。

永禧店、孫學楝、布兆顕、辛起禄、孫引、李成邦、伊明貴、李明玉、刘美玉、王継顔、布永清、王克本、王克智、王克立、王萬順、王萬溪、孫從訓、趙景鴻、趙奉璋、李進德、布啓運、布啓同、布永渭、布永方、李其澍。

布克類、布雲会、布兆盤、布兆□、布兆塘、辛永信、辛永年、鄧昌文、張□梅、趙元勳、趙元甫、張廷水、張廷才、李功継、蔡福献、刘克奌、張廷旺、翟永太、蔡允智、刘圣林、陳尚朴、蔡緒、袁增貴、張道中、張道杰。

張立友、張立□、刘英傑、李廷義、李圣德、刘公為、刘成業、孫□龍、李興海、刘興全、刘興□、韓其珠、韓其存、韓其玉、韓玉成、韓其和、韓其法、韓玉貴、孫箱、梁萬倉、韓思公、張廷蘭、鄧云公、張文敬、韓思敬。

李元□、李元□、陰□□、王士山、陳友容、陳友蘭、刘志起、孔玉□、刘永

清道光四年重修鳳凰山吕祖洞記碑碑陰

智、刘□□、刘蘭亭、刘蘭□、刘蘭友、刘蘭田、翟参魯、翟永楊、李元凰、陳禄文、趙士錦、趙華錦、趙祥錦、趙鳴鸞、趙鳴士、師文林、胡醒国。

胡應銓、胡法龍、尹秉忠、胡世澤、胡啓業、高信、張立德、尹兆德、□□□、□□□、韓尚□、王學德、喬際雲、辛懷□、李宣民、孫曰法、孫曰亭、孫曰輝、孫曰錦、孫□元、孫立□、孫立□、孫立名、李守信、孫曰琳。

孫曰瑶、孫恒儒、孫恒雅、孫恒遊、孫恒道、王汝泗、王汝起、王彦□、王彦□、□□□、刘光先、李朝陽、李朝文、李朝玺、王廷勳、吴法貴、吴法興、潘士樂、王士魁、王得才、王士秀、王茂禎、王得官、王朝珠、潘士礼。

辛文林、葛文林、孟継武、王荣先、王文□、辛文□、趙宏先、□□□、□□□、董□□、刘□芳、□純成、王志貴、布圣玉、王玉梅、王貴梅、王文清、王継爵、王志常、武清儀、武玉坦、武玉平、武玉順、武萬春、石継孔。

石継□、董倫、李明福、李□平、陳永太、□永□、□□□、翟明信、□思□、翟喬周、翟□周、翟書周、刘□清、翟明魯、翟成魯、翟旺魯、翟公□、翟之魯、翟京周、翟廣魯、翟樂舜、翟寛魯、李思孟、韓文學、韓子法。

韓子起、牛殿升、趙淑雅、周美文、陳永明、張希灼、辛洲、刘和亭、李興化、李興水、李允泰、李思明、李允錦、李思礼、李思棟、李思貞、李思能、李思德、李元明、李興□、李思□、李思遠、孫惠如、王彦義、李明□。

刘□□、刘□□、刘□德、刘文木、刘□德、刘鳳德、刘□德、刘寛德、刘文成、刘文典、刘文太、刘文為、刘文舉、刘大同、刘文源、刘文清、刘重信、刘文林、刘文相、刘文儒、刘文魁、刘文儒、刘文□、刘文礼、刘文亮。

□汝孔、□汝桂、于海旺。

清光绪元年重修鳳凰山吕祖洞記碑

碑在山東省泰安市肥城市安臨站鎮鳳凰山，清光緒元年(1875)立。石灰石質。高 162 厘米，寬 71 厘米，厚 17 厘米。額題“萬古流芳”，楷書，單行，字徑 10 厘米。正文楷書，字徑 4 厘米。碑體完整，文字清晰。該碑記載了清光緒元年(1875)重修吕祖洞之事，並附首事等題名。

嘗聞有其舉之，莫敢廢也。蓋前既垂乎象矩，後宜嗣夫鴻功。鳳凰山後，山明水秀，誠一」方之勝地也。舊有吕祖洞一座，久歷年所，被風雨損壞，神形暴露，牆垣傾圮。聞者」莫不警心，見者何堪觸目，縱有慷慨之士意欲脩補，而工費浩大，無如何矣。閒嘗公議」，週圍栢樹，多年蒼老，不若除舊而生新，沽樹資財，足以重脩而有餘。管理人等共稱義」舉。雖世人之同心，未必非吕祖之默諭也。迄今，庙貌神像，居然可觀，創作鐘樓，焕」然新鮮。脩工以後，買地四畆，以為祭田之資，栽樹百株，以增神明之光。不特継往者之」美意，並以開来者之善佑也。是為序」。

儒生、王宗奎、伊盛春、孫恒鐸并撰書」。

首事：翟聖謨、王英傑、劉文宗、劉兆廣。

王亭介捐錢二千，吕思端施樹二株。

石工：陳法舜。

住持：翟元林。

大清光緒元年歲次乙亥瓜月立」。

清光緒元年重修鳳凰山吕祖洞記碑

清光緒二十五年重修鳳凰山吕祖洞記碑

碑在山東省泰安市肥城市安臨站鎮鳳凰山吕祖洞，清光緒二十五年(1899)立。石灰石質。高155厘米，寬66厘米，厚15厘米。正文楷書，字徑4厘米。額題“重脩碑記”，楷書，單行，字徑7厘米。碑一角殘缺，文字清晰。該碑記載了清光緒二十五年(1899)王永元等倡議重修吕祖洞之事，並附首事等題名。

且夫聖人以神道設教而天下服，凡有功烈於民者皆在祀典。此廟之所由立，工之不」容已於修也。如鳳凰山後舊有吕祖洞，前此之修數矣。迄今殿宇頽敗，神像殘露」，即遠方遊覽者，莫不目睹心傷，况其邇者乎？肯有永元王公等，會萃鄉友，議欲重修。奈」工巨費夥，貲項寔屬難給，可若何？諸位共議，山場柏樹蒼老無枝，不如革故而鼎新，於」是共稱唯美。沽樹之貲，一則修葺殿宇，一則囬贖祭田。然未沽之先，栽柏樹五百餘科」，既沽之後，買柿樹七十餘株，其餘貲胥輸洞下關帝廟内，意屬甚美。其有功於當」時者不少，情寔堪嘉，亦有利於後世者良多。所以顛者扶之，廢者舉之，不數月，而輪焉」焕焉，整重聿新。工既竣而衆善不容掩没，爰次第其事，勒诸琪珉，以誌永遠云」。

清光緒二十五年重修鳳凰山吕祖洞記碑

劉子含撰文并書」。

首事：劉兆廣、王永元、翟福厚。

劉殿魁、監生趙立安、劉汝臣、王鳳岐。

翟德厚、劉兆吉、監生翟全可、劉殿利仝立」。

住持劉……募……

大清光緒二十伍年戢次已亥蒲月上浣穀旦」。

安臨站鎮政府

元至元二年石敢當畫像碑

碑在山東省泰安市肥城市安臨站鎮政府，元至元二年(1265)立。石灰石質。高 174 厘米，寬 65 厘米，厚 16 厘米。碑體完整，文圖漫漶。

鎮宅大吉」。
至元二年二月」。
石敢當」。

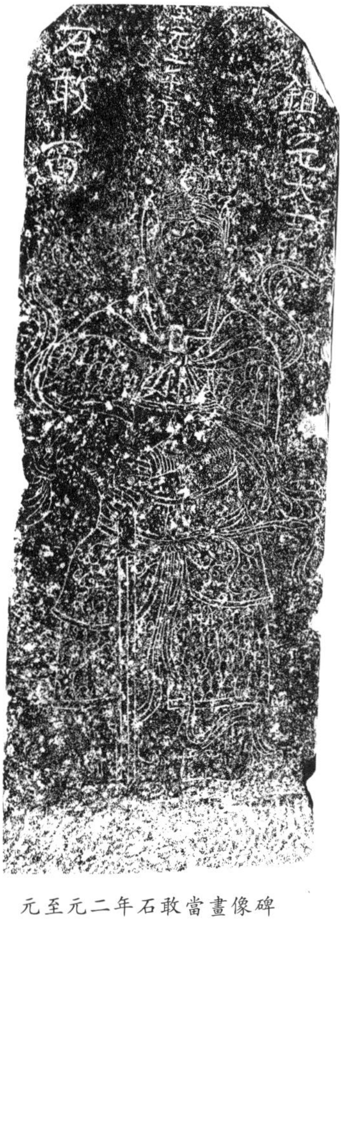

元至元二年石敢當畫像碑

清乾隆四十四年重建三官廟鐘樓記碑

碑在山東省泰安市肥城市安臨站鎮政府，清乾隆四十四年(1779)立。石灰石質。高 113 厘米，寬 77 厘米，厚 22.5 厘米。正文楷書，字徑 3 厘米。額題“永垂不朽”，楷書，單行，字徑 8 厘米。碑體基本完整，文字清晰。該碑記載了清乾隆年間重建井樓莊三官廟鐘樓之事。

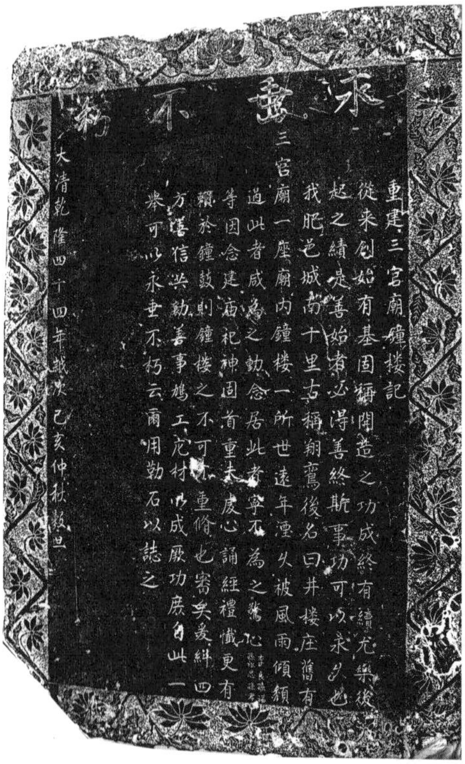

清乾隆四十四年重建三官廟鐘樓記碑

重建三官廟鐘楼記

從来創始有基，固稱開造之功，成终有續，尤樂後」起之績。是善始者必得善終，斯事功可以永久也」。我肥邑城南十里古稱翔鳶，後名曰井楼压。舊有」三官廟一座，廟内鐘楼一所，世遠年湮，久被風雨傾頹」。過此者咸為之動念，居此者寧不為之驚心？李良、孫福、孫祖思、孫孝」等，因念建庙祀神，固首重夫虔心，誦經禮儀，更有」賴於鐘鼓，則鐘楼之不可不重脩也審矣。爰糾四」方善信，共勷善事，鳩工庀材，以成厥功。庶自此一」舉，可以永垂不朽云爾，用勒石以誌之」。

大清乾隆四十四年戢次己亥仲秋穀旦」。

清光緒元年重修關帝廟記碑

碑在山東省泰安市肥城市安臨站鎮政府，清光緒元年(1875)立。石灰石質。高 89 厘米，寬 90 厘米，厚 22 厘米。正文楷書，字徑 4 厘米。碑體完整，文字清晰。該碑記載了清光緒元年(1875)重修某村關帝廟之事。

重修關帝廟碑記

村之西溝為衆水滙流之處，往往浩瀚，為」居民所憂。溝中有臺巋然，上有關聖帝祠」。相傳禱祀以免水患，其靈最應，然鼎新無」所考。自乾隆年間重修至於今，又歷年所」，將及缺頹，陳君毓檢、梁君學文等，愍心首」倡，鳩工庀材，遵舊規而擴之，更增牆門影」碑，樂施者於是乎雲集矣。夫陳君孳孳焉」，丹檻刻桷不懈，益虔其心，殆將使户口滋」殖，無有蒸嘗乏絶，亦幽則能事鬼神耳。如」曰暨茨丹雘，誇游觀之美，博好善之名，夫」豈其然哉？故揭之石，以示來兹」。

郡庠生梁履占撰書」。

大殿西山又站梁人安地基」。

光緒元年歲次乙亥梅月下浣之吉」。

清光緒元年重修關帝廟記碑

上天梯萬代帝王尊道賦碑

碑在山東省泰安市肥城市安臨站鎮政府，立碑時間不詳。石灰石質。高35厘米，寬75厘米，厚25厘米。正文楷書，字徑2厘米。碑體完整，文字漫漶。

上天梯萬代帝王尊道賦

天仙、神仙、地仙、人仙、鬼仙」。

道君荅皇后言：願特賜汝。是時皇后禮謝」道君，而乃收之。皇后收已，便從夢歸，覺而有」娠。懷胎一年，于丙午歲正月九日午時誕于王」宮。當生之時，身寶光燄，充滿王國。色相妙」好，觀者無厭。幼而敏慧，長而慈仁。於其國中」，所有庫藏，一切財寶，盡將散施窮乏困苦」、鰥寡孤獨、無所依怙、飢饉瘵殘一切衆生」。仁愛和遜，歌謡有道。化及遐方，天下仰從。歸仁」太子，父王駕慶，當而之後，王忽告崩。太子治」政，俯念浮生，告勑大臣，嗣位有道。遂捨其國」，於普明香嚴山中脩道功成，超度過是劫」，已歷八百劫，常捨其國為羣生，故割愛學」道於此。後又經八百劫，行藥治病，拯救衆」生，令其安樂。此劫盡已，又經八百劫。廣行方」便，啓諸道藏，演説靈章，恢弘正化。敷」揚神功，助國救人，自幽及顯。過此已後」，再歷八百劫，亡身殞命，行忍辱，故捨」己血肉。如是脩行三千二百劫，始證金仙」，大乘菩薩

上天梯萬代帝王尊道賦碑

號曰:清浄自然覺王如來佛。教」諸菩薩,頓悟大乘正宗,漸入虛無妙道。六門」謹閉,萬事俱忘,晝夜九年,陽神出現。成」者光照十方,明徹四海。聚則成形,散則無」穹,千便万化,入水火不溺不焚,此乃是天仙大」乘之法,千萬年不輪轉。如是脩行,又經億劫」,八百千萬年救人,始證玉帝」。

上三界皇帝,乃諸佛之尊師,衆聖之王」,萬天帝主」。中三界皇帝東嶽天齊」仁聖大帝佛,脩三千二百劫」。下三界皇帝萬歲人天之主」。

□道:天道、人道、魔道、地獄道、餓鬼道、畜生道。

四生:胎、卵、濕、化。

白家莊村

清道光三十年重修關帝廟影壁記碑

碑在山東省泰安市肥城市安臨站鎮白家莊村，清道光三十年(1850)立。石灰石質。高95厘米，寬130厘米。正文楷書，字徑3厘米。額題“永垂不朽”，楷書，單行，字徑6厘米。碑體完整，文字清晰。該碑記載了清道光年間重修白家莊關帝廟之事，並附善信題名。

重修関帝廟影壁碑記

蓋凢事之廢興成敗，不可得而知也，惟恃有人焉。維恃於其」間，而廢者可興，敗者可成。白家庄東頭有」関聖帝君廟一座，由來久矣。但因雨風剥蝕，日就摧殘，山門、影壁」、鐘樓、裙牆、道房倒塌，殊令人目擊心傷。幸有興遠戴君者，約」東衆人，同發善心，公出人工貲財，修山門、影璧、裙牆、道房，尹」肇鳳獨修鐘樓一座。一時並立，煥然改新，誠盛舉也。後開列」名次，以誌不朽云」。

清道光三十年重修關帝廟影壁記碑

徐紹師、尹國泰、尹國安、尹秉泉、尹秉爰、尹秉敬、尹秉實、尹秉明、尹秉木、蔣資元、尹秉薦、徐紹洲、戴興讓、徐滿根、尹秉公、尹秉□、戴興法、尹秉美、戴興常、丁兆逵、尹肇基、尹秉訓、尹秉東、尹秉先、尹秉忠、尹秉寅、尹秉惠、尹秉仲、尹秉魁、尹肇遠、尹肇林、尹肇經、尹肇穩、尹行□、尹行仁、尹秉恒、尹秉性、尹廣運、尹肇良、尹肇功、尹肇相、尹合遠、尹澤遠、尹肇龍、尹明遠、尹化遠、尹肇諒、尹肇平、尹肇泰、尹肇選、尹肇倫、尹肇明、尹肇夏、尹肇文、馬全、邢得安、尹肇存、丁曾信、尹肇禄、丁思聰、邢得傳、邢得温、徐香深、徐香明、尹式得、戴明揚、尹式盤、鄭得財、尹肇科、尹式孟、鄭得公、尹式交、尹式令、戴明水、尹肇常。

石匠：陳禄；木匠：董松林；泥水：趙立昌。

大清道光三十年䶵次庚戌花月中浣穀旦」。

土峪村

清道光五年重修三里莊土地廟記碑

碑在山東省泰安市肥城市安臨站鎮土峪村，清道光五年(1825)立。石灰石質。高 100 厘米，寬 127 厘米，厚 20 厘米。正文楷書，字徑 3 厘米。額題“萬古流芳”，楷書，單行，字徑 9 厘米。碑兩側楹聯爲“恩澤遠施千古泰，威靈廣被一方寧”，楷書，字徑 7.5 厘米。碑陰題名楷書，字徑 3 厘米。碑陰額題“碑陰題名”，楷書，字徑 9 厘米。碑陰對聯爲“廟貌共青山不改，姓名與白壁常留”，楷書，字徑 8 厘米。碑體完整，文字清晰。該碑記載了清道光五年(1825)重修三里莊土地廟之事，並附捐資善信題名。

三里庄土地庙碑文

嘗觀鄉里之間，凢有義舉，莫不刻石紀事，以」誌不朽，蓋所以昭當世而啓来茲者，

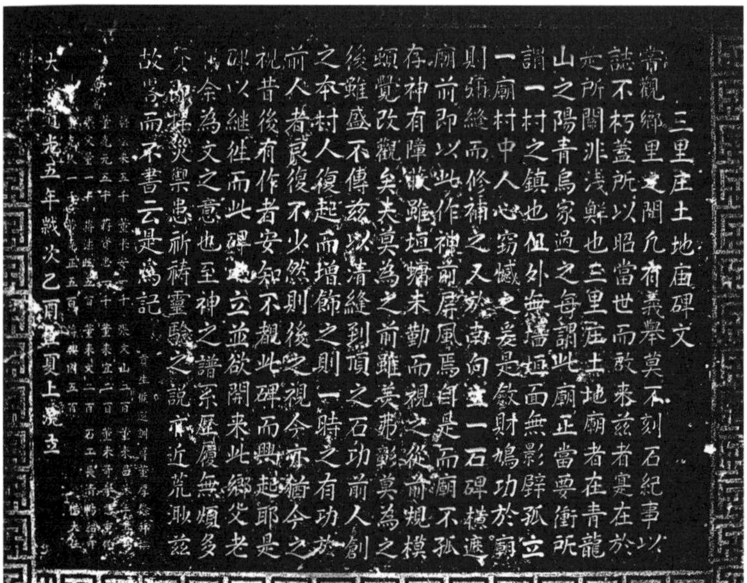

清道光五年重修三里莊土地廟記碑

寔在於」是，所關非淺鮮也。三里庄土地廟者，在青龍」山之陽，青烏家過之，每謂此廟正當要衝，所」謂一村之鎮也。但外無墻垣，面無影壁，孤立」一廟，村中人心窃憾之。爰是，斂財鳩功，於廟」則彌縫而修補之，又於南向立一石碑横遮」廟前，即以此作神前屏風焉。自是而廟不孤」存，神有障蔽，雖垣墉未勤，而視之從前規模」，頓覺改觀矣。夫莫為之前，雖美弗彰；莫為之」後，雖盛不傳。兹以清縫到頂之石功，前人創」之，本村人復起而增飾之，則一時之有功於」前人者，良復不少。然則後之視今，亦猶今之」視昔，後有作者，安知不覩此碑而興起耶？是」碑以継往，而此碑之立，並欲開来，此鄉父老」囑余為文之意也。至神之譜系歷履，無煩多」贅，即捍災禦患、祈祷靈驗之説，亦近荒渺，兹」故畧而不書云。是爲記。」

會首：蔣法来五千，董克元五千，張文量一千，董克久一千，董来安一千，蔣資忠一千，蔣法旺五百，董克正五百，張文山二百，董来宜二百，董来文二百，蔣興國五百。貢生候選訓導董厚餘拜撰，董来昌沐手書丹，董来奇舉意重修。

石工：長清楊紹舜、楊大任。

大清道光五年歲次乙酉孟夏上浣立」。

（以下碑陰）

張在明二百，董湘一千五，董来水六百，董邦彦一千，董来住兩千五，董来雨一千，董澤兩千，尹兆德一千，劉克明一千，王興業兩千，會首李炳□兩千、董元三千，董國正兩千，翟賓周六百，周龍海五百，李紹文一千，李邦杰兩千，刘大士一千，周緒立一千，周美文四百，蔣法周兩千，張奉法二百，于文禮三百，王杰六百，蔣興富一千，王奉先四百，王奉祥六百，王奉太六百，郝年安三百，尹希信二百，尹希舜三百，王孝先六百，董茂臨六百，蔣法瑞四百，董安臨六百，董立教五百，董立魁六百，周龍泉五百，韓緒曾二百，韓尚青三百，刘聖瑲四百，董瑞臨三百，刘玉崑三百，李清□二百，周緒海三百，王光迎三百，王奉安二百，韓緒堯二百，蔣資魁三百，董来聘二百，刘宗選二百，刘宗冉二百，董来彦三百，李九合二百，刘玉華三百，李印文二百，王光輝二百，董興太三百，董来山二百，李文孝三百，□□□三百，蔣法□三百，翟魁周三百，董秀臨二百，董吉臨二百，張志端二百，孫傳忠二百，王京美二百，蔣法成二百，翟文鳳二百，董化榮二百，周龍彪二百，□克文二百，刘大孝二百，翟文炳二百，董興占二百，董海臨二百，董来雲二百，董化成二百，□松二百，王青来五百，董克本二百，董應習二百，董杰臨二百。

創修庙宇：董京城，蔣賓，張四江，董克元。

庙中舊有：栢樹一株，槐樹一株。

大董莊

清道光四年重修大董莊五聖堂祠與山門序碑

碑在山東省泰安市肥城市安臨站鎮大董莊村，清道光四年(1824)立。石灰石質。圭首。高158厘米，寬67厘米，厚26厘米。正文楷書，字徑3厘米。額篆“萬古千秋”，單行，字徑8厘米。碑體完整，文字清晰。該碑記載了清道光四年(1824)重修大董莊五聖堂祠與山門之事，並附本莊會首題名。

清道光四年重修大董莊五聖堂祠與山門序碑

重脩五聖堂祠與山門碑序

蓋聞廟之為言貌也，凡生而為英，死而為靈者，皆宜建宇塑像，以為仁人君子勸，豈」不貴承先啓後于無替哉？我董家庄有五聖堂与山門，多歷年所，風雨摧殘，牆」已坍塌，神著麗日之景，門未閑閎，人興齊雲之思。住持董人廣□□□□□□議」重修，于是設醮□□来四方善男信女，各輸貲財，共成盛舉。不□□□□□□□」是不可以不誌。想五聖之豐功偉德，前人之称述備矣，但畧陳□□□□□□□」：面對層巒兮，猪山悦志；足臨溪澗兮，雉梁怡情；於穆輝□兮，以妥以侑；□□高□」兮，時止時行；聰明正直兮，酌苾芬以永；乞山肴野簌兮，妙格享以□；□□管誌□」兮，勒瑱」珉」而爲序」。

本庄會首：董來聘、李炳文、刘玉坤、周美文、王興業、董来雨、翟魁周、董立魁、董来水、李邦傑、□瑞臨、董来思、蒋法□、王玉廷、董元、周龍海、董安林、張秉奇、董泽、董可正、王傑、董興占、董来□、李明文撰文、□興仁書丹、顧聿德、董来儀。

大清道光肆年歲次甲申桐月立」。

孟家村

青龍山玉皇廟曲殿魁、周龍勤等題名殘碑

碑在山東省泰安市肥城市安臨站鎮孟家村青龍山玉皇廟，立碑時間不詳。石灰石質。殘高66厘米，殘寬83厘米，厚12厘米。題名楷書，字徑1厘米。碑僅存殘片，文字清晰。

（上殘）曲殿魁、周龍勤、刘継廣、辛荣善、刘東河、刘楚矣、刘楚俊、楊门姜氏、董化文、董来存、董配武、董春臨、孫聖賜、孫礼邦、孫元鳳、孫継功、孫自敬、孫元安、孫元成、王景太、孫傳信、安宗春、蘇文明、王文士、王配有、安宗□、安清鑑、安成德、李逢泰、李邦荣、喬際周、李家村、李永寧、朱茂松、刘恒安、朱茂栢。

（上殘）解文長、曲在濱、曲殿良、曲在洙、刘楚寅、刘東藩、刘楚才、馬學信、周茂如、周序鏊、周茂厚、曲殿成、孫元龍、孫秀邦、孫自緣、孫元凱、孫自順、孫曰泗、孫元考、孫元嵩、王延倫、王中峯、黄致景、胡樹謙、胡世明、胡世湄、胡大勤、胡啓儉、胡啓吉、胡啓桂、王太栢、刘门安氏、安玉可、劉曰泉、安清明、安清□、□□□。

（上殘）闫克忠、闫克捷、闫克達、孫曾邦、闫興久、趙公進、張渭、刘聖全、張大魁、孫思功、刘正峯、郝宏良、尹序美、刘克義、尹式勤、吴萬太、布啓矣、董立明、郝文才、郝文鳳、郝世元、郝文志、郝世臣、郝大聖、趙效孟、趙瑞昌、路宏鑫、王耒成、周茂明、周序盈、周序讓、李永明、李青山、楊玉河、張世安、陳思宝、武清雲、武玉□、武兆乾。

（上殘）孫□□、孫□□、孫□□、孫□□、孫□□、孫萬□、趙玉□、刘聖□、張聖序、董立昌、李士河、董立振、張聘禮、韓尚華、韓尚勳、韓克現、武玉純、武清平、武清明、鹿尚坤、周元吉、袁永魁、孫萬盛、孫萬鋳、王其臨、伊明魁、吴萬成、董来興、王英文、郝大功、孔廣點、刘光魁、胡世祥、孟衍讓、孟継唐、孟傳松、孟傳芳、李學武、楊敬孔、武玉奎。

（下殘）

石塢洞

清順治十年重修觀音神像記碑

碑在山東省泰安市肥城市儀陽鎮石塢洞山石塢洞内，清順治十年(1653)立。石灰石質。圭首。殘高80厘米，寬56厘米，厚12厘米。正文楷書，字徑2厘米。題名楷書，字徑1.5厘米。額題“重修碑記”，楷書，單行，字徑7厘米。碑下部殘缺，文字清晰。該碑爲題名碑，著録了清順治十年(1653)重修觀音寶洞善信題名。

重修观音神像碑明

大清國山東濟南府肥城縣各社(下殘)」仝修石屋观音寶洞，開列姓名(下殘)」

領秀善人刘真陽、王氏、長男刘成，袁(下殘)李□白□氏、張門朱氏、王門丁氏、刘門張氏、生員李光治姚氏、馬名儒于氏、刘子春、馬一荣董氏、王進美張氏、李士部、丁尚莭；吕照安、王整業賈氏、張進表、朱永德、于万芳、肖成己、戴邦田、周真明、王大民、石貴方、于成德；張平義、刘已、欒應魁、趙守禄、賈大名、趙守中、冷永成、丁大和、賈門李氏、孫門唐氏、于万貴、張思名；趙邦福、李守旺、白登進、王富、陳浚枝、于万富、商傳夏、刘旺、于万性、刘志高、刘随；趙景春、商体太、張乾、張孝礼、商体巽、刘扶漢、生員李明禄、段尚智(下殘)刘□□、□□□、趙□□、馬□□、朱□□、朱□□(下殘)

清順治十年重修觀音神像記碑

助功素匠：刘志林、宋国馨。

助功石匠：李奉才。

順治十年歲次癸巳十月癸亥甲(下殘)」

清康熙六十一年重修菩薩金身摩崖題記

摩崖在山東省泰安市肥城市儀陽鎮石塢洞山石塢洞外左側石壁上，清康熙六十一年(1722)刻。幅面不規則，尺寸無法確定。正文楷書，字徑3～5厘米。幅面完整，文字清晰。

康熙六十一年」十月二十五日重修」菩薩金身」。
善人李尚能，男志福」。
塑者姜汝」。
住持道人：張太志」。
石匠：宋月」。

清康熙六十一年重修菩薩金身摩崖題記

清雍正七年摩崖題記

摩崖在山東省泰安市肥城市儀陽鎮石塢洞山石塢洞外左側石壁上，清雍正七年(1729)刻。幅面不規則，尺寸無法確定。正文楷書，字徑7～9厘米，落款字徑2～4厘米。文字清晰。

雍正七年二月十九日」。
古有雲溪」，神仙博棋處」。

清雍正七年摩崖題記

清雍正八年重修石屋洞記碑

碑在山東省泰安市肥城市儀陽鎮石塢洞山石塢洞内，清雍正八年(1730)立。石灰石質。圭首。高119厘米，寬61.5厘米，厚15厘米。正文楷書，字徑3厘米。題名楷書，字徑2厘米。額題“萬古流芳”，楷書，單行，字徑6厘米。碑中間斷裂，文字清晰。該碑記載了清雍正八年(1730)重修石屋洞之事，並附參與其事的善信題名。

重修碑記

山東濟南府肥城縣東南石屋庄更東南有石屋洞，内有觀音菩薩一尊，旁有童」子、花姐。創自天啓，修自順治，迄今歷有年所，神像傾頽。康熙六十一年有本庄李尚」能、男志福者，目覩心惻，善念發焉。遂又重修神像，再塑金身，而洞宇已覺改觀，然」其心犹不盡于此也。乃又自置磚瓦，自出工人，将洞内創盖殿宇，金身配像。又復修整」洞外，築臺一座，創塑靈官一尊。洞内洞外逈非昔比，來往觀者無不瞻仰。若非菩薩感」應，善人心虔，何以有此？故今浩功完成，勒碑刻名，永垂不朽云」。

修功人係義陽社外一甲李尚能，張氏、刘氏，男生員志福、孫氏、李氏，國泰、國安。

助工人：王成爵、張自德、趙永卞、張海、張朝如、武俊、徐英芳、刘明洛、王得成、張李武。

張文保、李遠敬、李思□、張京、張府、李永元、□之成、張祥文、王成禄、□怀玉、□□□。

儒學生員李思孝撰文丹書。

李志禎。

清雍正八年重修石屋洞記碑

住持道人:牛法景。

鉄筆匠:宋月、張朝貴。

泥水匠:刘開吉。

木匠:王智、□□。

□匠:□宗魁。

大清雍正八年二月十九日吉立」。

清乾隆四十五年重修石屋洞殘碑

碑在山東省泰安市肥城市儀陽鎮石塢洞山石塢洞内，清乾隆四十五年（1780）立。石灰石質。圭首。殘高50.5厘米，寬54厘米，厚13厘米。正文楷書，字徑1.5厘米。額題“永垂不朽”，楷書，單行，字徑4～5厘米。碑僅存上半部分，剩餘部分文字漫漶。

聞之名勝之區，多本於天成，而（下殘）」山，其山有洞，而洞内有祠，由□（下殘）」有限之贍養，轉為荒蕪，則□□（下殘）」地數十段，約計三十餘畝，施之（下殘）」之所為名勝者，庶其永久不□（下殘）」

大清乾隆歲次庚子花月穀旦（下殘）」

清乾隆四十五年重修石屋洞殘碑

清嘉慶四年創建群牆山門寶厦記碑

碑在山東省泰安市肥城市儀陽鎮石塢洞山石塢洞内，清嘉慶四年(1799)立。石灰石質。高132厘米，寬59厘米，厚23厘米。正文楷書，字徑2.5厘米。題名楷書，字徑2厘米。額題“永垂奕祺”，楷書，單行，字徑8～9厘米。碑體完整，文字清晰。該碑記載了清嘉慶四年(1799)創建石屋洞群牆山門寶廈之事，並附善信及参與者題名。

聞之山不在高有仙則名，此山雖小，相傳劉辰、阮照觀棋成仙即此處也。洞有」觀音神像，禱無不應，屢有靈驗。但鐘楼未建，群墻未砌，山門未立，寶厦未修，終属缺畧。今有信」士張存友僻處洞西，不忍坐視，發願修補。募勸四方，鳩工創建，将前人未逮之志歷歷聿新。噫！殫」心畢慮，破鈔捐囊，經營期月，始淂告竣。存友之善可為無量矣。是為叙」。

生員高岩擢、尹祥、劉錦、張永泰、修盛店、張連璧、李思友、袁興路、王若英、李濟、韩敬廷、孫□山、□□□、□玉清。

吉鳳鳴、尹鴻節、閆廷琳、楊丕显、張錫我、曹玉山、任旺河、田明江、劉旺海、李廷鵬、劉源淇、李思平、張俊生、李文炳。

李德印、趙連輝、李廷均、劉奉天、劉詩、生員張允綏、劉萬倉、劉源渭、趙淑桂、王北海、張梃生、李德成、李龍璋、王永智。

劉源洛、張永和、李抱三、王在美、石明安、石明水、王栢、李明良、張子勤、陳士宏、蒋世起、李澄清、王自書、傅成才。

現任東昌府教授趙淑英、宿淂河、張至臣、范永泰、叚文平、史清泗、郝進東、李曰漢、王樂商、冀有水、李曰浦、史柱、李曰貞、袁正信。

李杰、張永海、袁正義、孫德盛、石大立、張遜、張鑾、張鏄、王鑑、袁玳、李泳、劉宝山、于協中。

趙雲漢、義和店、泰寧店、復興店、明盛店、萬順店、同盛店、隆茂店、天元店、孫欽安、趙淑信、孫耕野、孫玉文。

李兆吉、孫思和、郝志仁、孫信安、李玉璋、趙景剛、劉洪臣、左望海、馬雲彩、徐智、監員趙儒達。

石袍、段蒼華、趙淑魁、李誦三、李玉普、李茂松、郝成勳、張秀亭、張玉鐘、李漢輝、監員趙儒明。

李志發、徐仁、肖振法、杜山、劉珍玉、劉介公、劉明、李學固、蔡志魯、蕭珩、監員張蘭亭。

張明德、張曰培、王松蘭、許文□、李敬止、付成德、劉福學、劉見章、郭国麟、孫越□、孫士安。

張東魯、李朋義、董利源、白希舜、曹淑順、段貞、閆鳳來、穆謙如、張貴現、崔印、劉曰序。

張永貴、尹懷方、尹怡堂、張有倫、劉福献、趙明德、趙德明、李廷梓、李廷輔、劉紹堂、王自重。

高盛瑞、李台、趙有成、董國□、趙淑魁、趙連松、尹鴻廉、趙先起、趙進發、鹿蘭順。

王山、田永彪、孫德隆、尹文清。

邑庠生周南撰文並書」。

石匠：陶山孫大榮。

木匠：李文河。

住持道人：萬渭清。

嘉慶四年歲次己未嘉平上澣穀旦立」。

清嘉慶四年創建群牆山門寶厦記碑

清道光十二年重修石塢洞記碑

碑在山東省泰安市肥城市儀陽鎮石塢洞山石塢洞内，清道光十二年(1832)立。石灰石質。高 103 厘米，寬 47 厘米，厚 15 厘米。正文楷書，字徑 2 厘米。題名楷書，字徑 2 厘米。碑中間斷裂，文字清晰。該碑記載清道光十二年(1832)重修石屋洞之事，並附善信題名。值得注意的是，當時住持石屋洞的是僧人。

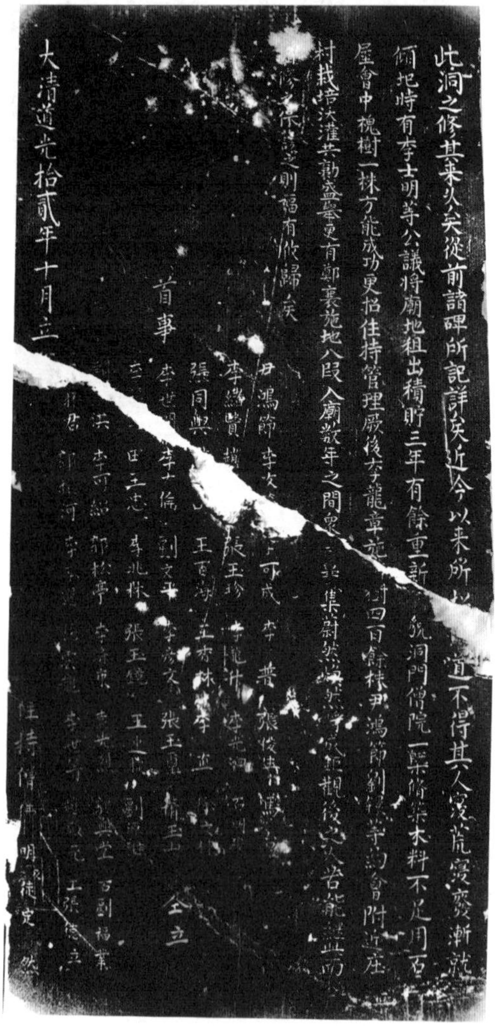

清道光十二年重修石塢洞記碑

此洞之修其来久矣，從前諸碑所記詳矣。近今以来，所□□道不得其人，寖荒寖廢，漸就」傾圮。時有李士明等，公議将廟地租出，積貯三年有餘，重新廟貌，洞門、僧院一槩脩築。木料不足，用石」屋會中槐樹一株，方能成功，更招住持管理。厥後，李龍章施栢樹四百餘株，尹鴻節、劉鐶等約會附近庄」村，栽培沃灌，共勸盛舉。更有鄭襄施地八段入廟。数年之間，衆善畢集，蔚然焕然，将成鉅觀。後之人，若能繼此而」增修之、保護之，則福有攸歸矣」。

首事：尹鴻節、李緒贊、張同興、李世明、李龍章、劉淵淇、李振君；李友□、趙□□、□□□、李大倫、田玉忠、李可紹、郭振河；李可成、張玉珍、王百海、劉文平、李兆林、郭松亭、李承選；李普、李龍升、王秀林、李彦文、張玉鏡、李濟康、穆雲龍；張俊生、李光泗、李直、張玉璽、王連捷、袁光烈、李世等；馬台、石明安、徐文楝、蕭玉山、劉源淮、郭興堂、趙殿元仝立。

石工：劉福業、張德立。

住持僧佛明及徒定然。

大清道光拾貳年十月立□」。

清道光二十三年重修石屋洞觀音堂記碑

碑在山東省泰安市肥城市儀陽鎮石塢洞山石塢洞内，清道光二十三年(1843)立。石灰石質。高143厘米，寬62.5厘米，厚18厘米。正文楷書，字徑3厘米。題名楷書，字徑2厘米。額題"萬古流芳"，楷書，單行，字徑7～9厘米。碑體完整，文字清晰。該碑記載了清道光二十三年(1843)重修石屋洞觀音堂之事，並附善信題名。

重修觀音堂碑記

且歷久則敝，凡物皆然，而土木之功，尤其易敝者也。若前人創始以立其基，後人踵事而」增其華，則易敝者終於不敝焉。肥邑東南石屋洞舊有」觀音堂一座，重修者屢矣。迄今歷年既久，神像殘缺，墻壁黯淡，凡目覩者皆心傷，而能更新自」任者蓋寡。自有義士張玉珍與侄淑端，慨發善念，請到衆親友公議，各量力捐資，鳩工庀」財，補其殘缺，新其黯淡，金碧輝煌，不踰月而功成焉。後人若能繼此而修飾之，何患歷久」則敝乎？是為記。

来年重修舊靈官、增添龍王神像，功上加功，定於四月告竣」。

塑匠：張懷哲。

領袖王連陞二千六、孫永毓、領袖蕭成鳳8千、王章、領袖紀元澄1千、張敬、高青雲、李廷詔、張士康、辛守謙、張好信。

李可宗、袁成美、張連興、刘坤、張淑全、領袖李仰清8千、李龍水、趙殿元、李大才、監員李承緒、生員張士顯。

孫輝祀、孫開柱、刘永運、高謙、領袖張傑生、石

清道光二十三年重修石屋洞觀音堂記碑

子太、趙文煥、李世梅、李廷桐、于會瑯、監員石文貫。

李占、王學雲、周玉山、刘鳳鰲、陳邦傑、趙曰雅、趙素履、穆雲龍、廩生董鳳鐸、于會喬、張燦。

孫玉琢、孫開臣、蕭成貴、張捷、張子武、領袖劉鎬8千、孫興乾、領袖劉朝柱三千、李景仁、陳述先、武生張化麟。

袁成文、李兆□、張□□、領袖張鑑、張据、李彦榮、領袖李福禄、李廷英、李景賢、領袖張淑端、介賓辛福海。

孫桓夫、孫開長、徐文棟、張継堯、李大經、張昌、董來禄、領袖劉環三千、李懷玉、張士興、地師張大魁。

李兆經、孫開宗、李坦、領袖趙懷松、張選、馬成、劉克良、安清揚、紀沛、地保李可成、九品張利田。

孫永義、孫継可、蕭成傑、王百年、張淑安、劉鐸、李廷臣、領袖張玉珍、李廷揚、李廷書、地師孫朝鳳。

刘乾、孫傳家、蕭恒玉、生員張學文、張欽、蕭成勇、郭志祥、上仙張德安、李彦標、楊懷賨、地師孫丙年。

孫永昌、薛芹、蕭環、監員張淑柱、張安、李介壽、趙曰蘭、卞曉東、董文明、廪生張岷泉、地師趙德超。

李□□、薛兆桐、徐文桐、王衍昌、張瑞生、郭興唐、李廷玉、寿官李荣成、王秀林、武生張邦齡、生員張左田。

孫開選、張□平、馬□、王衍曾、石文梅、張永泰、西客延其昌、李元訓、徐國輔、張士沛、生員張曰烶。

甘肅西寧府通判鄉飲大賓朱康圃，選拔貢生成武縣訓道朱説詩，癸卯科舉人地師李穆清，辛卯科舉人張廣紹」。

廪生李地山薰沐撰文，業儒李友範書丹，石工陈秉鑑，業儒李邦瞻書丹」。

道光貳拾叁年歲次癸卯節届季冬臘月初一日吉立」。

清同治八年重修石屋洞觀音殿記碑

碑在山東省泰安市肥城市儀陽鎮石塢洞山石塢洞内，清同治八年(1869)立。石灰石質。圓首。高135厘米，寬58厘米，厚17厘米。正文楷書，字徑2厘米。題名楷書，字徑1.5厘米。額題“萬古流芳”，楷書，單行，字徑7～8厘米。碑中間斷裂，文字清晰。該碑記載，清同治八年(1869)，石屋莊善信李門于氏與石屋洞住持僧人一起募緣重修觀音殿，功竣立碑以記其事，並著録捐資善信題名。

重修石屋洞觀音殿碑記

《禮》曰：能禦大災則祀之，能捍大患則祀之，蓋施功德□人宜食馨香之報也。況」觀音菩薩救苦救難，尤為羣生所賴者乎？肥邑東南二十餘里有石屋山，山陰有洞，洞中形如圓盖，石壁崚嶒，冬則煖，夏則涼」，誠人間之福地哉！内有觀音殿一座，創立多年，屢次重修。自咸豐十一年春南匪入境，遠近鄉村避難此山，皆保全無虞」。衆皆曰：“此菩薩之保佑也。”于時將洞修入寨内，以為□庇。但近來風雨侵蝕，神像摧殘，且洞外牆垣、鐘樓及韋馱殿各」處傾圮，見者心惻。有石屋莊李門于氏約莊衆公議重修，囑住持僧與首事人協同募化，共成盛事。惟廟内神像七尊，李式」曾輸財裝飾，楊樹上盤路三十七級，高中倫捐資鋪砌。由是廟貌俱新，永祀無替，庶不負神明禦灾捍患之意也。工告竣，請」余為記，余叙其大畧，綴以俚言，庶乎傳流不朽云爾」。

郡廩生趙慶常撰文」。

邑庠生李鴻恩書丹」。

邑庠生高運隆篆額」。

清同治八年重修石屋洞觀音殿記碑

首事：李錫恩捐錢四百、王國安捐錢五百、李兆蘭捐錢四百、李元復、李元善捐錢四百、劉震捐錢四百、郭佩□捐錢肆百、李現章捐錢一千、高中倫捐錢一千、趙宜翰捐錢一千、李履剛捐錢一千、李介儒捐錢三百、李兆恩、李介福、李佺、李子文捐錢一千、李其源捐錢三百、李□厚捐錢三百。

李清松捐錢四百、馬文德捐錢五百、李寶長捐錢五百、李海源捐錢五百、永和鹽店捐錢一千、孤堆地捐錢一千五、二奇楼捐錢三千、啓佑堂捐錢四千、綽然堂捐錢二千、袁家莊捐錢二千、沙溝峪捐錢一千、張家莊捐錢一千二、城裏六柜捐錢七千、石文梅捐錢四百、壽山堂捐錢三百、趙建酉、李興山捐錢共三千。

張俊廷捐錢四百，郭志文捐錢四百，李彦□捐錢三百、李元□捐錢三百、馬文魁捐錢三百、李玉林捐錢三百、李□□捐錢三百、李昌□捐錢三百、梁□□捐錢三百、趙宜士捐錢三百、田汝止捐錢三百、石鳳林捐錢三百、張儉捐錢三百、李元典捐錢三百、張化成捐錢三百、段興柱捐錢三百、張西成捐錢三百。

郭兆普、范鴻賓、趙相林、郭佩成、尹兆申、李蘭兆、李學信、趙振綱、劉百信、趙振紀、趙化龍、尹式寛、李元東、趙清明、劉克讓、許化山、李龍江、李兆同、穆振華、陳文鳳、李佩曾、王興隆、張玉富、穆振德、范銀賓、穆雲祥、郭大剛、陳文顯、方義海、高玉、白志富、劉克平、劉宏崙、尹兆昌、趙百順、王朝傑、李鳳岡、王兆緒、劉百禮、李履成、吴復明、吴復來、王升、吴復全、王朝松、陸德亮、馬清平、馬文明、李合源、王秀堂、王秀田、王秀華、李恒田、郭佩義、程大孝、王國寧、魯振友、穆振聲、李昌柱、李福慶各捐錢二百，李元勳三百、李江源三百、李元珍三百。

住持僧佛祥、成德、定太。

石工：楊義合。

大清同治八年歲次己巳五月上浣吉日立」。

清光緒七年重修石屋洞殘碑

碑在山東省泰安市肥城市儀陽鎮石塢洞山石塢洞內，清光緒七年(1881)立。石灰石質。殘高72厘米，寬52厘米，厚11.5厘米。正文楷書，字徑2厘米。碑僅餘下半部分，但剩餘部分文字清晰。該碑記載了李介儒主持重修石屋洞之事。

(上殘)□前能挒立，後貴恒修耳。肥城東南二十餘里石屋」(下殘)冬煖夏涼，誠今古之奇观、山林之福地也。然鍾萃固□」(下殘)□盤洞中則建」□緒，夫鴻工溯自道光十二年，石屋莊有善士李龍章」(下殘)□石洞更為生色，山村亦足壯觀。顧當時未立碑文，異□」(下殘)□房破，幾經觸目，倍覺驚心。兹有李龍章之姪李介儒，負□」(下殘)□錢廿貫有餘，偶聚飛蚨，克成妙象，及時修葺，各處煥新□」(下殘)□僧善居禪室，嚴禁山場樹株不許毀傷，牲畜勿令踐履，雖沿□」(下殘)益彰明，爲之後者則勝長传述矣。

歲貢生趙慶常撰文」。

邑庠生高運隆書丹」。

(上殘)緒七年臯月吉日」。

清光緒七年重修石屋洞殘碑

清光緒二十一年張峻嶺施地記碑

碑在山東省泰安市肥城市儀陽鎮石塢洞山石塢洞内，清光緒二十一年(1895)立。石灰石質。圭首。高95厘米，寬46厘米，厚14厘米。正文楷書，字徑4厘米。題名楷書，字徑2厘米。額題“永垂不朽”，楷書，單行，字徑6.5厘米。碑斷爲三截，文字清晰。該碑記載，趙家峪張峻嶺爲還願施地於菩薩元君爲香火之資，並附所施之地四至。

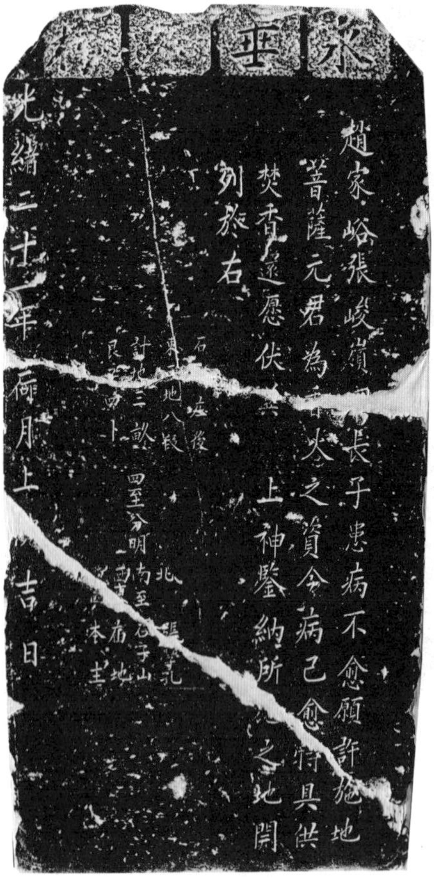

清光緒二十一年張峻嶺施地記碑

趙家峪張峻嶺□長子患病不愈，願許施地」菩薩元君為香火之資。今病已愈，特具供」焚香還愿，伏冀上神鑒納。所施之地，開」列於右」：

石□庄後」東西地八段」，計地三畝」，艮□四卜」。

四至分明：北至張學孔，南至石子山，西□庙地、□□本主。

光緒二十一年荷月上浣吉日」。

民國十五年重修石塢洞觀音堂記碑

碑在山東省泰安市肥城市儀陽鎮石塢洞山石塢洞内，民國十五年(1926)立。石灰石質。圭首。高93厘米，寬51厘米，厚16厘米。正文楷書，字徑2.5厘米。題名楷書，字徑2厘米。額題“萬古流芳”，楷書，單行，字徑6厘米。碑中上部斷裂，文字清晰。該碑記載了民國十五年(1926)善信梁世超重修石塢洞觀音堂之事。

重修石塢洞觀音堂碑記

慈悲為神道之常，超拔乃佛家之要。而此洞内之」觀音大士，慈航渡苦，甘露潤生，尤為靈應而無比。客歲冬十月」，世超為避兵患隨同家慈逃入洞内，仰仗護祐得保安」全。故而獨輸資財重修廟貌，現在工已落成，輪奂一新。□」此顛末，勒諸貞珉，非敢言報，不過以垂記念於永久云爾」。

肥邑沙溝社弟子梁世超重修」。

長邑王化□、石塢王樂庭監工。

中華民國拾伍年秋玖月拾伍日」。

民國十五年重修石塢洞外檻牆盤路記碑

碑在山東省泰安市肥城市儀陽鎮石塢洞山石塢洞内，民國十五年(1926)立。石灰石質。圓首。高123厘米，寬59厘米，厚14厘米。正文楷書，字徑2厘米。題名楷書，字徑1.5厘米。額題“萬古流芳”，楷書，單行，字徑7厘米。碑中上部斷裂，局部剥落，文字清晰。該碑記載了民國十五年(1926)周圍善信重修石塢洞外檻牆、盤路之事，並附捐資和參與者題名。

民國十五年重修石塢洞外檻牆盤路記碑

重修石塢洞外檻墻盤路碑記

慈悲為神道之常，超拔為佛家之要。而此洞内之」觀音大士，慈航渡苦，甘露潤生，尤為靈應而無比。客歲冬十月」，位為避兵患逃入洞内，仰仗護祐得保安全。日下墻路塌壞，諸位不忍坐视」爾，各輸資財，兼助工力而重修矣。現在工以落成，故立此石，以永垂記念云」。

首事：

梁世超捐錢拾四吊。

刘継孔、王樂庭、王振殿，以上捐錢九吊。

高守方、李遇昌、尹承旺，以上捐錢六吊。

王青梓、王芝庭，以上捐錢五吊。

王景順、李寿昌、李昌蒲、高化儒、趙衍泉、王振峯、孫開方，以上捐錢四吊。

石汝實、刘起富、方玉玲、范玉林、李立中、許士貴、王景餘、趙玉麒，以上捐錢三吊。

趙立樹、高化合、趙緒金、李玉厚、董典珠、尹兆雨、馬得明、李金泉、李玉公、趙忠禮、王德成、李柱江，以上捐錢二吊。

王世昌捐錢十五吊。

王青禑、王東庭、王盈庭、王韶庭、王玉庭，以上捐錢一吊五。

許俊亭、郭立祥、刘青亭、李炳戍、馬永泉、趙継昌、張學喜、李貞恩、李玉曾、李玉瑯、李立道、王青南、王泗昌、王菊庭、刘起紹、梁瑞盛、高化東，以上捐錢八百。

刘起春、魯廷□、刘起義、刘兆相、王青雨、刘長海、刘德俱、刘長江，以上捐錢五百。

王青汗捐錢十五百。

石塢王樂庭、王振殿監工。

石工：張海本、趙忠元。

泥工：李元信。

住持：清明。

中華民國拾伍年歲次丙寅拾二月吉日立」。

石塢洞觀音牌記題名殘碑

碑在山東省泰安市肥城市儀陽鎮石塢洞山石塢洞内，立碑時間不詳。石灰石質。殘高 82 厘米，寬 66 厘米，厚 15.5 厘米。正文楷書，字徑 2～3 厘米。題名楷書，字徑 1～2 厘米。碑兩側對聯爲“……观音出洞來……誠念弥陀”。碑僅餘下半部分，剩餘部分文字清晰。

（上殘）音牌記

今據」（下殘）南鄉各社甲□同人氏現在石屋庄列門居住衆姓」（下殘）□事開列于后。姓名」：

（上殘）□□□、□門陳氏。

許門刘氏、李門孫氏、張門薛氏、趙永立、王門刘氏、王門玄氏、王門弋氏、郝玉、郭元信、王門弋氏、馬門段氏。

石塢洞觀音牌記題名殘碑

（上殘）才、李司令、李司廷、高杰、王連如、梁玉、司荣（下殘）李志秀、李世傑、許裕、張岳、胥海、胥江。

（上殘）江世朝、刘的、二的、白旺全、馬得亮、張世禄、張明仁、趙門李氏、□弟、四的、張宗美（下殘）李世杰王氏、張平光弋氏、王門李氏、孫門芦氏、張林王氏、闫門季氏（下殘）李世偉弋氏、弋二相公田氏、龐門畑氏、史門王氏、崔良王氏、王門芦氏（下殘）李世信罗氏、刘如王張氏、孫己修玄氏、李各常、石門王氏、王門曹氏（下殘）氏、任門弋氏、王門吴氏、正門張氏、孫己文王氏、刘門徐氏、李門弋氏、任門弋氏。

（上殘）進忠李氏、守□付令、李門弋氏、張朝臣許氏、王祥柱、許大福、刘門陳氏、王守貴、李志高、刘君照、進倫、柱□、李茂心、李錦心、王玖乙、李東魯、李志禄、王化□、陳錫爵、董門左氏。

（上殘）□袖：郭門張氏、李門張氏、李門張氏、李門朱氏、王門陳氏、弋夫安、李門張氏、李荣心、張□、王守朴。

鐵筆匠人：陳坤然、陳錫福、陳松。

住持道人：刘仁孝，徒乙順。

石塢洞劉希名、王守京等題名殘碑

碑在山東省泰安市肥城市儀陽鎮石塢洞山石塢洞内,立碑時間不詳。石灰石質。殘高 86 厘米,寬 72.5 厘米,厚 17 厘米。題名楷書,字徑 2 厘米。碑僅存下部,文字清晰。

(上殘)姓名于后。

(上殘)氏、□□官。

(上殘)氏、□□□、□應洪、□士孝、刘希名、王守京、孟門公氏、高九會。

(上殘)□、□守邦、□應春、王青彦、宋珍、李順、鄭應臣、刘見、崔邦甫、丘天雨、冀良相、尹門萬氏、王孟州。

袁克光、丁守仁、商得時、許克仁、趙良才、張汗臣、張存成、于成氣、程有才、趙希孔、趙佃、李思孝、徐西廷、冀良臣、魯氏、吕氏、肖近山。

楊邦采、鞏守德、彭士相、許克佐、胡應賓、王業成、趙玉、趙守環、王整業、商應堂、施子裕、刘松、趙汝節、尹門付氏、孔進美、趙邦成、趙從舉。

朱永竹、趙得玉、田厙、卑才貴、位洪、宋子遜、王見民、王才、于成德、丁尚仁、胡應春、陳慱、于萬方、翟門王氏、孔進甫、刘安成、趙應福。

王子成、賈天保、刘應舉、姜東邦、何順德、薛崗、戴思雨、楊進為、王仲、王子荣、趙守太、辛久承、趙士科、肖門王氏、孔進良、于礼、馬景花。

戴邦田、楊門武氏、馬良廣、張孝詩、趙思敬、張志友、趙明倫、朱来科、肖印、刘倫、杜言、丁桂芳、陳

石塢洞劉希名、王守京等題名殘碑

其芳、趙門孫氏、王田。

褚東洋、楊應花、刘春栾、姜東汝、趙景夏、孫有富、刘世明、刘邦武、位景旺、陳秀、徐門路氏、李名才、艾從德、孫希全、王尚賢。

韓守皋、丁尚節、司臻、洪希才、陳宗禹、王仲臣、于成仁、于成業、段希孟、刘應節、李門張氏、郭中、閆應魁、賈子英、李倫。

王思順、趙海、于計業、李坤、刘應科、王夫勤、高弟、王青密、魯邦夆、徐邦仲、刘乾、李显亮、吴彦才、高本亮。

代書人:羅應春。

鐫字匠:位尚仁、李良昇、李良明。

焚修弟子:張常金、王常月。

道友:杜真玄,□冲□,梁常惠、徒宇安,孫常松。

仝立。

石塢村

清光緒六年重修東嶽廟裙牆記碑

碑在山東省泰安市肥城市儀陽鎮石塢村，清光緒六年(1880)立。石灰石質。高 51 厘米，寬 88.5 厘米。正文楷書，字徑 2.5 厘米。碑體完整，文字清晰。該碑記載了清光緒六年(1880)重修石屋莊東嶽廟之事，並附善信及參與者題名。

重修東嶽廟裙牆碑記

東嶽廟舊有裙牆，塌壞多年，神明能罔怨乎？鄉」衆亦曾知否？茲因歷年三月二十日，此廟」有香火古會，向皆集紀照管。惟今年闔莊」紳耆監理，收牲口市税，除戲價諸費，下餘」錢項公議以作修裙牆資。於是鳩工庀材」，仍舊址，焕新模，築以石牆，堅如鐵壁，向之」遺跡零星者，今或深藏不露乎？嘻！廉潔風」微，貪婪日甚，從來未有公而忘私如此舉」者，善哉！工既竣，余樂為之記，即勒諸石，以」垂不朽。

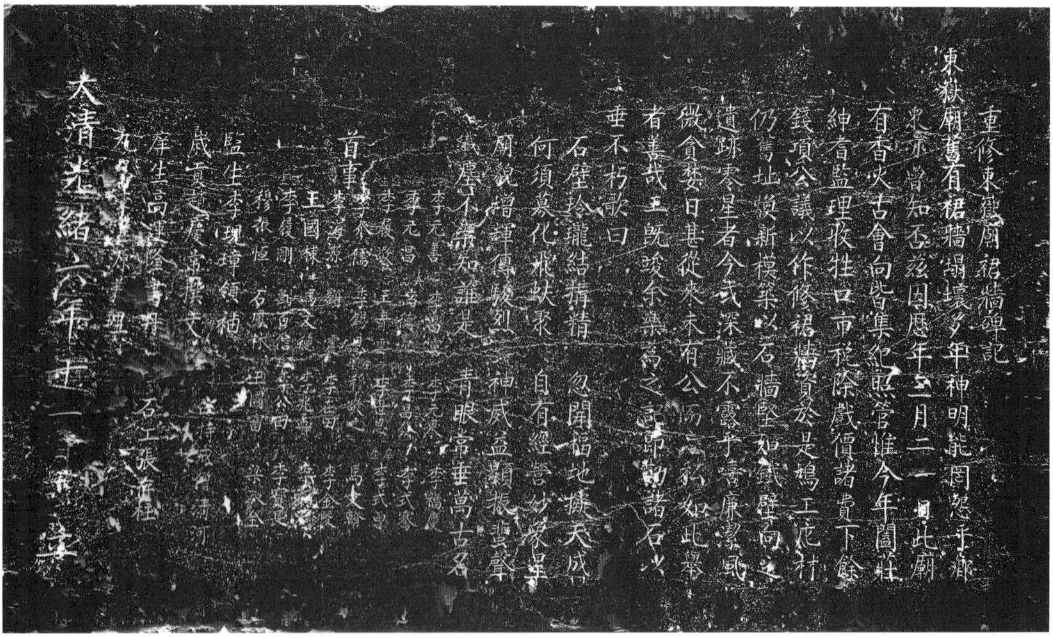

清光緒六年重修東嶽廟裙牆記碑

歌曰」:“石壁玲瓏結搆精,忽開福地擬天成」。何須募化飛蚨聚,自有經營妙象星」。廟貌增輝傳駿烈,神威益顯振蜚聲」。纖塵不染知誰是,青眼常垂萬古名」。”

首事:從九李元善、六品李元昌、監生李履敬、李介儒、李海源、王國棟、監生李履剛、穆振恒。

李昌寅、六品高德亮、王青雲、李錫恩、劉震、馬文德、劉百信、石鳳林。

李元東、李昌發、例賓李世恩、庠生穆敬之、李在田、李兆孟、監生李公田、王國富。

李福慶、李式騫、庠生李式曾、馬文翰、李金陵、李□□、李寶長、梁淑全。

監生李現璋領袖」。

歲貢趙慶常撰文」。

庠生高運隆書丹」。

九品李海源兼理」。

住持戒僧清河。

石工張存柱。

大清光緒六年十一月立」。

石塢村重修東嶽行祠記殘碑

碑在山東省泰安市肥城市儀陽鎮石塢村，立碑時間不詳。石灰石質。高128厘米，殘寬59厘米，厚20厘米。正文楷書，字徑3.5～4厘米。碑體殘損，剩餘文字清晰。該碑記載了戒僧清河與石屋莊善信重修東嶽行祠之事。

石塢村重修東嶽行祠記殘碑

重修東嶽行祠記

且自聖人以神道設教，而廟立焉。廟者，貌也，欽若貌則仰瞻萬」代；神者，伸也，至必伸而澤潤兆民。神固聰明而正直，廟宜美富」而華麗，凡入此廟奉此神者，顧可存欺罔之念，而不發其猛省」哉？石屋舊有」東嶽行祠一座，歲月頻經，風霜久歷，神光闇淡，廟宇傾圮。時有住持」戒僧上清下河，觸處警心，頓興善念，甘出京錢肆拾仟以作植」基之費，而閤约紳民，鄰莊善信，咸欲樂輸，共襄盛事。由是，壹意」重修，督工不怠，改不敢作，舊可相仍，方需時以待舉，旋不日而」（下殘）

榮華村

明萬曆二十九年修整玄帝閣信士題名碑

碑在山東省泰安市肥城市儀陽鎮榮華村清涼山，明萬曆二十九年(1601)立。石灰石質。高46厘米，寬73厘米。正文楷書，字徑2厘米。碑體完整，文字清晰。該碑記載了肥城縣義陽社柱子莊善信於明萬曆二十九年(1601)修整玄帝閣之事，並附廟主、捐資善信、參與者以及道士題名。

濟南府肥城縣義陽社人氏見在柱子庄，丫」髻山修整」祖師玄天上帝閣一所。信士」：

廟主趙從善、室人周氏，長男趙乾寧、鄭氏，次男趙宸寧、段氏。

善人韓思義同周氏、王氏、梁氏、張氏施艮五千。

善人徐□同室人周氏、男徐力業李氏、徐成柱、徐成業梁氏。

七真门下弟子：王烏高，姪男王建忠，長徒弟范信道，徒孫毋守志、王守德、張守山。

泰安州石匠：石友良、孟添卿、王登科、孟添艮、孟可選。

故工人：張弓表。

萬曆貳拾玖年歲次辛丑正月二十八日吉整」。

明萬曆二十九年修整玄帝閣信士題名碑

清康熙五十八年創建碧霞宫闕記碑

碑在山東省泰安市肥城市儀陽鎮榮華村清涼山，清康熙五十八年(1719)立。石灰石質。高160厘米，寬75厘米，厚22.5厘米。正文楷書，字徑2.5厘米。碑陽額題"萬代流芳"，楷書，單行，字徑7厘米。碑兩側對聯爲："神意極明，世上不明；聖心至正，人間不正。"楷書，字徑5厘米。碑陰題名楷書，字徑1.5厘米。碑體完整，文字漫漶。該碑記載了清康熙五十八年(1719)肥城清揚山附近善信創建碧霞宫之事，並附各村善男信女題名。

創建碧霞宫闕記

余聞清揚山，古名丫髻山也。地属肥邑，界鄰泰安，東連岱岳，南面汶□□□□□地處康溪於□」□□類之中昂然□出，層巒聳翠，巖穴吐雲，雖匪敢與嶠岳□□比類，亦□□勝之地。至於□□」石出，風從花遍，其幽景雅趣，登臨遊覽者，心賞不在言巳。絶巔之上，古有」玉帝、玄天、無生、弥勒各殿，每逢朔望，四方進香，男女絡繹，香火緜遠，固巳不絶。此山脉接於」泰山也，泰山有□□□」天仙聖母，金光普照於天下，有益於民社之福神也。每祐庇一方，灵感□□，豈可使其無所止棲乎？山前大柱」子庄有大善人周氏，興心以創修為任，兼得尼僧海亮協募化十方，自期年許成。孰□此功未半，而中道云□」，幸得□下成樂□□□□繼脩，糾衆捐資，鳩工庀材。未幾，類□□殿宇告峻，神像新成，□予為之記。自慚孝」□□，不敢言文，僅□□□□荒唐，聊以紀歲月，庶幾不忘所自云」。

胡天錫撰文」。

□清康熙伍拾捌年□□□重陽日」。

……

(以下碑陰)

趙門李氏、李門鄭氏、齊門□氏、蔣門張氏、胡門王氏、張門唐氏、趙門李氏、李門牛氏、李門張氏、李門許氏、□門李氏、刘門范氏、李門王氏、尹門田氏、尹門□氏、孫門尹氏、孫門張氏、趙門高氏、李門□氏、趙門孫氏、林門段氏、林門黄氏、孫門李氏、羅門孫氏、王門刘氏、張門趙氏、李門□氏、趙門李氏、□門杜氏。

刘家庄:刘緯、刘□□、刘□、刘世勇、刘津、刘□、刘賓、趙□強、□□修、□□玉、富起名、陳望山、趙□美。

沙溝庄:王門王氏、張門刘氏、王門趙氏、宋門董氏、袁門李氏、刘門袁氏、袁門石氏、刘門馬氏、曹門李氏、趙門安氏、李門周氏、徐門荊氏、武門蘇氏、袁門荊氏、趙門張氏、趙門張氏。

蘇家庄:管正尊蘇進舉,男士任、士弘、士遠、士重。

辛家庄:辛門怡室刘氏,男源明室趙氏、源□室張氏、源吉室周氏。

沙溝庄:管观音尊生員辛瑄妻孫氏,男廷倫、廷選。

羅于郊于氏、張汝運王氏、羅奇生姜氏、羅守汾孫氏、羅于湄王氏、武元臣刘氏、武元相李氏、武元□牛氏、武□耿王氏、王□□李氏、李可忠程氏、胡振海王氏、閆貞徐氏、徐成芳齊氏、姚□忠趙氏、尹昌□李氏、程住魏氏、吴显光王氏、王利貞□氏、王福貞□氏。

吴臻張氏、徐希亮王氏、徐蘭芳李氏、□治京馮氏、徐希文魏氏、張文德孫氏、李子俊王氏、趙□王氏、蘇□馬氏、荊大名陳氏、王整石氏、王希名李氏、王希聖張氏、蘇希貴姚氏、王玉常王氏、王志□□氏、王得□□氏。

王寨庄:王門羅氏、王昌吉徐氏、王祥吉石氏、王永吉張氏、孫門趙氏、孫門周氏、孫明□張氏、孫明章王氏、孫璜尹氏、張旺□氏、張流遠徐氏、馮周□。

□大庄:武□安、張礼王氏、張仁伊氏、孫少彦、張文貴、張門馬氏、張穩王氏、王元貞李氏。

張家屯:張新□、徐門王氏、宋玉梅□氏、胡□張氏、孫□□陳氏、徐貴。

王守亮楊氏、王守節石氏、伊明□王氏、石門張氏、張申羅氏、王進□刘氏、張門尹氏。

丘家庄:武門刘氏、武敬昌……張門屈氏、張門刘氏、張門任氏、張門楊氏、趙

清康熙五十八年創建碧霞宫闕記碑

門李氏、□門金氏、□門□氏、□門□氏、□□□□、翟門刘氏、□門刘氏、王門□氏、馮門□氏、□門王氏、唐門馮氏、于門曹氏、玄門□氏、玄門刘氏。

章□□、□□□、□□信、□□礼、□□□、□門□氏、□門刘氏、□門□氏、袁門刘氏、袁門馮氏、袁門□氏、袁門李氏、袁門安氏、袁門齊氏、□門武氏、□門朱氏、□門范氏、張門□氏、齊門夏氏、齊門楊氏、齊門范氏、齊門任氏、孟門董氏、王門□氏、□門□氏、□門□□、□門□□、□□□□、□□□□、□□□□、何門□氏、刘門□氏、張門□氏、□門王氏。

□門弋氏、楊門□氏、楊門□氏、齊門楊氏、齊門武氏、□門文氏、刘門□氏、刘門趙氏、武門楊氏、李門趙氏、李門梁氏、武門徐氏、武門楊氏、武門王氏、刘門雷氏、薛門武氏、武門楊氏、武門雷氏、武門張氏、張門□□、□門郭氏、□門周氏、李門夏氏、□門梁氏、□門徐氏、□門□氏、□門陳氏、刘門□氏、刘門單氏、刘門張氏、□門梁氏、温門楊氏。

□門于氏、□門肖氏、□門安氏、趙怀□、王門郭氏、趙門錢氏、馮大□、王門刘氏、□門張氏、刘門□氏、張門齊氏、王門郭氏、□門刘氏、陸□、陸門王氏、陸門□氏、陸門王氏、房禎、蔡明現、陸刚、徐守成、趙門袁氏、徐門趙氏、王門□氏、馬門車氏、馬門武氏、孫門刘氏、□門□氏、王門葛氏、陸門李氏、徐門雷氏、馬門高氏、韓門袁氏。

尉門趙氏、趙門蔡氏、趙門張氏、刘英貴、□門袁氏、□門趙氏、安門刘氏、楊彬、刘門楊氏、刘振邦、刘門陳氏、刘門張氏、邢門周氏、高門周氏、蔡門□氏、馮門徐氏、馮門武氏、肖門王氏、肖門尉氏、錢門丁氏、馬門武氏、馬門張氏、馬門尉氏、馬門雷氏、馬門召氏、張門張氏、張門刘氏。

南白樓□會首張□、蔡相□、朱門李氏、蔡門高氏、朱門孫氏、陳門□氏、□門李氏、趙門刘氏、□門姜氏、吕門韓氏、吕門□氏、林門趙氏、李門□氏、魯門□氏、朱門刘氏。

趙家庄:李江、王大貞、周樂、刘福旺、宋荣得、趙復□、于□、王□、□□□、王貴容。

清乾隆二十三年信女題名碑

碑在山東省泰安市肥城市儀陽鎮榮華村大頂山，清乾隆二十三年(1758)立。石灰石質。圭首。高168厘米，寬80厘米，厚19厘米。正文楷書，字徑2厘米。碑陽額題“万古流芳”，楷書，單行，字徑4厘米。碑體完整，碑面略有磨損，文字清晰。該碑爲題名碑，著録了義陽社榮花莊以及兗州府寧陽縣泗高社等地信女題名。

義陽社荣花庄會首趙明義、紀有恒代領女會首紀門卞氏。

兗州府寧陽縣泗高社中高村：會首□門刘氏、王守梅刘氏、王□□□氏、王□□李氏、□仲□王氏、□□□□□、王国化母□氏、王国□母刘氏、□門顔氏、王門□氏、□□□母吕氏、□□□□刘氏、□□□□王氏、□□□□□氏、□□□□郭氏、刘万相王氏、方□□李氏、□□□□□、□□□□□、□乙秋李氏、□□□王氏、王国安、王国才、王應。

東高村：肖門梁氏、梁国貞刘氏、周□□□氏王氏、梁文進豆氏、張顔路許氏、李門梁氏、□□梁氏、□門吴氏、梁文現桑氏、桑大什刘氏、刘門沈氏、梁門賀氏、梁門王氏、梁□洗李氏、□門閆氏、梁門□氏；辛門趙氏、孫門樂氏、趙門張氏、李門鄧氏、李門紀氏、鄭門鄭氏、紀門王氏、紀門孟氏、紀門趙氏、段門李氏、李門鄧氏、李門周氏、刘門安氏、刘門翟氏、布門正氏、李門辛氏、郝門刘氏。

大柱子庄：會首孫門徐氏、弋門母氏、弋門何氏、李門周氏、弋門杜氏、弋門王氏、弋門孫氏、孟門刘氏、孟門玄氏、王門韋氏、牛門辛氏、

清乾隆二十三年信女題名碑

付門李氏、孟門商氏、孟門刘氏、孫門管氏、周門于氏、王門辛氏。

三合庄:李門刘氏、刘門周氏、刘門楊氏、弋門付氏、王門趙氏、王門李氏、王門張氏、王門皇氏、王門弋氏、楊門弋氏、刘門馬氏、弋門李氏。

高家院:會首□□周氏、于門弋氏、王門許氏、宋門韋氏、許門張氏、弋門孙氏、楊門正氏、張門于氏、王門常氏、張門周氏、□門刘氏、□門萬氏、王門張氏、刘門刘氏、孙門張氏、孟門曹氏、王門□氏、孟門王氏、段門王氏、孟門李氏、王門楊氏、李門楊氏、玄門屈氏、張門辛氏、玄門周氏、王門王氏、王門胡氏、刘門馬氏、玄門張氏、玄門韓氏、刘門弋氏、雷門李氏、王門姚氏、王門牛氏、王門刘氏、牛門刘氏、許門弋氏、許門王氏、張門王氏、省門張氏、羅門張氏、玄門高氏、朱門張氏、高門李氏、李門張氏、于門楊氏、于門張氏、子門王氏、張門周氏、陳門張氏、魯門張氏、玄門張氏、張門孙氏。

會首李門張氏、李門張氏、李門李氏、李門孫氏、李門張氏、李門羅氏、李門□氏、弋門李氏、于門□氏、于門馬氏、于門柴氏、于門王氏、丁門車氏、朱門李氏、王門梁氏、張門高氏、弋門孫氏、布門葛氏、孫門周氏。

齊門菉氏、商門袁氏、金門王氏、張門氏、弋門陳氏、梁門齊氏、郝門沈氏、王門孙氏、張門白氏、孙門王氏、刘門李氏、王門孙氏、王門李氏、張門石氏、高門吕氏、辛門温氏、辛門周氏、辛門刘氏、辛門胡氏、辛門王氏、辛門孙氏、辛門李氏。

辛門李氏、辛門張氏、辛門張氏、辛門張氏、刘門布氏、翟門喬氏、李門辛氏、段門闫氏、張門楊氏、付門禁氏、紀門吴氏、紀門周氏、紀門刘氏、紀門弋氏、紀門孙氏、宋門王氏、陳門于氏、陳門郝氏、商門陳氏、吴門刘氏、張門氏、郭門路氏。

高門張氏、弋門吕氏、弋門王氏、弋門趙氏、李門玄氏、張門弋氏、王門鄧氏、張門許氏、張門刘氏、張門刘氏、韓門王氏、韓門王氏、李門吴氏、李門李氏、李門刘氏、許門毛氏、張門弋氏、刘門張氏、刘門萬氏、辛門刘氏。

乾隆貳拾叁年二月十七日,同住持道人鄧仁義仝立碑」。

民國二十四年重修朝陽洞記碑

碑在山東省泰安市肥城市儀陽鎮榮華村大頂山，民國二十四年(1935)立。石灰石質。圭首。高117厘米，寬59厘米，厚21厘米。正文楷書，字徑3厘米。額題“永垂不朽”，楷書，單行，字徑7厘米。碑體完整，文字清晰。該碑記載了善士紀思公、紀思海、劉樹平等結社重修朝陽洞之事。

重修朝陽洞□□

吾莊之北里许有太平山，山之陽有朝陽洞焉。每臨洞外，高瞻遠矚，汶水南流，泰嶽」東峙，眼界為之一曠，羅列目前，此盤龍清陽，環抱左右，亦復不俗。延至暑月，泉流石」上，柏森碧空，置身此地，不啻遽出煩惱城，而入清涼世界也。吾邑名流，詳考勝境，載」在縣誌，亦奚不可與陶洞清幽、牛山叠翠並称哉。内有神像數尊，不知創自何代，重」修幾次。因年久風吹潮溼，坍塌不堪。幸有善士紀思公、紀思海、刘樹平邀約同鄉，每年於正月」十六日結社焚香，虔心默祝，各盡其誠以賽神。餘資日積月累，已经数十载，始滑二」仟餘元。於是，約同莊衆，首事公議，與神穿衣粧補，焕然一新。今已工竣，勒石以誌不」朽云」。

高級小學畢業李允德撰文，孫傳文書丹，鉄筆韩洪金。

信女：紀李氏、紀刘氏、刘王氏。

首事：李允喜、刘継全、孫培明、紀永盛、郝吉禄、紀思水、李希□、鄭守訓、張光懷、張洪保、紀傳道、謝永長。

民國二十四年梅月上浣公立」。

民國二十四年重修朝陽洞記碑

大栲山

清嘉慶十年初建文昌閣記碑

碑在山東省泰安市肥城市儀陽鎮大栲山，清嘉慶十年(1805)立。石灰石質。高162厘米，寬64厘米，厚25厘米。碑首高28厘米。正文楷書，字徑2.5～3厘米。額題“文炳文蔚”，楷書，單行，字徑7厘米。碑體完整，文字清晰。該碑記載了清嘉慶十年(1805)趙性源、李起元、孫作謀等創建文昌閣之事，並附善信題名。

清嘉慶十年初建文昌閣記碑

初建文昌阁碑記

阁之建奚取諸？取諸文星降鑒之意云。我考山庄科荒遠矣，未有知其説者。輝山孔先生精於醫，辛酉歲来遊，六月相约登山，至考山東麓，置」酒高會舉觴之餘，言及吾鄉百餘年来從無遊庠者，先生俯仰久之曰：“若建文昌阁於此，其可奠乎！盖此山鋭而高，文筆也，恐照遠而遺近，故欲」建阁以臨之耳。”余曰：“然，請試之。”歸即與趙子性源、李子起元、孫子作謀约首事者数人共議其事，或出力，或捐財，又助以鄰鄉之資，募錢三十餘緡。即」於是歲九月廿七日興功，至十月初三日告竣，總計六日而功已成。何其速也？其果文星降鑒矣乎？倘由此神靈默運，牖啓人心，使吾党父老子弟興」行學校，蔚起人文，異日者芹宫可入，雲路可登，多才接跡，升諸巖廊，豈特破天荒？未必不稱為冠盖里矣！至是而思建阁之功為何如乎？諸子曰」：“善。”請先勒諸石以俟之」。

恩貢生李國林撰文并書」。

付村張可柱施栢樹三十株，本庄辛旺河施槐樹一株，李曰貞施槐樹一株；上里李思来泥工自捐。石工趙存朴。

本庄首事：孫□□、孫耕野監生、孫毓文□□、孫存智、李國林貢生、趙淑心、李曰貞、辛旺河。

許思孔、許安然、李國俊、李國杰、戴名遠、孫希文、趙中良、李敬先、李敬玉。

李敬宗、孫希智、葛德俊、葛德秀、孫思聖、尹鴻緒、李祥賢、謝崇德、李建功、田友蘭。

陳忠孝、趙中代、孫廷俊、王德晋、姚德功、姚德名、黄景叙、段文忠、孫継周、孫継唐。

梁曰輝、梁曰明、孫光聪、王瑚、吕鳳翔、吕旺清、刘柱方、段增先、屈永盛、屈永貴。

沈義安、孫思儉、刘忠、孫汝颜、段文重、段文正、屈永吉、趙秀生、黄福、辛世平。

孫汝杰、孫思和、孫信安、李思相、鮮成江、鮮緒、鮮荣、李思能、孫希賢、榆山趙汝為。

南台李成文、李有常、李福德、刘保文、刘保武、福山辛士林、西营李振岐、侯永貴、李元英監生、李曰明、李宗武。

西□周緒顔、周緒曾、刘文彬、刘文朋、刘文蘭、上里李思曾監生、李思尹、首事韓存德、楊曰璧、李璉、李鴻。

上里李文岐、李邦重、李邦惠、李邦聚、義陽喻讓升、首事郭廷廣、趙淑德監生、趙英元庠生、趙瑞麟廪生、趙祥麟庠生。

趙可成庠生、趙汝達監生、趙蘭庠生、異大倫。孫家小庄：孫世忠監生、孫克醇、孫克照、孫永振、孫其平、孫大魁。

首事趙元龍、趙中和、趙魁龍監生、王同選監生、趙淑俊、趙淑杰、趙淑桂監生、趙淑姿、趙□文庠生、趙□□。

孫家庄首事孫德溥庠生、孫舒泰監生、孫孝祀、孫林竹、孫玉峯、趙栢。

嘉慶十年歲次乙丑四月 日穀旦立」。

廟外樹株不許毁壞，毁壞一株，罰栽三株」。

大龍崗石村

元至元元年重修齊王廟記碑

碑在山東省泰安市肥城市安駕莊鎮大龍崗石村，元至元元年(1264)立。石灰石質。圭首。高132厘米，寬54厘米，厚31厘米。正文楷書，字徑2.5～3厘米。額題“重脩齊王廟記”，楷書，2行，字徑6厘米。碑中間斷裂，文字漫漶。該碑記載了元代善信趙英等重修齊王廟之事。

重修齊王廟記

□林逸民濟州同知長孫畢□壽撰，□□□書」。

岱宗□西九十里古鎮曰埠上，居東原奉高之間，實要路也。埠之北有山曰布金，布金之□□□□□□」□乃天倪子與竹林逸民讀書之所。竹溪之西南里許，府君廟在焉。君□□國西齊王□□□□而來□」亘聯綿，大小羅列，如兒孫焉，信鬼神之府也。廟之週廻，左盤右折，前□□向，峯巒聳立，□□幽□□流洁」澣林木□□雲之興也；□□□□□之形，山之秀也。有虎踞麟蹲□狀，誠爲勝地，昔人立廟於□有取」焉。金宋既熄」，大元龍飛，□乹剛而□六合，履坤柔而服四海，黎民□庶□□從□稱殷禮大饗群祀嶽瀆之□□□□斯」□者民亦得祀□□□□□□然王之廟□圮毀，殿宇傾頽，見之者不能無動至大中，鎮人趙公□□□正」廟與□堂於□□工□像粉碧金朱，容像儼然。西曰土地，乃山神也。凡用工費，雖出於衆，公□□爲□廟」貌復新，一舉而成，然□□祈禱，神輒有應，五穀屢登，六畜蕃息，豈□一方，處處皆然。若此者，不爲神之心」乎？使熱奠□位祈禱□□如趙公者，不爲敬神之至，拜心之極乎？□□公有□慊以石爲恨，故舉斯心，人」亦樂□，既□諸山，特闕其文，懇請於予，辭不獲已，□表其事，以待□□詢之於公受洪澤萬户府管軍五」□□公□爲□□而家居焉。然公之為人，慷慨有志，力勤稼穡，治家有法，事神有節，比諸時人，翹楚者也」。公諱□□文質，世居埠上，乃大族也，予美其為人，樂其志有成，□為鄉人道也。□是乎書。

適」改元歲在甲子暮春二十六日記」。

……趙□、男趙英，社長姜進，李誠，郭珎同耆老立石，□□□留守司林石局提領王端福刊」。

清道光三年重修關帝廟記碑

碑在山東省泰安市肥城市安駕莊鎮大龍崗石村，清道光三年(1823)立。石灰石質。高77厘米，寬109厘米，厚21.5厘米。正文楷書，字徑2.5～3厘米。額題“永垂不朽”，楷書，單行，字徑8厘米。碑體完整，文字清晰。該碑記載，清道光三年(1823)，布金山下龍崗石村父老鄉親，不忍關聖帝君廟傾圮，合力重修，使之焕然一新，立碑記事，並附捐資善信題名。

重修關帝廟碑記

嘗聞大而化之之謂聖，聖而不可知之之謂神」。神也者，聰明正直而一者也。故世之人咸欽仰」焉。矧忠義塞乎天地，氣節昭於日星，亘萬古而」不朽者乎？布金山下龍岡石村舊有」關聖帝君神祠，問其創修之年，而父老皆無能道者」，知其由來久矣。夫以神功浩蕩，自漢晋以來，迄」於我朝，屡加寵錫，帝君之為靈」昭昭也。顧坐視殿宇傾圮，俾靈爽無所式憑，夫」何忍哉？里之人目擊心惻，共出貲財，重修而更」張之。使廟貌焕然一新，庶幾神有所依。而一里」之中，咸得伸欽仰之忱焉。至於侈陳功德，妄希」福澤，則有所不敢也。是為記」。

邑廩生張璞撰并書」。

張家埠張梡出車運用碑石」。

褚箱施錢一千五、領袖杜可經施錢一千、張來玉施錢一千、董來旺施錢一千五、領袖于元禎施錢三千五、楊興施錢一千五、王正碧施錢一千、領袖韓丙□施錢二千三、張進賢施錢一千二、褚山施錢一千、領袖陳路公施錢五百、韓淑棋施錢六百、褚貴施錢一千、領袖韓鐸施錢一千、張湖施錢一千、杜元鎮施錢三百、馬聘三施錢五百、楊亮施錢七百。

馬忠施錢五百、張明施錢五百、杜元吉施錢五百、李來朋施錢五百、辛賢瑞施錢四百、馬得賢施錢四百、董玉施錢五百、杜可詩施錢四百、辛可欲施錢六百、趙得重施錢四百、鄭淑孟施錢五百、張思志施錢五百、王重施錢四百、李東岳施錢五百、辛賢林施錢四百、賈鳳嵐施錢三百、馬玉施錢三百、楊起施錢三百。

任義德施錢二百、汪聖賢施錢二百、汪俊連施錢二百、馬懷□施錢五百、趙富有施錢五百、李克儉施錢五百、馬懷禮施錢三百、馮廷富施錢三百、李克山施錢三百、李克柱施錢三百、秦重施錢三百、楊得泉施錢三百、汪俊義施錢一百、汪聖宣施錢二百、楊鳳翔施錢二百、杜可訓施錢一百、王京成施錢二百。

清道光三年重修關帝廟記碑

陳百文施錢二百、李来友施錢六百、劉信施錢二百、李然施錢二百、曹鳳翔施錢二百、張京貴施錢二百、楊得魁施錢二百、李自明施錢二百、馬□□施錢二百、□□施錢二百、張来岳施錢二百、王興来施錢二百、張紹宗施錢三百、王梅施錢二百、楊旺施錢二百、楊落廷施錢二百、吕朝貴施錢二百、王俊文施錢二百。

辛賢友施錢二百、楊光先施錢二百、王守義施錢二百、楊得元施錢二百、張来旺施錢二百、朱厚施錢二百、韓鋸施錢一百、鄭元水施錢二百、楊得聚施錢二百。

大清道光三年歲次癸未二月二十八日穀旦」。

民國十一年重修廟院記碑

碑在山東省泰安市肥城市安駕莊鎮大龍崗石村，民國十一年(1922)立。石灰石質。高 84 厘米，寬 84 厘米，厚 18 厘米。正文楷書，字徑 3 厘米。碑體完整，文字清晰。該碑記載，民國十一年(1922)，汪昭文、鄭永運、楊立殿等，會同莊衆，重修關帝廟，使之焕然一新，並立碑以記其事。

中華民國拾壹年歲在壬戌仲春月上浣良辰立」。

重修廟院碑記

前清例貢汪賡颸沐手敬撰」。

民國十一年重修廟院記碑

關帝廟創修四十餘年，廟院已壞，草房又敝。本莊」楊公以修、汪公昭文、鄭公永運、楊公立殿等，不忍坐」視，會同莊衆，議妥重修，房屋、院墉、臺基、牆壁焕然一」新，固善舉也。而且莊之東西兩河，水大難過，復修石」橋七處，以便往來，亦善事也。更鐫」縣印告示於碑陽，除去種花生菓自賣者之税，用永垂」將來定章，又善法也。諸公有此三善，即立碑以誌之」，不為過舉矣。花費錢財貳百六十餘吊，前有蓄積僅」捌拾壹千柒百文，公議賣莊西臺子廟地南下堐一」小段，合錢一百吊正，賣去莊前龍王廟後地一小」段，合錢叁拾千文，共計錢貳百壹拾□千柒百文，合」莊共捐資伍十餘千。夫而後功成告竣，鞏石立碑，囑」文於余，故樂為之序」。

師範講習韓廷元，布山陽□□□□□沐手敬書」。

民國二十二年華陀廟會記碑

碑在山東省泰安市肥城市安駕莊鎮大龍崗石村,民國二十二年(1933)立。石灰石質。高152厘米,寬66厘米,厚25厘米。正文楷書,字徑2.5厘米。額題“流芳百世”,楷書,單行,字徑6厘米。碑體完整,文字清晰。該碑記載了褚繼緒、杜兆堂等立香社之事,並附香社主要成員題名。

華陀廟會碑記

醫著岐黄,開千秋之聖業;心存胞與,為萬代之宗師。尝百草以表温涼,和衆藥以保生命。此醫之有濟於」世者,實為救世之良謀也。降及後漢三國時代,復有華陀老先生出焉。妙術奇方,不可勝計,神功異跡,考」嵇尤多。泰郡西南隅大龍岡石村一莊父老,先建華公廟於布金山陽,迨至日久年遠,殿宇傾圮。村内有」褚君継緒、杜君兆堂等公議,立一香社,敬奉此廟,往往禱祝,以求普濟,除病療疾,靈驗依然顯著。為此,鄉」衆願立石以昭永存,不惟神功奥妙不可掩没,即蔱起二社之心,亦可傳流後世。時至今曉,諸君尤為善」舉,不忍香火之資歸於無用,以一善而引衆善,實為救世之良藥也」。

庠生張継□譔文」。

儒生李錫珍書丹」。

會中人:董相禄、杜兆堂、褚継緒、董継文、汪培信、馬永冰、于中儉、張洪賓、汪培忠、于中會、汪培法、褚傳甲、鄭永廉、馮若文、鄭殿福、杜憲春。

住持鄭理源暨徒馬宗勝。

大中華民國貳拾貳年歲次癸酉端月上浣穀旦立」。

大龍崗石村華陀廟會記碑

碑在山東省泰安市肥城市安駕莊鎮大龍崗石村，立碑時間不詳。石灰石質。高 153 厘米，殘寬 33 厘米，厚 25 厘米。正文楷書，字徑 2 厘米。碑體完整，文字清晰。該碑記載了褚繼緒、杜兆堂等立香社之事，與上碑内容基本相同。

華陀廟會碑記

醫著岐黄，開千秋之聖業；心存胞與，為萬代之宗師。尝百草以表温凉，和衆藥以保生命。此醫之有濟於」世者，實為救世之良謀也。降及后漢三國時代，復有華陀老先生出焉。妙術奇方，不可勝計，神功異跡，考」稽尤多。泰郡西南隅大龍岡石村一莊父老，先建華公廟於布金山陽。迨至日久年遠，殿宇傾圮，村内有」褚君継緒、杜君兆堂等，公議立香社，敬奉此廟，往往禱祝，以求普濟，除病療疾，靈験依然顕著。為此，鄉」衆願立石以昭永存，不惟神功奥妙不可掩没，即發起立社之心，亦可傳流後世。時至今曉，諸君尤為善」舉□□香火之資，歸於無用，以□善而引衆善，實為救世之良藥也」。

大龍崗石村華陀廟會記碑

重修大龍崗石村龍王廟記殘碑

碑在山東省泰安市肥城市安駕莊鎮大龍崗石村，立碑時間不詳。石灰石質。高155厘米，寬66厘米，厚23.5厘米。正文楷書，字徑3.5厘米。碑體完整，文字嚴重漫漶。該碑記載了重修龍王廟之事，因殘損嚴重，具體内容不詳。

重修龍王廟碑記

龍之稱王，肇於炎宋。按《唐書會要》，天寶十載，明皇以公爵神龍東海廣德公，南海廣利公，西」海廣明公，北海廣澤公。越宋真宗康定元年，□聖封王，德利潤澤，均係以廣其行□□」□□億兆□□矣，此所以使天下之人齋明盛服以承祭祀也。而地□□□□□□□」村□北石龍□□，自布山麓蜒蜿而來，至村北□□□□□其□□□□□□□□□□」□□□同其□但不知創自何時，有此□□……」□□□風□雨……

張侯圩子村

清乾隆十七年創建鐘樓記碑

碑在山東省泰安市肥城市安駕莊鎮張侯圩子村，清乾隆十七年(1752)立。石灰石質。高 45 厘米，寬 140 厘米，厚 19 厘米。正文楷書，字徑 2.5～3 厘米。碑體完整，文字清晰。該碑記載了清乾隆十七年(1752)善信錢國安等創建鐘樓之事，並附善信題名。

創建鐘樓記

凡□□建立，必記其事與人，以」垂將來，匪云邀譽，志不朽也。張」侯□東衢之北觀音堂，由來」已久。里人錢君諱國安字熙平」者，糾衆結社，欲鑄鐘懸其次，以」鳴晨昏，且戒不虞。因連歲荒歉」，有志未逮。逮乾隆壬申之二月」甫竣其事，而斯樓亦成。夫鐘有」扣斯響，與神之有感必應一」也。神既有廟以妥靈爽，鐘即」有樓以蔽風雨，是宜並垂不朽」者矣。爰記其事，列諸善人姓名」於後」。

清乾隆十七年創建鐘樓記碑

安駕庄生員房端撰文」。

本庄生員尉雲程書丹」。

錢國安、袁忠、錢國禮、劉英保、錢國茂、王得山、尉成連、錢國順、尉曾。

張九有、尉成美、玄英祥、尉盡成、張九為、錢國智、尉法、錢復松、張九野。

張暠、錢復祥、尉盡舉、馮世才、米經世、謝書、劉英錫、劉英貞、張九叙。
石匠：本庄尉成權」、趙庄范克昌」。
乾隆十七年二月吉日立」。

清乾隆三十二年七聖堂重修記碑

碑在山東省泰安市肥城市安駕莊鎮張侯圩子村，清乾隆三十二年(1767)立。石灰石質。圭首。高156厘米，寬66厘米，厚20.5厘米。正文楷書，字徑2.5～3厘米。額題“萬代流芳”，楷書，單行，字徑9厘米。碑體完整，文字清晰。該碑記載了清乾隆年間錢國順等重修張侯七聖堂之事，並附參與其事善信題名。

七聖堂重修碑記

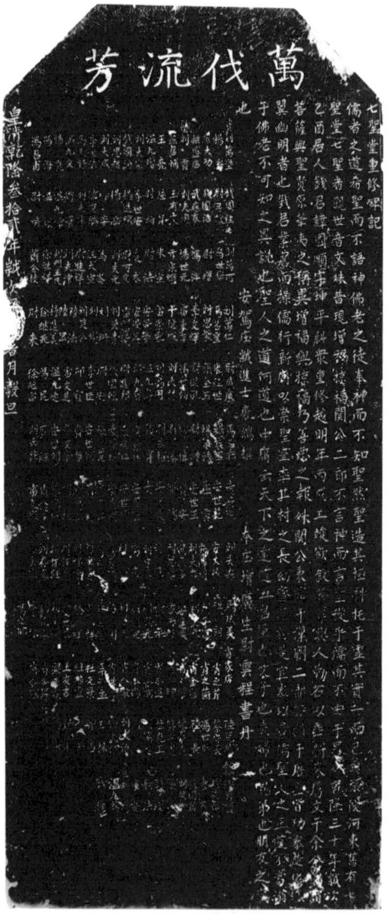

清乾隆三十二年七聖堂重修記碑

儒者之道，希聖而不語神；佛老之徒，奉神而不知聖。然聖造其極，神托于靈，其實一而已矣。張候河東舊有七」聖堂，七聖者，觀世音、文殊、普現、增福、掠福、関公、二郎。不言神而言聖，從乎儒而不由于異也。乾隆三十年戢次」乙酉，居人錢君諱國順字坤平，糾衆重修。越明年丙戌工竣，欲叙其事與人，勒石以垂將来，屬文于余。余□謂」菩薩與聖賢原華夷之稱異，增福與掠福乃善悪之報殊，関公秉莭于漢朝，二郎著績于唐𠀋，皆功叅造化，翊」翼幽明者也。錢君業農而操儒行，新廟以崇聖靈，率其村之長幼齋□。於是，宜奉以吾儒聖人之正道，不當溺」于佛老不可知之異説也。聖人之道，何道也？《中庸》云：“天下之達道五，君臣也、父子也、夫婦也、昆弟也、朋友之交」也。”

安駕庢戢進士房端撰，本庢增廣生尉雲程書丹」。

生員刘萬堂、楊崙、安大功、振盛店、監生刘貢、燕君輔、王亮、温九增、刘大宗、錢國禎、刘思起、刘大成、李世法、馬天禄、温九文、楊崑、馮海、馮君甫。

錢國柱、尉三讓、錢國治、武應春、刘夫同、王有文、陸昇、尉綸、李世安、楊進職、楊岳、楊妟、陸克端、刘夫莭、趙景、温九璋、温讓、尉珃。

刘萬昕、馮世舉、尉增、馮泮、馮世元、亓宗耀、米宣、尉法、袁太、尉可文、刘夫元、馮倫、汪大宣、尉進祥、刘夫津、刘門王氏、徐継祥、蕭金枝。

刘萬仁、馬名重、刘思敬、李文輝、雷秉吉、于德成、雷景堯、安景孝、安景茂、雷門范氏、刘英素、刘珩、刘樹、刘英公、陸法、陸昷、楊進美、徐継兆、尉来。

尉成廉、米経世、張全玉、尉進孔、馮世楷、刘大林、刘萬用、温九崙、温九貴、尉進邦、錢國楝、尉珩、李世臣、邢賓、雷文進、温九連、馮昆、徐継富。

馬綸旺、楊□孝、楊□緒、尉紳、錢偉、尉溱、尉成□、張昇、袁景伯、監生袁景仁、監生袁景瑞、張芃、安世隆、齊哲、齊文京、安世相、齊経、刘西純。

袁景堯、安世範、孟雲、安世玉、齊安、齊端、安志義、袁祥、安志聖、安世標、安志湖、安志仁、齊運、刘萬興、胡純、蔡守仁、肖金芳、雷文傑。

刘夫興、安大成、安得明、刘夫存、武應孝、刘思孝、刘鳳、刘宗太、馮甫、刘勤、高天禄、馬名□、趙永貴、刘怀雲、刘怀平、刘怀経、刘存孝、張全宗。

尉成美、監生張朗、刘子臣、刘□□、安建倓、雷丙禄、尉平、尉進元、尉玘、刘思元、趙明、許進経、董祥、徐祥、趙立生、刘萬信、趙化鳳、徐林、馮之儉。

肖家店：肖之芹、肖之蘅、肖金密、肖如楝、肖如坤、肖今述、肖今朋、肖今尚、肖今敬、肖世修、李景孟、杜元景、杜培雪、王友吉、梁廷霖、肖今昇、肖今程。

陸克成、蔡守長、馮世旺、陸長、蔡守義、蔡守成、陸克正、刘萬起、尉純、刘大治、錢夫和、王林、謝書、王玉、楊有、楊成武、楊□□、□□□、肖□□、杜□廷。

領袖錢国順、錢夫松、袁春、錢國茂、刘英□、張□、錢玟、尉法、米安、貢生刘聘、温九蒼、錢僕、尉勤。

皇清乾隆叁拾貳年戢次丁亥□月穀旦」。

張家安村

元至元二年龍公墓記碑

碑在山東省泰安市肥城市安駕莊鎮張家安村，元後至元二年(1336)立。石灰石質。圭首。高148厘米，寬69厘米，厚17厘米。正文楷書，字徑3厘米。額篆“龍公墓記”，單行，字徑8厘米。碑體完整，文字漫漶。

蓋上世嘗有不葬其親者，其親死，則舉而委之於壑。他日過之，狐狸食之，蠅蚋」姑嘬之，其顙有泚，睨而不視。夫泚也，非爲人泚，中心達於面目。蓋歸反虆梩而」掩之，誠是也。則孝子仁人之掩其親，亦必有道矣。鴻荒之世，人未知禮義，而一」旦觀其親之暴露，情動於中，泚形外也。後世聖人，緣人情而制禮，易以棺槨衣」衾之美，宅兆封樹之儀，祭以鼎，鼎必有銘，表子孫奉先思孝之義，不忘尊親□」之誠也。兹有龍氏之孫諱明泉者，能從事於斯矣。一日，同知宫張志偉諱□□」，踵門而求。謂予曰：“吾先世因亡金兵革，離散不知所在，或有名位，又無家譜可」詳明。祖考龍布行者，逮」元朝平定，世爲元家庄人氏，配婁氏，生二子，曰：德源、德淵。以儒醫著名，又能濟」急樂施，年及天命皆□□後，俗云張氏，二子，一女適尚七郎。猛然棄俗出家，□」

元至元二年龍公墓記碑

□□□□□宫天倪子爲師，□□□□□有功行，建前殿，塑三清，有功行。是」後，得本宫提點，賜龍真沖素大師，葬于本宫之右。切念祖妣婁氏与祖考□□」，俾夫婦生則同室，死不得同穴。嗚呼，哀哉！欲立片石，記久明遠，請子記之。"□□」公子孝，無忝祖考，義不可辭，乃摭其實而書之」。

大元至元二年歲次丙子十月庚子，孫男明泉，同弟浩江、資深同立石」。

竹林清賢畢千福撰文并書丹，門第焦生篆額，石匠薛興、張□□」。

民國四年重修顛仙祠記碑

碑在山東省泰安市肥城市安駕莊鎮張家安村，民國四年(1915)立。石灰石質。高130厘米，寬78厘米，厚28厘米。正文楷書，字徑3.5～4厘米。碑側楷書，字徑4～5厘米。碑體殘損，文字局部漫漶。該碑記載了民國四年(1915)重修顛仙祠之事，並附善信題名以及闔莊共議規則。

重修顛仙祠記

顛仙事跡，泰髦馬先生所考核，至於是否，今亦不能復辨，但大師□□」記□□□之例矣。同治間重修後，屢多疾風暴雨，不數年而學舍傾□□」□□□□□間，煙薰煤染，像成鐵面，宇皆灰塵，舉目傷懷，不獨荒涼□□」□□□□□於仙尊者，疾多輒愈，兼有疴疴立起，誠求者因輻輳□□」□□六□家，然不意許願者多，償願者少。去秋設筵十不一至□□□□」百餘，□春初動工，欵項短絀，艱辛萬狀，是舉前後伺事諸人無□□□□」馬叚□□□監修数月，任怨任劳，尤為盡瘁。工竣勒石，並誌以垂不□□」。

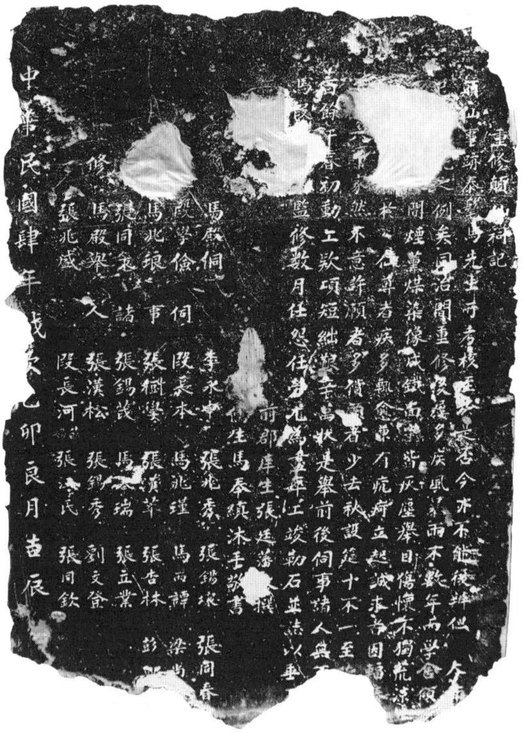
民國四年重修顛仙祠記碑

前郡庠生張廷藩敬撰」。

儒生馬奉縝沐手敬書」。

監修：馬殿侗、叚學儉、馬兆琅、張同策、馬殿舉、張兆盛。

伺事諸人：李永中、叚長本、張樹學、張錫茂、張漢松、叚長河、張兆秀、馬兆瑾、張漢萃、馬奉瑞、張錫秀、節妇張汪氏、張錫壤、馬丙譚、張杏林、張立業、劉文登、張同欽、張同春、梁尚□、彭興□。

中華民國肆年歲次乙卯良月吉辰□」。

（以下碑左側）

張子成施地壹分壹厘，張文官施地壹分壹厘」。

（以下碑右側）

闔莊共議規則」：

一、無論何人，不准再住祠宇，强占者即如狐兔鴟鴞，定非人類，闔□」驅除。且前之穢污祠宇者，已遭祸殲旃，可永遠為戒。

一、祠宇修葺非易，再有摳鎖撥門損壞祠中諸物者，定從重議□」。

民國四年重修顛仙祠記碑（左側）

民國四年重修顛仙祠記碑（右側）

石溝村

清康熙二十五年重修觀音堂題記

題記刻在山東省泰安市肥城市安駕莊鎮北石溝村觀音堂石柱之上，清康熙二十五年(1686)刻。石灰石質。高225厘米，寬28厘米，厚28厘米。正文楷書，字徑3厘米。幅面完整，文字清晰。該題記記載了清康熙二十五年(1686)重修石溝村觀音堂之事。

重修觀音堂記

泰安州，古奉符也。其西南百里許有村名曰北石溝。里之中舊有觀音堂一座，創修於正德拾伍年，迩來風雨摧殘，棟宇傾圮。本」庄□□目擊心傷，糾會一道，各輪資財而重修焉。由是，鳩工庀材，不移時而工即告成。斯時也，殿宇焕然，是堂至此又一新也」。因勒之石以誌之，蓋以永垂不朽云。

旹」皇清康熙貳拾伍年歲次丙寅季春吉旦。

本州儒學生員陳進美撰并書。

石匠武玉，泥水匠孫有才，木匠袁廷襄」。

清康熙二十五年重修觀音堂題記

石溝村重修觀音堂題名

題名刻在山東省泰安市肥城市安駕莊鎮北石溝村觀音堂石柱之上，刻石時間不詳。石灰石質。高225厘米，寬28厘米，厚28厘米。題名楷書，字徑3厘米。幅面完整，文字清晰。該題名形制與以上康熙二十五年題記相同，疑爲同時所刻。

重脩觀音堂

會首李煥然、趙宗印、張文、梁善脩、范天祐，孫煥、左應龍、殷茂德、劉煒、王上才，鉄如州、張弘謨、尚得禄、王來聘、梁花，徐秉起、王章、張樂然、趙永印、尚寔仝立」。

馬家埠村

清乾隆四年創建關帝廟記碑

碑在山東省泰安市肥城市安駕莊鎮馬家埠村民俗博物館，清乾隆四年(1739)立。石灰石質。圭首。高 138 厘米，寬 65 厘米，厚 19 厘米。正文楷書，字徑 3.5～4 厘米。額題“萬代流芳”，楷書，單行，字徑 12 厘米。碑體完整，文字清晰。該碑記載了清乾隆四年(1739)杜延志創建關帝廟之事，並附會首題名。

清乾隆四年創建關帝廟記碑

創建關帝廟碑記

昔人有言頌美關帝曰：“精忠贯日月，義氣满乾坤。”嗚呼！帝君徃矣，芳聲益著，其子與」氏之所謂浩然之氣，配義與道，至大至剛，長塞乎天地之間者乎？迄於今，地維賴之而以」立，天柱賴之而以尊者何？莫非帝君之威靈所使然哉！廟食宇内，固其宜也。府治之賢」親鄉埠上郕里人杜延志，立志創建神宇一所，結社積貲，糾工庀材，不踰月而告竣。屬予」作文以記之，余不敏，恐蹈折足覆餗之患，固辭者三，再請者三，余是以忘其固陋，援笔書」之。天下君王至於賢人衆矣，當時則榮，没則已焉。孰若帝君之英名充塞天壤，與日月」而争光哉？故歷代褒封，自侯而王，易王而帝，至我國朝」，聖祖仁」皇帝更賜世襲翰博一員，無非為帝君之培植綱常、扶持名教之意也。即里人立廟之意」，亦不過為挽頹風、振靡俗耳。若以為劉向淫祠之説，大拂乎建廟立石之初心矣。是為記」。

本郡十六歲幼學杜克中撰文、梁洪業書丹」。

皇清乾隆四季歲次屠維協洽律中南吕穀旦」。

會首:陳忠、石秀玉、杜延志、孫美湘,王倫、王世禄。

廟主:杜珮。

石匠:尹殿錫。

店子村

清道光十八年重修三義廟記碑

碑在山東省泰安市肥城市安駕莊鎮店子村，清道光十八年（1838）立。石灰石質。高 175 厘米，寬 76 厘米，厚 28.5 厘米。正文楷書，字徑 3 厘米。額題"永垂不朽"，楷書，單行，字徑 3 厘米。碑身斷裂，文字清晰。該碑記載，清道光十八年（1838），徐伯枚、陸克貞、楊自誠等重修西南鄉張侯集三義廟，功竣立碑以記其事。

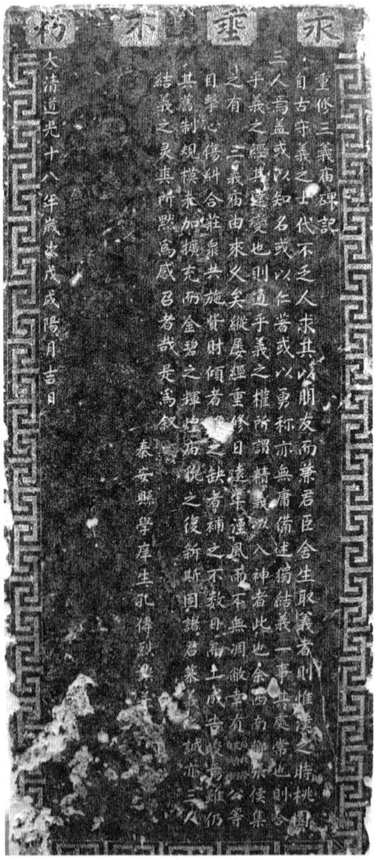

清道光十八年重修三義廟記碑

重修三義庙碑記

自古守義之士代不乏人，求其以朋友而兼君臣、舍生取義者，則惟漢之時桃園」三人焉。盖或以知名，或以仁著，或以勇称，亦無庸備述。獨結義一事，其處常也，則合」乎義之經，其達變也，則通乎義之權，所謂精義以入神者此也。余西南鄉張侯集」之有三義庙，由來久矣，縱屡經重修，日遠年湮，風雨不無凋敝。幸有伯枚徐、克貞陸、自誠楊公等」，目擊心傷，糾合莊衆，共施貲財，傾者修之，缺者補之，不数日而工成告竣焉。雖仍」其舊制，規模未加擴充，而金碧之輝煌，庙貌之復新，斯固諸君慕義之誠，亦三人」結義之灵爽所默爲感召者哉！是爲叙」。

泰安縣學庠生孔傳烈譔并書」。

大清道光十八年嵗次戊戌陽月吉日」。

東江村

清光緒元年重修碧霞元君等廟宇並創修文昌閣記碑

碑在山東省泰安市肥城市安駕莊鎮東江村，清光緒元年(1875)立。石灰石質。高190厘米，寬82厘米，厚32厘米。正文楷書，字徑3.5～4厘米。碑體完整，文字清晰。該碑記載了清同治年間重修東江莊碧霞元君廟之事，並附捐資善信題名。

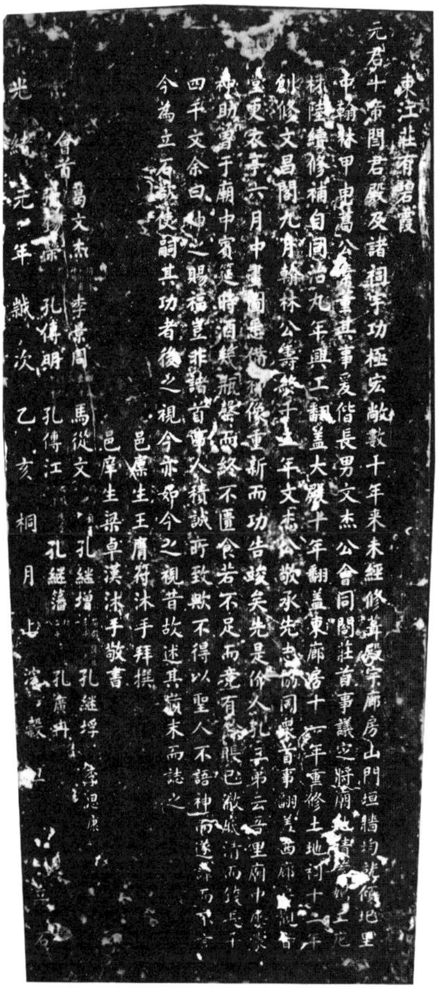

清光緒元年重修碧霞元君等廟宇並創修文昌閣記碑

東江莊有碧霞」元君、十帝閆君殿及諸祠宇，功極宏敞。數十年来，未經修葺，殿宇、廊房、山門、垣牆均就傾圮。里」中翰林甲申葛公，素董其事，爰偕長男文杰公，會同閤莊首事，議定將廟地積蓄鳩工庀」材，陸續修補。自同治九年興工翻盖大殿，十年翻盖東廊房，十一年重修土地祠，十二年」創修文昌閣，九月翰林公壽終。十三年文杰公敬承先志，協同衆首事翻盖西廊房、觀音」堂、更衣亭。六月中，畫圖悉備，神像重新，而功告竣矣。先是价人孔三弟云："吾里廟中屢蒙」神助，曾于廟中賓筵，時酒幾瓶罄而終不匱，食若不足而竟有餘。賬已澈底清，而錢長十」四千文。"余曰："神之賜福，豈非諸首事人積誠所致歟？不得以聖人不語神，而遂諱而不言」。今為立石，欲使嗣其功者，後之視今，亦如今之視昔，故述其巔末而誌之」。

邑廪生王膺符沐手拜撰」。

邑庠生梁卓漢沐手敬書」。

會首：葛文杰捐錢肆千、内有神助□，张錫榮捐錢叁千□，李景周捐錢壹千五，孔傳明捐錢七千六，馬從文捐錢壹千三，孔傳江捐錢壹千四，廟員孔繼增捐錢三千一，生員孔繼簛捐錢二千八，廟員孔繼埒捐錢八百，廟員孔廣冉捐錢一千四，李思康捐錢三百。

石工劉文誥、泥水李京先、木工孔繼文、鐵工張崇□、畫工李京□，住持董元曾。

光緒元年嵗次乙亥桐月上浣穀旦立石」。

寶金山

清乾隆九年寶金山修建橋樑盤道記碑

碑在山東省泰安市肥城市邊院鎮興隆村寶金山，清乾隆九年(1744)立。石灰石質。圭首。高210厘米，寬68厘米，厚30.5厘米。正文楷書，字徑3.5厘米。額題“永垂不朽”，楷書，單行，字徑5厘米。碑體完整，文字清晰。該碑記載了清乾隆九年(1744)修建寶金山橋樑盤道之事。

清乾隆九年寶金山修建橋樑盤道記碑

蓋闻天地儲精，則河山競秀，善人君子將於是而並興焉。故地靈人傑，前民有成説」也。泰境名山非一，而承岱宗之餘气，則寶山稱最。北臨雨陽，南繞汶水，雖非関津通」衢，四方善人君子雅好善而樂與人同者，咸於是仰靈秀，此寶山所為興也。世或不」察，所謂福田利益皆隅於陰，而禎祥夭疾則神考其信而異施，釋老佛道，容或説之」，不敢以是而誣諸君子，嘗試稽之往古，質之」國憲，而知宇宙之建，則地靈人傑，資神道以設教耳。如釋老之謂乎？抑不如釋老之謂」乎？功是山者，事難枚舉，人難遍書。計財糾衆，啓廟宇以崇觀貼，則有等諸君子；成」橋梁，增盤道，引升堂以入室，則有等諸君子；叢樹木倍百株，欝欝蒼蒼，環是山而供」林揔之望，則有等諸君子之力尤多焉。感此道而興起者，由後推之，皆可以□其」人與事之所存」。

泰邑辛酉科舉人王學商拜撰」。

泰安府庠生于生沂、泰安県業儒江嵩同書丹」。

大清乾隆九年歲次甲子三月三日立」。

清乾隆四十四年重修大殿題名記碑

碑在山東省泰安市肥城市邊院鎮興隆村寶金山泰山行宫，清乾隆四十四年(1779)立。石灰石質。高191厘米，寬72厘米，厚24厘米。正文楷書，字徑1.5～2厘米。額題"重修碑記"，楷書，單行，字徑7厘米。碑體完整，文字漫漶。該碑記載了清乾隆四十四年(1779)重修寶金山大殿之事，並附善信題名。

清乾隆四十四年重修大殿題名記碑

龍飛乾隆肆拾肆年戢次己亥桂月上浣重修大殿，勒碑刻名以誌不忘云」。

會首李鳴琦、房鐸，朱桂、□□□、□□□、□□□、楊元龍、□□□、□國泰、張□，施茶水會首聶國庭、何玉山、宋□、梁廷圖、□□文，何文興、□安仁、□□□、□□□、□宗貞、程海、武明璽、武永禄、滕魁，張家庄張所保、胡旺□、張成賔、張海玉、張所□。

趙繼仲、李旺□、趙□、王桂、聶國瑞、高璞、張海智、□□宗、□□□、李明臣、亓旺、刘魁、□天福、郭□、楊泰□、于淵、郭琳、□文魯、武士傑、于起、尚天賜、□任、刘思恭、□□、□桐、□秀、□□、朱檀、姜卓□。

□來□、張□□、刘□海、□茂、李信、李榮、馮茂興、滕有、□可、刘琨、高家□、張明友、滕文、刘一讓、□進京、趙普、□明德、高□際、韓□弘、金孝、□文□、姜□、姜興智、王□玉、姜□、張箱、李元孟、姜愛。

孫□□、吴士□、陳□□、聶□□、□□□、馮銀、刘國瑞、張所忠、□習、□□□、王□□、恒順店、復興店、□興店、□合□、□□店、回生堂、余伯倫、王相、王永尚、恒興店、協□店、復成店、王□、三□合、搕店、刘貴、陳大量、宋行時。

徐継曾、徐継孟、于生吉、于蒼、于生□、陳文成、陳文興、王振、王玉、□文信、韓鳳朝、高珩、姜開柱、高□、陳文達，□台庄會首程郭、郭□、宋□、李郭、吕朱，張周、刘梁、□周、□許、周□、王□、馬李、孫弋、龐門張氏。

田门張氏、□程、張□、莊□、李楊、王□、吕張、鄭□、□張、張□、張□、張王、□王、□程、路门張氏、路王、刘□、張崔、沈刘、吕鄭、周韓、周刘、李聂、刘门侯氏、吕门弋氏、李门宋氏、□门刘氏、路门吴氏、李门弋氏。

□□姜家□□：姜门王氏、□□□□、□□□□、王□、姜□、姜□、姜周、姜許、姜黄、馮□、□紀、周李、周楊、周蘇、李武、朱门周氏、于门周氏、刘周、□李、武于、姜□、□□、夏□、夏張、姜□、高□、高宋、高刘、弋郭、姜門□氏。

□門□氏、姜□、□□、高丁、□□、□□、高陳、高□、□□、刘□、刘□、刘□、刘□、姬□、□□、李门刘氏、姜武、王姜、武刘、弋齊、武刘、弋張、姜陳、姜李、姜黄、姜李、韓李、姜李、韓弋、韓門朱氏。

姜門邵氏、姜于、姜張、姜□、李□、陳吕、刘黄、孫魏、□張、□馬、□金、□刘、□吴、宿弋、宿门刘氏、宿李、宿王、宿王、宿刘、宿王、宿灶、宿龐、常楊、楊□、楊張、常欧、常賈、肖常、刘門韓氏。

李門羅氏，孫□、□□李張、□李、□王、程胡，程宋、程周、□□、程韓、程田、□張、王□、常□、陳□、吴門張氏。南□□庄：武□、武張、武張、□李、張李、張李、張□、焦李、屈楊、張杜、張孙、張宋、張王、張門蕭氏。

边家院：翟門張氏、張王、張翟、張陳、張楊、張□、張李、徐□、馮門、王于、王王。西張庄：張徐、張姜、張□、高門□氏、高□、張戚、宋李、宋潘、張程、潘朱、刘宋、紀張、□李、金宋、馮陳、張弋、刘曹、□门張氏。

姜門□氏、姜會首、□會首、武□、刘□、□□、高□、王□、王孙、聶□、刘王、王梁、王張、王馬、□陳、□□、于吕、滕馮、滕李、李陳、李□、李鄭、李張、滕宿、張杜、高万、張弋、刘張氏、滕門宋氏。

营盤庄：王門張氏、程張、于周、于李、于姚、黄王、黄崔、張于、張□、李張、□□、孙高。李家庄：李張、刘鄭、刘门程氏、鄭氏、田馬、李李、張蔡、何商、何周、王孙、□□、姜何、鄭張、楊王、周孙、周張、王门王氏。

南仇張家橋：武門李氏、武平、武弋、武郭、□□、武王、武張、尹武、武宿、武于、武王、曹武、孙孙、武聂、馮門李氏、何馮、張崔、鄭于、王李、陳谷。□家庄：王張、宗王、范王、范王、王徐、姜李、宗□、范□、王門周氏。

于家柳林：周門□氏、黄□、于□、于刘、周□、黄李、弋王、施張、施刘、施□、吴陳。庄頭：吕龐、吕王、吕门姜氏、聂刘、王聂、宿王、孟董、□王。王家窑：□王、李朱、王李、刘王、張郭、張王、李夏、唐李、張門王氏。

南□孫母家林:張門王氏、杜門□氏、張門李氏、李□、弋鄭、徐周、張王、范李、張吕。庄□南堂:刘門于氏、刘王、張張、黄刘、于王、刘夏、刘李、刘張、張宋、張楊、弋□、弋□、張田、賈高、李王、程門□氏。

紅庙庄:李門于氏、李門刘氏。大官庄:趙門刘氏、王門高氏。齊□家庄:張門楊氏、張李、張刘、張宿、杜楊、杜于、張張、張□、張□、張宿、張弋。

本庄:王門刘氏。東巷:程門魏氏。

住持道人:王乙泰、王乙建。

清道光元年寶山重修大殿記碑

碑在山東省泰安市肥城市邊院鎮興隆村寶金山泰山行宫,清道光元年(1821)立。石灰石質。高165厘米,寬63.5厘米,厚27厘米。正文楷書,字徑2～2.5厘米。額題"流芳百世",楷書,單行,字徑7厘米。碑體完整,文字清晰。該碑記載了清道光年間周圍善信重修寶金山廟宇大殿之事,並附首事題名。

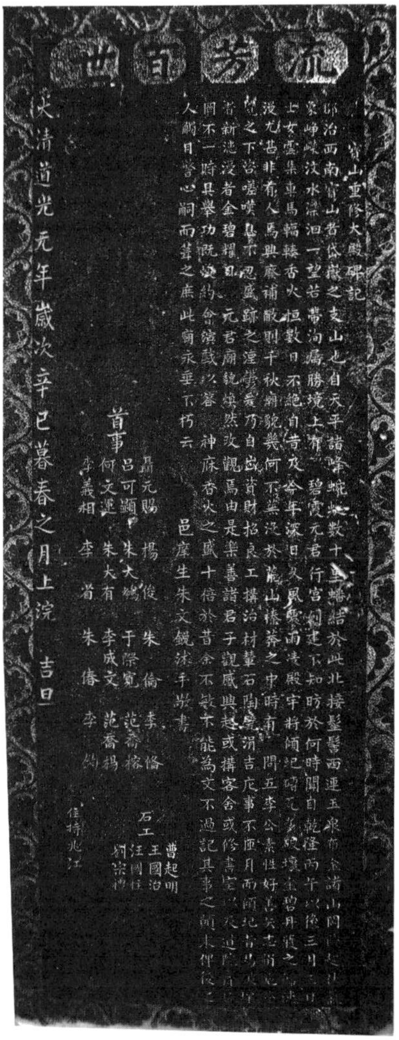
清道光元年寶山重修大殿記碑

寶山重修大殿碑記

郡治西南寶山者,岱嶽之支山也。自天平諸峰蜿蜒數十里蟠結於此,北接鑿髻,西連玉泉、布金諸山,岡陵起伏,氣」象峥嶸。汶水瀠洄,一望若帶,洵属勝境。上有碧霞元君行宫,創建不知昉於何時。聞自乾隆丙午以後,三月三日」士女雲集,車馬輻輳,香火恒數日不絶。自昔及今,年深日久,風震雨浸,殿宇將傾圮,磚瓦多破壞,金碧丹艧之飾漶」漫,尤甚非有人焉。興廢補敝,則千秋廟貌幾何?不蕪没於荒山榛莽之中。時有問五李公,素性好善,矢志捐施,登」覽之下,咨嗟嘆息,不忍盛跡之湮鬱。爰乃自出資財,招良工搆治材,輦石陶甓,涓吉庀事,不匝月而傾圮者易,破壞」者新,漶漫者金碧耀目,元君廟貌焕然改觀焉。由是,樂善諸君子,觀感興起,或搆客舍、或修書室,以及道院齋房」,罔不一時具舉。功既竣,約會演戲,以答神庥,香火之盛,十倍於昔。余不敏,不能為文,不過記其事之顛末,俾後之」人觸目警心,嗣而葺之,庶此廟永垂不朽云」。

邑庠生朱文鋭沐手敬書」。

首事:聶元賜、吕可顯、何文運、李義相、楊俊、朱大鵬、朱大有、李省、朱倫、于際寬、李成文、朱倸、李鯈、范喬榕、范喬楊、李鈞。

石工:曹起明、王國治、汪國柱、劉宗禮。

住持:兆江。

大清道光元年歲次辛巳暮春之月上浣吉旦」。

清道光十四年寶金山引水施茶記碑

碑在山東省泰安市肥城市邊院鎮興隆村寶金山，清道光十四年(1834)立。石灰石質。高162厘米，寬64厘米，厚28厘米。正文楷書，字徑3厘米。額題“萬古流芳”，楷書，單行，字徑9厘米。碑體完整，文字清晰。該碑記載了寶金山周圍善信設會施茶之事，並附會首題名。

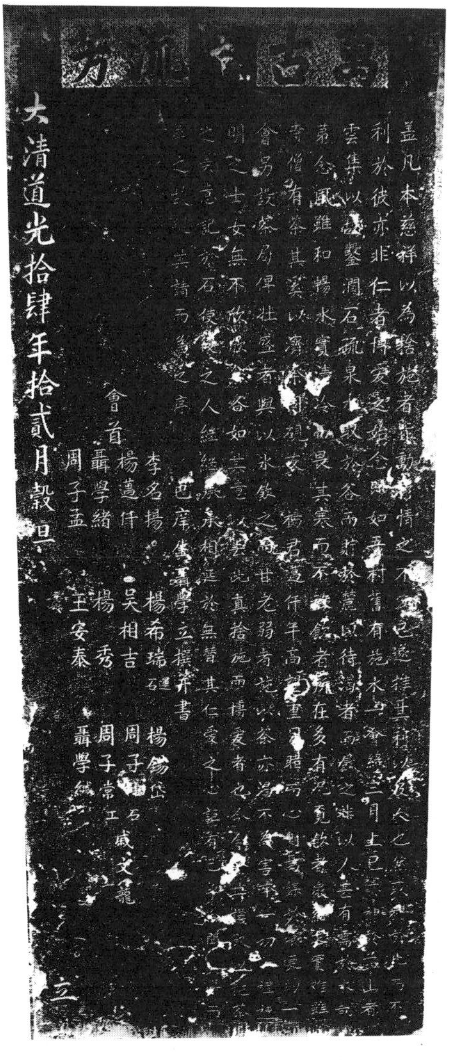

清道光十四年寶金山引水施茶記碑

盖凡本慈祥以為捨施者，皆動於情之不容已，遂推其利以及人也。然或利於此而不」利於彼，亦非仁者博爱之始念。即如吾村舊有施水一會，緣三月上巳，賽神於兹山者」雲集。以故，鑿澗石，疏泉水，取於谷，而貯於麓，以待渴者而飲之。非以人甚有需於水哉」！弟念風雖和畅，水實清冷，而畏其寒而不敢飲者所在多有，况覓飲者衆，給求實难，雖」寺僧有茶，其奚以濟？余同硯友楊君邁仟，年高望重，目睹而心惻焉。謀於鄉，更约一」會，另設茶局，俾壮盛者與以水飲之，而甘老弱者施以茶，亦渴不為害。舉一切□禮神」明之士女，無不欣欣然，各如其意以去，此真捨施而博爱者也！今合衆共議，欲以施茶」之美意記於石，使後之人継継承承，相延於無替，其仁爱之心詎有已乎？余聞其事而」義之，故從其請，而為之序」。

邑庠生聶學立撰并書」。

會首：李名楊、楊邁仟、聶學緒、周子孟、楊希瑞(運石)、吴相吉、楊秀、王安泰、楊錫岱、周子□、周子常、聶學縅。

石工：戚文龍。

大清道光拾肆年拾貳月穀旦立」。

清光緒二十七年寶金山香社記碑

碑在山東省泰安市肥城市邊院鎮興隆村寶金山泰山行宫，清光緒二十七年(1901)立。石灰石質。高168厘米，寬67厘米，厚29厘米。碑陰題名楷書，字徑2.5厘米。碑體完整，文字清晰。該碑記載，自清光緒二十一年(1895)至二十七年(1901)，周圍十餘村善信建醮設會，並重修寶金山廟宇，事後立碑以記其事，並附捐資以及參與其事的善信題名。

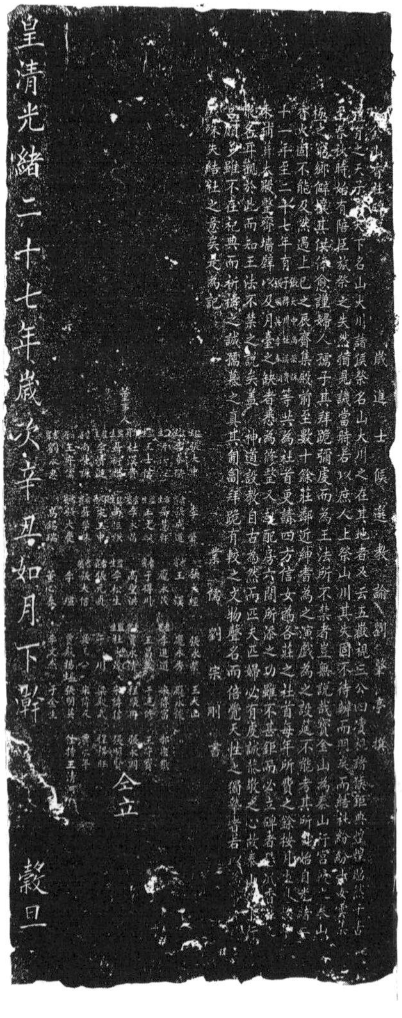

清光緒二十七年寶金山香社記碑

寶金山香社碑記

歲進士候選教諭劉肇亭撰」。

《禮》有之："天子祭天下名山大川，諸侯祭名山大川之在其地者。"又云："五嶽視三公，四瀆視諸侯。"鉅典煌煌，昭然千古」。至春秋時，始有陪臣旅祭之失，然猶見譏當時。若以庶人上祭山川，其失固不待辨而明矣。而結社紛紛，士女雲集」，極之窮鄉僻壤，其供俸愈謹。婦女孺子其拜跪彌虔，而為王法所不禁者，豈無説哉？寶金山為泰山行宫，較之泰山」，香火故不能及，然遇上巳之辰，齊集殿前，至數十餘莊鄰近紳耆，為之演戲，為之設筵，不能考其所自始。自光緒二」十一年至二十七年，有張大中、于得川、張□英、尚榮謙、杜漢貴、李春衢等共為社首，更請四方信女為各莊之社首，每年所费之餘，按月生息。數年」来，補葺大殿，整齊墻壁，以及月臺之缺者，悉為修整，又起配房六間。所添之功，雖不甚鉅，而必立碑者，恐泯香社之」衆名耳。觀於此而知王法不禁之説矣。盖神道設教，自古為然，而匹夫匹婦必有虔誠恭敬之心。故泰山之下行」宫頗多，雖不在祀典，而祈禱之誠，孺慕之真，其匍匐拜跪，有較之文物聲名，而倍覺天性之獨摯者，若以為事近於」戲，殊失結社之意矣。是為記」。

業儒劉宗剛書」。

董事人：監生張大中、監生李春衢、監生亓汝漣、監生王士信、介賓杜漢貴、監生聶衍麟、監生李清漣、耆賓尚榮謙、耆賓王守儒、耆賓劉永惠。

李瑩、耆賓張成道、貢生聶慧軒、監生王文燦、耆賓李永昌、監生尚恒謙、從九品宋玉中、耆賓聶學珠、耆賓張大慶、高錫瑞。

張大經、耆賓王漢、龐永茂、耆賓于得川、高聖洪、監生李松生、耆賓張元貞、耆賓張大信、李瑄、董心春。

張永榮、龐永秀、耆賓李進道、王昌盛、耆賓賈永清、監生杜永茂、于振川、吳玉合、賈殿揚、李文杰。

王大山、龐永俊、李傳富、于進修、程鳳典、宋傳信、梁殿武、宋傳友、監生張明英、于金生。

郝宗嶽、王守賓、張永明、張明賢、程得旺、賈永年。

住持：王清河。

仝立。

皇清光緒二十七年歲次辛丑如月下澣穀旦」。

（以下碑陰）

捐錢姓氏：

張元貞捐錢壹仟五，杜漢貴捐錢肆仟，王守儒捐錢壹仟，李松生捐錢壹仟，李春衢捐錢叁仟，王漢捐錢壹仟，亓汝漣捐錢壹仟，李清漣捐錢壹仟，李永昌捐錢伍仟，李進道捐錢伍仟，程鳳典捐錢壹仟，賈永清捐錢伍仟，張大中捐錢壹仟，張大信捐錢壹仟，張大經捐錢貳仟，于得川捐錢壹仟，張永明捐錢叁仟，于進修捐錢壹仟，董心春捐錢壹仟，王昌盛捐錢柒仟，宋傳富捐錢貳仟，宋傳信捐錢壹仟，龐永秀捐錢壹仟，高錫瑞捐錢伍仟，張永榮捐錢叁仟，李瑩捐錢壹仟，李瑄捐錢壹仟，李文杰捐錢貳仟，賈殿揚捐錢壹仟，劉永惠捐錢貳仟，尚恒謙捐錢壹仟。

香社會首姓氏：

尚家莊：尚恒謙、尚榮謙、王興榮。胡家莊：張

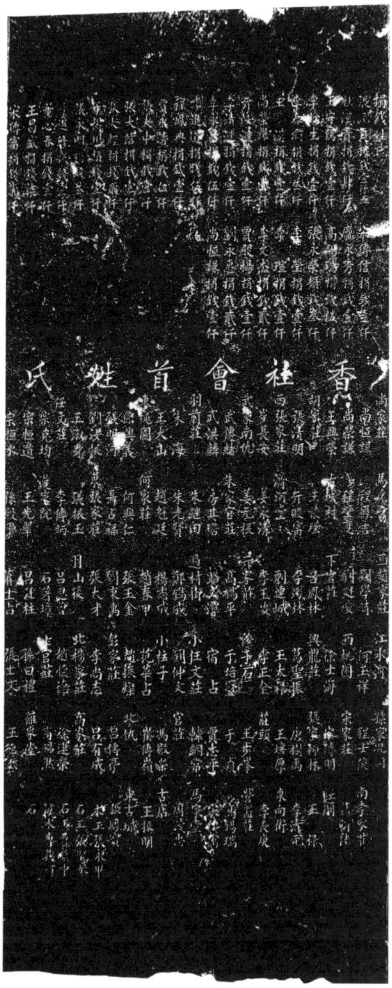

清光緒二十七年寶金山香社記碑碑陰

清明。西張家莊:崔長安。武家南仇:武傳緒、武洪麟。羽前莊:朱海、王大山。東桃園:孫興義、張明河、劉汝振、王淑身。任文莊:宗克均、宗恒道、宗恒水。馬虎□:程鳳吉、程肇夏。古城村:王懷瑾、亓殿富。濟河堂:姜永清、姜元振。朱家官莊:房其琚、朱繼田、朱光賢、趙魁廷。何家莊:何興仁、聶占福。東張家莊:張振玉、李傳炳。邊家院:王光翠、孫殿甲。西趙家莊:劉學詩、劉廷愛。下官莊:吕鳳林、李鳳林、劉連城、李玉安。亓家莊:高錫平、路文潭。過村街:鄭錫成、楊志成、趙春甲、張玉金、劉秉禹、張大才。羽山後:吕思曾、石著璋、吕廷柱、蕭士占。江水河:何玉祥。西桃園:徐士海。興隆莊:葛聖振、王太禄、李正全。□于石:于培璽、宿占。小任文莊:劉仲文。小柱子:范華占、趙振燦。彭家莊:李尚志。北楊家莊:趙懷德。上官莊:孫曰禮、張士文。孫家况洞:程士俊。宋家莊:宋傳明。張家柳林:唐樹禹、王培厚。莊頭:王步峯、于貞、賈志平、韓綱常。官莊:馮殿榮、崔傳嶺。北仇:吕傳亭、吕有成。高家莊:徐連榮、高錫然。羅家堂:王德□。南李家莊:葛衍桂。紅廟:王禄、李清元。東向街:李長庚。營盤莊:高錫瑞、宋傳富。馬家堂:周茂忠。古店:王振明。東古城:張鳳賓。

木工:張永甲。

石工:張聖舉。

石工:曹慕中。

泥水:曹興河。

民國十年重修寶金山廟記碑

碑在山東省泰安市肥城市邊院鎮興隆村寶金山泰山行宫，民國十年(1921)立。石灰石質。高166厘米，寬68厘米，厚28.5厘米。正文行書，字徑3.5～4厘米。題名楷書，字徑2.5厘米。碑體斷裂，文字清晰。該碑記載了民國十年(1921)周圍善信重修寶金山廟宇之事，並附參與其事的善信題名。

重修寶金山庙碑記

泰安西南六十里許有寶金山，自岱嶽蜿蜒而来，雖非如百里鳳凰盤龍諸山」之高大，而幽深奥區，覽之不穷。古君子以其地势雄勝，創建泰山行宫於其」顛。曩时庙貌巍峩，頗極壯麗，是以四方来而往遊者，视他山為尤衆。客歲，余於」稷門遊學歸，曾偕友人至其上，南眺汶河虹貫，北顧層山羅列，瞻仰之間，宛如」畫啚。惟庙院則均就傾圮，只满目荆棘、殘壁瓦砾而已。窃以古君子既創於前」，何無継之者以善其後？视今思昔，能無慨然？及攷歴代碑誌，始知歲月久遠，重」修者不知凡幾。今春鄰近十餘村之紳耆善士，抱承先継後之誠心，本保存古」跡之先例，於是鳩工庀材，重加修葺。增其舊制，庶四方之虔神好善者有所依」而伸其誠矣。工竣，屬予為文。予不敏，謹服從衆議，遂濡筆而為之誌云」。

山東法政專门學校畢業李開軒沐手撰」。

山東官立法政學校肄業亓廣峯沐手書」。

首事：路文彦、王毓齡、李敬亭、李春衢、杜永茂、李□生、米化森、陳継縉、杜永坤、杜永乾、劉汝瀛、高希元、亓秉輝、范義舉。

張大信、尚榮謙、李宗會、于德川、張培和、李中元、程培文、王正典、杜永巽、房同、趙純、劉宗剛、張永起、劉汝润。

李□□、张玉□、趙春□、李□□、宗□□、范鴻泉、王傳相、楊正仁、李傳厚、王毓才、高有合、張聖明、朱興元、朱文安。

楊継獻、周茂義、鄭殿成、□□□、李鴻玉、劉家魁、孫傳禄、□淑身、李進富、王守樸、馮家田、□□□、陳継禎。

葛玉成、王守明、張海、李振邦、張永泉、高有山、李振文、李正泉、高榮康、王發聖、朱富周、杜永江。

□工:韓太榮。

□工:劉興詩、周慶富、王繼倉。

画工:周傳家、牛海。

住持:王清和。

興龍庄復捐錢九十千文,大官庄復捐錢九十千文。

中華民國拾年歲在重光作噩如月中澣穀旦」。

(上殘)王□貴、聶玉樸、宗傳心、李清朝、王連惠、王玉厚、□連貴、□玉法、□□俊、□□揚、□□□、□□幹、□□潤、□高湯、□太文、□成節、□全節、□士節、□□□、□□□。

李繼昌、于兆高、武昭富、武昭友、郝玉賓、郝宗善、楊金方、郝宗印、范丙恒、范義舉、范洪佐、范洪信、范洪吉、范洪泉、范洪謙、范洪印、范洪昌、劉重文、劉繼惠、王殿喜。

王培善、李丙苓、武家平、王傳厚、杜永坤、張鳳成、劉淑義、劉淑仁、吕丙寅、王連亭、張維、張金田、颜士禄、朱繼良、朱繼剛、于貴涵、程兆江、劉加魁愿助拾千、孫傳禄,以上各捐弍千;尤金田捐五千。

(以下碑陰)

□□成願助卄千、□和都願助十仟、王守明、李玉蒲、李家樹、李家霖、李申元、李中訓、張保安、李中憲、李振烜、李培烜、李家榮、陳繼綸、陳繼綱、陳繼紳、李中恒、趙春安、李允庚、李中保、王泗喜、張大才。

王繼春、張盛奎、王兆江、王繼貴、王繼元、王玉成、張培厚、朱繼春、張永全、張盛朱、李振文、張秀、張永仁、張盛同、張盛安、李正全、葛玉珍、葛玉春、葛玉榮、李振堂、朱興武、高有海。

張振保、于為賓、張振宗、鄭傳聚、高學振、高學武、于永傳、賈殿才、宋繼立、宋繼亮、張大臣、程德旺、宋傳禄、李□貴、王昌傑、張文美、張永年、張玉吉、張永甲、張正平、于進才、于永禄。

朱繼周、劉汝法、劉汝盛、張永興、張興家、張興揚、朱繼惠、朱文安、朱緒冬、劉汝海、劉文茂、張洪德、張焕香、劉興業、劉興盛、鄭殿法、田懷耕、鄭永平、鄭傳茂、鄭永玉、鄭殿嶺、馮永祥。

李永□、武家□、恒盛居、三盛永、寶祥永、天興泉、魏良柱、魏良亭、武傳輝、武玉成、武玉周、王玉丙、朱富周、梁曰明、朱光聚、武之舜、朱光貴、朱光臣、張為、朱繼武、朱光立、朱光乾,以上各捐一千。

□□水愿助□千、周文才捐□千、林鳳□捐二千、路友同捐二千、程繼□捐二千、蘇□喬捐二千、孫曰良捐三千、于子順捐二千、范錫順捐二千、馬德成捐二千、張緒貞捐二千、杜玉恒捐二千、宋光□捐二千、于文秀捐二千、顧傳灝捐二千、李錫旺捐三千、王清吉捐叁千、吴玉傑捐壹千、何鴻俊捐壹一千、王光嶺捐壹千、翟樂遠捐六千、李興信捐六千。

□□□、李家太、李興華、宋繼武、吕炳坤、張永盛、李蘭亭、王連富、刘慶元、竇玉典、韓茂言、李怀文、张興有、崔清江、李殿□、陳□振、陳光柱、施□、謝守順、張樂田、王俊仁、武玉盛。

□□□、□□□、朱□□、朱□□、朱學□、顔士□、鄭祥□、劉正□、李曰□、李長□、聶□□、沈□□、李守□、吕有□、于桂□、王德□、宋□□、張玉□、王兆□、宋□□、張□□、□□□。

李中武、李中九愿助卅千、萬□成、萬玉海、王兆明、宋継冬、朱継剛、高□亮、李乃吉、□振邦、□永祥、于德川、張大礼、張大之、張玉楹、張玉平、賈殿寅、賈殿臣、賈殿珠、鄭殿揚、鄭殿成、高學孟、李鳳水、張□洽、張焕成、高學安、□□邦，以上各捐貳千。

宋曰義、刘文發、徐士長、徐士海、徐士秋、朱憲秋、徐義祥、鄭玉乾、徐曰普、徐敬明、刘明才、刘明柱、鄭傳剛、何兆柱、孫傳喜、孫傳禎、于化友、孫興義、李守成、宋緒常、宋緒長、周慶富、李継增、李怀安、李継美、李怀仁、李兆軒，以上各捐壹千。

房才、房德成、趙剛、趙緯、趙奎文、王吉元、趙奎富、王吉倉、杜永泗、杜永江、王泗公、□□常、翟傳德，以上各捐一千；賈殿臣願助三千，陳継禄、陳継福、陳継祥、李春衢、陳継縉、李嘉泰、趙春蘭、李中樹、尹緒浩、范長明、孫廷相、恒升堂、同慶祥，以上各捐貳千。

李継昌、尚備節、尚立功、亓秉紹、鄭殿魁、袁樹寬、楊継成、楊亮、吴玉彬，以上各捐壹千五；杜鳳公、刘登川、張閏營、于継立、聶克□、刘清山、刘清峻、陳錫盛、刘學修、刘學詩、張紹河、張鳳桐、□紹彦、張金山、陳錫純、王光元、周慶祥、李振海。

王少□、王盛增、王傳心、尚立祥、王傳相、尚年泰、尚泰田、尚立科、何洪祥、何洪聚、何洪霜、李鴻峪、李訓平、李浩公、尚岑節、尚立善、尚立仲、尚顔節、尚玉節、尚需闵、尚立仁、尚福節、刘清恒、楊正義、楊正禮、楊正□、楊正□。

王清貞、范裔□、范裔珠、王連灼、宗恒謙、王連庚、程玉林、張洪元、張永焕、宗傳□、宗傳保、宗恒讓、范錫剛、范鴻銘、范鴻章、范鴻麒、范臣培、范業培、聶先純、范鴻佑、范炳輝、范炳□、范養富、范良□、刘継川、刘継安、王福增。

□□□、亓□壘、亓東福、亓來克、亓□潤、周□相、李□□、李□□、王□□、李錫珠、李錫玉、李□仁、王□公、王清山、王清思、王清祥、李紹□、李清□、李錫庚、李清輝、李清振、李清□（下殘）

□□□、□□□、何□□、汪□□、何□□、何□□（下殘）□□倫、□祀常、□安□、邵振□、路□□、尹□□、張□□、路連一、李秉□、路文修、高化印、李長富、亓長公、周茂礼、亓永錫、亓永彦。

王興桂、朱□□、朱□□、楊□、何□□、楊繼山、王振堂、□繼誥、□繼順、□宣、張洪左、張洪璃、周傳緒、周傳家、張振清、張振朴、刘在田、聶克勤、刘春田、聶中厚、聶占儒、□□孝、秦□口、汪□□、聶□□、聶占□、聶占順。

王守保、□□利、朱立印、盛富長、吴嘉禄、王繼善、王繼善、于金岳、于金鴻、于金懷、于□□、于金錫、于金升、于金德、于金升、李昌有、李□全、馮□□、郝玉□、武光孟、王大孝、郝玉保、王大□、王興和、王興乾、王□山、□□□。

……

姜廷恂捐錢壹千，萬家莊捐錢六千，明春藥房捐一千，于衍珍捐錢九千，趙家莊頭共捐五千六，劉培曾、劉廷林、于廣心、于錫田、鄭春揚、鄭春鐸、鄭潤田、顔錫干、杜書林、施曰平、施曰勉、施曰均、于恩鑄、董玉芳、永壽堂、趙洪禮、趙洪仁、任建印、周茂智、沈萬祥，以上各捐一千。

王光華捐錢一千，張科富捐錢□千，高家行捐錢拾千，鏇貨公義捐錢九千，任玉明捐錢弍千，周茂忠捐錢壹千六，鄭錫榮、鄭清安、馬炳順、李元和、周茂義、李延壽、黄子太、張宗遜、張志一、張廷元、謝德禄、唐恩瑶、唐宗江、聶為元、謝守儒、謝守謙、魏傳禄、源慶和、李炳申，以上各捐壹千。

高寅康、高永康、張繼元、張庚順、高家玉、范良辰、李清珍、高化棟、高化盛、刘慶瑞、刘慶祥、德茂泉、陳汝柏、王殿倉、王兆河、翟志純、唐恩瑞、唐敬登、唐恩潤、張仲德、韓金香、侯樹亭、張志法、賈云□、劉存□。

民國十一年重修布金山吕祖廟記碑

碑在山東省泰安市肥城市邊院鎮興隆村寶金山泰山行宫，民國十一年(1922)立。石灰石質。高104厘米，寬149厘米。正文楷書，字徑2.5厘米。額題“萬古流芳”，楷書，單行，字徑6厘米。碑體完整，文字清晰。該碑記載了民國十一年(1922)王玉金重修吕祖廟之事，並附廟産地契。

重修吕祖廟碑記

布金山前有」吕祖廟，原係王公正璧先生為長男病疾願許創修。其孫玉」金公因廟前有小柏樹一株，枝葉已枯，伐賣京錢柒百文，又」捐錢三百文，後與王公百清、玉鏡權子母而生息之，積有數」十餘千。百清公已故，其子玉良與玉金、玉鏡公，陡發善心，重」修此廟。不數日而工峻，焕然一新，誠盛舉也。三公欲立石以」誌其事，問文於余，故樂為之述」。

立賣契人張錫印，因手中□，今託中人王玉和、張賜法説妥」，将宅基西頭出賣於」吕祖名下為業。言定價錢十五千文。将地基数目記明」：南北長科一丈四尺半；東西横科三尺四寸；方圓滴水半尺」。民国十年十二月初四日立。先立碑，後買地基」。

工峻共化錢一百五十二千文」。

布山住持鄭理源」。

前清例貢汪殿臣拜譔」。

布金山陽後學王玉鏡敬書」。

首事人王百耕，子玉金、玉良」。

中華民國十一年三月上院吉旦」。

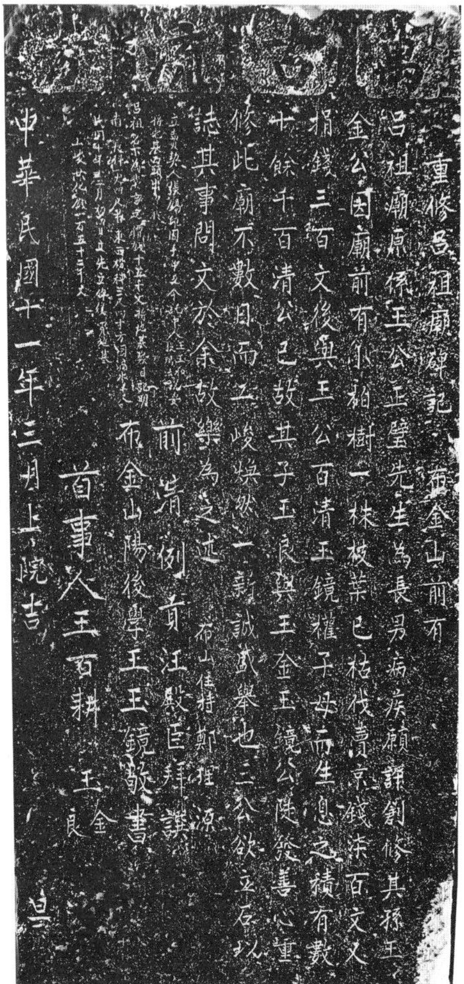

民國十一年重修布金山吕祖廟記碑

民國十八年寶金山香社會記碑

碑在山東省泰安市肥城市邊院鎮興隆村寶金山泰山行宫，民國十八年(1929)立。石灰石質。高 162 厘米，寬 73 厘米，厚 25 厘米。正文楷書，字徑 3～3.5 厘米。碑陽題名楷書，字徑 2 厘米。碑陰題名楷書，字徑 2 厘米。碑體完整，文字清晰。該碑記載，杜永茂、杜永乾、陳繼縉等於民國七年(1918)設立香社，十年如一日，每年三月参寶山碧霞元君，演劇爲樂，爲垂範後世，立碑以記其事。

香社會碑記

蝸廬居士魏毓科撰」。

社會教育捷於學校教育。社會者，萃千百人才為才則才敏，積千百人識為識則識超，有尤」敏焉、超焉者，為之前進化速矣。吾鄉杜永茂、杜永乾、陳継縉等，於中華民國七年，輸」貲倡衆，組一社會，興學之意隱寓其中，以多數惟神是倚，從其所尚，名曰“香社”。頻年三月上」巳，参寶山碧霞元君，演劇為樂。劇止，率衆旋廟，其中位置一如會場，社員就席，諸君次第」演説。以為古者神道設教，因民愚益愚之耳，非文明也。文明世界，破除迷信，以德育、体育、教」育為宗旨，吾黨悟今是昨非，貴同心向道，相與更始。正殿瓦解，重修也，宜修焉，備將来教室」；道房烏有，刱建也，宜建焉，備將來宿舍。如是者有羸，志未逮而相継逝。杜君春嶙、劉君汝瀛」踵成其吏，蓄積数稔，囊中頗裕，擬立小校為國育才，使人人讀書識字，上馬平賊，下馬作露」，布衆志成城，保金甌無缺。缘時代未靖，輒有匪警，而遂不果。僉議立石揭結社主義，招生開」學，以俟後英。予韙之，遂序焉」。

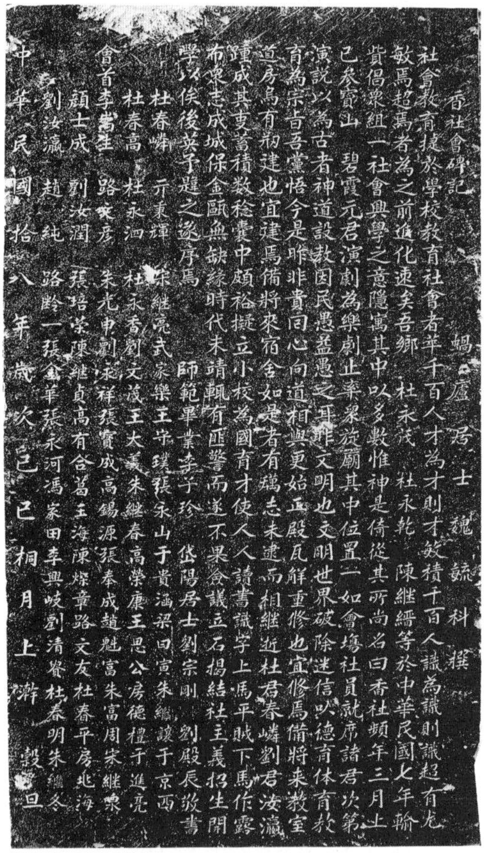

民國十八年寶金山香社會記碑

師範畢業李子珍、岱陽居士劉宗剛、劉殿辰敬書」。

會首：杜春嶙、杜春高、李嵩生、颜士成、劉汝瀛；亓秉輝、杜永泗、路文彦、劉汝潤、趙純；宋継亮、杜永香、朱光申、張培荣、路齡一；武家樂、劉文茂、劉永祥、陳継貞、張金華；王守璞、王大義、張寶成、高有合、張永河；張永山、朱繼春、高錫源、葛玉海、馮家田；于貴涵、高榮康、張奉成、陳燦章、李興岐；梁曰寅、王思公、趙魁富、路文友、劉清資；朱繼讓、房德禮、朱富周、杜春平、杜春明；于京西、于進亮、宋継泉、房兆海、朱繼冬。

中華民國拾八年歲次已巳桐月上澣穀旦」。

（以下碑陰）

會首：邊家院陳養清、王光華、翟緒厚、陳敬禹、王兆庭，顔家柳林顔希進、杜連運，張家柳林唐恩榮、唐秀，于家柳林魏傳啓、于錫田，張家莊張寅榮、李傳炳，尚家庄尚立賢、李宏楷，紅廟莊王卿揚、李清藍，亓家莊亓秉彦、路文力，李家莊劉玉田、鄭殿家。

古店趙西、趙樂興，李家莊李長辰、李長才，營盤賈學春、張永年、李義貴，仁間莊宗傳盈、宗恒善、李玉河、范承培，王家南仇王殿五、王兆顯，武家南仇李殿元、武家增，趙家莊頭張仲□、刘亭林，周家庄頭楊玉孝、周昌泉，韓家莊頭侯光印、李振海。

東古城蘇曰城、王興富、張興泉，興龍莊張玉水、高有海，趙家庄聶占全、陳継明，胡家庄李玉升、張光漢，馬家堂周慶貞、張曰彬，西徐家庙張俊德、張永科，……□凡厚，唐家□□□科富，郭家莊王興家，下官莊曹致亮，上官莊張連濱、孫曰良，馬虎台程兆順、李興邦。

民國十八年寶金山香社會記碑碑陰

雨前莊□□厚、王玉春、朱立印、王継武、于金榮，過村陸家方、陳燦章，朱家官莊王思善、杜春明、趙純，大王家莊聶興松、聶玉軒，東徐家廟張乃金、張致平，北仇魏長安，張家莊陳錫純、劉長吉、陳錫盛，楊家莊梁尚法、杜士法，西古城王傳灝、亓玉安。

李家莊李懷安、李□耕。

石工：曹連平。

住持王兆明。

民國二十三年寶金山設茶局施茶記碑

碑在山東省泰安市肥城市邊院鎮興隆村寶金山，民國二十三年(1934)立。石灰石質。高173厘米，寬68厘米，厚28厘米。正文楷書，字徑3.5厘米。題名楷書，字徑2.5厘米。碑體完整，文字清晰。該碑記載，民國二十三年(1934)，過村楊家莊善信，建會設茶局施茶，事後立碑以記其事，並附熟水會成員以及捐資善信題名。

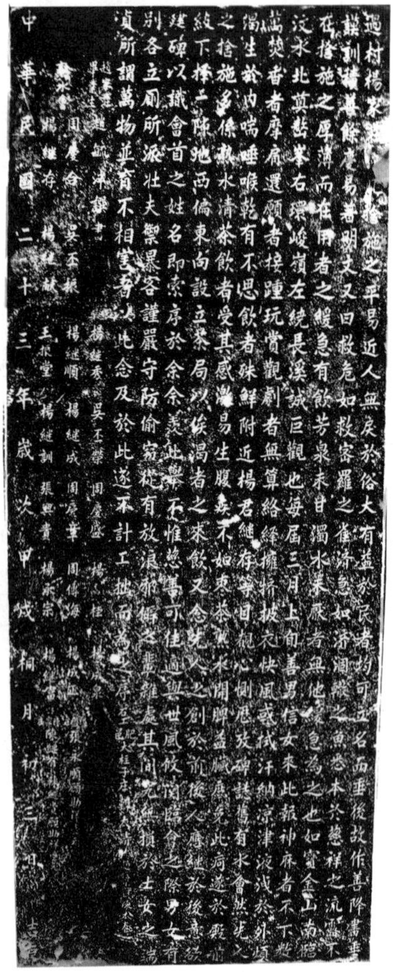

民國二十三年寶金山設茶局施茶記碑

過村楊家莊□凡捨施之，平易近人，無戾於俗，大有益於民者，均可立名而垂後。故作善降書垂」謨訓，積善餘慶，易著明文。又曰：救危如救密羅之雀，济急如济涸轍之魚，悉本於慈祥之流露，不」在捨施之厚薄，而在用者之緩急。有飲芳泉未甘、濁水未厭者無他，緩急為之也。如寶金山，南臨」汶水，北奠嶅峯，右環峻嶺，左繞長溪，誠巨觀也。每届三月上旬，善男信女來此報神麻者，不下数」萬，焚香者摩肩，還願者接踵，玩賞觀劇者無算。絡繹擁挤，披衣快風，或拭汗納凉，津液洩於外，煩」渴生於内，喘唾喉乾，有不思飲者殊鮮。附近楊君継存等，目覩心惻，歷攷碑誌，舊有水會，然先人」之捨施，多係熟水清茶，飲者受其感激，易生腹疾。不如枣茶熟水，開脾益臟，庶免此疴。遂於殿前」級下择一隙地，西偏東向，設立茶局，以俟渴者之來飲。又念先人之創於前，後人應継於後，意欲」建碑以識會首之姓名，即索序於余。余羡此舉不惟慈善可佳，適與世風攸関。臨會之際，男女有」别，各立厠所，派壮夫禦暴客，謹嚴守，防偷窃。從有放浪邪僻之輩雜處其間，究無損於士女之端」貞，所謂萬物並育不相害者以此。念及於此，遂不計工拙而為之序」。

石工：肥邑大柱子庄韓太清、趙傳□、陳本泰。

趙家莊畢業生趙毓泮譔書」。

熟水會：周慶合、楊繼存、吴丕振、楊繼獻、楊繼秀、楊繼順、王振堂、吴丕榮、楊繼成、楊繼訓、周慶盛、周慶章、張興貴、楊桂、周傳海、楊承宗、楊成泉、楊成正、楊繼富。

營盤庄張永順願助洋壹元，陳家庄陳繼有、陳繼貴願助洋壹元。

中華民國二十三年歲次甲戌桐月初三日吉立」。

東向村

明萬曆三十八年重修玄帝閣記碑

碑在山東省泰安市肥城市邊院鎮東向村，明萬曆三十八年(1610)立。石灰石質。圭首。高200厘米，寬77厘米，厚18厘米。正文楷書，字徑3.5～4厘米。額篆“重修玄帝閣碑記”，3行，字徑8厘米。碑陰題名楷書，字徑2～2.5厘米。碑陰額題“碑陰紀名”，楷書，2行，字徑10厘米。碑體完整，文字清晰，碑陰文字漫漶，故不録。該碑記載了明萬曆年間東向集信士曹邦珍、孟世臣等先後重修玄帝閣之事，並附善信題名於碑陰。

明萬曆三十八年重修玄帝閣記碑

重修玄帝閣碑記

郡庠膳生員趙希孟撰文」。

岱陽山人李深書丹篆額」。

岱之南麓六十里許，名曰東向集，其地南抵江淮，閩粵朝宗者道經絡繹。舊有」玄帝重樓，迄今越數甲，廟貌漸傾，堂搆漸墜，榱角漸圮，甚非所以妥神靈而脩禋祀也。本集信士曹」君諱邦珍者，心甚憫焉，爰募衆貲。孟君世臣董其後，棟宇巍岑，殿閣煇映，焕然改觀，不啻新造」，厥功神速，若神之默相者然。成則成矣，然」帝之福善禍淫，不緣能媚歆，不緣不媚吐。一念善，吾心自有上帝，即黍米而戩穀；一念不善，舉足」皆成戾咎，雖燔柴而鞠凶。是以吾人寧尸居，龍見勿跖心。堯言：遇患難則引手，遇窮苦則捐貲」。美思以成，惡思以隱，不奸聲，不亂色，吾之心與上帝之心默迎默孚。此閣之修也可，不修也可」。所謂吾心自有上帝，盖謂是矣。因紀其頌于左，以志不朽云」。

北極孕象，玄武儲精。道包萬有，神化無窮。福善禍淫,崇功眷德。冥冥昭昭」,鑒觀有赫。在上在傍,洋洋若臨。暗室屋漏,雷電之真。願我含生,不在他求」。靈惺克全,勝厥焚脩」。

大明萬曆三十有八年歲在庚戌閏三月穀旦立,鐫字匠孟添卿、男孟登第」。

清乾隆元年創修關帝廟記碑

碑在山東省泰安市肥城市邊院鎮東向村，清乾隆元年(1736)立。石灰石質。高168厘米，寬66厘米，厚25.5厘米。正文楷書，字徑3厘米。額題“千古流芳”，楷書，單行，字徑7厘米。碑體完整，文字漫漶。該碑記載了清雍正年間創修東向村關帝廟之事，並附會首題名。

創脩関帝廟碑記

嘗攷國家建祠之典，所以崇□□□勵後也。故功在宗社者則祀之，德加生民者則祀之」，忠是以為則，義足以維紀者亦祀之。予之徧觀四方，見人為庵為觀號聖称神者，所在多」有，及攷其功德與其忠義，又□□□□□□深信惟」関聖帝君，華夏聚成，其功大也。荊□□□□德深也，雖觀扶□□□□□□□為同胞，其義重也」。□可被管絃，名可留竹帛，行可法天下，風□□□世萬代，□□□□山□一人哉！所以工」自王畿下達鄉國，□祠以祀□□□□□□東向為□□□□□□□□半隸山西，近聖」居者蒙聖庇，敢不無怨興德不知所報乎？於是，□人□□□□特邀同志，各捐資財，為之」度地址正方，而工興於甲寅之春，□乙卯秋而告竣焉。但□□□□□翬飛著□神像莊」嚴，金碧生輝，照然崇德，蔑以加矣。然而，非邀福也，亦勉勉焉，期無負於建祠之微意云尔」。

後學生員范清來撰、大學生施元英書。

山左右會首：緱□、□奇□、王鐸、楊淑榮、楊隱龍、虒鋐、秦善、趙廷瑞、魏顯、高光先、白玉柱、崔永華、同仁店、張栱樞、虒可雷、果字店、正協店。

東向村張春岫、王玉貴等題名殘碑

碑在山東省泰安市肥城市邊院鎮東向村，立碑時間不詳。石灰石質。殘高242厘米，寬76厘米，厚35.5厘米。題名楷書，字徑2厘米。額篆“萬古流芳”，單行，字徑8厘米。碑斷爲兩截，略有殘缺，但文字基本清晰。

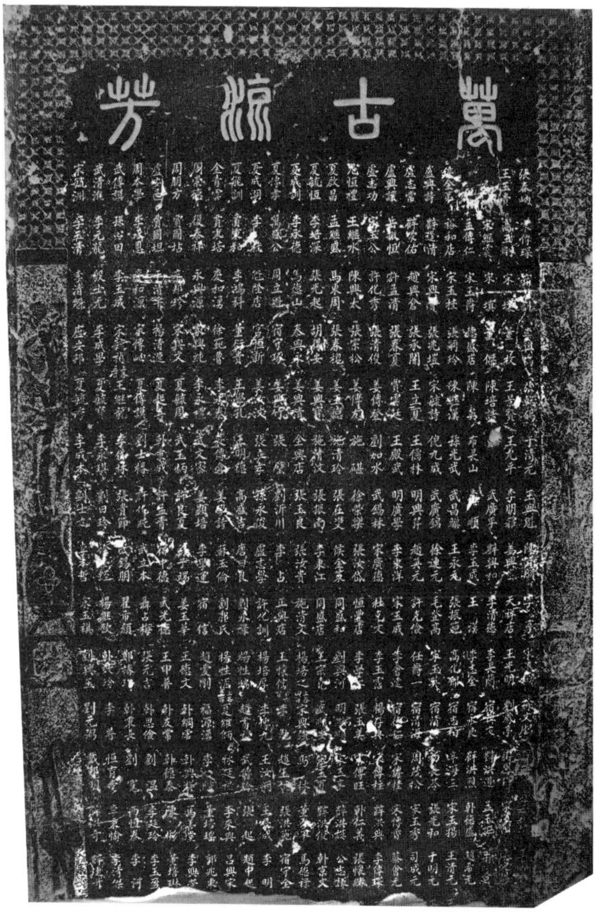

東向村張春岫、王玉貴等題名殘碑（一）

張春岫、王玉貴、侯金第、盧興詩、盧志常、盧興讓、盧志功、尤恒禮、夏啟昌、夏毓恒、夏成訓、夏傳孝、夏成湖、夏能訓、金青雲、周崇德、周朋方、盧安邑、周本學、武傳謨、武清淮、宋毓洲、宋傳琛、高玉剛、宋繼震、孟傳仁、裕和店、薛逢清、薛蒙佑、岳振恒、宋玉公、王繼水、孟繼盛、李培深、李承德、萬盛公、李桂、賈秉和、賈秉培、復泰祥、賈國坫、賈國坦、李承恩、孫心田、李元龍、李玉清、宿釗、宋壤、宋填、宋玉爵、宋玉桂、宋興會、趙興倉、許孟清、許化秀、陳興太、馬東周、張光起、馬德山、周立魁、魁隆店、李鴻科、慶和湧、永興源、辛邦珍、于清平、慶和源、李玉成、殷士元、李清魁、李興禹、董枚、董傑、德盛店、張嗣玲、張兆塏、張承闈、張春夏、張清俊、張宗松、張春槐、胡得安、泰興永、宿守琢、富恒新、董衍貴、徐範魯、宋興純、宋興文、楊清漣、宋傳岫、宋毓禎，上各五百。李成學、盧安邦、張乾錫、王景賢、陳培諧、陳英、陳繼漢、宋毓詩、王立夏、賈雲廷、姜傳登、姜傳友、姜玉德、姜興寶、姜興清、姜興竹、姜汝汶、王學孔、李

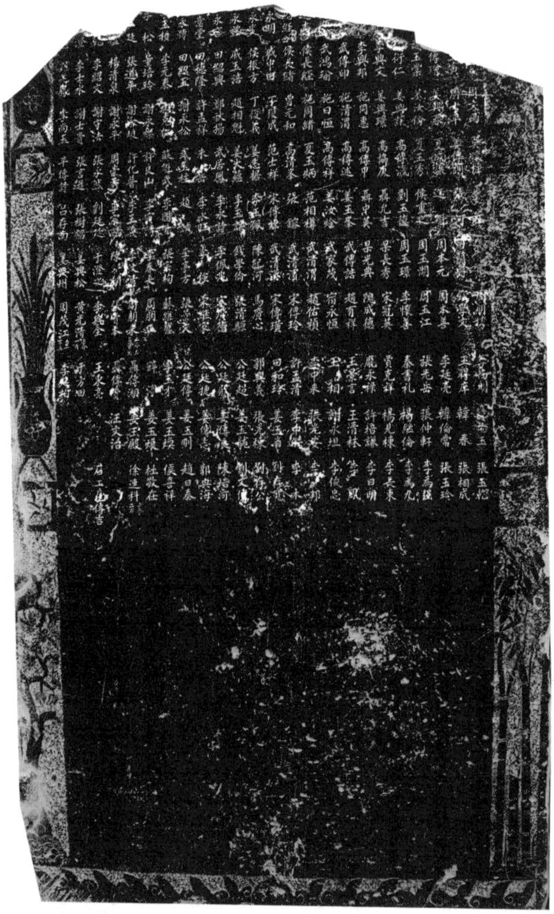

東向村張春岫、王玉貴等題名殘碑(二)

永泰、李永禮、夏毓周、夏起善、夏傳謨、王繼龍、夏毓寶、夏毓秀、于清元、王允平、布長山、孫光武、倪九成、王儒林、王殿武、劉加水、施磇、施清玲、施清汶、全興店、張璧、張立孝、王明德、裴傳倉、武文密、武玉炳、韓秉成、劉士椿、李岱林、李永琪、李成本、王興魁、李朋雅、武廣平、李順、武昌驥、武廣錦、明興芹、明廣學、武錫林、徐榮樂、張在夔、張振南、張玉良、劉沂川、孫永俊、高盛吉、姜學詩、姜顯培、許良夏、許孟青、許化純、張貴節、劉曰玲、劉士九、陳□順、姜興岱、薛興和、李玉成、王永元、徐連元、趙英元、李東洋、宋廣德、張汝岱、侯金策、李東江、張汝貴、李占、盧志學、唐曰良、蘇玉倫、李學運、□子端、宿中德、武立本、武錫朋、徐□經、李本哲、李勇、天祥店、李清德、王漢、張振範、毛登高、許克儉、宋玉成、杜克文、恒豐店、同盛和、同盛店、施清文、正興店、許化訓、劉永禄、劉郭氏、宿信、姜玉華、武光德、聶占梅、翟希顔、楊繼欽、宋玉祺、宋玉田、王光明、李長蘭、李志全、高化錦、宋玉英、任爵一、李會遠、李玉霑、李學仁、劉興河、王宗堯、楊培之，上各四百。王懷信錢六百。楊培厚、楊性端、楊性涵，上各五百。趙愛剛、王德文、王印普、張元吉、鄭椿□、韓效玲、劉興玉、蘇文□、劉鳳亭、宿興文、宿永良、宿志柏、宿清□、宿清海、宿德仁、楊存典、張玉美、明繼順、武順安、宋興強、李勉、李傳九、趙書禮、夏維師、福源湧、韓綱常、韓友常、韓思儉、韓秉長、李普、劉元弼、□□□、□鳳儀、薛洪道、薛洪烈、辛海三、初長苓、周茂松、宋傳桂、宋傳柱、宋傳旺、宋玉辛、宋玉夏、馬林、趙玉□、王汝侗、武傳玲、林廷禄、李階、韓興祥、韓德泰、劉温、劉寬、恒育堂、戴邦明、□□□、宋□□、孟玉正、韓德盛、宋玉揚、張光和、宋玉秀、宋傳香、薛洪興、韓仁義、薛洪謨、薛洪俊、董秀峯、張洪範、王景成、張起、李來興、董培瑶、篤善堂、陳彬、李廷玲、西恒泰、李秉愉、薛洪奇、王尚才、李文得、王重、趙希元、王清元、于明元、司成元、蔡會元、李傳琛、張懷緒、公志謙、韓京文、馬德禄、宿守全、李明、趙中起、吕興宋、郭兆東、李興榮、董培琳、李玉盈、李河、李清傑、薛連升(下殘)□□順、□□志、□□經、□永明、

□永度、□永禮、□永言、□意堂、□永傳、□玉楨、李松、□□廷、□□□、□□乾、□□澄、□□□、□□□、□□演、□傳瑲、□玉棠、□衍仁、李興文、李興邦、武傳印、武鴻瑜、侯長經、侯長緒、戚中田、侯振方、戚玉涪、田紹興、田德隆、田紹玉、李元泰、董培玲、張道平、楊清泉、李紹文、李士水、□兆鳳、周文雨、周士平、姜興春、姜汝倫、姜興讓、姜興環、施同惠、施清渭、施曰恒、施同緒、曹元和、丁復成、丁復義、趙相魁、鄭秋揚、許孟祥、謝永松、田克仁、謝永燦、謝永焜、謝永平、謝守法、謝士貴、李尚玉、吴懷柱、姜傳訓、夏成讓、夏玉秀、高傳瀛、高協庚、高傳甲、高傳述、高傳祥、夏玉炳、高清峯、范士祥、姜志椐、姜大藴、武居鳳、朱岳、武玉柱、蘇魁武、許良山、許化普、周崇秀、張永然、張言遜、平傳詩、□□、張可、□魁、侯重之、劉玉德、聶允吉、聶中英、姜玉峯、姜汝焓、范相樽、張鎔、宋傳□、李玉佩、李玉讓、李永詩、李永旺、趙誠、李階升、李寅清、李玉義、李宗□、劉廷延、張樹銘、吕存南、張□□、田蘭□、周本元、周玉湖、周玉璋、杲長秀、杲光典、武傳誥、武家茂、武清渭、武清濱、武清漢、陳紀河、錢學倫、李佩兆、李強、李亭方、張宗栒、李春長、李汶清、陳訓、于澄之、姜興松、姜興州、周朋栲、張學文、周本善、周玉江、李懷善、宋冠英、隗成德、趙有祥、宿永恒、趙佑禎、宋傳玲、宋傳璜、馬廣心、張清騵、宋廣德、宋継家、張景文、蘇継盛、周朋正、周朋來，上各□三百文。張貴本、李興全、黄光清，上各一千。周茂江錢三百五。□尚明、王得庠、李廷亮、張光岳、秦書礼、賈克祥、龐永禄、王景言、王相、李中来、許孟清、田和玲、郭興義、公廷超、公廷殿、公廷捷、公廷傳、李玉才、薛渟、聶傳湘、聶傳貴、王東亮、于方田、李廷柏、韓玉、韓春、韓倫常、張仲軒、楊継倫、楊見棟、許培謙、王清林、謝永坦、張光安、李中傑、姜玉省、張光棟、姜玉龍、姜傳良、姜傳志、姜玉剛、姜玉焕、姜玉焜、姜玉殿、汪文治、張玉乾、張相成、張玉玲、李為強、李為九、李長東、李曰明、李鳳、李俊忠、李邦、李木、劉存寬、劉存公、劉文傳、陳培河、郭興海、趙曰泰、侯喜祥、杜敬在、徐連科，上各二百。

石工扈傳吉。

北仇村

北仇村重修雲溪觀三清殿記碑

碑在山東省泰安市肥城市邊院鎮北仇村雲溪觀，立碑時間不詳。石灰石質。高 45.5 厘米，寬 73 厘米，厚 12 厘米。正文楷書，字徑 1.5 厘米。碑一角殘缺，文字漫漶。該碑記載了重修雲溪觀之事，並附施財修廟善人以及住觀道士題名。

重修三清殿記

設諸神殿其來舊矣」，三清上帝，神為至尊。此殿建自先人，盖亦有年，坍塌不□」，神像暴露，然來者目覩，毫無動念。太安州城之西南」地界北□善士刘文紹，□匪□匪吝，喜舍資財□□」也。□重修整齊，工□□□紛擾，事成而無毀□雄厥」規模罔憚勞□力以赴□□，其北□□□□土水□」為費，意誠若此，非徼福然也。去其以前顔旧，創其以」後鼎新，近作□□今日必從己□更始遠垂□于」後世，務令于□之……□方使神」明佑否？何□□……□□□称善」士哉」？

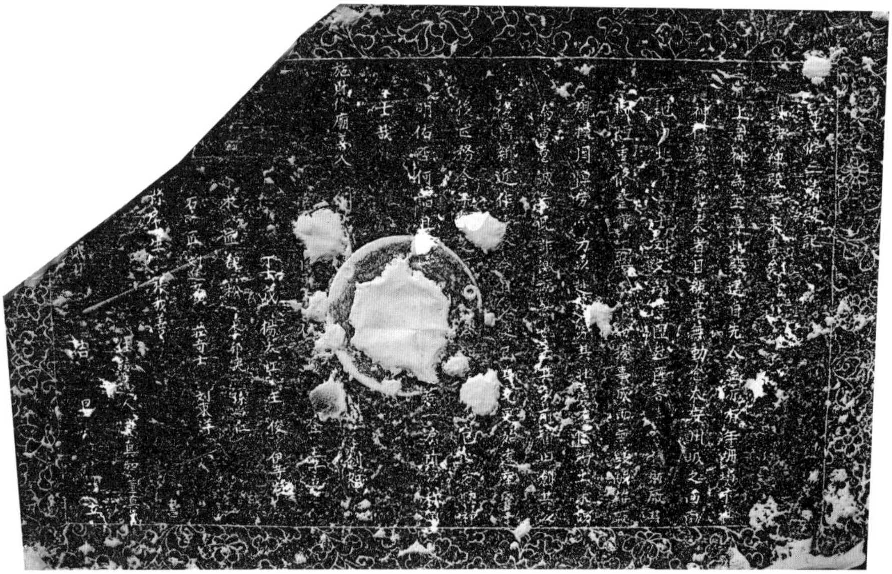

北仇村重修雲溪觀三清殿記碑

施財修廟善人：

……劉恕……□□□、□登，王子立」。丁士茂、楊太江、王俊、伊□□」。

木匠：魏松，李邦□，孫尚仁」。

石匠：刘進□，莊奇士，刘東洋」。

（上殘）縣序生張我善」。

住持道人：曹真和、董真□」。

（上殘）貳日吉旦立」。

西尚里村

明萬曆四年重修靈官殿記碑

碑在山東省泰安市肥城市新城街道西尚里村白雲山桃園觀，明萬曆四年(1576)立。石灰石質。高44厘米，寬81厘米。正文楷書，字徑2～3厘米。題名楷書，字徑2～3厘米。碑體完整，文字清晰。該碑記載，明萬曆四年(1576)，肥城縣東禮社上里莊善信，在白雲洞前建立靈官殿一座，並塑靈官金身一尊，事成立碑以記其事。

重修靈官殿記

大明國山東濟南府」肥城縣東礼社上」里庄逸北」白雲洞前建立」靈官殿宇一剏」，金身一尊，具完。祈」保合家清吉，長」幼沾恩，永保千」祥如意」。

山主顧珎、焚修弟子法聚。

皇明萬曆肆秊歲次」丙子春季月丁酉」吉日立」。

善信胡公臣，室中郝氏」；長男胡寵，武氏」；次男胡宦，刘氏」；長女婿王添叙，胡氏」。

石匠：孫尚義」。

拙撰人：顧祖林」。

明萬曆四年重修靈官殿記碑

清乾隆十二年重修白雲山玄帝祠記碑

碑在山東省泰安市肥城市新城街道西尚里村白雲山桃園觀，清乾隆十二年(1747)立。石灰石質。高193厘米，寬80厘米，厚21厘米。額題“永垂不朽”，楷書，單行，字徑6～8厘米。正文行楷，字徑2～2.5厘米。題名楷書，字徑1～1.5厘米。碑陰題名楷書，字徑1厘米。碑中間斷裂，文字清晰。該碑記載了清乾隆十二年(1747)周圍善信重修白雲山玄帝祠之事，並附會首以及善信題名。

山以神灵四序馨香，但願此山千古鍾秀」。

事因善傳人情踴躍，且祝此事百季流芳」。

岱下鳶郡以南距邑式拾五里尚禮郚白雲山重修玄帝祠碑記

嘗謂：淫祀固聖賢所戒，而勝地寔今古流芳，蓋山川之名，既各得秀氣，以凝結於一方，因而人物之盛，遂呈」文明以發祥於疆宇。如吾鄉迤北白雲山，登巔遥矚，東接泰嶽，西近聖域，北連陶牛，南望鳳凰，四面環栱，覽勝」者往往樂而忘歸焉。古人云：“山不在高，有僊則灵。”是以」玄帝祠舠建於巔之陽者，由来已久，奈風雨之摧殘，望者遂不勝蒿目之憾。爰是糾会同志，協謀積貲，乃幸而功獲告成。於是」巍焕聿新，初不敢假此修葺以為邀貺之階，特以地灵人傑未始不可為湲之有志者勸也。以是為序」。

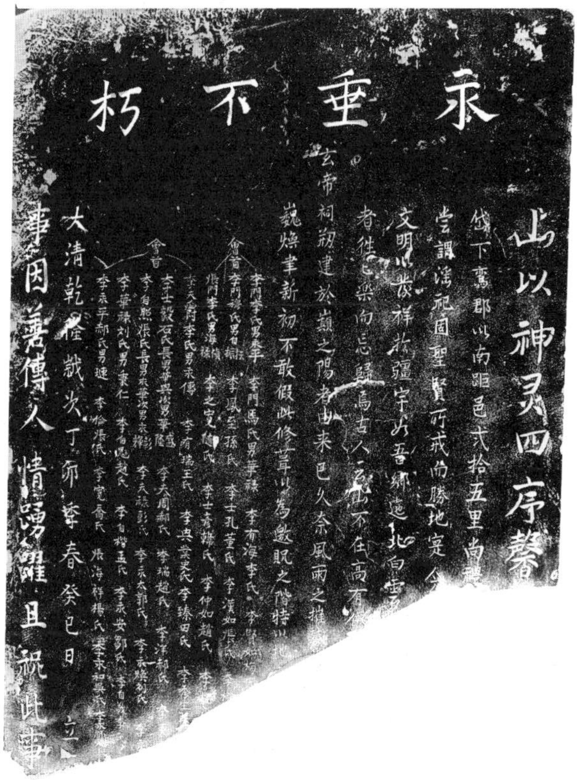

乾隆十二年重修白雲山玄帝祠記碑(一)

李門李氏男永平、李門馬氏男華禄、李有海李氏、李賢如梅氏、李門陳氏男自範、李門董氏男文德、李門王氏男永立、李門張氏男永升、李門紀氏孫永禄。

會首李門穆氏男自抎、自振、李鳳至孫氏、李士孔董氏、李漢如張氏、李楷如趙氏、李門李氏男夫崇、李門陳氏孫永言、閆門李氏男珠、陳門錢氏男三水、李門王氏男永田。

張門李氏男海禎、海禄，李之寬隨氏、李士彦韓氏、李仲如趙氏、李柽□石氏、李門陰氏男華倖、李門孫氏男沛、李門郝氏男永祉、王門李氏男理、徐門王氏男進才。

李天爵李氏男永傳、李有瑞王氏、李興業史氏、李臻田氏、李秀生□氏、李河乜氏、王門李氏男汝梅、陳三海付氏、李永敬白氏、趙平李氏、李九王氏。

會首李士毅石氏長男華興、次男華盛、華隆、李夫周郝氏、李瑞趙氏、李洋郝氏、李更□氏、趙門趙氏男朴、李永印郝氏、陳三水王氏、董怀明范氏、李超王氏。

李自照張氏長男永華、次男永彰、永輝，李夫禄彭氏、李永太郭氏、李永焕刘氏、李永錫刘氏、李養富閆氏、楊化龍李氏、李恒吉刘氏、李永寧郭氏、李海王氏。

會首李華禄刘氏男秉仁、李自魁趙氏、李自楷孟氏、李永安鄒氏、李自敬李氏。

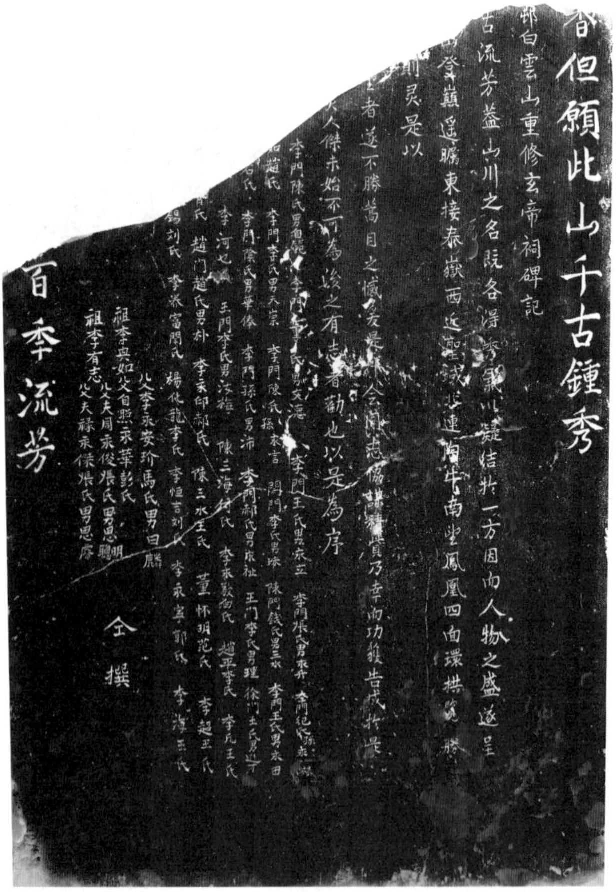

清乾隆十二年重修白雲山玄帝祠記碑(二)

李永平郝氏男璉、李倫張氏、李寬喬氏、張海祥楊氏、李永和吴氏、李永怀趙氏。

父李永安玠馬氏男曰麟。

祖李興如，父自照，永華彭氏。

祖李有志，父夫周永俊張氏，男思明、思聰，父夫禄永傑張氏，男思睿仝撰。

大清乾隆䟽次丁卯季春癸巳日立」。

(以下碑陰)

伊家庄：伊秉倫、王錫綬、田興、韓立、趙祥、胡進善、胡進程、胡進珠。

張家庄：□□□、□□海、□□□、□□舞、張同信、張同□、張廷□、張廷璧、張楹、張□、張□、張永吉、張永□、張永焕、張廷玫、張廷玨。

李留庄：周□來、李振□、李璧、盧春林、刘夫荣、張盤石、董世貴、周子元、尹永柱。

西付村：任海、李松年、趙科、趙楝、趙克義、趙克時、趙克松、趙興还、□□垣、田□□、田禄、張松、張秀玉、張來何、□起玉、□山、□秀。

孫家小庄：孫圣倫、孫鳳、孫世立、孫世吉、王坤瑋、王玘、馬秉元、樊君瑞、閆夫成、趙守義、孫如松、孫世管。

北君寨：李栢齡、李泌。

固留：王□武、張開進、刘玉箱、王子□、刘廷保、張開化、張開享、刘聰、張開禄、張立如、刘□法、郝美梓、刘廷京、刘廷才、張開信、梁玺、張淂重、梁璧。

王家庄：閆緝□、陳□、張世玺、閆寧希、閆正希、高進甫、陳起龍、高義、高進斐、高成功、陳怀德、閆成希、閆者淂、王奇玉、高成、王弘玉、郭永配、田應端、會首南振安、于成、李興、李賢、張義、李義、李之□、李永良、李□、李永□、李□、李□□、刘孝、李養鳳、李夫臣、毛進功、李美河、會首張宗、王義□、朱□、李常□、李春、李杰、姜培山、元有、郝興德、張成、張山、王水、李同、□漢玉、□□□、□□□、□□□、□□□、□□□、刘國玉、李弘、辛巡新、馮祥、陳龍、田瑞師、刘玉、管興龍、顧君佩、閆玺、李夫月、李永松、會首李夫成、李夫興、李夫太、李有成、李□珩、李夫□、會首□□、李得、李養河、李貴、李玺、李夫有、李禎、李九、李琳、李存、李□、李永福、潘廷瑞、李志賢、韓□、位漢三、楊樂海、馮魁山、李魁一、□在功、吕養德、會首李倫、會首李亮、李□、李功、李安、李明、李夫□、李□□、李之□、李斌如、李汝樞、李武如、李□竹、李華貞、李敬、李江、刘夫興、李永□、王國亮、李英、□容、李敬賢、李宗賢、冀文傑、趙永春、李昆、何明山、楊樂山、楊成山、李珩、張開貞、王玉、朱子有、段孝理、李永遠、張□來、李□□、李會生、李永堪、李偉、李池、□本治、李永進、李鳳音、李永位、會首李竹、會首張海祥、李爽、李滋、李樂教、李華岐、李華祥、李漢、李才、李浩、李德如、李思莊、李永廷、李文升、李有然、□士秀、李之太、李自明、李自荣、李箱、李永偉、李永文、李永祥、李夫瑞、刘慶、李元生、鄧開性、鄧開如、王玉鳳、李京、□夫河、李鳳來、李美粲、李永存、李永建、李永忠、李法如、李成如、李來如、李永升、張天如、□元、李克端、孫之配、李漷、李永孝、李璞、李璇、李永侯、李永義、李永文。

楊家庄：郝乾九、郝振旺、彭克君、黄尚孝、彭天耜、尹法三、彭□、禹法才、彭瑚、彭珊、彭智、彭義、彭自明、彭松、彭貴、彭大成、董希□、郝西□、張□□。

顧家庄：郭芸、顧汝亮、顧汝榛、顧汝梓、顧文焕、顧珩、顧仁、郭荣、郭萃、郭大本、郭法宗、郭大任、郭大成、郭光先、李永照、孫如貴、李持敬、李持蒲、李持寬、李持剛、李□□

南□□:□□□、李□□、高□□、李□□、李□□、趙□□、□□□、□□□(下殘)

大□庄:李存法、楊茂、楊坦、楊孝全、楊登魁、張文登、刘世荣、刘世□、刘玉壁、刘世任、周荣、張士林、李成、李潤、李□、李□、楊□□(下殘)

清同治年間重修玄帝廟三清殿記碑

碑在山東省泰安市肥城市新城街道西尚里村白雲山桃園觀，清同治年間立。石灰石質。高 178 厘米，寬 78 厘米，厚 22 厘米。正文楷書，字徑 5 厘米。題名楷書，字徑 2 厘米。額題“永垂不朽”，楷書，單行，字徑 10 厘米。碑陰額題“捐輸題名”，楷書，單行，字徑 8 厘米。碑陰題名楷書，字徑 1.5～2 厘米。碑上部斷裂殘損，文字清晰。該碑記載了清同治年間李臺、李典等重修玄帝廟三清殿之事，並附參與其事的善信題名。

重修玄帝廟三清殿碑記

邑之西南三十里有白雲山洞，洞上有玄帝廟一座，古跡也。重修者已屢」屢矣，今有李臺、李典等，因三清殿損壞，復濶其墻垣，高其基址，宏昌其規模」，殿宇聿新，甚盛事也！較諸沿優劇、張燈火一切無益之費，豈不大相天淵」哉？工竣立石，囑余作文記其事，固辭不獲，爰循樂道人善之意，特紀夫某」也領袖、某也捐資、某也鳩工、某也庀財，以垂終古於不朽爾。至於接陶牛」、枕康水，一切流連光景之詞，兹固不暇道。即神之顛末與神之功德，博物」者或能言之，自慚固陋，不敢妄談以惑衆聽。是為序」。

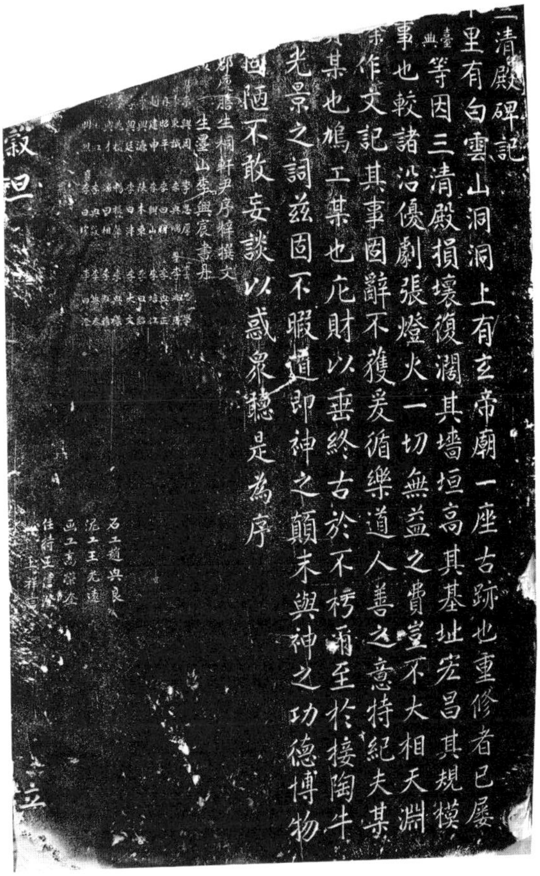

清同治年間重修玄帝廟三清殿記碑

郡庠膳生桐軒尹序梓撰文」。

監生墨山李興宸書丹」。

首事起事人：伴官李興周、李秉誠、冉昭平、趙建申、李興濂、李興廷、李兆檀、李興才、楊玉紅、李明烈。

李思厚、李興嵎、李曰朋、李興山、陳木東、李曰泮、楊振聲、潘曰相、李興毅、典籍李曰珍。

李思學、監生李兆唐、李興正、李培江、李曰紹、李大文、李興禄、李淑雅、李興泰、李曰澄。

石工趙興良、泥工王光遠、画工高榮奎、住持王信澄、王祥言。

同治(下殘)穀旦立」。

(以下碑陰)

(上殘)李思斈、趙興元、李曰貢、李曰端、李興佐各五百,□興君、□承楷、李興仁、□淑信、□淑實、李淑□、趙承訓、李興□、李曰可、李興臣各五百,李興海、李興連、李仙如、李興斈、李興祥、李曰江、李興禄、李曰猷、李曰海、李興撰、李興錦、李全貴、李可文、李大舉、張立海、李興全各五百文,李興代、潘文祥、李淑仁、李曰興、李興蘭、李曰津、李興魁、李興恒、王廷吉、李淑遠、李淑程、李興□、李興淇、李淑崑、李曰柏、李興為各五佰,李淑魁、李興律、鮑士貴、李淑思、董貴香、李全禮、李大任、李興尼、李興友各四百七,馮兆明、李曰管、李興亭、李序爵、李思亨各四百四,李曰昌、何廷讓、李宗元、李曰雙、董貴興各四百一,李大武、李全常、李全敬、李毓輝、李興東、李淑柏各三百,李曰茂、何廷相、李淑景、李淑秋、鮑士亮、李曰尚、李培桂、亳振宗、李興琴、李興申、李好桂各三百五,王廷交、李興柱、李曰讓、李興彬、韓士廷、李興習、李淑元、李淑揚各三百二,李全重、李興唐、李興全、李大成、李曰乾各三百二,李淑魯、李淑成、李大桂、楊玉純、李淑玉、董立全各二百九,李興漣、李興倫、李曰本、楊振東、李興懷各二百六,李淑臣、李興富、李承湘、李興昭二百,傅光禄、楊振吉、李淑英、羅起祥、張鳳珠、李興義、李興秀、李培琚各二百,段廷一、陳清槐、李興庚、李興梅、李曰韶、李淑善、李興時、李兆乾、董國超、李曰啓、李大元、李興雨、李曰光各二百。

重修白雲山玄帝廟記殘碑

碑在山東省泰安市肥城市新城街道西尚里村白雲山桃園觀，立碑時間不詳。石灰石質。殘高 102 厘米，寬 69 厘米，厚 20 厘米。正文楷書，字徑 3 厘米。碑上部殘損，文字清晰。該碑記載了重修玄帝廟之事，因殘損而具體情況不詳。

（上殘）雲有一白雲洞，前有污池，後有丘陵，左有清溪，右有長道，迺」（下殘）鍾楼門墻逐一齊備，燁然可觀，崇功報德，祈福保安，靡弗為」（下殘）年深歲久，雨摧風吹，殿宇神像悉為敝污。兹有信女李□□」（下殘）弗為是整餙乎？殿宇墻垣，革故鼎新，惟有」（下殘）誠募化十方，財富者樂輸其錢穀，少壯者喜效其技能。一切」（下殘）重儼然如神在矣。光輝閃爍，赫然耀人目矣，使祭者致如在」（下殘）祷澤有攸賴矣。由是歲稔時熙，民殷物阜，群黎樂業，萬邦恊」（下殘）具有禆於」（下殘）哉？孰非神之錫也，人之力也。工程爾盛，祀事愈隆，福祉綿遠」（下殘）其為世道之一助云爾。是為記」。

（上殘）一日吉旦」。

鳶臺野朽李希尹撰」。

重修白雲山玄帝廟記殘碑

重修玄帝廟記殘碑

碑在山東省泰安市肥城市新城街道西尚里村白雲山桃園觀，立碑時間不詳。石灰石質。碑現存三塊殘片。第一殘片高 81 厘米，殘寬 120 厘米，厚 22 厘米。正文楷書，字徑 3 厘米。題名楷書，字徑 2.5 厘米。第二殘片高 67 厘米，殘寬 114 厘米，厚 22 厘米。正文楷書，字徑 3 厘米。題名楷書，字徑 2 厘米。第三塊殘片較小。碑陰題名楷書，字徑 1 厘米。碑體殘破，文字清晰。該碑記載了周圍善信重修玄帝廟之事，並附各莊善信題名。

重修玄帝廟碑記

天下事創者難為功，因者易為力，理固然也。若□□□□□□□□」而無易矣。肥城縣肥河鄉東里社尚禮庄，其北有山□□□□□□」半有洞，洞則因夫山而名之。洞之上有廟，廟亦因乎洞□□□□□」也。東仰泰嶽，西接書城，南對鳳凰，北跨陶

重修玄帝廟記殘碑

牛,雖非一邑□□□□□」之勝概也。然考之碑記,詳哉,其言之矣。若洞之中窃窕□□□□□」,洞之外古栢参天,怪石伏地,前覽衆山参差焉。如屋之有□□□□」環繞焉,如衣之有带,非尤其昭昭可見者哉?特是山之為□□□□」廟之傾圮已甚焉,今有族叔李思深、祥賢倡之於前,衆會首輔之□□□」一翼,而一鄉善士皆欲重修,但一木支厦,獨力難成,集腋□衆□□」舉。故募金四方,極力經營,不数月而廟宇、神像、鍾楼、門□□焕然□」新矣。彼夫彷其規模,仍其基址,是其因也,若仍其基址拓之開之,□」其規模而高之大之,且玄帝廟前修以花墻,三清殿下築以」月臺,以及上之盤路,下之階磴,皆其創之極難者。故敬述顛末,以勒」諸貞珉云」。

邑增生東溪□李曰琅撰文」。

太学生洞□□李思唐書丹,康□□李曰鰲書丹」。

監工領袖:李思深,子曰紹,孫興(下殘)李祥賢,子曰(下殘)李禄(下殘)李(下殘)李(下殘)李(下殘)

鉄筆:趙銅、趙思勤、趙思儉。

木匠:劉振江。

泥水:武清文。

畫工:王文清。

住持道人趙志修。

(上殘)孟夏吉日立」。

(以下碑陰)

(上殘)張文□、李思庭、李思恒、王紀朝、李曰喬、潘志法、李曰仲、,王興占各施錢一千二百,李興常、李曰琅、李勸賢、李曰均、李興貴施錢七千二百、李曰典施錢一千四百、李曰正、董玉賓、李曰功、李曰桐、李思賢、李勤賢、李光平、李承明、李光述、李思聖、李思殷、李邦武各施錢六百,韓希皋、李曰榮、李永真、楊文忠、陳相元、李思華、李曰詩、李思肅、李樂輝、李邦惠、何思府、楊懷賓、李曰樸、李文德施錢□千、李興傑、陳士英、李思傑、李秉誠各施錢一千。

冉家庄:冉肇倫、冉大統、冉肇重共施錢一千二百。

西付村:戴起文、伊永峯、鹿廣成、馬雲澤、楊得文、□□功、□□□共施錢二千。

(上殘)李曰誠、李承方、亳大為、李承右、李興桂、李曰水、潘德可、李興吉、李承彦、李明祥、張興全各施錢八百,李承忠、李九緒、李曰寬、齊路安、李曰節、李曰範、李殷賢、陳士傑、李思甲、陳清如各施錢四百四十,李思義、何思水各施錢一千八百,李曰良、陳清乾、李永岱各施錢□百六十,李曰棟、李光智各施錢七百六,李秉謨、李自新、李曰先各施錢七百,李曰貴、孫存一、李書賢、李學賢、陳清山各施錢四百八十,張德明、王嘉善施錢□百□,李思九施錢六百□,李邦重施錢□百□,李曰光施錢四百廿,李曰然施錢□三十。

城裡:俞鳳旺施錢□十。

劉家庄:陳德成施錢一千。

屈家庄:孟紹顔、曲祖顔、董萬倉、曲鴻文共施錢一千。

葛家台:葛文彬、劉光宗、布兆顯、孫學、孫恒曰共施錢二千。

(上殘)董□□、李曰經、李曰彬、李曰禄各施錢四百,李興太、李俊賢、李振賢、李曰秋、李興清、李兆明、李興爵、李容賢、李曰穩、李興云、李曰楷、李曰雪、李思紅、李曰法、李思仙、李思丙、李思廷、李純如、李曰楹、李正賢、李永玉、李曰河、李興林各施錢二百□十,李曰珩、李文成、鮑樂天、張玉桂、李克傑、李曰章、李思禹、李永奉、何永平、袁克勤各施錢□百□,耿文照、李承得、李盛振、李大清、李大文、李彩、李思強施錢二百三十、李思興施錢六百四十、李鳳鳴施錢一千。

新鎮:王玉清、王琯、王玉成、王玉廷共施錢□□。

西付村:庠生秦友智施錢□千,王作本、陰子顔、陰子瑚、王元吉共施錢□千。

(上殘)董□□、李文□、楊文禄、董立德、李曰能、李永桂、張玉桂、田書清、張懷珍、李曰智、李曰玉、李曰良、李曰全、李曰傳、李思範、李曰才、李興邦各施錢三百二十,李思問、李思殷、楊文松、李思路、李光輝、張玉□、李曰平、李興緒、田玉安、李曰三、趙增義、田玉輝、李思魁、李光照、李曰汶、李興文、李友文、孫其爛、李思遜、李永桐、李文岐、李曰春各施錢三百八,王京爛、李曰習各施錢三百四,楊文理、李曰秀、姜思周各施錢三百二十。

新鎮:王廷楹、楊茂生、王賡義、王奉安、王在周、王廷柱、王廷格、王思明共施錢二千六百。

古店:姜文成施錢一千。

(上殘)張斯□、張永寧、張永常、張斯源、張斯友、張斯輝、王永桂、張斯忠、張永唐、張永祥、張永誠、張永唐、張斯行、張斯文、張斯棟、丁克均、張永久、張廷仁、王華商、尹肇梁、尹肇枋各施錢一百。

楊家庄:州同楊敬倫施錢三千。

付村:陳法施錢一千。

西付村:王渭、趙思禮、張紅格、王學成、張永泰共施錢一千。

郭家庄:郭秀雲、郭福雲、李廷柱共施錢□千。

屯頭庄:利興店、成興號、桑理、合興店、王遠和共施錢一千。

義□庄:□□□、鹿貴清、李良清、鹿堯廷、鹿振華、鹿利廷、武仲□、武仲學、武仲□、石光諱共施錢……

(上殘)王明重、王来貞、顔懷珍、高思智、閆懷玉、閆懷忠、高思源共施錢四仟。

西付村:王學明、趙廷珍、趙樂毅、趙樂志、張棟共施錢一千。

軍寨:陳中咸施錢一千、王彦洙、吴法有、王汝泗、王彦松、王廷勤共施錢一千,陰可谷施錢一千。

東付村：張垣施錢一千。

王晋庄：趙淑雅施錢一千。

虎門：孫思忠、孫大舜、孫學、劉繼松、劉繼柄共施錢一千。

山東頭：謝殿章、胡文遠、□希義、胡文玉、董維君、趙名遠、趙德俊、陳桐桂共施錢四千文。

(上殘)張□□、王汝如、崔雲龍……

西付村：趙樂信、趙樂麒、趙樂元施錢一千。

儀陽：趙曾盛、趙曾興、趙宜容、趙宜琄、趙慶皡、趙鴻雲、趙大成、公合店、趙宜禎共施錢□千。

辛鎮：尹鴻陸、尹文伯、尹文仲、尹鴻楷、尹文蒼、劉邦俊共施錢壹仟六百，尹文亭、周東圃、胡疏謇、胡疏崑共施錢貳千，田永聖、趙廷森、趙永良、趙□□□施錢□千四百，郭廷儒、郭大保、張生□、趙增祥、王□□、韓□如、趙永□、□□□、□□□、□宜祥、楊德芳、董維新共施錢……

(上殘)劉守義、閆福祥、張光成、單復亮……

張家庄：張純、張理、楊文福、楊其章、趙大平、尹鴻灼、顧勤舜、王明興、王明倫……

辛鎮：王希聖、王楷祖、冉光全、李興春、張思謙、張思潤、張立泉、李玘、王元美、孫存誌、劉繼□……

顧家□：郭献□、郭嘉□、顧得□、顧得□、顧欽、郭献□、郭廷□，顧德□、郭□□、郭□□、郭□□……

重修白雲洞山門題名殘碑

碑在山東省泰安市肥城市新城街道西尚里村白雲山桃園觀，立碑時間不詳。石灰石質。現存殘片兩塊，第一塊殘片高 110 厘米，寬 54 厘米，厚 23 厘米。題名楷書，字徑 1 厘米。第二塊殘片高 66 厘米，寬 24 厘米，厚 23 厘米。該碑爲題名碑，只餘兩塊殘片，剩餘部分文字清晰。

（上殘）洞山門碑記

□永升、何明山（下殘）

李鳳岐、魏起、□□□、張士武、李永岐（下殘）

李貴祥、王玉鳳、李永坎、董士俊、董士泰、李茂矣、□□明（下殘）

重修白雲洞山門題名殘碑

王存法、李志矣、李旺峪、李武矣、李永香、李德矣、王信、齊旺山、李永南、□□利、□□祉、□□矣、□□泉、□□矣。

李美禄、李美禪、李明遠、李克礼、李養矣、李明祥、亳貴如、李奇華、鄧禄、展士宗、李邦鑫、田富興、李鎮、李克剛。

李克清、李永府、李蒼、李光前、李坎、孫成、李華成、李永申、李珀、李華祝、李秉潔、李永超、李曰楚、李永法。

楊渭清、李自新、潘礼、顧明山、于振廷、李栢、李能輝、姜得城、孫來勳、喬誠、郝順、郝玺、范思文、彭克恭。

顧家庄：顧汝剛、顧瑄、顧淂照、

顧焕若、顧璋、顧滒順、顧滒禄、彭金卣、郝具彝、顧琦、顧琁、郭廷讓、監生郭大能、郭廷琳、孫希彭。

乜家庄：辛如亮、鹿如枚、唐志孟、王現承、辛魁、王純、王永蘭、王文、王名山、武昆崙、王茂成、張開山、馮文興、張大本、王茂語（下殘）

孫家小庄：趙士武、孫永輝、孫世忠、袁夫玘、馬文曰、孫敬祀、孫克敏、孫世吉、孫世禄、孫吉安、孫鳶、李水、孫克安、頊永臣、張曰珩。

王義店：喻礼位、王振倫、張振武、王天福、王佩玉、楊望山、李四海、周有福、冉文州、韓永俊、王国太、王公球、冉大邦、高安祥、邱文李、周成府、王有智、尹珩、冉大安、王有緒。

馬庄：馬文岐、馬允蘭、馬允著、馬允中、馬麟玉、馬麟忠、付焕李、尹怀玉、張国傑、馮述孔、洪立海、尹宏伯、栾夢卜、陳国荣、王化遠、楊世珍、陳子元。

（上殘）李田氏。

楊家庄：趙王氏、張胡氏、□□氏（下殘）

郝刘氏、郝張氏、李董氏、李李氏、李薛氏、□王氏（下殘）

東礼村：王□氏、張王氏、閆李氏、梅陳氏

付村：王顧氏、孫閆氏。

（上殘）李田氏、田范氏、田陰氏、李冀氏。

新鎮：□顧氏、付□氏、郝郭氏、彭李氏、彭李氏、尚彭氏、彭王氏、彭李氏、展李氏；于閆氏、□□□、彭刘氏、郝韓氏、彭陰氏、付孫氏、彭韓氏、郝李氏；王李氏、胡韓氏、王羊氏、王王氏、刘戴氏、王刘氏、王陰氏；董孟氏、董任氏。

王家庄：高王氏、高李氏、高晋氏。

伊家溝村

明萬曆年間玄天上帝殘碑

碑在山東省泰安市肥城市新城街道伊家溝村，明萬曆年間立。石灰石質。圭首。殘高37厘米，寬77厘米，厚20厘米。正文楷書，字徑2厘米。額題“玄天上帝”，楷書，單行，字徑4厘米。碑陰題名楷書，字徑2厘米。碑體完整，文字清晰。

清元帥、温元帥、馬元帥、勾元帥、龐元帥、張元帥、鄭元帥、執元帥、周元帥、桃元帥、捧元帥、辛元帥、陶元帥、刘元帥、畢元帥、趙元帥、關（下殘）

即墨縣阜山（下殘）省祭（下殘）

（以下碑陰）

真武（下殘）」不（下殘）」陬僻玄（下殘）」家庄庄（下殘）」卒越一（下殘）」帥十八（下殘）」公之齊（下殘）」仲曰天（下殘）」索余言（下殘）」序覈事（下殘）」之行引（下殘）」

萬曆二（下殘）」

明萬曆年間玄天上帝殘碑

明崇禎十二年創建石鐘樓記碑

碑在山東省泰安市肥城市新城街道伊家溝村，明崇禎十二年(1639)立。石灰石質。高 33 厘米，寬 104 厘米，厚 17 厘米。正文楷書，字徑 2 厘米。額題“創建石鐘樓”，楷書，單行，字徑 11 厘米。碑鑲嵌於鐘樓東側橫樑上，碑體完整，文字清晰。

崇禎十二年仲夏吉日」。
住持道人孫真諱」。
創建石鐘楼」。
虔心石匠：孫汝周、孫汝□、伊鳳譚仝立」。

明崇禎十二年創建石鐘樓記碑

明崇禎十二年創建石鐘樓施財善人題名碑

碑在山東省泰安市肥城市新城街道伊家溝村，明崇禎十二年（1639）立。石灰石質。高33厘米，寬104厘米，厚17厘米。正文楷書，字徑1.5厘米。碑鑲嵌於鐘樓北側横樑，碑體完整，文字清晰。該碑爲題名碑，著録明崇禎十二年（1639）創建石鐘樓時施財善人題名。

創建石鐘楼施財善人姓名于後」：撫院書吏王三省、張氏，男世新、孫氏。陳九仞、趙氏，男陳諭、翟氏，男小五官。姜子賓、朱氏，男三桂。孫成業，男汝周、孫氏，男汝甫、刘氏，男汝見、閆氏，孫男仲孝，男仲儒，男仲奎、張氏，男仲元。伊鳳石、薛氏，男太周、張氏，男太甫、刘氏，男太成，伊太明。許延福、尤氏，男甲第、馬氏。楊子成，杜□，韓玉民商氏。韓東明，倪思恭，陳邦才，陳文茂，姜三策，張□第，王英，莊思明，田守科，丘上礼，范德、男茂華，伊鳳台，孫強，袁守業、孫州，伊鳳壘，伊鳳桐，伊守濟，李士科，伊鳳殿，王冲成，伊思楝，趙思□，胡亮，趙光明，伊思商，張成，王太宗，譚真德，孫寬，趙□，孫忠韓，孫時忠，馬思起，高章，趙守強，王全德，孫門王氏，孫門王氏，陳文盛，陳文興，黄文燐，武生員伊鳳彩陳氏，姜子亮。伊思進、韓氏，男□景，男□□、王氏，男□萬，孫男名成。王門□氏，刘成貴，胡立，李汝敬，程豹，程鳳，陳豪，趙文周，孫自明，張国□，孫自全，刘玉，王道新、孫氏，楊一秋，孫孝，石守□，孫門刘氏，余□□□□氏、長男余□德」。

曲文孝。

選□陰陽官：余自然。

助工石匠：王汝節、王汝楝。

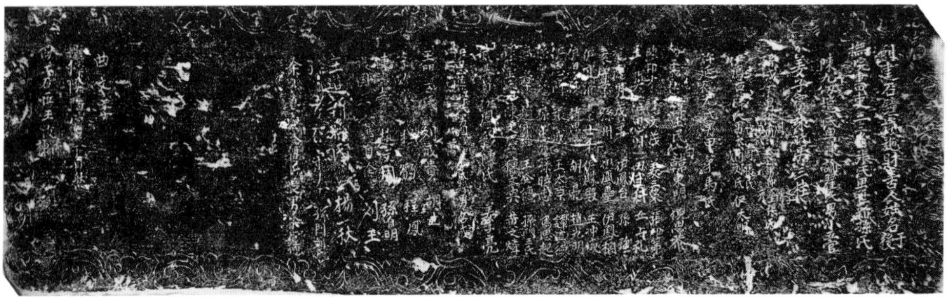

明崇禎十二年創建石鐘樓施財善人題名碑

北王莊

民國二十五年肥城縣北王莊創建玉都觀記碑

碑在山東省泰安市肥城市新城街道玉都觀内，民國二十五年(1936)立。石灰石質。高165厘米，寬82厘米，厚22厘米。正文楷書，字徑2.5厘米。碑體完整，文字清晰。該碑記載了民國年間肥城縣北王莊善信積數十年之功創建玉都觀之事。

肥城縣北王莊創建玉都觀碑記

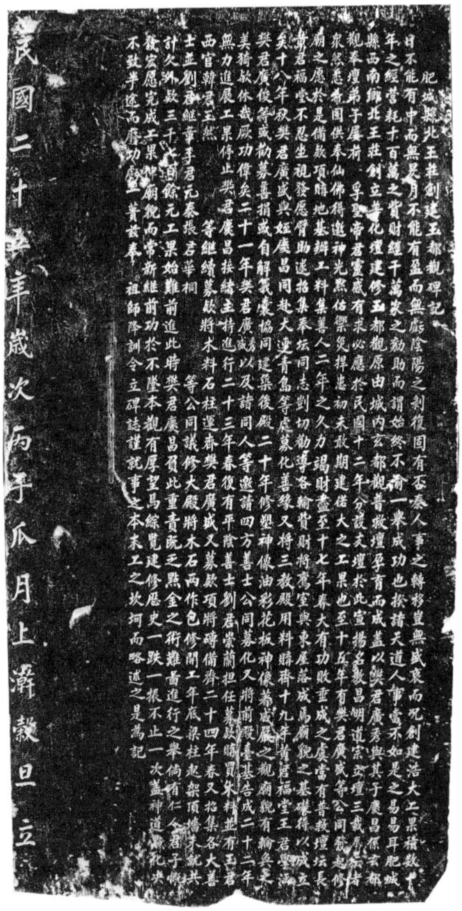

民國二十五年肥城縣北王莊創建玉都觀記碑

日不能有中而無昃，月不能有盈而無虧，陰陽之剥復固有否泰，人事之轉移豈無盛衰。而況創建浩大工果，積数十」年之經營，耗十百萬之貲財，經千萬家之勷助，而謂始終不渝，一舉成功也。揆諸天道人事，當不如是之易易耳。肥城」縣西南鄉北王莊創立普化壇、建修玉都觀，原由城内玄都觀普救壇孕育而成。盖以樊君廣秀與其子慶昌係玄都」觀奉壇弟子，屢荷孚聖帝君靈感，有求必應，於民國十二年分設支壇於此，宣揚名教，昌明道宗。立壇三載，奉坛者」衆。然悉希圖供奉仙佛，得邀神光默佑，禦災捍患，初未敢期建偌大之工果也。至十五年，有樊君廣盛等公，同發起修」廟之愿，於是備欵項、購地基、辦工料、集善人二年之久，力竭財盡，至十七年春大有功敗垂成之虞。當有普救壇坛長」黄君福堂不忍坐視，發愿臂助，遂招集奉坛同志，剴切勸導，各輸貲財，将鸞室與東屋落成焉，廟貌之基礎得以成立」矣。十八年秋,樊君廣盛與姪慶昌同赴大連、青島等處,募化善缘,又将三教殿用料購齊。十九年,黄君福堂、王君學涵」、樊君廣俊等,或勸募善捐,或自解義囊,協同建築後殿。二十年,修塑神像,油彩花板,神像著威嚴之觀,廟貌有輪奂之」美,猗欤休哉! 厥功偉矣。二十一年,樊君廣秀、廣盛,以及諸同人等,邀請四方善士公同募化,又將前殿臺基告成。二十二年」,無力進展,工果停止。樊君慶昌接緒主持進行。二十三年春,復有平陰善士劉君崇蘭担任募欵,購買木料,並有王君」西官、韓君玉然等,継續募欵,將木料石柱運齐。樊君广盛,又募欵項,將磚備齊。二十四年春,又招集各大善」士,並劉君継章、李君元泰、張君華桐等公,同議修大殿,將木石两作包修開工,年底梁柱起架,頂墻未就,共」計欠外欵三千七百餘元,工果始難前進。此時樊君慶昌負此重責,既乏點金之術,難啚進行之舉。倘有仁人君子慨」發宏愿,完成工果,俾廟貌而常新,継前功於不墜,本觀有厚望焉。綜覧建修歷史,一跌一振,不止一次。盖神道點化,决」不致半途而廢,功虧一蕢。兹奉祖師降訓令,立碑誌謹就事之本末、工之坎坷而略述之。是為記」。

民國二十五年歲次丙子瓜月上澣穀旦立」。

沙溝村

民国二十九年重修天齊廟記碑

碑在山東省泰安市肥城市新城街道沙溝村，民國二十九年(1940)立。石灰石質。圓首。高187厘米，寬75厘米，厚21厘米。正文楷書，字徑3厘米。額題“永垂不朽”，楷書，單行，字徑9厘米。碑體完整，文字清晰。該碑記載了民國年間趙鴻賓、張敬貴等以及周圍七莊信衆重修天齊廟之事，並附參與其事的善信題名。

重修天齊廟記

嘗聞建之於前者，必賴重修於後也。邑之东南沙溝莊舊有天齊廟一座，創建有年，屢屢重修，俱有碑」記。但久經風雨摧殘，廟貌傾頹，鄉人目睹心傷，雖起重修之意，困於無資。鄉士等窃思無奈，致意書文」函達於海外謀生桑梓趙鴻賓、張敬貴二君，由遠招募國幣六十圓。於前年者迄今，估工浩大，工料巨貴，惟一」力而難成。住持清明邀請七莊會議，公同議决，沽廟内柏樹二株，七莊意捐，各輸囊底，共二百餘圓。於」今日矣，猶如集腋成裘，必賴衆擎而易舉者哉！惟正尊」東嶽大帝稱五嶽之□□□□天仁聖帝君，其靈驗昭著，禦灾捍患，保障一方，故不忍坐視露容。由是鳩工」庀材，將大殿、東殿、垣墻均一修葺之。神像殘缺以補之，衣色黯淡而新之，不數日而工竣焉。但非獨人」心之誠篤，依賴神功之默助也。焕然一新，足以託神靈而壯觀瞻，此之謂善事也。古人云：善與人同樂」，取於人以為善，是與人為善者也。故君子莫大乎與人为善。是謂共勸善事，福緣善慶，名垂千古。工竣」囑余為文，自揣謭陋，略記巔末。是為序」。

業儒荆恒德撰文」。

業儒王賜賓書丹」。

領袖：蘇永良、□継□、□□□、蘇式秩、□□□；石□意、蘇式玉、□廷□、□信宜；□□□、張光禮、□復重、□□□；□□□、蘇式洪、閆伯法、王□□；□□□、張振田、程茂芝、尹序長。

泥工：李瑞祥、李元義。

木工:趙□□。

鐵筆:胡廷蘭。

住持受戒慧義,暨徒侄受戒清明,徒侄孫祖典、祖春。

中華民國貳拾玖年歲次庚辰柒月上浣穀旦」。

小泰山

唐景福三年玉皇洞修造觀音菩薩像摩崖題記

摩崖在山東省泰安市肥城市湖屯鎮關王殿村北小泰山玉皇洞,唐景福三年(894)刻。高44厘米,寬27厘米。正文楷書,字徑2.5厘米。幅面完整,文字清晰。該題記記載了唐景福三年(894)陶山申村賈信士於玉皇洞中造救苦觀音菩薩像之事。

陶山前申村清信弟子賈𧦬,於」景福三年正月十三日被汴」軍奔趂,將家到此仙洞中避」難,骨肉得存。伏緣從前,累經」草寢,非不一年。遂發願於仙」洞中鐫石壁成,造救苦觀音」菩薩像一軀,并鐫石壁一百一」十字以記於後代。普願來避」難者虔心供養,並得離苦解」脱。功德主賈𧦬以記於後代」。

鄉貢進士武知洪書」。

明萬曆三年佛洞記摩崖

摩崖在山東省泰安市肥城市湖屯鎮關王殿村北小泰山玉皇洞，明萬曆三年(1575)刻。石灰石質。高82厘米，寬108厘米。正文楷書，字徑2.5厘米。題名楷書，字徑2厘米。幅面完整，文字清晰。該摩崖記載了明萬曆三年(1575)道士張自玉於佛洞中造廟宇並創建玉帝、三官像之事。

佛洞記

玄元聖祖，廣開衆妙之門，接引修習之徑路。万方設教，會四海」之雲□；處處興緣，聚三山之霞友。上古聖人，垂世立教，無非」引人入於善也。有山東濟南府肥城縣西三十里，名曰北申」社，陶山以東，幽東寺北边，有上水庵古跡」，玄帝庙威靈之宫迤東北，有佛洞一處，正南王祥寨西有三間」洞，神李琦嘗主之處，春秋時范蠡歸湖所居，隱藏之机，樂此」為妙，修道者也。《藝文志》論天下名山洞府，得有神仙公館，寿」道近矣。修道之士，寿世隱者，往往據之。三教聖賢，千經万典」，忠孝為先。有一貧道，姓張名自玉，跣足髯頭垢面，身边掛縷」，雲遊到洞，見山景清趣，人煙遶遠，路徑崎嶇，戀此修命養性」，夜誦經文，日間垉地，栽種雜果樹株遍山，食喫野菜、黄精，清」虚泠淡，寂寞苦行。三年化愚成賢，托願十方，洞中創建殿宇」一所，衆家發心，造」玉帝三官一堂完滿，共成善事，千古流名，万代不朽，開列于后：

……

薛道光宗派：道德真演礼，清希守自然，廣通明復信，慶賀永安居。

大明萬曆三年七月吉日立」。

住持張自玉，徒弟王然堂、王然登、高然雲、尚然□、趙然栢。

謄寫人：王朝用。

木匠：葛大用。

石匠：翟天洪。

明萬曆十八年重修小泰山娘娘行宫記碑

碑在山東省泰安市肥城市湖屯鎮關王殿村北小泰山，明萬曆十八年(1590)立。石灰石質。高43厘米，寬142厘米。正文楷書，字徑1.5～2厘米。碑體完整，文字清晰。該碑記載，明萬曆十八年(1590)，道士張自玉重修小泰山碧霞元君廟，並附闔莊施財善人題名於後。值得注意的是，該碑附有薛道光宗派字譜，比較少見，説明内丹南宗在北方有所傳承。

肥城古郡欒堂迺西三十里」，地名曰北申社，迤北小泰山」，起盖娘娘行宫於萬曆元年」。因為災疾不安，發心修整神」像，得佑平安，不負前願，弟子」張自玉發心修盖完滿，繳還」愿心。

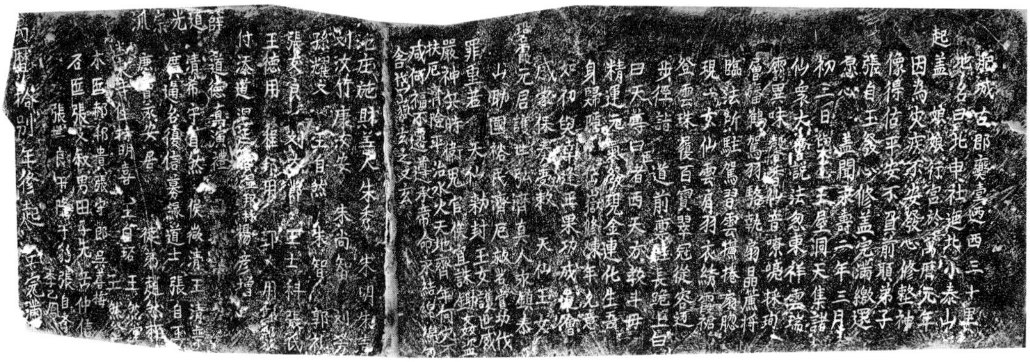

明萬曆十八年重修小泰山娘娘行宫記碑

蓋聞永壽二年三月」初三日，與□王屋洞天，集諸」仙衆，大會説法。忽東祥雲瑞」靄，異味馨香，仙音嘹喨，探珣」層旛，鶴駕羽駱，執扇晶簾，將」臨法所。駐駕習雲，攏捲扇脗」，現一女仙。雲肩羽衣，綉霞裙」，登雲珠履，百寶翠冠。從容迓」步，徑詣道前，稟珪長跪，上白」曰：天尊曰：臣者，西天方教，斗母」精運，元氣發現，金連化生吾」身，歸隱岱嶽，修煉年久，意」如初興。幸逢正果，功成□會」，感蒙保奏，受敕天仙玉女」碧霞元君護世弘濟真人，永鎮泰」山，助國裕民，濟厄救苦，賞功伐」罪。重若天仙，勑封玉女，護世威」嚴，神兵時衛，鬼官俟宜，誅鋤姦盜」，扶厄濟險，平治水火，天地齊年。何灾不」滅，何福不遷，遵承帝命，永結綿綿，包」含岱嶽，玄之又玄」。

□庄施財善人：朱秀、朱明、朱清、刘汝竹、康汝安、朱尚智、刘芳、孫耀文、王自然、朱智、郭礼、張友良、刘大節、王士科、張氏、王德用、程邦用、郭大用、郭邦永、付添道、温延清、温邦林、楊彦增。

薛道光宗派：道德真演禮，清希守自然。廣通名復信，慶賀永安居。

侯微清，王清栾。

募缘道士張自玉，徒弟趙然栢。

幽東寺住持明喜。

王自珞、王然堂、王然登。

木匠：郝邦貴、張守節、吴喜梅。

石匠：張文敘、男田、子先，岳仲信，張世良，于隆，于豹，張自孝，李乙鳳。

萬曆拾别年修起，工完滿」。

明崇禎五年吕仙村修造曲全善真容記碑

碑在山東省泰安市肥城市湖屯鎮關王殿村北小泰山，明崇禎五年(1632)立。石灰石質。高21厘米，寬34厘米。正文楷書，字徑2厘米。碑體完整，文字清晰。該碑記載了明崇禎五年(1632)河間府景州東光縣善信，至濟南府肥城縣陶山二郎宫爲曲全善修造真容之事，並附管尊信女題名。

大明国直隸河間」府景州東光縣，各」社不同人氏，前來」濟南府肥城縣西」北陶山二郎宫。衆」家發心，修造曲老師」真容。管尊善人」：刘門金氏、刘世禎司氏」、陳門李氏、楊門王氏」、柴門王氏、張門楊氏」、高孔德孫氏」。

崇禎五年十一月廿六日安坐」。

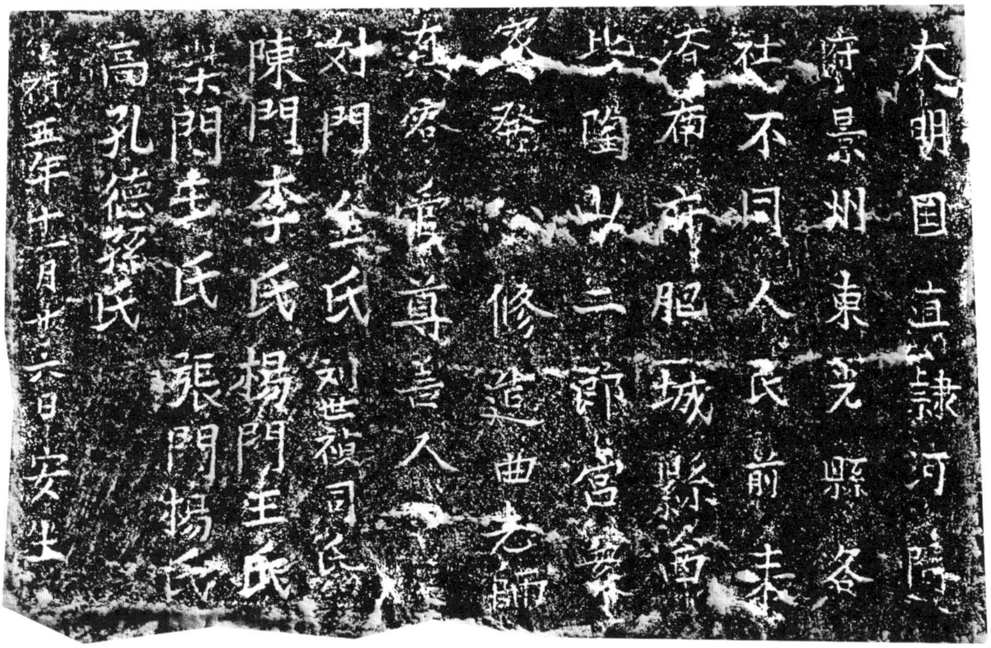

明崇禎五年吕仙村修造曲全善真容記碑

明崇禎五年修蓋吕仙村吕祖團瓢記碑

碑在山東省泰安市肥城市湖屯鎮關王殿村北小泰山,明崇禎五年(1632)立。石灰石質。高26厘米,寬37.5厘米。正文楷書,字徑2厘米。碑體完整,文字清晰。該碑記載,明崇禎五年(1632),全真道士曲全善徒弟高真玄、徒孫趙冲瘟,在景州東光縣善信楊可大的支持下,修蓋吕祖團瓢。

大明国直隸河間府」景州東光縣道人曲全善」,前來济南府肥城縣」西北二郎宫拄持。今」有徒弟高真玄、徒孫」趙冲瘟,仝發心修蓋」團瓢完乞。管修」吕祖善人:景州東光」縣仁德鄉五甲人楊」可大,室人潘氏」。

崇禎五年拾壹月廿六日安座」。

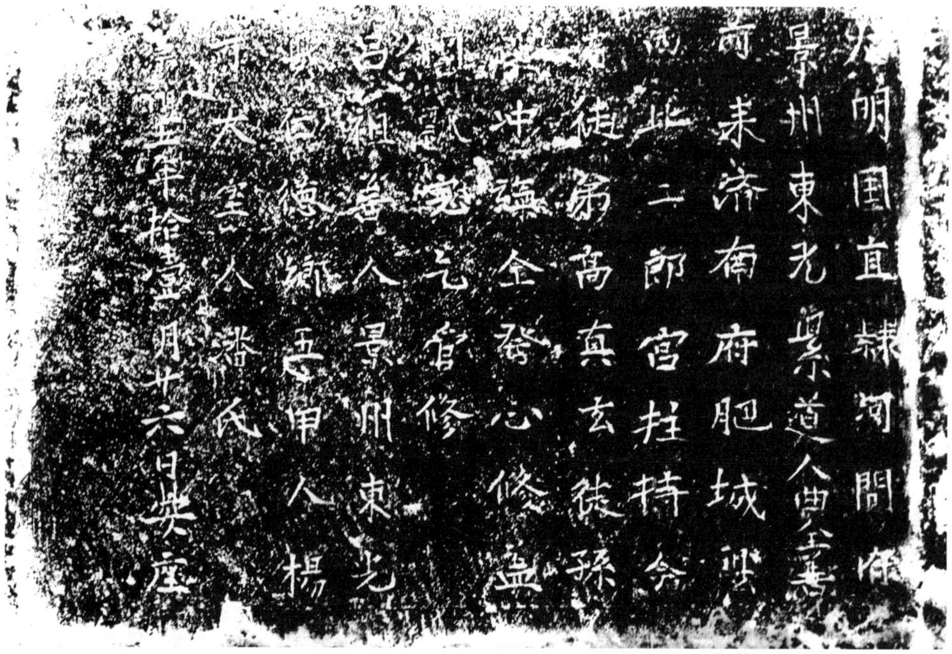

明崇禎五年修蓋吕仙村吕祖團瓢記碑

明崇禎七年創建吕祖團瓢記碑

碑在山東省泰安市肥城市湖屯鎮關王殿村北小泰山，明崇禎七年(1634)立。石灰石質。圭首。高175厘米，寬70厘米，厚22.5厘米。正文行楷，字徑3厘米。額題“吕祖庙記”，楷書，2行，字徑7厘米。碑陰題名楷書，字徑2厘米。碑陰額題“碑陰題名”，楷書，單行，字徑7厘米。碑體完整，文字漫漶。該碑記載了全真道華山派道士曲全善的生平事蹟，以及其與徒子徒孫創建吕祖團瓢之事，並附參與其事的直隸東光縣、肥城縣、平陰縣等善信題名。

剏建吕祖團瓢碑記

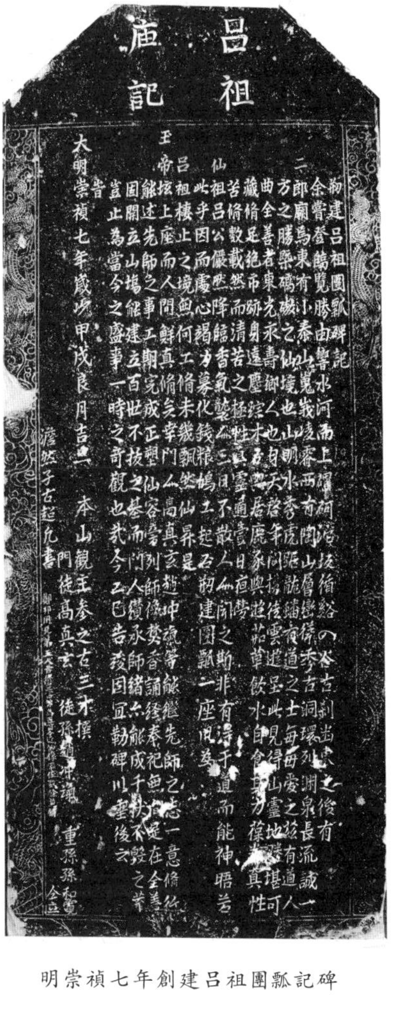

明崇禎七年創建吕祖團瓢記碑

余嘗登臨覽勝，由響水河而上碟砢沱坂，循谿入谷，古刹幽東之後有」二郎廟焉。東有小泰山嵬峩凌霄，西有陶山層巒聳秀，古洞環列，淵泉長流，誠一」方之勝槩、碻磝之仙境也。山明水秀，虎踞龍蟠，有道之士每每愛之。玆有道人」曲全善者，東光永壽鄉人也，自天啓年間携徒雲遊至此，見得山靈地勝，堪可」藏脩。足絶市跡，身遠塵踪，木石與居，鹿豕與遊，茹草飲水，自食其力，葆養真性」。苦脩數載，然而清苦之極，性真靈通。壹日夜梦」仙祖吕公儼然降臨，香氣襲人，三日不散，人人闻之，斯非有淂于道而能神晤，若」此乎？因而處心竭力，募化錢粮，鳩工起石，剏建團瓢一座，旧為」吕祖棲止之境。無何，工脩未幾，飄然仙昇，是」玉帝垓上座而人間鮮真脩矣。幸门人高真玄、趙冲瀛等能繼先師之志，一意脩行」，能述先師之事。工期完成，正塑仙容，旁列師像，焚香誦經，奉祀無間。是在全善」固開立山場，能建立百世不拔之基，而门人纘承師绪，亦能成千秋不毁之業」，豈止為當今之盛事,一時之奇觀也哉。今工已告竣,固宜勒碑以垂後云」。

旹」大明崇禎七年嵗次甲戌良月吉旦。

本山觀主參之古三才撰」。

門徒高真玄、徒孫趙冲㷀、重孫孫和寬。

澹然子古超凢書。

鄭邦用兄弟五人,昔脩皇宮□為百首,今造仙像,率侄数餘兼鐫。

仝立」。

(以下碑陰)

施捨資財善人名□開列于後:

肥城縣:生員古踰、信官董□、王邦才、王尚義、布永佩、張汶恭、王三思、王東名、張同、李□□、鄭洪、□喜才、王三才、王名、刘可興、張平、孫朝州、王□富、布大成。

明崇禎七年創建呂祖團瓢記碑碑陰

直隸東廣縣:生員古三才:陳起勳王氏、高□□孫氏、趙良相孫氏、楊可大潘氏、陳起運馬氏、李世臣周氏、張元□張氏、刘世禎司氏、趙良玉□氏、張文英李氏、李進義孫氏、張明耀□氏、刘永禄鄒氏、刘應長霍氏、王大寶刘氏、王大官陳氏、高□□李氏、魯應士趙氏、孫得時李氏、李得□刘氏、張永福刘氏、高孔明楊氏、解元第□氏、高明宣李氏、高募民李氏、吴應進魏氏、□□□□□、刘□□□氏、刘永昌祖氏、刘化民翟氏、榮□徐氏、陳門李氏、陳門李氏、榮門王氏、楊門□氏、張門楊氏、□門馬氏、刘門徐氏、王門刘氏、李門竇氏、張門王氏、金門陳氏、馬門伊氏、路門王氏、□門莊氏、□門朱氏、孫門王氏、□門鄭氏、□門刘氏、李門侯氏、李□高氏、馬門王氏、殷守富郭氏、張德張氏、刘門吴氏、吴守全趙氏、張明瑜高氏、趙門楊氏、張門高氏、趙門張氏、高守判刘氏、牟芝彦張氏、林門孫氏、刘門金氏、張門郭氏、楊子成刘氏、張文安李氏、常門□氏、李門景氏、翟門□氏、刘大時侯氏、□門張氏、高門張氏、馬門王氏、□應登高氏、尚可立趙氏、□邦意□氏、王進賢王氏、楊門張氏、刘門馮氏、李守福康氏、張門孫氏、康門張氏、王良王氏、李進應何氏、高明經李氏、裴門鄧氏、肖門王氏、孟中正桓氏、□□李趙氏。

平陰縣:焦邦高贍庙地九段共地五十畝,所徵糧地玖畝。天啓年□□□地兩契使銀□兩。又崇禎年買地□契□銀□兩□錢」。

以孫□□宅舍樹木,不許偷□盗,買有人恊降到官。□有埕壞碑文依律問罪,碑記為證」。

元郝祖門下宗派:至一無尚道,重教衍全真。冲和德正本,仁義禮智信。

全善、真玄、冲顙、和□。

清嘉慶年間重修殘碑

碑在山東省泰安市肥城市湖屯鎮關王殿村北小泰山，清嘉慶年間立。石灰石質。殘高 45 厘米，殘寬 36 厘米，厚 25 厘米。正文楷書，字徑 2 厘米。碑僅存殘片，剩餘部分文字清晰。

（上殘）則曰巳（下殘）」左右也領（下殘）」勒石以誌（下殘）」得輝映於清（下殘）」矣。余因悉其□（下殘）」

大清嘉慶（下殘）」

清嘉慶年間重修殘碑

清同治八年創修小泰山靈官廟記碑

碑在山東省泰安市肥城市湖屯鎮關王殿村北小泰山，清同治八年(1869)立。石灰石質。高155厘米，寬71厘米，厚23厘米。正文楷書，字徑2～2.5厘米。額題"萬古流芳"，楷書，單行，字徑9厘米。碑中間斷裂，文字清晰。該碑記載了清同治八年(1869)周圍信衆創修小泰山靈官廟之事，並附善信領袖、首事題名。

創修小泰山靈官廟碑記

府學庠生路同信撰文」。

平邑監生張衍剛書丹」。

小泰山，東岳之支山也。其神爲」玉皇上帝、天仙聖母。雲起膚寸，雨降崇朝，一方蒙庥久矣。咸豐辛酉南逆□□，方」民避難於此，賊欲搜山，突出雲霧，雷石飛空，南逆退避，屢次皆然。又於白果」樹下得井泉，可活数萬人，方民得以無恙，皆神靈保護之力也。方民感靈，糾」衆出資，創修靈官聖殿，聊報神庥於萬一。功竣立石，以誌其事」。

領袖：趙蘭亭，男立平；張檀，男□運，孫學仁；董百信，男魁綸、經；路同申，男秀岩、山、泉，孫永倉；趙蘭魁、趙廷棟。

首事：張士亨、朱雅詩、路同太、張開□、李□□、□□□，監生張存林、恒盛號、羅□□、張□□、□□□、□□□，張開勤、□大來、□□江、□□懷、□□□、□□□，張清溪、梁盛椿、張献山、□大山、秦鳳山、劉天爵，趙芬、路秀嶺、谷進貴、賈思文、王

清同治八年創修小泰山靈官廟記碑(一)

丕有、張桓。

雕塑：竇長禄。

大清同治捌年歲次己巳□月初六日立」。

清同治八年創修小泰山靈官廟記碑(二)

民國二十九年修補小泰山行宫記碑

碑在山東省泰安市肥城市湖屯鎮關王殿村北小泰山,民國二十九年(1940)立。石灰石質。殘高123厘米,寬61厘米,厚14.5厘米。正文楷書,字徑3厘米。題名楷書,字徑1.5厘米。碑陰題名楷書,字徑2厘米。碑右上角殘缺,文字漫漶。該碑記載了民國二十九年(1940)善信曹秉山等發起重修小泰山泰山行宫之事,並附首事題名。

脩補行宫碑記

小岱山,泰山之枝脉也。古人愛其俊秀,遂修」□□聖母行宫於此焉。惜其殿宇狹小,未免風雨摧殘;牆宇矮」甚,未免覫眺危險;廟院無門,未免不壯觀瞻。而曹君秉山」等有監于此,乃邀同諸位善士,竭力勸募,竭力監督,遂脩」抱厦、長院牆、建山門,以致諸獘悉泯。今已告峻,特將樂捐」善男信女姓名勒石,以資永垂不朽云」。

首事:王鴻亮、張華桐、曹秉山、竇一元、司純一;唐茂梅、陳玉堂、馬永林、孫業興、孫遠廷;董兆德、李昌禎、于培恒、王華三、趙同振;王緒法、張守端、李長富、李尚道、馬金存;張興遠、趙其庚、趙春俊、宗兆泉、王鴻年。

中華民國二十九年花月上浣穀旦」。

(以下碑陰)

朱□遠、孫光盛、畢承學、張尚和、畢先榮、畢承春、張玉華、張傳斌、張承年、□繼昌、畢承統、畢承傳、趙正法、畢先□、畢承泗、趙吉元、畢堯山,以上各施大洋壹元;畢德浩、王惠常、

民國二十九年修補小泰山行宫記碑

趙士達、趙□□、畢先洲、張志祺、趙成立、侯□福、王慶柱、劉學長、畢□先、畢承先、畢先成、趙緒德、王篤、張志安、畢□氏、畢王氏、万士元、万士聰、畢□先、劉□儉、劉学堃，以上各施大洋五角。

昌仙村公議捐大洋□□圓。

華桐張雲岫撰。

□弟馬金聲沐手敬書。

小泰山重修二郎廟記殘碑

碑在山東省泰安市肥城市湖屯鎮關王殿村北小泰山,立碑時間不詳。石灰石質。殘高77厘米,殘寬30厘米,厚23厘米。正文楷書,文字清晰。

重修二郎廟記

陶山之東有團瓢,團瓢之名,因呂祖閣而得(下殘)」郎廟而起。昔有住持斯廟曰曲全善者,設醮三(下殘)」以曲公而配呂祖也。而世人□□□□□公□(下殘)」既有呂祖閣也,或不知有二郎□□□□(下殘)」此素所云二郎廟者然也。及余讀書於□(下殘)」目也就之,而(下殘)」

小泰山重修二郎廟記殘碑

陶山

明崇禎四年贈友人雲侶子修真陶山歌摩崖

摩崖在山東省泰安市肥城市湖屯鎮陶山觀音洞，明崇禎四年(1631)刻。石灰石質。圓首。高155厘米，寬88厘米。正文楷書，字徑2.5～3厘米。額題“斜陽□”，楷書，單行，字徑10厘米。幅面完整，文字漫漶。該摩崖介紹了明末雲侶子吴奇在陶山出家的因緣，以及出家後在陶山的修道經歷，並附作者贈友人吴奇修真陶山歌一首。

明崇禎四年贈友人雲侶子修真陶山歌摩崖

贈友人雲侶子吴君脩真陶山歌有叙

陶山，古越王勾踐臣大夫范公蠡歸湖隱居處也。嗣後，名人高士步踪養真」者比比，不胜悉筆。近淂雲侶子吴君諱竒號振川者，乃錦川名族也。一旦，薄」家緣為煩惱寨，棄而歸隐，養真自樂。未幾，見有異物伏洞門下，身長丈餘，□」斗粗，玄色如鐵，鈴眼箭鬚，令人駭視。吴君為之深揖，兼祝之曰：“淂無試我?”畢」，其物即摇頭掉尾而去，渺不知其所之。語云：“道高龍虎服，德盛鬼神欽。”其此」之谓歟？然猶淂之傳聞，及吾輩尋訪实履，見其山勢逶迤，層崖巉峭，古洞半」天，清幽宜人，共羡以為此誠養真樂地，吴君淂其所矣。俄而吴君至，相與從」容，揖讓飄潇順適，其一種淡蕩景況，似吸風飲露餐霞而有淂者。且告以孤」陽獨抱，不復有子女婚娶之擾。知□自」先帝甲子年來，蚤已樵雲牧□不……」而勒之雲窩，以為拔宅左券，俾吾」歌聊誌一時云。歌曰」：抛塵緣兮無牽罣，薄□楚兮啚王覇。歸名山兮採黄芽，美煙霞兮煉丹砂」。□望□□音吾家，跨鶴鸞兮路不賒。回首北茫兮咲呵呵，長安不見兮□□□」。

崇禎四年朱明月之吉，啓壇道人王家泰。

清康熙五十一年重修大殿並鐘樓記碑

碑在山東省泰安市肥城市湖屯鎮陶山范蠡祠，清康熙五十一年(1712)立。石灰石質。圭首。高187厘米，寬64.5厘米，厚24厘米。正文楷書，字徑2.5厘米。額題“永垂奕世”，楷書，單行，字徑4厘米。碑身斷爲兩截，文字清晰。該碑記載了清康熙年間本地善人吴光裕與住持僧人普泰，先後發起重修張家店昊天金闕玉皇上帝行宫之事，並附會首題名。

清康熙五十一年重修大殿並鐘樓記碑

重修大殿並鍾楼記

肥邑乃磝碻郡也。治之西三十里許有陶山，春秋時越少伯范蠡所隱之地，公之墳墓在焉。陶之陽有張家店，西通山陝，東連海」岱，巨鎮也。店之東里有」昊天金闕玉皇上帝行宫，創始無攷。於明永樂有李公諱科，本係明朝太守，捐俸重修。歷至嘉靖五百餘年，復有本里善人邹宗儒」糾衆重修。迨至明末，兵荒頻仍，廟貌不無風雨□雀之患敝。於本朝丙寅，有本地善人吴光裕發心重修，奈工費浩煩，一木難支」，復糾同志共勷厥工，神像重金，較前大為改觀矣。連年少豐，每至正月初九日，恭逢」玉帝聖誕，建醮、設戲、献供，聊報神功之萬一。廟祝焚修，晨夜諷誦，所缺者，雖有鐘簴，無楼以懸之。有本廟住持僧人普泰，捧疏募化，附」居善信，各輸己財，鳩工啓建。不愈月而告成，遂勒石以誌之永垂不朽云」。

會首：吴光裕男秉忠、秉信；李著、趙美、邵立龍、董三元、趙之奇、王貞泰、趙廷貴、路書、賈際經、席享、王惟孝、趙之强、李□□、董印信、馮有功。

住持僧人普泰。

石匠：李世長、弘傑仝立。

旹」康熙伍拾壹年正月初九日吉旦」。

清光緒二十八年陶山三仙洞玄真子碑志

碑在山東省泰安市肥城市湖屯鎮陶山三仙洞，清光緒二十八年(1902)立。石灰石質。高119厘米，寬135厘米，厚28厘米。正文楷書，字徑2.5～3厘米。碑體完整，文字清晰。該碑爲三仙洞玄真子墓碑，介紹了玄真子出家前後的生平事蹟，以及其仙逝後弟子陶雲蘭等爲其建墓立碑之事，並附參與其事的善信題名。

陶山三仙洞玄真子碑誌

粤稽佛入中原昉於漢明帝，道之崇勝端自宋徽宗。佛教流傳由」來已久，故學此道者遂不可以恒河沙數矣。鉛龍汞虎，術既精邃」；三皈九轉，法尤玄妙。求諸男子，已難其人，而况女流能造精乎？陶」右三仙洞玄真子者，係濟寍州孫公傳奇之女，髫年許字於直隸」省保定府寍晉縣福德王公之子名子彦為妻。十七歲于归，未及」週歲而夫亡焉。真子屢次尋死而未得，由是苦志守節，專心學道」，買山田為修道之需。修煉數十載，而道果遂成，行年七十四歲，時」光緒二十三年三月上巳，而真子仙逝矣。其徒陶氏雲蘭、秋」蘭，張氏秀芳，親視含殮，扶輀窀窆。斯時，好義諸公，欲成人美，羡玄」真之英烈，洵志節之堪傳，又多施□□，廣濟世人。公議安置陶氏」護理田畝，收獲籽粒，時奉祭掃，緣此□石，以誌不朽云」。

約計山田四十餘叚，□□□陶氏耕種，不許伊自行典賣。所有」雜色樹株，並不許樵夫牧童任意翦伐。玄真子墓在洞西南

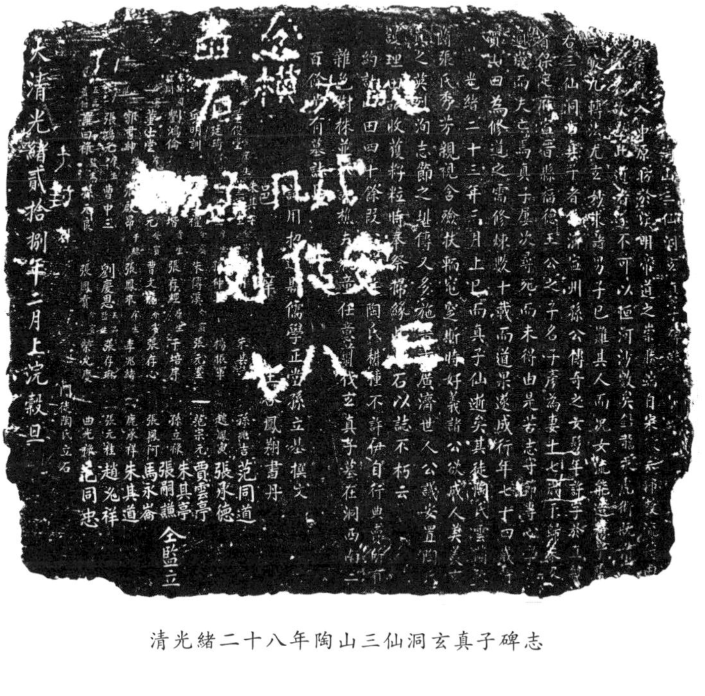

清光緒二十八年陶山三仙洞玄真子碑志

二」百餘步，有墓誌焉」。

試用招遠縣儒學正堂孫立基撰文」。

邑庠生□鳳翔書丹」。

五品銜董俊堂、監生趙廷琦、邱明訓、右政司理問劉鴻倫、介賓董士堂、郭書紳、張鴻元、五品藍翎羅曰禄。

庠生朱其學、董□堂；介賓王□□、□□禮、□□堦、庠生□□元、增生張啟昂、庠生曹中三、監生孫元良。

介賓□□□、庠生孫仲□、介賓朱傳溪、貢生張存經、介賓曹文龍、千總張鳳來、劉慶恩、張鳳翥。

宋其誌、楊振軍、介賓張元墨、廩生于培序、介賓張存心、庠生李兆緒、五品監生張存琳、介賓榮允慶。

孫兆吉、趙鳳寅、范宗元、孫立禄、張鳳阿、鹿承祥、張元桂、曲光禄。

范同道、張承德、賈雲亭、朱其亭、張嗣謙、馬永嵛、朱其道、趙允祥、范同忠仝監立。

門徒陶氏立石。

大清光緒貳拾捌年二月上浣穀旦」。

陶山范蠡祠天和觀記殘碑

碑在山東省泰安市肥城市湖屯鎮陶山范蠡祠，立碑時間不詳。石灰石質。高153厘米，殘寬36.5厘米，厚25厘米。正文楷書，字徑3厘米。額題"萬古□□"，楷書，單行，字徑8厘米。碑身殘損，文字清晰。該碑記載了重修天和觀之事，因殘損嚴重，詳情難知。

天和觀碑記

肥邑之西三十里之遥，村曰澗北庄，有天和觀者，三清古刹也。在陶山之陽，有蘭若焉」，其神則曰三清，元始天尊居上清，玉震道君居玉清，混元老君居太清，其名則曰天和」觀也。亦不知創自何時，並無創碑。自大宋至元年間重脩，至大明崇禎次之，至大清重」脩屢□□□□□盖由來久矣。曩者重脩此觀，工大費鉅，典出西北□廟地七畝，茲有」本莊□□均、□□才、古魁元、岳長玲、張學錦、席永平、□□桂、□□榮等公結約會香□□□□銖累寸以（下殘）」

陶山范蠡祠天和觀記殘碑

吕仙村

明萬曆二十九年重修摩崖

摩崖在山東省泰安市肥城市湖屯鎮吕仙村，明萬曆二十九年(1601)立。石灰石質。幅高194厘米，寬108厘米。正文楷書，字徑2～2.5厘米。幅面完整，局部脱落，文字漫漶。該碑記載了明萬曆年間重修玉皇殿、十王殿等之事，並附善信以及道衆題名。

□□鍾離□□誤將洞賓抛却儒□……入張子陽□□真篇煉金丹□□□藥□□□□□」□□道□□□□嘗廣開衆妙之門……山之霞友處處興緣上代古□□世無□□□□□□」□□人為□□□聖賢忠孝為先今□……」山東濟南府肥城縣治西張家店□□……道□□□□玉□頭跳足□□□縷□遊到洞覩□□□□□□」此□景□緣遥遠，路□崎嶇，可隱脩道……□樹株□□野菜□□□□冷淡若□□」□□□化愚成賢衆善發心□捨資財□……清宫玉皇殿次脩□□行宫救苦十王殿聖像皆全」□冬□□繪飾鮮明視昔无加□然新之……□□善哉尚其□□□曹應□」。

(上殘)趙進，趙迁，趙登，趙科，□□明……楊守本……刘彦奉，王應選，劉一福，劉天福，王守信(下殘)□尚□，武□盈，潘義，李□□，趙名陽，王□科……楊茂才，趙天恩，傅宗儒，王□，尹堯(下殘)傅守樂，莫邦□，傅見冊，趙希順，王奉陽，郝……□□□，莫□□，郭□□，楊守礼、張氏，路子□，洛□良，王□枝，李復□，王計業，□□□，古□，古礼，古法，張亮□……文，王邦□，李□科，□一□，曹應時，鄒潛，曹□用，曹□其，李昭□，李鋭(下殘)□富，曹門王氏，趙自孝，趙業，李□□……□，□邦卿，□□道，郭廷臣，□門楊氏，王世保，梁門李氏，梁東名、王氏，曹世□，王然童(下殘)□門臧氏，宋門王氏，胡□，胡思川，□門王氏……□友，張可太，郭守住，石門耿氏，胡紹芳，張可加(下殘)□□，翟門王氏，楊良臣，任□……孫定禄，孫守平，□彦曾，□□住，楊朝聘，趙一才，王守玉、李氏，李正□、李氏，刘丙其，張宗仁(下殘)應元、李氏，馬應鳳，馬士和，馬士麟……□用，石□□，胡守仁，□進忠，馬邦彦，馬士道，劉岳，李京，王邦才，胡青(下殘)□□，胡既貢，胡既亭，王大□……胡見，張守業，馬志永，刘堯相，范守全，馬士俊(下殘)□應助，□尚泰，□成仁，趙宗

□，趙……□春，□□瞻，吕公氣，刘守忠，鄭其德，王門徐氏，王進美，王三德，蔡九思，陳登（下殘）□，□浩平，張邦時，□氏，張□……□加言，劉强，汪明德、路氏，孫安，唐朝重，張希言，賈尚義，王敬花，李志□（下殘）□□，王守仁，刘□□……志，高長秀，馬良□，王進守，李世花，李天禄，楊世福，王汝□、母翟氏（下殘）王子……性、刘氏，王一助，田守科，曹邦。

（上殘）尚□婦人孫氏……□王氏，唐門杜氏、唐門陳氏……

（上殘）香火地，趙庒……□□□□□東魯。

（上殘）□尚□王□，王朝用，王朝府，王遇□，王遇禎捨山坡地壹段與本宫，此以為香火之費用，遺留徒子法孫耕種為業」。□□犯許人□結到縣，依律問罪，不恕」。

（上殘）徒弟：張然□，王然堂，高然雲，王然利。

（上殘）拾玖年歲次辛丑季秋月吉旦」。

撰文：張懿典。

張鬅頭開山，號苦行子」。

鐫字匠：張文叙，張什良，田自先」。

清宣統三年重修八仙洞記碑

碑在山東省泰安市肥城市湖屯鎮吕仙村，清宣統三年（1911）立。石灰石質。高 140 厘米，寬 150 厘米，厚 18 厘米。正文楷書，字徑 2～4 厘米。額題“萬古流芳”，楷書，單行，字徑 6 厘米。碑體完整，文字清晰。該碑記載，清宣統年間，吕仙村八仙洞善信設扶鸞壇，並重修山洞殿宇，塑王母、南極天官、八仙、九天仙女並靈官、玉皇聖像，重修女媧、太上觀音、天仙、文昌、山神、土地神像，並附皈一壇領袖及捐資信衆題名。

重修八仙洞碑記

自混沌開闢，三皇五帝治國以仁民愛物為主，聖賢化世以五常八」德為先，佛仙渡人以感應慈悲為念。三教渡世，著經垂卷，傳流後世」，普渡萬古，欲人遵行修身，同返本而歸原始者也。乃人心不古，倫理」背謬，片善不作，諸惡奉行。如此，世風頹敗，上動天怒，於是衆刦下降」，水火淹旱，刀兵四起，瘟疫流行，等等不一。欲削平世界，掃蕩坤乾，而」另立治也。乃無生不忍民遭塗炭，命三天共議，三教皈一，佛

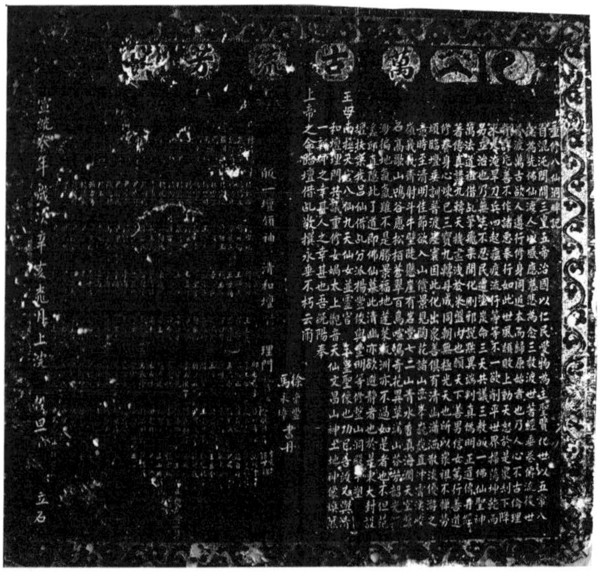

清宣統三年重修八仙洞記碑

仙聖神」，萬法道祖，借乩筆飛鸞開化。刪邪説，黜異端，判真偽，明正道，傳丹經」，著傳真，講九轉，天機盡洩於米盤内也。願天下善男信女，篤行善道」，修養身心，煉己三寶，九轉丹成，同朝無極光天也。所以，衆祖不憚勞」煩，臨壇垂訓，普渡塵寰。因此，化出衆善，俱有清幽瀟洒、散淡優游之」意。時至清明佳節，欲入山償景，見陶花諸山，峦峯巍巍，直冲霄漢，峻」嶺峩峩，齊射斗牛，壁陡懸崖。有岩堂七二，山青水秀，真海濶天空，盤」

石高歌，山鳴谷應，松栢蒼翠，百鳥喧鳴，奇花異草，滿山芬芳，韶光飄」渺，偏地氤氳，雖不是勝景福地、蓬萊瀛洲，亦不過如是者也。不但范」蠡、邱真隱此了道，即佛仙慕此清幽，亦欲避静者也。於是，東大封設」壇扶栾，我吕仙借乩分派。楊豐俊與豐明等，修整山洞殿宇，塑」王母、南極天官、八仙、九天仙女並靈官、玉皇聖像也。功已告竣，又與清」和壇理門共議重修女媧、太上觀音、天仙、文昌、山神、土地神像，焕然」一新。神之幸甚，人之幸甚也。吾純陽奉」上帝之命，臨壇借乩敬撰，永垂不朽云爾」。

徐崇豐、馬永璋書丹」。

皈一壇領袖：德州陳希曾十千；張榮家、張徐氏、張國禎合家捐錢叁拾千；馬德臨、馬徐氏、馬永璋、馬永鈞合家捐錢叁拾千；徐崇甲拾千、徐張氏五千、徐茂豐伍千、桑殿陽捌千、楊鴻蘭壹千、尹祚明捐□一百五十□；陳象嵩、尹祚成、羅克學、羅曰蘭、徐茂莘，以上各捐伍千；趙庭蘭、趙克基、趙刘氏合家捐錢拾一千、清□辰□□。

楊振西、楊鴻立、楊鴻貞、楊豐峻、楊豐謨合家捐錢弍拾千；楊豐明、楊豐亮，以上各六千；楊豐崙□□、楊豐崑叁千、楊鴻濛叁千、楊連成叁千、李東容□千、趙明俊五千、尹承賢叁千、尹承有弍千、尹孫氏四千；陳文林、陳玉亭、張方海、楊緒盛，以上伍人各伍千；韓兆習四千、董全堂叁千、清静壇弍十五千。

張少林、趙春海、桑展氏，以上各叁千；桑世玉、桑岐漳、王希善、孫枝業、張鴻宸、張鴻濛、許百蘭、羅周氏、孫王氏、李李氏、姜鴻禄、楊鴻印、尹甲序，以上各弍千；馬金河叁千、李兆璨弍千、羅克仁弍千；尹祚德、尹祚堂、尹承照、尹承煦，以上各捐□千叁百。

清和壇：王培堯、郭明謨；関王殿閤莊助力修前□，楊振寅、王楊氏、王若勤、張玉崑、桑魏氏、桑盛基、羅聖言、王立科、王兆功、李全魯、東來成、董傳家、羅起漢、張孫氏、李尚賢、李尚義、李尚斌、李尚信、李士温、楊鴻禮、楊連太、尹承苞，以上各捐一千；楊豐耀一千。

王玉良、羅克寬、羅曰柱、羅曰黄、趙書崑、李兆桐、趙春和、白緒清、李興才、公合興、李玉珩、高玉琦、張鳳翥，一上各捐一千；李士□、李仙然二千、劉百正二千一、孫緒孟三千、陰朱氏，以上各弍千；郭學昂、郭學昌、李玉芝、李玉德、張志富，一上各捐一千二。

理門：孫緒孟、邱光義二千、李玉仁、陳明正、王德亮、郭明謨弍千、王培堯弍千、閆學經、胡樂山，以上各捐一千三百；李玉琪一千；劉百元、李光恒、趙其适、王式信、王式珍、賈雲慶、喻衍貴、貞孝子、曾高氏、同廉子，以上各捐八百；尹祚茂八百、尹祚坤八百、尹承財六百；董尹氏、趙張氏共一千。

陰毓洲二千、孫竹亭二千、張永太四百、趙其潤四百、張甲成、李衍琦、史家貴，一上各伍百;王学忠四百、尹羅氏四百、羅克典二千、徐德坤、李金池、唐茂梅、田雲祥、趙樂明,以上各一千;李振豐八百、趙廣湖二千、趙同讓、趙継玉、王其山、尹序齡、路宗魁、路秀賓、曲保榮、尹式善,以上各八百。

李雲龍二千、孫業儒一千、馬德中二千、潘慶賢八百、范自柱八百、尹式隆五百、耿文華五百、王立全一千、耿光禄一千、郭明武八百、董兆璜八百、閔王殿閣莊助力修前墉、張雲禄、三山共捐錢拾千、尹承珍□百、張玉茂一千、王萬修八百、李允惠六百、耿好修一千、耿光□二千、李尚荣一千、李興隆□□、王鴻逵□□。

住持:羅義瞻。

宣統叁年歲次辛亥㽮月上浣穀旦立石」。

民國十四年重修王母殿題名殘碑

碑在山東省泰安市肥城市湖屯鎮吕仙村，民國十四年(1925)立。石灰石質。高103厘米，寬72厘米，厚19厘米。正文楷書，字徑2厘米。額題“重修王母□”，楷書，單行，字徑5厘米。碑左下角殘缺，剩餘部分文字清晰。該碑爲題名碑，著録民國十四年(1925)重修王母殿捐資善信題名。

民國拾肆年歲次乙丑暑月上浣穀旦立石」。

桑岐漳叁拾千，羅聖言叁拾千，桑世玉式拾千，蘇寶山式拾千，趙振綱式拾千，陳玉亭式拾千，桑世穆拾□千，張興發，桑殿陽，王母社，清和壇，羅曰有，陰毓洲，于培禎，張懷瑄，楊豐峻，楊豐明，楊豐亮，趙慶芝，路殿振，耿長增，陰毓綱，郝培育，□克學，□□先，□繼泉，□□儒，□式成(下殘)

尹承賢，劉錫冕，馬德中，馬興福，李雲龍，彭保元，王式勇，王淑銘，董鏡堂，董兆德，徐茂草，尹祚德一百千，桑秋陽，桑岐鳴，桑世功，毛玉振，丁曰鵬，張耀賓，張繼祥，趙春海，王盛德，王兆湘，耿光禄，姜傅魁，張興遠，西□莊，湖屯香社，紀學勤，孫昌甲，以上各捐錢五千。

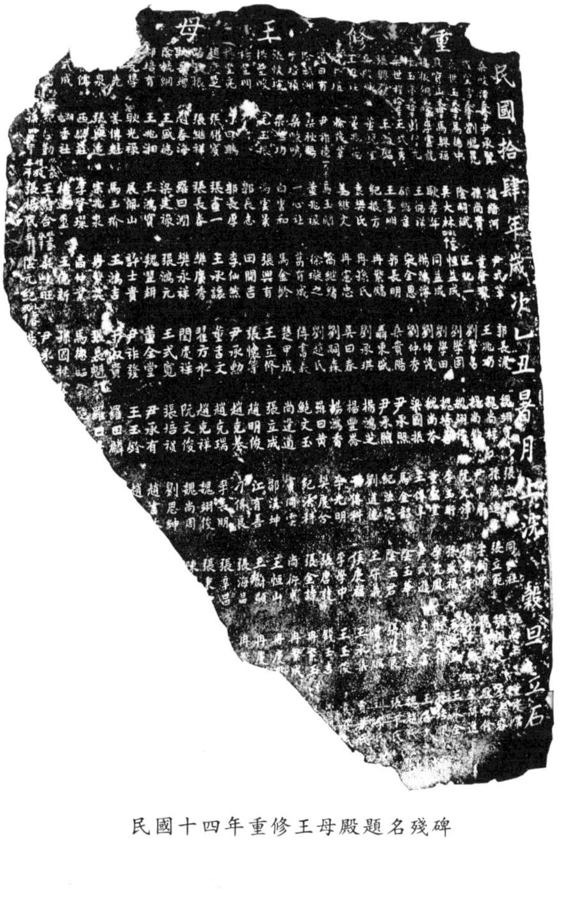

民國十四年重修王母殿題名殘碑

趙緒河，孫尚貴，陰嗣斌，吴大林以上各四千；耿孝年，王德祥，邵繼章，王善明，紀振方，袁樊氏，姜繼文，馬玉麟，董兆禄，一心社，白雲和，馮雲景，郭長志，郭長厚，張晝一，張長春，羅曰潤，梁達禄，王鴻賓，展佩山，馬玉玠，宗兆泉，李肇璨，楊連璽，王緒合，以上各三千；張楊氏五千。

尹式革，董肇璨，王化一，恒益成，

同益成，楊鴻濛，宋全恩，郭長明，冉繁鎬，冉孫氏，冉憲忠，高繼緒，徐璇之，葛有成，馬金鈴，張興有，田開吉，李仙然，王承讓，樊慶秀，樊永祥，張鴻元，魏翌耕，許士貴，王鴻吉，冉繁英，高仲業，王德新，桑岐旺，陰元紀，以上各弍千。

郭長渡，王兆功，劉學易，劉學固，劉學田，劉仲茂，劉仲秀，桑貴陽，聶東盛，劉承琪，吴曰春，劉嗣森，劉趙氏，傅書義，楚甲成，王立修，張懷等，尹承勳，董書文，翟方水，閆慶祥，王式寬，董全堂，尹祚發，于淑貴，張長魁，以上各弍千；馬德臨拾千，孫國棟□□，尹□□，楊□□。

魏翊寬，魏尚梓，魏尚鈞，魏翊信，魏培善，魏尚苓，梁國振，尹承照，尹承煦，楊鴻芝，楊豐崙，楊鴻香，羅曰黄，鮑文玉，尚逢道，張立成，趙明俊，趙克基，趙克瑞，趙克祥，阮文俊，張培禎，尹承有，王玉鈴，羅曰麟，羅曰□，鮑（下殘）

張立甲，孫瀛遠，尹甲序，阮文澤，李玉珩，董□堂，王傳辛，馬金韶，紀法亮，劉道德，于傳科，李光明，樊慶合，紀法科，竇同雲，鄒漢坤，江有善，刁傳良，李長明，魏翊俊，魏尚周，劉思紳，趙書□，趙（下殘）

同心社，張立範，李鈞中，孫吉方，孫盛福，李允鳳，尹式遜，陰玉華，陰玉君，王守義，侯慶福，李學中，張唐詩，張金詩，尚衍貞，王恒山，王蔚顯，張海昌，張辛昌，張秉□，陳（下殘）

魏尚玉，魏翊寅，魏尚興，李連貞，王憲益，衡益祥，李長富，賈昌惠，張懷良，賈雲鵬，王承集，王玉俊，錢玉吉，冉繁玉，冉繁成，冉慶□，冉慶□，冉繁（下殘）

董慶常，李秉容，耿好修，李開選，王承全，孫培順，王憲武，魏趙氏，張于氏，刘李氏，賈蕭氏，袁夏氏，賈楊氏（下殘）

鄧家莊

清乾隆二十九年重修三官廟記碑

碑在山東省泰安市肥城市王莊鎮鄧家莊，清乾隆二十九年(1764)立。石灰石質。碑現僅存殘片，第一塊殘片高92厘米，寬78.5厘米，厚21厘米。第二塊殘片高90厘米，寬64厘米，厚21厘米。正文楷書，字徑2.5～3厘米。碑陰題名楷書，字徑1.5厘米。兩塊殘片碑陽文字清晰，碑陰文字漫漶，故不録。該碑介紹了三官神的來歷，以及清乾隆年間重修鄧家莊三官廟之事。

三官廟碑

名不可奸，系不可紊，神不可褻，夫神功豐於古，賽於今。事(下殘)」崇之乃罪之也。不知虛實之分，輕信稗説，汩神本来譜之(下殘)」嫚之也。五官，高陽氏臣，居官有功，以功見祀，祀以其官。春(下殘)」此有説。《國語》:南正重司天，火正黎

清乾隆二十九年重修三官廟記碑(一)

清乾隆二十九年重修三官廟記碑(二)

司地。釋云:火非族也,□陰官□二□,故云是“火統族”(下殘)」南北正夏冬,春秋自正,五帝中道,故偹於春秋,是金木統於天地也。三官之祀,豈謂非歟?若夫(下殘)《石」經·周禮·太宰》以青圭、赤璋等玉分祀五方帝,配享則炎黄諸帝、五行十帝,豈復有帝?祝融、元冥,官有由来,帝(下殘)」代帝仍其官。官兼帝,與世俗夢,夢弗思而已。是謂:奸名□刑,乃命重、黎,絶地天通。傳云:重,少昊子,即羲;黎,高陽後」,即和。有虞羲和非高陽。重、黎世守官者,與春秋修及熙為元冥。注曰:元冥、水官、修熙皆少昊子,俗謂“三官”,俱出陳」氏。噫,何從?窮其源本與?是謂:系系尤可怪者,信君子,不信野人也。三官四神,三出金天,一出顓頊。俗傳:兄弟三」人皆三藏弟,誕自龍女。狂言悖亂,誣蔑先賢,孰大於是?□謂褻神。嗚呼!三代以還,世教不明,邪説惑民,肆無忌憚」。《神異經》《列仙傳》《搜神記》猶其雅者,封神狂悖,尤不可言異哉?小説鼓詞與吾學分道揚鑣也。《周禮》:黑帝寔叶光紀」。康成近古非臆也,配享人帝顓頊也。武當磨針成何義理?噫,帝且侮之,何况官與?諴甲申,鄧家庄重修三官廟(下殘)」成,鐫石紀績,屬余紀其事。余曰為四神,訒其世系,解流俗□惑,如此兼明。吾鄉事神,崇之非敢罪之,譜之非敢□」之,神之非敢嫚之焉。是舉也,首事則余堂侄子焯及其子文珍也,襄事則余表兄范著美、表侄鄧國選(下殘)」則余堂侄貢生雲峯及其侄監生文會、候選千総萬春也。施財協修姓名詳著碑陰示後」。

邑舉人候選知縣王三重撰,邑庠生員王家俊書」。

大清乾隆二十九年四月初十日立」。

清乾隆二十九年鄧家莊等各莊信女題名碑

碑在山東省泰安市肥城市王莊鎮鄧家莊村，清乾隆二十九年(1764)立。石灰石質。高187厘米，寬76厘米，厚21厘米。題名楷書，字徑1～1.5厘米。該碑為題名碑，碑一面向上，另一面向下，向下一面情況不明。碑體完整，文字清晰。該碑爲信女題名碑，著録了鄧家莊、閆家屯、楊家莊、雷家莊等各莊信女題名。

本庄會首：王尹氏、王□氏、王李氏、王張氏、王高氏、王羅氏、王何氏、王羅氏、王曲氏、王陳氏、□孫氏、王雷氏、王趙氏、王龔氏、董焦氏、李于氏、紀張氏、冉梁氏、紀陳氏、張王氏、王龐氏、李王氏、王郭氏、刘鄧氏、白石氏、鄧姜氏、石焦氏、石雷氏、石宋氏、石朱氏、顔齊氏、張鄧氏、馬董氏。

閆家屯：張張氏、趙□氏、張姜氏、王李氏、王陳氏、田李氏、王□氏、吕□氏、王王氏、魏□氏。

楊家庄：刘陳氏、楊展氏、楊宋氏、楊王氏、王楊氏、楊王氏、楊曲氏、李李氏、李郭氏、李張氏、韓冉氏、張賈氏、王孔氏、刘鮑氏、楊宋氏、楊展氏、楊王氏、張楊氏、楊展氏、楊王氏、李刘氏、楊王氏、李刘氏、楊王氏、李刘氏、張楊氏、張王氏、王胡氏、刘張氏、王趙氏。

雷家庄：會首朱張氏、張董氏、趙許氏、吴陳氏、郭朱氏、徐池氏、趙范氏、趙楊氏、刘薛氏、趙于氏、王李氏、孫王氏、徐尹氏、韓史氏、楊董氏。

王家漥：王馮氏、□楊氏、王史氏、王刘氏、王荊氏、王張氏、王宋氏、馮王氏、吴聞氏、王刘氏、朱李氏、王苗氏、曹任氏、朱石氏、王馬氏、王池氏、王薛氏、王韓氏、王刘氏、陰王氏、王李氏、王徐氏、王甲氏、王周氏、周陰氏、王張氏。

展家漥：會首展王氏、展焦氏、展王氏、李孔氏、展王氏、陳張氏、刘韓氏、展趙氏、展王氏、展谷氏、林葛氏、展陳氏、展王氏、展刘氏。

任家庄：任翟氏、董孫氏、孟孫氏、孟王氏、孟孔氏、孟陰氏、孟王氏、孟陰氏、孫周氏、刘孫氏、刘高氏、畢翟氏、徐温氏、孫任氏、任范氏、王姚氏、王李氏。

張家庄：會首孫袁氏、孫王氏、賈夏氏、孫刘氏、賈甄氏、賈刘氏、孫晁氏、孫趙氏、魏張氏、吴陳氏、張刘氏、刘吴氏。

上涝漥庄：會首鄧陰氏、李孔氏、鄧尚氏、李王氏、張郭氏、范郭氏、鄧顧氏、李胡氏、鄧董氏、李張氏、張張氏、郭范氏。

下涝漥庄：會首張趙氏、蔣王氏、丁刘氏、陳刘氏、王展氏、鄧張氏、王尚氏、宋馬氏、郭鄧氏、宋于氏、郭邵氏。

張里庄：會首陰陳氏、翟彭氏、陰范氏、陰孫氏、陰陳氏、夏曲氏、董滿氏、夏王氏、陰李氏、陰馬氏、陰韓氏、陰郭氏、陰盛氏。

西禮村：會首馬郭氏、張李氏、張孫氏、王陰氏、任袁氏、馬李氏、穆潘氏、張王氏、馬孫氏、馬趙氏、王李氏、王孫氏、李王氏、馬李氏、王刘氏。

魏家坊：會首高王氏、王孫氏、魏王氏、王朱氏、丁刘氏、張魏氏、刘解氏、高夏氏、王董氏、張徐氏、刘吕氏、魏張氏、蘇周氏、梁王氏、丁王氏、陳李氏、高刘氏、高李氏、吴賈氏、會首鍾田氏、鍾徐氏、王郭氏、李田氏、馮刘氏。

張家庄：會首張時氏、张韓氏、刘張氏、張霍氏、韓于氏、張刘氏、張滿氏、張鄧氏。

郭家庄：會首刘刘田氏、程唐氏、刘房氏、李晁氏、刘刘氏、王張氏、刘龐氏、田刘氏、刘刘氏、桑陳氏、郭吴氏、王王氏、刘刘氏、刘李氏、陳王氏、刘郝氏、戴李氏、閆伊氏、許王氏、王李氏、秦韓氏、秦李氏、卞吴氏、卞楊氏、刘于氏、潘郭氏、潘王氏、陳李氏、李韓氏。

東焦庄：會首王姜氏、張解氏、盧周氏、李陰氏、王郭氏、孫李氏、刘陰氏、王刘氏、張閆氏、龐焦氏、楊刘氏、王展氏、王鄧氏、芦宋氏、孫李氏、李郭氏、沈王氏、王陰氏、刘耿氏、焦崔氏、芦李氏、王白氏、王刘氏、王胡氏。

固留庄：會首范刘氏、郝徐氏、梁戴氏、范郭氏、范王氏、梁王氏、張宋氏、范竇氏。

北上任：會首宋高氏、路宋氏、滿李氏、郝朱氏、刘徐氏。

潘庄：會首黄趙氏、刘董氏、刘刘氏、刘于氏、王鞏氏、刘冉氏、刘孫氏、刘趙氏、刘晁氏、刘孫氏、刘黄氏、王李氏、郝范氏、滿魏氏、王李氏、于王氏、滿曹氏、王王氏、雷張氏、王梁氏、李徐氏、郝刘氏、王楊氏、刘梁氏、刘王氏、刘楊氏、刘董氏、刘郝氏、刘張氏。

邑庠生員王文壇書」。

大清乾隆二十九年四月初十日立」。

陽谷洞

清乾隆四十四年重修陽谷洞記碑

碑在山東省泰安市肥城市王莊鎮陽谷洞村陽谷洞，清乾隆四十四年(1779)立。石灰石質。高174厘米，寬71厘米，厚23厘米。正文楷書，字徑2厘米。題名楷書，字徑1厘米。額題“永垂不朽”，楷書，單行，字徑6厘米。碑右上角殘缺，文字清晰。該碑記載了清乾隆年間重修陽谷洞之事，並附周圍各村善男信女題名。

(上殘)山之陽有洞焉，舊名養姑，或有能言其事者，然於經無所考，乘不之載，是傳之訛也。稽之《堯典》，宅嵎夷曰暘谷，取」(下殘)出之義。是洞向陽，故知其字為暘谷云。是洞淵然，出於山椒之間，窈焉以深，悠然而静，作於天，生於地，而不疲於」(下殘)是山之靈，亦神之所依也。於是，居人善士塑玄武之神於前，觀音之座於後，春祈穀，秋報賽，由来已久。而」(下殘)又復納會建醮，二載於兹矣。近者三年事竣，用勒諸貞珉，以垂不朽焉。夫棲神之地曰廟、曰堂、曰觀、曰寺、曰閣」(下殘)而傾圮之患往往不免，孰若是洞之盤結鞏固，風雨不能災乎？是神以洞而式憑，有地洞亦以神而永奠無疆矣」。□為記」。

東原倉邱村入太安府學廪膳生員周炤撰并書」。

(上殘)王永清孫氏、會首王□貞郭氏、楊家□會首徐門晁氏、王門孫氏、李門王氏、王門王氏、胡門張氏、刘門王氏、王門李氏、□門苗氏、張門董氏、李門李氏、王門宋氏、李門唐氏、李門張氏、王門張氏、暘谷洞會首王門郭氏、王門郝氏、王門程氏、董順李氏、刘門王氏。

山西頭：刘門李氏、王門刘氏、刘門曲氏、張門鄧氏、蔣門董氏。

董家庄：刘柴氏子興、董應貴葉氏、賈吴氏子進、梁德尚氏、李布氏子汝璽、李汝珠孟氏、□□文辛氏、孔興一董氏、翟永堯刘氏、鄭興春馮氏、董克全李氏、董□□□□、孫夷氏子環、會首董賜奉周氏、蔣勇李氏、董王氏子立林、董賜功王氏、董景法刘氏、韓彬王氏、張賜江郝氏、□□□子克元、董宗朱氏、曲復□馬氏、李□氏子山、董克孟程氏、張□氏子立法、董賜忠王氏、董應賓王氏、董□楊氏……□氏、董梁氏子景美、□□刘氏、董克己楊氏、高永前辛氏、李汝賢王氏、董世強王氏、會首王李氏子興緒、王繼性孫氏、董璜張氏、于世德錢氏、會首楊興旺張氏、董楊氏子學、□子重王氏、董王氏子克岐、董得忠張氏、董世起王氏、董守勳布氏、會首董張氏子三□、王振吉孔氏、王振立耿氏、董景亮李氏、董賜龍石氏、董世禄高氏、楊豔張氏、楊梅周氏。

白庄:尹門董氏、尹門王氏。

演馬庄:于門王氏。

朱家庄:會首王世宗王氏、王世美刘氏、孫沼張氏、王礼馬氏、閆守玉王氏、閆子序王氏、孫大烈陰氏、王□□□氏、□□□□氏、會首刘門柴氏、董門葉氏、賈門吴氏、梁門尚氏、李門布氏、李門孟氏、周門辛氏、孔門董氏、翟門劉氏、鄭門馮氏、董門李氏、董門王氏、孫門夷氏。

小屯:會首鄭足徐氏、鄭湏漢王氏、鄭祥陰氏、王□書刘氏、王□□張氏、王□□尹氏、張森姜氏、李貴傳鄭氏、楊門于氏、陳門桑氏、田門康氏、楊門董氏、王門刘氏、會首張守宅紀氏、會首王祖堯周氏、王希周孔氏、王麟現郭氏、王繼中程氏、張門孔氏、張門田氏、王門刘氏、王祖舜展氏、王麟經孔氏、王孫氏子□兆、王門陰氏、程門齊氏、張門王氏、董門任氏、刘門范氏、李大文王氏。

清乾隆四十四年重修陽谷洞記碑

南上任:會首李門于氏、戴門張氏、徐門李氏、張門王氏、會首楊門高氏、姜門李氏、徐門柴氏、徐門刘氏、姜門趙氏、楊門于氏。

北上任:會首梁門李氏、王門李氏、王門周氏、王門夏氏、郝門王氏、王門趙氏、王門刘氏、王門袁氏、會首張門趙氏、于門刘氏、雷秉法趙氏、董門李氏、于門吴氏、張門郭氏、趙門徐氏、會首于門鄧氏、于門王氏、楊門張氏、于門任氏、于門陰氏、會首王門郭氏、郝門朱氏、滿門王氏、會首張門徐氏、會首于門周氏、王門張氏、王門李氏、王門刘氏、王門張氏、王門齊氏、于門刘氏、于門趙氏、韓門沈氏、于門王氏、雷門谷氏、張門陳氏、王門宋氏。

焦庄:會首金門董氏、孫門李氏、芦門梁氏、芦門趙氏、張門陰氏、李門陰氏、李門尚氏、李門鄧氏、會首周門李氏、王門孔氏、刘門張氏、刘門王氏、李門李氏、王門郭氏、刘門董氏。

北上任：會首李門孔氏、刘門刘氏、李門段氏、段門康氏、李門徐氏、于門楊氏、孫門于氏、王門彭氏。

任家庄：會首刘門于氏、孟門布氏、孟門王氏、刘門李氏、刘門孫氏、刘門高氏、刘門李氏、任門周氏、李門王氏、徐門謝氏。

鄧家庄：會首王門陰氏、王門何氏、王門羅氏、王門耿氏、王門曲氏、王門李氏、王門李氏、王門孫氏、杜門孫氏、閆門孫氏。

佛庄：會首郭法倫李氏、郭門李氏、郭門王氏、郭門米氏、會首郭門刘氏、郭門孫氏、郭門王氏、郭門刘氏、郭門王氏。

王庄：會首段門王氏、吕門刘氏、李刘氏子宗堯、李門田氏、李門刘氏、李門王氏、李門周氏、李宗廉、李門王氏、李文功吴氏、李門王氏、唐門李氏。

田家庄：會首田門王氏、田門楊氏、田門李氏、田門周氏、田門于氏、田門孫氏、段門田氏、魏門張氏、王門陰氏、曲門田氏。

清咸豐九年重修陽谷洞記碑

碑在山東省泰安市肥城市王莊鎮陽谷洞村陽谷洞，清咸豐九年(1859)立。石灰石質。高167厘米，寬72厘米，厚21厘米。正文楷書，字徑2厘米。題名楷書，字徑1.5厘米。額題“流芳萬古”，楷書，單行，字徑12厘米。碑中間斷裂，文字清晰。該碑記載，清道光咸豐年間，王氏家族先後多次重修陽谷洞廟宇，咸豐九年(1859)立碑以記其事，並附捐資善信以及住廟道士題名。

層巒佳勝，碧澗清幽，宅奥區而寄山陬。□□始基，固地靈而人傑；軼乎後起，爰廢舉而望修。玉珩山麓，洞號“暘谷”，由来莫攷，大」抵金烏焕彩，日麗東瀛，而神尊真武，星拱扗极，白衣大士駐南海而教衍西天，顯赫靈官鎮山門而福貽中土，殆」五行之秀氣也。前者宗叔祖培初公、族姪潔公，經營禪房，延請住持，遂成名刹。其後培初公孫道南典廟地三畝、京」錢二十千，創修東廳二間，築月台一座，增塑關帝，添設三丰。因未樹碑，使項無徵。至道光十七年，歲大祲，谷中」樹株盡被窃伐，山門禪院靡不傾圮，培初公曾孫廣益潔公、長男秬香，慨然動念，公議賣柏樹一株，及所存租價，重」修禪室，稍飾莊嚴。以下存項属秬香經理，有贏無虧。癸丑春，约同廣益，知會近村，如意佈施，鼎新神像，装塑靈官」，禪院廳室凡有基址一一修葺，至□焕也。廣益、秬香绳祖武而衹父事，而暘谷邃境乃得峙寶刹而侔衹園。是為記」。

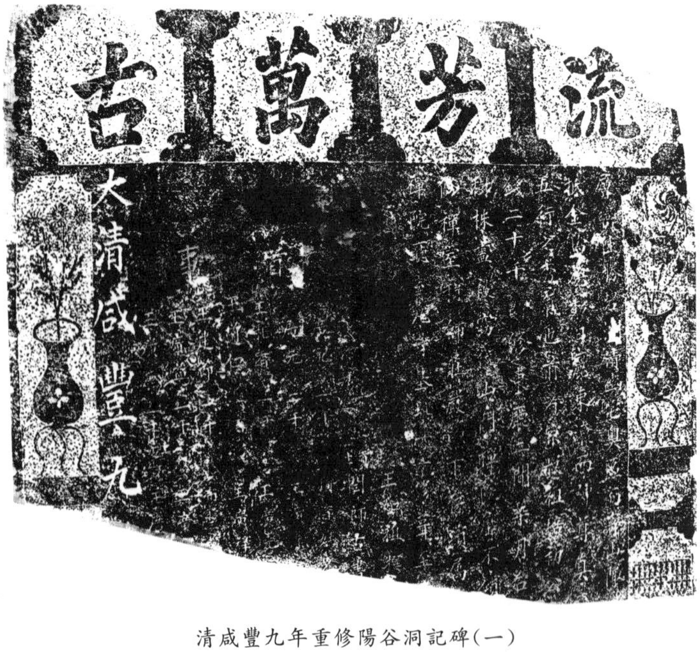

清咸豐九年重修陽谷洞記碑(一)

庠生王如祖撰文」。

貢生閆师古書丹」。

首事：王廣配一千、王廣元二千、監生王秬香一千、王道仁六百、王建節一千、王廣益一千、王廣成一千五百。

捐資姓名：王廣業□千、王廣堯六百、王廣祥四百、布聖□四百、王廣□三百、王廣□四百。

董文元四百、王衍宏六百、亓思恭三百、董文成四百、王廣舜四百、布兆汾三百、王衍貴三百。

王汝明二百，王汝翼四百，王家場王汝恭四百、王衍祥六百，王衍善三百，王奉城一千，董文方四百。

山西頭刘存義四百、項輝崙六百，李成祥五百，閆國榮五百，李成榮三百，王汝聽三百，王汝賢四百。

黄旺六百，焦庄壽官王希恭一千、王永杰三百，李成禄八百，□□李成福一千，李玉長六百。

武生項毓峯六百，桃園庄王玉殿三百、韓興仁四百、董曰成四百，劉進仁三百，北上任于継元三百、郭家塲陳思誠三百。

張家塲李成安八百、郭興寬四百、李富成三百，李振林三百。

劉現科一千，孝堂峪劉樂有八百、劉現廷三百、王賜興三百，劉士珠一千，李文公三百。

住持：張来禎，徒武復盛、戴復榮。

石工：王廣堯。

大清咸豐九年蒲月穀旦」。

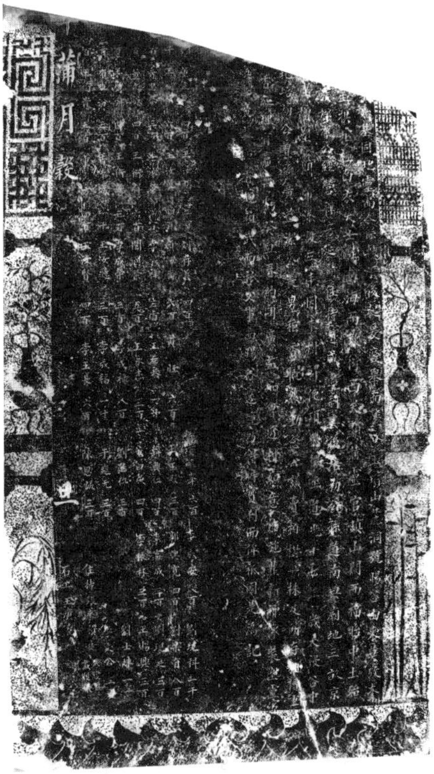

清咸豐九年重修陽谷洞記碑（二）

玉皇山

明萬曆十二年重修玉皇廟記碑

碑在山東省泰安市肥城市王莊鎮玉皇山頂，明萬曆十二年(1584)立。石灰石質。高232厘米，寬94厘米，厚45厘米。正文楷書，字徑4厘米。額題“重修”，楷書，單行，字徑7厘米。碑體完整，文字清晰。該碑記載了明隆慶至萬曆年間周圍善信重修玉皇廟之事，因碑倒於地，碑陽向上，碑陰向下，碑陰情況不明。

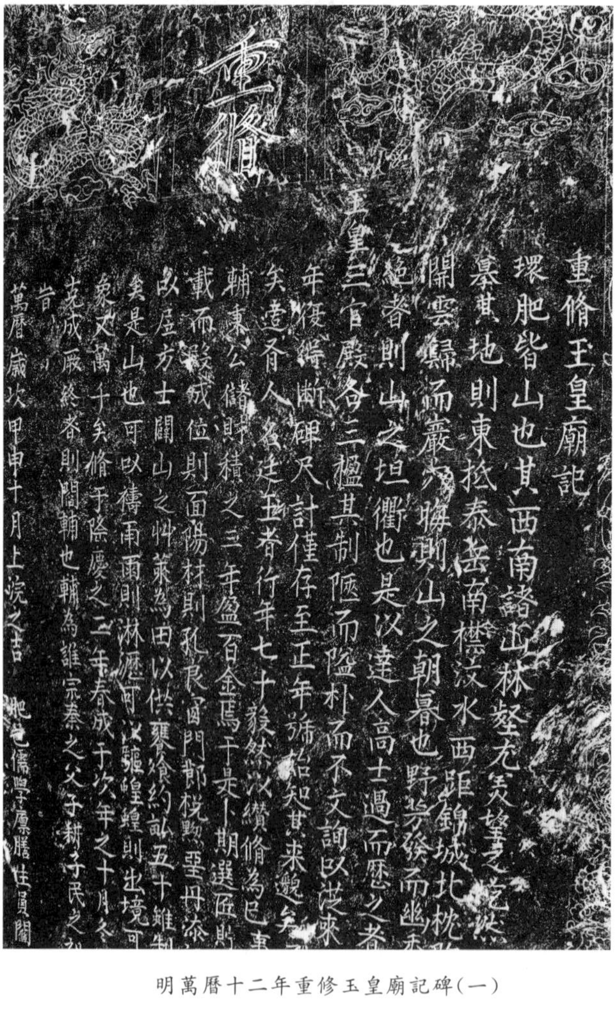
明萬曆十二年重修玉皇廟記碑(一)

重脩玉皇廟記

環肥皆山也。其西南諸山，林壑尤美，望之屹然而深秀者，乳螺也。不峭而高，不丘而平，西峰巉巘岩峙立，雄視千里許」。摹其地，則東抵泰岳，南襟汶水，西距錦城，北枕陶牛，白雲洞蓄其左，甘露泉液其右，此山之大觀也！至日出而雲霏」開，雲歸而巖穴晦，則山之朝暮也。野芳發而幽香，佳木秀而繁陰，則山之藻繢也。行者歌于麓，負者休于石，徃來不」絶者，則山之垣衢也。是以達人高士過而歷之者，徃徃指之為奇觀！舊有」玉皇、三官殿各三楹，其制陋而隘，朴而不文，詢以從來，而故老皆無在者。一日搜遺碑，重脩于成化三年，再修于嘉靖二」年，復得断碑尺計，僅存至正年號，始知其来邈矣。不直丹青凋」謝，且棟宇傾圮，凡彼被髪含齒者，僉」知目睹而心惜」矣。適有人名廷玉」者，行年七十，毅然以纘脩為己事，乃」走謀于里。民有行者若王氏宗美，李」氏淂志，楊氏仲逵、閻氏」輔，秉公儲」財，積之三年，盈百金焉。于是，卜期」選匠，貯費鬻貲，攻其石為壁，陶其土」為瓦，作者展力，子来者蝟集，不兩」載而殿成。位則面陽，材則孔良，窗」門節棁，黝堊丹漆，視昔煥然頓新。」又于殿前建石楼一座以宅鐘，後置艸」舍三間」以㞌方士，闢山之艸萊為田，」以供饔飧，約畝五十。雖制未大脩，」較舊制加廓，信足以禦風雨，而又日」月神人甘胥慰」矣。是山也，可以禱」雨，雨則淋漉；可以驅蝗，蝗則出境；」可以寬眼界，而湖水耀光，開粧鏡也；」村落映景，展圖画也；其氣」象又萬千

明萬曆十二年重修玉皇廟記碑(二)

矣。脩于隆慶之二年春，成于次年之十月冬，開心承前者，李廷玉也；輪力糾財者，王宗美也；協心濟力以」克成厥終者，則閻輔也。輔為誰？宗秦之父，子耕子民之祖也。是用記以告後之為善者」。

肥邑儒學廩膳生員閻子耕撰，馮明時書」。

鉄筆匠張士先鐫字。

脩山道人：許真雲。

旹」萬曆歲次甲申十月上浣之吉」。

中于村

清乾隆十二年重修三官廟記碑

碑在山東省泰安市肥城市王莊鎮中于村，清乾隆十二年(1747)立。石灰石質。圭首。高189厘米，寬71.5厘米，厚20厘米。正文楷書，字徑2厘米。題名楷書，字徑1.5厘米。碑體基本完整，碑面斑駁，文字漫漶。該碑記載了清乾隆年間重修三官廟之事，並附領袖善人、會首以及各村善信題名。

清乾隆十二年重修三官廟記碑

重脩三官廟記

天地，群物之祖，而水□群□□以成質者也」。三大帝職□□權，自古□□□廟□奉竭誠□□□□□□先王□□祀典自□郊□外，要皆先聖賢有功于民者，命之祀。祝融回禄等班」，可稽□餘，湮滅無傳，□□□歷詎□□命以滿祀而□□□□□□□□□□□傳□載釐然非神誘其衷，誰為為之？是故折毀」淫祀，吾儒不敢□□□之□而學敬神明，聖朝或不以□□為非，況□之儒大報稱為難，惟肇祀攸虔、懿良斯在云爾。其」三大帝廟址在肥□□南□十里于家庄，孫□脩」。

本邑舉人王三重撰文，本庄于向蕊熏沐手書」。

造碑人雷汝祥暨男秉礼。

領袖善人：于深李氏暨男向萃，林□□□氏暨男□□。

會首：于□□氏、于深于氏、于□□氏、于□張氏、□□楊氏、□□□氏、□振河羅氏、于鳳池張氏、于永□孫氏、□鳳□□氏、段□□氏、段舒□李氏、□□□□□、胡運府□氏。

□□：□□□母王氏、□□□□氏、刘□□韓氏、

□□□周氏、□□□□氏、□□□母□氏、□□□謝氏、□□□母尹氏、□□□刘氏、□□□楊氏、孫其名馬氏。

會首:□□□□氏、林有□□□、林□□□□、張□□張氏、林□□刘氏、姜□□李氏、林標梁氏、林榕丁氏、楊□□□氏、□業□□、解其先梁氏、□門□□。

會首:□玉戴氏、□□□氏、□門□氏、□門□氏、□門尚氏、展□□□氏、□□□□氏、□□□□氏。

會首:于□□□氏、于士俊王氏、于士杰孫氏、于□□徐氏、于士□□氏、于門陳氏、□門□氏、□門王氏。

會首:尹□葛氏、崔門田氏、曹門孔氏、曹門范氏、□門谷氏、□門李氏、朱門李氏、□門王氏。

會首:位□□孫氏、王門□氏、刘士□王氏、曹門王氏、梁□文郭氏、梁門王氏、梁國珊□氏、梁門丁氏、梁門盛氏、梁門孫氏、林格馮氏、林樞梁氏、王門王氏、林顯榮位氏、□□用王氏、□□□□。

王□□、董福禄、王□容、林梧、刘奉、于振江、孫成己、龐有河、郭成己、王貴、王克義、梁國珩、梁東美、梁國珍、梁東弼。

梁東□、段義、郭世宗、李如興、刘海□、刘法義、王明、姜文礼。

五里屯:單継賢、于獻、王從、王大千、□祥、□倫。

王庄集:光益店、全盛店、刘永春、宋有义、王世臣、孟君印、許進、李正玺、李桐萊、李林、李揆來、張明倫、潛先朝、邵東山、曹光彦、邵東水、李月龍、李興龍、李桂來、李吉祥、李燦、李錫。

白家屯:龐守信、龐瑾、龐守寬、龐丕顯、龐希顔、龐柱、龐濟、龐大成、龐栢、龐希孔。

于家庄:于聚龍、孫成物。

張家庄:張同道、郭文昇、郭海、張林、張殿、張廷弼、張□吉、張永振、張永焕、張鳳□。

脩影壁善人:于振河暨男奉龍、□龍,于振海暨男會龍,于□龍。

住持道人:李來安。

皇清乾隆拾貳年歲在丁卯拾月上□之吉」。

魏家坊

清光緒六年重修關聖帝君廟記碑

碑在山東省泰安市肥城市王莊鎮魏家坊村關帝廟，清光緒六年(1880)立。石灰石質。高149厘米，寬160厘米，厚16厘米。正文楷書，字徑2.5～3厘米。題名楷書，字徑2厘米。碑陰題名楷書，字徑1.5厘米。碑體完整，文字清晰。該碑記載了清光緒六年(1880)重修魏家坊關帝廟之事，並附首事以及各村捐資善信題名。

清光緒六年重修關聖帝君廟記碑

夫自邦國都邑下逮鄉里間，莫不建廟祀神，非徒事祈禱也，亦謂臨上質旁」，感發人之善念云爾。肥邑西南五十里魏家坊莊，溯從前明創修」關聖帝君廟，迄本朝重新三次。茲又多歷年所，風以剥之，雨以蝕之，但見古殿」荒涼，數行鳥鼠，頹垣錯落，一徑蒿萊，神無以為憑依，人又何以為降鑒乎？合」莊目不忍覩，公議重修。然獨力難支，衆擎易舉，所幸四方諸君子慷慨為懷」，共樂輸貲。於是鳩工庀材，率衆偕作，閱兩月告厥成，而廟貌焕然一新，誠盛」事也。是歲，適館於其鄉，工竣後囑余為記。余思關帝之忠義照人耳目，是」舉也，蓋世道人心之一助耳，猥云外觀之有耀哉？遂不揣固陋，為述其巔末」，勒諸貞珉，尤願後之人嗣而葺之，庶得以永垂不朽也夫」。

泰安府學廩膳生員榆山蓉卿于昭鏡撰并書」。

榆山庠生張立敬、郭興滓、郭學賢題名。

萬善同歸。

首事：高鵬翰、王慶雲、魏雲同、高鵬翎、魏光淮、八品銜王作梅、丁學儒、貢生高鵬翼、高連元、丁學孟、陳若善、丁文鳳、鍾毓清、梁繼武、高鵬林。

鍾毓賢、劉大清、丁振明、丁學禮、魏建聖、張九成、田長明、張學詩、高連山、高鵬恒、丁學聚、丁長信、丁長榮、丁長安、王作清、王作肅、丁學儉、丁學山、鍾毓藻、邵士成、田立吉。

丁文明、魏元柱、鍾毓紳、鍾文獻、丁長禮、丁長盛、丁長樂、丁長文、丁長清、丁學文、高序純、鍾文錦、魏元盛、丁文奇、丁長義、魏存義、高連水、高序元、高連武、徐榮福、高鵬法。

趙松成、魏元根、魏存富、魏建冬、魏存福、萬振明、張宏成、邵克勤、徐茂德、丁長齡、丁文岳、陳國立、梁克寬、田秉寬、丁文瑞、田玉吉、鍾伯實、丁書成、丁學詩、丁學賢、王作翰。

魏元吉、丁文山、張邦興、魏存誠、韓克恒、魏元泰、丁文惠、魏元貞、魏元祥、魏元紳、魏建寅、李文元、丁書正、陳若玉、王東才、丁長林、邵士選、魏建訓、魏建元、魏雲山、魏元章。

丁長春、梁振安、梁克廷、丁傳方、丁長實、魏元江、張九皋、邵克寬、魏建存、丁文立、魏雲靈、魏元福、丁長明、陳克明、曲瑞孟。

鐵筆齊玉武、畫工李德常、泥水張同禮。

住持甲教言

大清光緒六年歲在上章執徐且月上澣吉日勒石」。

（以下碑陰）

田家庄：田貴宏、田貴岩、田貴讓、田興貴、田繼彥、田繼春、六品職銜田玉良、田成武、田肇泰、田鴻鈞、田興吉、田興泰、田成嵩、田大節、劉聖春、劉聖傳、田長學、劉子冷、田秀利、田繼武。

盛家屯公捐錢壹仟捌佰，演馬庄公議會肆仟文，中固留後街捐錢壹仟文，上固留公捐錢弍仟文，中固留前街捐錢弍仟文，王莊公捐京錢叁仟文，劉家庄公捐錢叁仟文，中于庄公捐錢弍仟文，張家庄東頭捐錢弍仟文，東焦庄公捐錢叁仟文，郭家新庄東頭捐錢弍仟文，演馬庄北頭公捐弍仟文，鄭家庄公捐錢弍仟文，夏家庄公捐錢壹仟文，陽谷洞公捐錢壹仟肆佰，草寺莊公捐錢壹仟文，郭家埸公捐錢捌佰文，張家埸公捐錢壹仟文，前于莊公捐錢弍仟文，李家山頭公捐壹仟四伯，西焦莊公捐錢弍仟文，王家海子公捐拾壹仟文，晁家伏莊公捐弍仟文，姜家莊公捐錢弍仟伍伯，南張家莊公捐四仟文，郭家老莊公捐四仟文，楊家莊公捐錢捌仟文，南郭家莊公捐四仟文，徐家莊公捐錢柒仟文，任家莊公捐錢弍仟文，二虎廟公捐錢叁千文，杏頭莊公捐錢六千文，項官屯公捐錢伍千捌伯。

徐坦庄：尹東里、尹廷榮。

隆庄：于興志、徐榮泰。

後店子：王肇乾、王肇吉、王永洙。

張家庄：張衍忠、陳冠廷、張連元、宋清魁。

王庄：王仲蒼、王汝山。

二虎廟：尹肇成、郭學琪。

西魏店：魏培源。

東魏店：王興隆。

東張家莊：張登雲、張忠言、王永湘、王本祖、王永藻、王永源。

白莊：魏鴻興、魏鴻泰、魏占魁、郭興泉、陳松巖、董國有。

演馬莊：張學玲、張鳳舞、展明善、張河道、王際亭、王九河、張河蘭、梁興元、張建行。

高家庄：庠生高振業。

南上任：張可賢、吴緒安、典籍張學德、韓守立、王玉常、陰嗣福。

孫白庄：張克柱。

張里庄：陰玉明。

固留庄：雷太年、張元琪、董曰敬、孫傳禮、王賜燦。

東桑梋公捐錢壹仟文，樊裴莊公捐錢八百文，孝直街公捐錢叁仟文，沙嶺庄公捐錢壹仟文，劉家小庄捐錢貳仟文，孔家庄公捐錢捌佰文，郭家小庄捐錢壹仟文，焦家柳溝捐錢壹仟弍佰，大業長公捐錢弍仟文，張家良庄公捐錢弍仟玖佰，荊家良庄公捐錢弍仟玖佰，黄家良庄公捐弍仟玖佰。

王家海子：王興仲、王賜全、王士魁、郭學海、王賜麟、王永廉。

鄧家庄：鄧興珠、范中和、鄧元凱、王汝安、王汝銘、鄧元善。

伏庄：于法貴、韓興成、郭興武、李興和、趙繼曾、王雲齡、韓大經、吕希公、郭炳然。

董家莊：貢生董秉鐸、監生王全德、蔣聖和、鄭克文、董文琮、董秉鏞。

西里村：監生王鴻亮、王允元、王允方。

丁家屯：候補州同董國進、候選教諭董元福、王鳳亭。

長興村：劉德成、韓克家。

口頭：趙永耐

林馬庄：劉清魁、仁貴山、孟玉魁、鄧元朴。

楊家庄：申榮美。

晁家伏莊:晁方義、晁方安、郭興藻。

伏庄:馬連甲、郭大縉、郭興福、趙遠福、監生郭興廣、路學禮、郭興璞、郭學禄、韓尚誥、韓克昌。

郭家老莊:監生郭德鄰、庠生郭興溪、郭興勤。

潘莊:楊振業、楊振年、監生劉鴻安、四品藍翎劉鴻澤、劉廷立、州同劉廷松、劉廷臣。

李留莊:郭進藻、郭進德、尹肇德、郭興良、賈樂魁。

屯頭庄:陰賜柱、郭明玉、張邦盛、路蘭香、李文成、桑培常、王善問、周龍禮、喻讓誥、典籍王為榮、庠生張家禎、監生王為曾、監生王兆文、陰光運、桑邦玉、桑培和。

東里村:郝杏林、冉昭純。

北上任:于吉凝、籍奏張興詩、張興廉、張興序、韓志成、韓興柱、劉文華。

王家小屯:王汝修、王玉崙、王衍純、王啓成、王衍齡。

楊家庄:張元海、趙長榮。

澇漥庄:監生徐榮懷、監生鄧繼顏、項成義、李雲龍、李傳法、徐榮泮、郭興田、郭學芹、郭興曾、王賜典、王賜生、王汝欽、鄧鴻騫、劉大成、劉大俊、郭興美、徐榮登。

蒼邱庄:李鴻儀。

白家屯:龎步雲、王常奎、徐富容。

業長庄:監生陰嗣京。

魯里庄:武庠趙德成、趙保成、監生白永臣、州同白緒盤。

高家營:陰慶禄。

張家庄:劉學明、董嗣福。

北上任:八品于紹堂、魏元傑、王克興、滿永文。

穆庄:劉東峻。

冉家庄:同知冉照重、冉昭仁。

小劉家庄:劉國祀、雷尚勳、楊玉殿、楊兆芳。

雷家庄:陳國本、王賜經、雷太和、陳化堂、王雲峰、雷肇漢、陳啓元。

穆家屯:郭興成。

臧家庄:拔選杜桂林。

小姜家庄:白京科。

衡魚莊:王富祥、穆道東。

徐家莊:徐文選、高明山、李功璧、李佩玉、徐文魁、郝國典、徐可貴。

良庄:李光武、張興成、孔廣印、張曰勤、白玉琪、張效安、張曰珠、張興周、鮑鴻隆。

于家庄:祝存禮、展邦珍、王連元。

尹家山庄：尹肇鳳、尹肇樸、尹式聖、尹式明、尹序寶。

東桑桁：郭進鑠、郭興全、郭大湖。

孔家庄：孔肇香、孔繼柱、孟繼思、孔肇圻、孔廣嶠。

劉家莊：劉敬亭、劉義亭。

常莊：顔振綉、顔振序、顔振化。

吕店：董衍盛、劉鳳文、劉占元。

閆家屯：朱焕圖、貢生朱焕文、朱焕簡、郭興厚、孟傳章、劉肇吉。

尚家庄：尚盛泉、尚雲永、尚雲耕。

辛鎮：張保玉。

聶家莊：劉夢亭、王自蘭、王西池。

五里屯：張永平、張文德、監生趙長桂、于興德、王維慎、董盈臨、孫榮馨、李馨蘭、王肇琬。

錢家庄：趙德盛。

王家場：王汝慶、王汝家。

草寺：張文水。

蘇家庄：王常增。

焦家柳溝：邵雲亭。

孫伯庄：張克柱。

牛家庄：閆學冉。

夏家庄：李元箱。

戴家庄：孔昭容。

葛家樓：展樂義。

王家庄：王殿玗。

杜家新莊：武峻、王希禄。

良庄：鮑鴻亭。

于家庄：展鳴玉、監生趙振賢、張瑞芝、楊繼明、康廷梓、董衍科、中和堂、董毓賢、董傳善、董傳哲、董衍孔、樂善堂、積德堂、陳德潤、甲士貞、甲福田。

演馬庄：監店永和祥、監生張連仲、樂源堂、劉光燧、夏廣平、夏廣湘、夏廣訓、董傳經、董衍華。

□□庄：劉清魁、劉吉禎。

明新庄：尹式騫、□文銜、□到口、張太山。

柳灘庄：董元釗、董傳朗、董元欽。

西焦庄：王汝雨。

張家場：李富存。

峈山庄:邵蘭亭。

薄家庄:薄俊。

張里庄:陰玉明、王邦順、陰子府、義和酒。

老僧臺:王邦鄰、王成啓。

任家庄:孟傳德、劉文盈。

□□山:孟玉魁、陰可柱。

峈山庄:邵蘭亭。

杜家新庄:德餘堂井。

展家漥:展静齋、明古堂展、展慶餘、展文重、世耕堂。

葛家樓:展陶成、展昌年。

王家屯:仁義堂。

鮑家堂公捐壹仟、郭家柳溝捐弍仟、劉家所公捐壹千五、東衡魚公捐弍仟、西衡魚公捐拾仟、後衡魚公捐弍仟。

楊化雨、花盛德、王汝良。

楊家庄:協德堂、楊廷試、楊廷□。

孔村公捐壹千。

曲家柳溝:蕒□□。

轉彎:廉□清。

柳灘:尹式柱、董衍學、武生董衍振。

後店子:文庠夏振基、李昌德。

演馬庄:孝廉方正王振德。

劉家小庄:劉國芝。

小辛莊

清光緒十三年修碧霞元君廟記碑

碑在山東省泰安市肥城市王莊鎮小辛莊碧霞元君廟舊址，清光緒十三年(1887)立。石灰石質。高148厘米，寬174厘米，厚21厘米。正文楷書，字徑3厘米。題名楷書，字徑2厘米。額題“萬古流芳”，楷書，單行，字徑7～8厘米。碑體完整，文字清晰。該碑記載了清末重修小辛莊碧霞元君廟之事，並附首事及各村捐資善信題名於後。

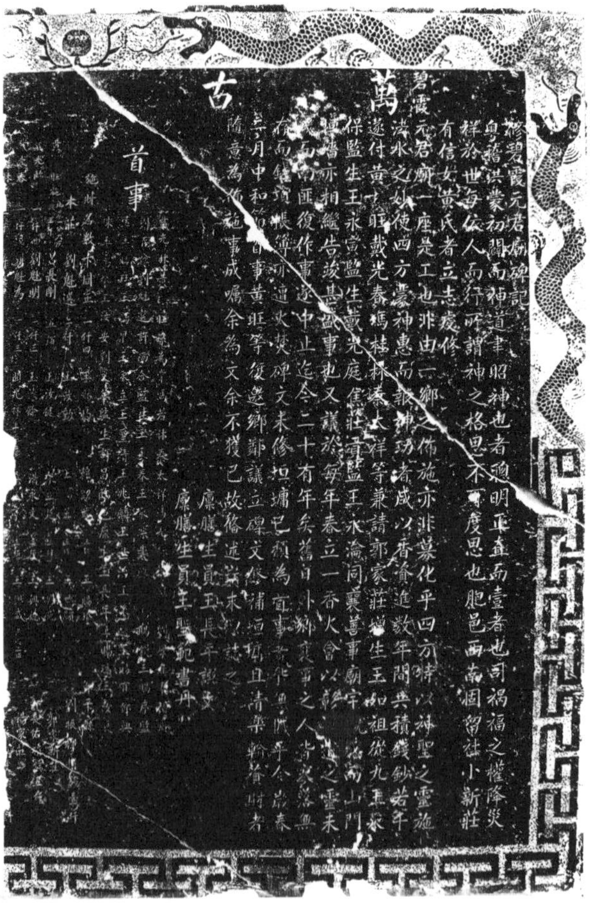

清光緒十三年修碧霞元君廟記碑(一)

修碧霞元君廟碑記

粵稽洪蒙初闢，而神道聿昭。神也者，聰明正直而壹者也。司祸福之權，降災」祥於世，每依人而行，所謂“神之格思，不可度思”也。肥邑西南固留社小新莊」，有信女黄氏者，立志虔修」碧霞元君廟一座。是工也，非由一鄉之佈施，亦非募化乎四方，特以神聖之靈，施」法水之妙，使四方蒙神惠而報神功者，咸以香資進。数年間，共積錢鈔若干」，遂付黄旺、戴光春、馮桂林、秦太祥等，兼請郭家莊增生王如祖、從九王永」保、監生王永寅、監生戴光庭、焦莊貢監王永淪同襄善事。廟宇既成，而山門」、垣墻亦相繼告竣，甚盛事也。又議於每年春立一香火會，以彰神道之靈。未」幾，而南匪復作，事遂中止，迄今二十有年矣。舊日外鄉襄事之人，皆寥落無」存，而錢項帳簿，亦遭火焚，碑文未修，垣墉已頹，為首事者能無憾乎？今歲春」二月中和節，首事黄旺等，復邀鄉鄰，議立碑文，修補垣墉，且請樂輸資財者」隨意為佈施。事成，囑余為文，余不獲已，故偹述巔末以誌之」。

廩膳生員王長年譔文。

廩膳生員王聖範書丹。

首事：戴光林、劉存信、生王賜玨、珠王永王崑、黄旺、劉魁選、王賜甲、王汝安、孫為掌、許丙合、王永立、劉文華、馮若林、監生王永春、王聖清、監生許昌臨、秦太祥、王永琮、王兆麟、馮九林、戴興詩、王世治、邑廩生王長年、□桂林、王賜鋭、王永連、劉學貴、王賜瑞、王賜序監、王賜有、秦伯庚、王汝良、鄧興。

施財名数：

本莊：黄旺施地基一分六厘、錢三仟，戴光臨一仟四，戴光春一仟五，馮桂林三仟，許丙合一仟一，孫元芬五百，戴興禮五百，馮若林地基半畝、錢一仟四，黄鳳成一仟，段希長五百，馮來安一仟五，馮桂亭五仟二，劉存信十仟，劉開祥一仟四，劉存樂八佰，秦太祥地基半畝、二仟七，秦太誠一仟四，秦伯耕一仟一，陳萬立八佰，劉學貴一仟六，劉學春九佰，孫吉立一仟三，孫吉有八百，孫為掌一千七，孫為法一仟一，卞國正一仟四，劉魁選二仟，吕長剛五佰，劉魁明一仟三，劉魁為一仟三，許秉中五佰，許秉若八佰，劉長桂一仟九，馮九林一仟三，孫為齡一千。

郭家莊：監生王永春一仟，王永琮四佰，王永協四佰，郭興田二佰，戴興詩一仟，王賜廉三佰，王賜元三佰，王賜銓四佰，王賜鋭四佰，王賜序四佰，王賜釧三佰，王賜範三佰，王賜敏三佰，王汝為三佰，王賜軒二佰，王賜珠三佰；王賜灼，王汝勳，王汝健，王汝餘，聞兆祥，上俱二佰。

李家山頭：李玉來公捐錢一

清光緒十三年修碧霞元君廟記碑(二)

仟，王汝良一仟。

北上任：監生許殿珍四佰，監生許昌臨一仟，許守禮五佰，劉文華五佰，劉鳳仁四佰，王東平三佰，王伯同三佰，王長年四佰，王克興三佰，王錫云三佰，韓紹禹三佰，崔慶今三佰，王賜瑞四佰，于振泗四佰，鄉飲于紹唐三佰，于振倫三佰，于緒公三佰，于振云三佰，韓紹武三佰，王賜玉五佰，張立廷三佰，滿永文三佰，桑玉亭三佰，劉鳳來三佰，王汝修三佰，韓志海六佰，姜可玉三佰，魏鴻震三佰，張興連三佰，張廣藻三佰，張興詩四佰，張興序三佰，于緒适三佰。

海子莊東頭：王永立五仟，王盛清一仟，王永惕一仟，郭殿清四佰，王賜亭五佰，王賜訓三佰，王世孝三佰，郭學全五佰，郭學治四佰，米廣遠五佰，劉興賓□佰；王賜珍，王世顯，王興元，王興德，王興盛上俱二佰。

常莊：顔景普二仟。

海子當中：王世治捐錢二仟。

海子西頭：公捐錢三仟，王永□二仟，王賜友二仟，王賜鄰一仟，李兆祥一仟，解兆成二仟。

鄧家莊：李永祥、冉廣吉、王道誠、范忠和、朱明德、王永坤、西文成、石永常、顔錫成、鄧興珠、王汝興、張思祥、王玉春、鄧元善、鄧元愷、王汝信、邵慶粮、鄧興墀、王汝範、王□信、劉元明。

鄒平縣：劉振輝捐錢壹仟。

郭家新莊：郭長佑捐錢五仟。

楊家莊：楊在密施獸頭壹對。

東焦莊：王賜珏貳仟，王賜琴貳仟，王恒泰伍百，王繼顔伍百，王汝信伍百，王恒盛四百，金佩珍四百。

西焦莊：王賜甲捐錢壹仟。

廟地基：中長村貳拾步零九分，前東西横拾貳步陸分零六厘，後東西横拾叁步玖分零六厘。

大清光緒十三年昭陽如月立」。

李山頭

清光緒二十五年建修李山頭土地祠記碑

碑在山東省泰安市肥城市王莊鎮李山頭村山神廟石祠内壁，清光緒二十五年(1899)立。石灰石質。右側：高91.5厘米，寬52厘米，厚10.5厘米；左側：高89厘米，寬51厘米，厚10厘米。正文楷書，字徑3厘米。題名楷書，字徑2～2.5厘米。幅面完整，文字漫漶。該碑記載，清光緒二十五年(1899)，李山頭村善信李玉棠、李興泉、李傳心創修土地祠，事成立碑以記其事，並附首事及捐資善信題名。

建修土地祠碑記

嘗聞有天地然後有社稷，社稷者，即土之神、地之道，此」土地之所以名也。我莊舊無是祠，是則懮之。有李玉棠」命族姪興泉、孫傳心，爰與衆議，癸日卜地，均輸資財，共樂趋事，不」日庙貌成，而神像新矣。庶幾永保不朽、文治光化云爾」。

李傳珠、心撰書」。

大清光緒弍拾伍年歲次己亥葮月穀旦」。

首事：李興泉、賢，李傳申、心。

李□香六千四佰、李玉棠两千、李興泉一千六佰、李興賢一千八佰、李興良施一千八佰、李士成一千九佰、李士倫六佰、李興有五佰六、李興山二佰、李興科四佰八。

李傳申二千六佰、李傳高一千五佰、李傳心二千、李傳道一千二佰、李傳中九佰、李傳春一千四佰、李傳家四佰四、李傳琢一千五佰、李道仁一千四佰、李道春一千二佰。

石工孫子香」。

鳳凰山

元代重修鳳凰山修真觀記碑

碑在山東省泰安市肥城市桃園鎮鳳凰山修真觀，元代立。石灰石質。殘高145厘米，寬104厘米，厚30厘米。正文楷書，字徑4厘米。碑僅存下部，文字清晰。該碑記載了重修修真觀之事，因殘損而立碑時間不詳，但碑中提到了"知觀王志真"字樣，又提到道士志詮、志簡，極有可能立於元代。

元代重修鳳凰山修真觀記碑

(上殘)勢，林木蓊鬱，峯巒擁抱，中有古城，周可□」(下殘)如天地之覆載，日月之照臨，雨露之澤潤」(下殘)址頹基，破甓毀瓦，或云古之修真觀也。久經」(下殘)以居之。公諱志詮，□□賜號清真□□，花山」(下殘)凜操厲行，含和隱璞，日止一食，衣唯紙布，涉」（下殘）遐邇，企慕投禮爲徒者，幾百數。今遊歷他所，不」（下殘）芬馥，累日方散，識者以謂解化，春秋八十有一」（下殘）□□□□以繼其道業，嘗於□養之暇，傷修□之久」（下殘）日□功伐木，命匠□茅平□復故，粉新繼之。諸方信」（下殘）□年，殿宇峻整，像位炳新，□□齋廚寮庫圃畦□勝略」（下殘）矣。厥功告成，欲刻堅珉傳□□遠，志簡洎法兄泰安乾」（下殘）獲已，因謂曰：道要鏗宏囊□□有混一元氣，生成庶彙」（下殘）柔弱而□深旨，秉在精誠，□志勤行，持久可以超脱死生」（下殘）葺復修真之廢，宏搆巨室，像設嚴整，良可光飾玄門，然□□」（下殘）仁義忠信，迺萬世不易之法也。作王道之紀綱，爲人倫之楷式」（下殘）合而爲一，使後之人，瞻慕聖人之德，啓信善之心，興禮義之風，不□可」（下殘）

（上殘）□知觀王志真。

（上殘）趙彦。

（上殘）順、石横鎮巡檢傅榮。

（上殘）丞魏瑛。

（上殘）民長官縣令馬欽立石」。

（上殘）石□□□刊」。

澇窪村

明萬曆三十三年創建鐘樓施財碑

碑在山東省泰安市肥城市桃園鎮澇窪村，明萬曆三十三年(1605)立。石灰石質。高35厘米，寬95厘米。正文楷書，字徑2.5厘米。碑體完整，文字清晰。該碑爲題名碑，記載了明萬曆三十三年(1605)肥城縣吕店等社善信創建鐘樓之事，並附施財善信以及參與其事者題名。

肥城縣吕店等社創建鐘楼」施財生員宋珍，男宋之□、宋之□。社内善信致仕官宋文淵，生員宋文渠，宋瑶、男宋之蕃、宋之汗、宋之楝，宋國賓、刘宗善、刘子風、刘子緒、刘子明、刘子成、刘汗雨、李進得、李顯道、杜尚義、安守道、刘大甫、耿仲卿、張仁美、張連、張朴、潘一得、司虎、王愷、李大現、王万、刘汗山、宋荣、宋墨」。

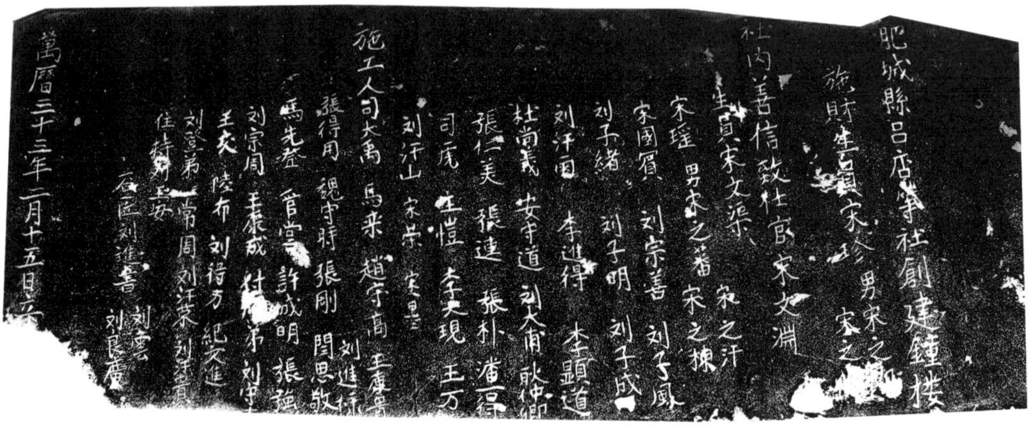

明萬曆三十三年創建鐘樓施財碑

施工人：司大禹、馬栾、趙守高、王康貴、刘進禄、張得用、魏守時、張剛、閆思敬、馬先登、管堂、許成明、張強、刘宗周、王康成、付□弟、劉守才、王交、陸布、刘得万、紀文進、刘登弟、常周、刘汗荣、刘汗貴。

住持：刘玉安。

石匠：刘進書、刘雲、刘良廣。

萬曆三十三年二月十五日立」。

鮑家塘子村

明崇禎六年柳灘重修碧霞元君行宫記碑

碑在山東省泰安市肥城市桃園鎮鮑家塘子村碧霞元君行宫，明崇禎六年(1633)立。石灰石質。高282厘米，寬80厘米，厚80厘米。正文楷書，字徑3厘米。該碑爲長方體四面碑，一面刻碑文，另外三面刻題名。碑體完整，文字基本清晰。該碑記載了明末重修鮑家塘子村碧霞元君行宫之事，當時住持碧霞元君行宫的爲僧人洪亮。

柳灘重修」碧霞元君行宫剏立萬人碑記

凢神所棲依必皆福地，苟非其地，則靈爽不在焉。即一方善信欲假廟貌以開迷途，恐神之居歆□不可幾也。肥子西南村曰柳灘，境曠□廣，□民繁衍□邑中，實稱巨」落。凢晉宋淇魏，瞻謁泰岱，道必出此。説者謂：昔有奉」碧霞元君而東者，車駕至斯，忽若九鼎，力扛不前，大衆知此地為福地，乃」元君所欲停驂之處也。遂號佛跽禱，歸以像留，鄉之人仰答神貺，緣而建祠，其奇異已甚。矧祠成，而有禱如響，靈應非常，遐邇咸蒙福祐。故佳辰□節朔旦望朝，雖愚夫愚婦」争相清供，未嘗少懈。即時移歲换，不免風雨之摧剥，而瓦敗垣頹，寧忍殿宇之傾圮？一日，鄉人召老僧通浩重為修葺，于是正祠新焉，兩廊肇焉，而前則設門閣以嚴出」入，後則起樓閣以備寢興，是祠之規模亦畧具矣。所猶乏者，則鍾鼓缺懸，屏蔽未樹，羣垣尚歉于及肩。曩在癸亥，余不佞曾草一疏付廟祝衲子，請」邑侯關中王葱嶺父母為居高之倡，當□亦深嘉余序，而樂于引手，第自五馬西去，而事遂寢閣。歷今數載，仍是缺陷光景，豈人之好善須異于昔，而」元君神爽有時而歇哉？匪然也。則歲時有豐歉，而化導之無人耳。此元君祈□顯靈于陶氏，而命尼僧元真之徒洪亮製萬人貞碑，紀協功姓氏□為激勸鼓舞，俾後來觀」感而興起者，完祠宇之闕典，補人天之漏因，緜一邑之福地，作千秋之巨觀，神意殊深遠矣。是碑也，高八尺，方各二尺，上有重樓滴水，下有湏彌方座，伐石于」萬曆乙卯。久以歲祲，塵埋祠外，迨」今上崇禎壬申之春，興工磨礲，迄癸酉二月鐫勒始竣。盖幾經歲時，幾□□力，事之獲成，良有其候，而」元君

明崇禎六年柳灘重修
碧霞元君行宫記碑

之靈爽，昭昭不昧，亦甚可敬也。後之人倘無俾廟貌就弛，而增修募治，常相勸勉，則介爾景福，當永又無斁，又何必借片石爲作善降祥之榜樣云」。

大明崇禎六年歲在癸酉仲春清明日之吉，東魯平陰縣舉人賈廷燁沐手撰并書」。

住持尼僧：洪亮。

募緣人：陶氏。

石匠：劉得時。

鐫字匠：孟祥。

西里村

清康熙二十年重修玄帝廟記碑

碑在山東省泰安市肥城市桃園鎮西里村，清康熙二十年(1681)立。石灰石質。圭首。高158厘米，寬64厘米。正文楷書，字徑3厘米。額題"碑記"，楷書，單行，字徑6厘米。碑體完整，文字清晰。該碑記載了清康熙年間重修西禮村玄帝廟之事，並附信士會首與信女題名。

清康熙二十年重修玄帝廟記碑

大清國山東濟南府肥城縣各社下同人氏見在西禮村前後四散居住重修」玄帝廟記」。

信士會首：季成光，郝洪德，王欽元，王廷教，葉龍，郝澤，王儒，張滇，張湛，李廷相，王運明，王存，王廷言，王運洞，任交，任旺，李旺臣，王□栾，張□教，王□茂，葉虎，田廩，田文，耿世興，王模，王舉，任英，董邦賢，田□，王德成，方松，王廷諫，徐懷德，王興，王廷選，□□□，□□，董克想，李□。

女會首：任友聶氏，董門馬氏，王門郝氏，王廷□□氏，王廷言黄氏，王門王氏，王門王氏，李廷臣楊氏，馬門王氏，耿門李氏，鄭門王氏，王門耿氏，王門馬氏，馬門王氏，□門董氏，王□明車氏，王運洞趙氏，郝門陳氏，王門王氏，張門王氏，張門陰氏，馬門王氏，謝有德郝氏，任門張氏，王門孫氏，朱門徐氏，田門李氏，馬門張氏，□□□氏，□門□氏，王門□氏，侯門趙氏，趙□□張氏，李成光□氏。

崇果寺僧人□□。

香嚴寺僧人□□。

香嚴寺僧人□住。

本□徒永□、永興。

助工木匠：姬守礼。

助工鉄匠：王玉山。

泥水匠人：趙恂、尹□。

鐫字石匠：刘安□、李□。

旹皇清康熙貳拾年歲次辛酉六月乙未十五日丙申吉立」。

郭劉村

清嘉慶十一年重修三王廟記碑

碑在山東省泰安市肥城市桃園鎮郭劉村，清嘉慶十一年(1806)立。石灰石質。高 206 厘米，寬 87 厘米，厚 19.5 厘米。正文楷書，字徑 2.5 厘米。額題“萬古流芳”，楷書，單行，字徑 8 厘米。碑體斷裂，文字漫漶。該碑記載，郭劉村有土地、牛王、馬王三王廟，創於明萬曆年間，至清嘉慶年間重修，並立碑以記其事。

清嘉慶十一年重修三王廟記碑

重修三王廟碑記

蓋自梵經西出，而鬼神之道昌；貝咒東來，而祠廟之建崇。固極愚民之信，從而不敢越者矣。然而，火其居盧，其□先哲曾有是言，豈定論」哉？亦以其無益而徒足惑人耳。若夫三王之廟□异是。三王者，土地之神與牛王馬王也。夫土地為一方之依憑，木金水火土」是乎？需水旱雨暘於此焉，祷而其神常若陰相而默佑之。自古聖人主陰氣而報土功，良不誣也。至牛以服箱，馬以致遠，牽鼻絡首以來」，□下古今胥賴其利，則主是者之神功浩蕩，夫亦何可没也哉！窃怪夫民情之惑也，於不必祀者而祀之，而燒香拜佛，祈必名山者于□」焉；於可祀者而反不祀之，而山□毁行，遺忘先□者紛然焉。無怪乎淫祠日愈多，正祠日愈少也。□者，本朝湯公巡撫江蘇令□淫祠」也十餘所，所留者惟□□□□二□。人皆□之為□可毁而毁也。由斯以推，則凡祠之□修而不修者，亦湯公之罪人也。伏□□以□」三王廟一座，創始于前明萬曆三年。兹有郭世□□□葺而新之，工竣求文於余，余嘉其善大異于愚夫愚婦之所信從焉，故為之記」。

甲午科副舉人□□□□撰」。

□□□□沐手謹書」。

……

大清嘉慶拾壹季歲次丙寅福月上浣穀旦立」。

張家拔頭村

清道光三年重修殿宇神像記碑

碑在山東省泰安市肥城市桃園鎮張家拔頭村，清道光三年(1823)立。石灰石質。高147厘米，寬55.5厘米，厚28厘米。正文楷書，字徑2～2.5厘米。額題“重修廟誌”，楷書，單行，字徑7厘米。碑體完整，文字漫漶。該碑記載了清道光年間重修廟宇之事，後附善信及住持道人題名。

稽古追封之典，象功昭德，祠以安之，祭以享之，石以勒之，可一日而可千古者，每不謂端在是也。迨至日遠年淹，則亦有難言者。夏日炎火，時受雷雨」之侵；冬天氣寒，復被霜雪之摧。碑既淹而無考，獻已没而無徵，古來之陳迹，盡為坵墟，彼之所謂百年千古者安在乎？豈不深可悲哉！予嘗目神像恒傷」時運之衰，觀殿宇常存墜緒之懼，意欲重修，力為難之。因想構大厦者，非一木之枝；調□烹者，須衆卵之味。舉意謀諸親友，欣然樂施，於是爰究百工，敬」導古制之良規，纘承先人之善事，不日告成，更置碑以誌之，人或譏謂小補，是亦前人之一助也。至于斯受再傳，則有望於後之君子」。

首事人：張賜貴，孫文佩，張賜禄，胡占魁，□禄，張文成，裴滿水，陰克楷，楊文魁，王尚齊，王克文。張賜榮，李秉讓，郝太平，黄照遠，王奉禹，王若珠，劉德隆，鄧雲峰，郝六合，王名公，王元祥，王得財。魏興，鄧希文，鄧雲雨，孫萬欽，郝為能，王進明，熊培桂，彭海川，王顯廷，張文，郝一□，于化龍。孫化邦，孫安邦，葉文礼，葉永科，伊永華，李進德，布啟同，布啟運，布啟丹，復盛店，胡清泉，顧雨南。郝輔清，李

清道光三年重修殿宇神像記碑

松齡，鄭曰雲，郝士能，郝士英，郝義清，葛大敬，張大文，王永年，李國鍳，曲祖顔，曲祖仲。王得安，孟哲，孟紹杜，孟紹□，杜偉，孫萬涵，孟朴，李德成，陳玉崑，曲鴻儒，曲坤，郝邦信。王榮先，萬文林，潘士礼，王朝珠，王士魁，王茂楨，王來富，王汝泗，王汝峰，李朝陽，劉光先，王守能。王國楝，張思温，彭奉持，彭鋹，葛文先，葛文舉，吴法友，孫法□，于合旺，王丕祥，王文礼，王守財。王國林，王尚周，王尚志，王尚信，王宗商，辛福友，李梅，孫惠，王宗文，李元周，李元成，李元府。黄大成，閆宗季，陰學成，陰克竹，陰克祥，陰可讀，陰可論，陰可諮，陰可誦，陰可謚，張君安，孫傳勤。裴門張氏，楊冠真，楊冠祥，周敬承，胡丕元，王希珠，王希公，王希敬，張興信，宋志。李功信，李宗海，李宗亮，刘文隆，張仁梁，張仁魁。

本庄住持張教禄。

石工：張興信，宋志。

王國楝筆書。

大清道光叁年癸未七月既望」。

桃園鎮政府

清張養謙撰文書丹殘碑

碑在山東省泰安市肥城市桃園鎮政府，立碑時間不詳。石灰石質。殘高 116 厘米，殘寬 61.5 厘米，厚 25 厘米。正文楷書，字徑 4 厘米。碑僅存部分，文字清晰。因殘損嚴重，不知該碑原在何處，記載了重修廟宇之事，後有募緣人和住持道人題名。

清張養謙撰文書丹殘碑

（上殘）之漸就傾圮，後（下殘）重新倏爾榱□輪奂金□（下殘）維時李賊揭竿東下，士女伏（下殘）楚等，復率衆輸財鳩工，不逾旬月（下殘）九野居露處，老稚啼寒烟之淚，北歸（下殘）上默禱安全，又蒙縣劄委練長郝嘉賓□（下殘）以保安堵，雖曰人之功哉，實維神之力歟！向（下殘）護生全有顯用也，維是山之人，皆神之人已究（下殘）患已哉！畧述巔末，敬兹刻珉，以俟後之繼修云」。

（上殘）養謙撰記并書丹。

募緣人：楊斯和、郝惟懷。鐫字匠：王汝節、趙見陽。

住持道人：盧德本。

仝立」。

北儀仙

明萬曆二十九年重修東嶽天齊王廟大門牆垣屏壁記碑

碑在山東省泰安市肥城市王瓜鎮北儀仙小學，明萬曆二十九年(1601)立。石灰石質。圭首。高118厘米，寬56厘米，厚16厘米。正文楷書，字徑3～3.5厘米。額題“重脩東嶽門牆屏壁記”，楷書，3行，字徑5厘米。碑身斷爲兩截，文字清晰。該碑記載，明萬曆年間，鹿杲等主持重修儀仙街東嶽天齊王廟，“建大門三楹、牆垣數仞，屏壁一座”，事成立碑以記其事。

重脩東嶽天齊王廟大門牆垣屏壁記

重光赤奮若之夏，余燕居養正堂，有鄉丈鹿杲謁余而言曰：“儀仙店街西舊有」東嶽行祠，今歲月滋久，大門牆垣廢弛，門外車馬之行直突神祠，虞其褻也。欒」輸己貲，命匠伐他山之石，市鄧林之木，陶河濱之瓦，經之營之，建大門三楹，牆」垣數仞，屏壁一座，内外秩然改覆，□安神靈而展持祀矣。盛事既成，不可無文」，以垂不朽，願乞先生一言，記之以示將來。”余曰：“東嶽赫靈昭應，前記之者詳矣」，鄙人復佴言哉？余聞古人先成人道，而後致力于神。孔子曰：未能事人，焉能事」鬼？若夫人者，皆脩孝友、尚德義而敦人道者，其以事鬼神宜也。使不孝不弟，無」禮無仁，壞義利之防，墮奸邪之刑，雖牲帛之日陳，神必吐也。自今伊始，陟降遲」止，凜然敬畏，遷善敏德，修己敦倫，而□□之奉，明神必享之矣。脩廟之後，神其」默祐鹿公鬋永享平康，篤生異人，賢才輩出。神祠後有殘毁，許公後昆補葺。天」祚忠

明萬曆二十九年重修
東嶽天齊王廟大門牆垣屏壁記碑

孝，世有爵邑，允文允武，子孫千□，皆行善之厚報也。因請紀事，於是乎言」。

旹」皇明萬曆二十九年辛丑蘭月吉旦，肥邑野史屈展經綸甫三熏拜撰」。

脩廟善人：鹿杲，長子鹿延壽，儒學生員仲子鹿延齡。

清乾隆八年重修天齊廟記碑

碑在山東省泰安市肥城市王瓜鎮北儀仙小學，清乾隆八年(1743)立。石灰石質。圭首。高110厘米，寬46厘米，厚15厘米。首高20厘米。正文行楷，字徑3厘米。額題“重修天齊廟碑記”，楷書，3行，字徑4～5厘米。碑體基本完整，文字局部漫漶。該碑記載了清乾隆年間鹿景、路正樞等結社儲資重修天齊廟之事，並附善信題名，值得注意的是，當時天齊廟住持爲僧人。

天齊者，德與天齊也。德與天齊，故可以輔□化育，可以黜陟幽明。善者」敬之，恶者憚之，所謂濯濯厥靈、臨下有赫者也。儀仙西北隅有」天齊庙，歷年已久，摧殘不免，漸而榱崩瓦解，勢將終成坵墟。幸鹿景、路正樞等」，結社儲資，於辛酉之春重整完固焉。工竣，属予為文以誌事，予□人」不必敬天齊、憚天齊也。但各修天君」，天齊斯鑒之矣。凢向善者，尚念天君，勿河漢于言」。

明盛店、明增店、袁甫朝、董義新、朱浩然、王志珩、路星遠、路星炫、路星燿、路敬樞、路澄樞、鹿景、鹿浩、鹿礼、鹿名甫、鹿蘭萌、鹿蘭成、鹿竹成、鹿廷瑶、鹿廷孝、鹿廷甫、鹿潤、鹿蘭欣、鹿蘭啓、鹿恒、鹿大用、鹿興業、鹿興科、鹿興舉，鹿考，路生炤、路生焕、潘龍山、潘理、楊宗銘、姜連舉、陳希孝、孫孝性、孫連盛、□林、賈法、陳貴甫、尹宗湯、邹文光、周天民、高玉、高立如、武永□、張存礼、秦欽、鄭□□、吴士長、董可林、刁興旺、□□□、鹿蘭州、石東明、鹿廷州、張孝增、竇云湘。

住持僧人净從。

邑庠龍勷□撰(下殘)

乾隆八年六月初一日立」。

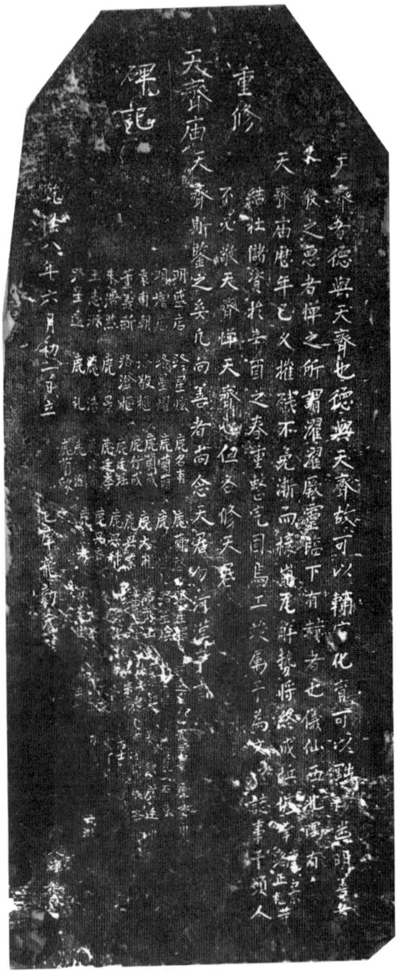

清乾隆八年重修天齊廟記碑

重修天齊廟記殘碑

碑在山東省泰安市肥城市王瓜鎮北儀仙小學,立碑時間不詳。石灰石質。第一塊殘片高 67 厘米,殘寬 43 厘米,厚 15 厘米。第二塊殘片高 62 厘米,殘寬42.5 厘米,厚 15 厘米。正文楷書,字徑 4 厘米。碑體殘破,僅剩餘兩塊殘片,但文字清晰。該碑記載了重修天齊廟之事,因殘損嚴重,具體情況不明。

重修天齊廟碑記

從来善事盛舉,莫為之前,雖美弗彰,莫為之後,雖盛弗傳,此創之」所以有賴於継也。如吾鄉天齊廟」,仁聖大帝之行宮,報祈雲雨之祭所,崇諸祀典,不可廢者也。歷觀前人」舊制,正殿及後樓、兩廊、山門與羣牆、照壁,不惟丹楹刻桷壯一時」之觀瞻,實欲棟宇膠葛歷千載□不替。無如風薄雨蝕,既屢經摧」殘,故踵事增華,亦数賴重修。□至於今,樓則瓦隨雨墜焉,殿則(下殘)

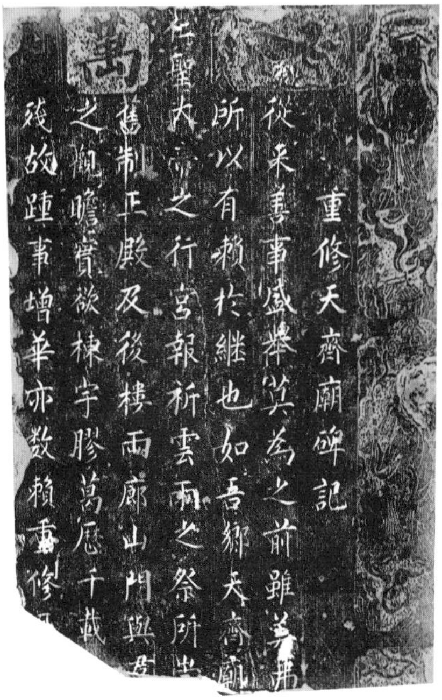

重修天齊廟記殘碑(一)

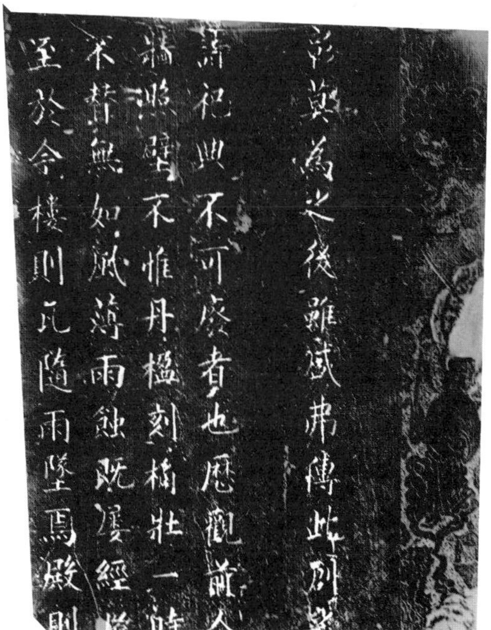

重修天齊廟記殘碑(二)

李昌運撰文重修殘碑

碑在山東省泰安市肥城市王瓜鎮北儀仙小學，立碑時間不詳。石灰石質。正文楷書，字徑4厘米。額題“古□□流”，楷書，單行，字徑7～8厘米。碑斷爲兩截，剩餘部分文字清晰。

（上殘）壁虞土崩，兩廊則漏痕淋焉，山門照壁之外，無一完好，苟不為□」修葺，幾何不荒煙蔓草也。是以□鄉善士，不忍坐視，慨然重修□」任，一為之勸輸資財，一為之課督。將作，籌策經營，功不以費大而」虧，事不以劬勞而止。是以般兩閧□驅土木以效靈，兼賴」神明默佑，無風雨以閒阻，一閱月而告竣焉。然又慮觀音堂戲樓」之傾圮也，因於功竣之餘，而歷為補□。昔之上漏下濕者，今則壁」完甌固矣；昔之磚断瓦零者，今則鳥革翬飛矣。輪焉奐焉，廟貌輝」煌焉。而前人之創垂於兹，永遠不墜焉。□創之重，有賴於繼者不」信哉！爰誌諸石，以垂不朽」。

邑庠生鹿錫安□丹」。

郡增生李昌運□文」。

李昌運撰文重修殘碑

金槐村

清乾隆四十一年修關帝廟鐘樓記碑

碑在山東省泰安市肥城市王瓜鎮金槐村，清乾隆四十一年(1776)立。石灰石質。高 27 厘米，寬 110.3 厘米，厚 10 厘米。正文楷書，字徑 2 厘米。碑體完整，文字清晰。該碑記載了清乾隆年間重修肥城縣言寸社張家莊關帝廟之事，並附監員、領袖、石匠等題名。

大清國山東泰安府」肥城縣言寸社張」家庄」関帝廟，鋳鐘壹科，修」鐘楼一坐。潘九高」。

監員：傳占、林玘、羅貴用。

領袖人：傳起山、刘文才、傳敬、傳璉、潘志顺、羅鳳傳、孫立、孫珍玉、付建邦、付大邦。

石匠人：付清玉、趙得法。

乾隆四十壹年歲次」丙申臘月吉旦」。

清乾隆四十一年修關帝廟鐘樓記碑

清嘉慶十四年重修關帝廟記碑

碑在山東省泰安市肥城市王瓜鎮金槐村，清嘉慶十四年(1809)立。石灰石質。高153厘米，寬66厘米，厚17厘米。正文楷書，字徑2厘米。額題"萬古流芳"，楷書，單行，字徑7厘米。碑陰題名楷書，字徑1.5厘米。碑陰額題"碑陰題名"，楷書，單行，字徑7厘米。碑體完整，文字清晰。該碑記載了清嘉慶年間重修張家莊關帝廟之事，並附領袖、道人、匠人以及善信題名。

且事有終始而功分創述，論者當觀其前後之間而已。乃觀其前，而更观人之継乎」其前；觀其後，而尤观人之開乎其後。即如張家庄舊有」関帝廟一座，當前経重修，固焕乎其堪覽，但屡被風雨，豈其歷久而常新？近有本庄人等」，目覩蕭索，惻然心傷，意欲興工以補葺，第慮獨力而难成，輾轉圖維，斯亦末如之何」矣。然而，急公好善，人有同情，窃幸近者樂施，遠者相助，故得於殿宇神像漸次而整」飭焉。則見向之闇淡無□者，而今則輝煌堪羡矣。迄成而囑余為文，予誠管見，僅援」筆而記之以年月日時云尔」。

業儒楊継先、朱邦珍、辛盛遠撰文並書」。

領袖人：傅焕洛、傅安、監生傅占、傅耀邦、羅維銅。羅維鋕、監生傅欽邦、傅守已、劉祥忠、傅輝邦。傅為邦、高重、傅明邦、刘松、傅守身。傅守仁、傅魁邦、林東周、傅興旺、林宗周、林西周、傅經邦。阮士俊、宮大成、付焕林、付玘學、付守德、付守梅、邵光彦。潘志和、潘九思、李思文、韓玉輝、王廷梅、刘显、阮士英。潘志欽、潘世德、孫德燦、孫惠先、孫居、孫景先、付禄。付

清嘉慶十四年重修關帝廟記碑

玘武、付焕理、付荣、付焕倫、付焕雲、張六存、刘魁山。羅克能、羅維倫、羅維京、羅維銑、張六合、張六文、張六水。刘祥乙、羅維鈴、付友楝、付永水、付進才、陰志成、張六山。潘立元、潘九箱、潘世進、高宗、高興、付貴邦、付守宗。張六礼、付焕友、馬克方、潘世重、林常周。

鉄筆人:密貴林、密貴成、密貴明。

住持道人:王福存。

大清嘉慶拾肆季龇次己巳六月初二日立」。

(以下碑陰)

張法彦、張法湯、會首張法文、張美石、張文太、張文烈、張文佩、張文泮、張文炳、張克任、監生張子文、張仁坦、張九思、張峩錫、張中文、張文平、冉光孝、聞友來、趙文典、孫德仲、齊志才、刘宗方、王佳住、焦天成、蔣興、会首趙明九、趙明臣、會首孟振廷、李珩、孟興玉、孟振海、孟興福、孟坤山、會首□文貞、王吉祥、李坦、馮克儉、王松泉、赵連城。

朱存孝、朱存礼、朱玉、王士可、王士爵、会首趙玘、監生宋士魁、宋元法、郭柱、赵志用、陳得浦、冉大現、潘曰栢、王宏明、王克讓、潘太、孫太、王□□、孫孝先、潘興旺、刘順天、赵继明、潘世常、潘志明、潘志怀、王金、会首張克禄、張克祥、李湖、李山、張端、孟孔德、孟興詩、賈常安、朱海、潘志孝、孟興禄、孟興來、赵志松。

羅安現、周孝如、冉光勤、刘其海、赵英元、陳邦傑、会首魏邦興、赵志旺、赵志為、赵志衍、赵志圣、赵允中、位忠、位德、赵雲龍、王志孝、張明遠、陳国太、宋德平、王春、監生董思孝、会首潘世朴、潘世珩、潘世科、潘宗端、付興川、付興功、付君佩、孟安邦、孟安伯、孟連城、孟、潘志武、会首潘志公、潘志平、潘志方。

董清遠、董清江、董清太、会首董清山、董□勤、王名揚、王現唐、董玉汝、董玉禄、孫文玺、車奉林、車奉岐、車進美、車奉美、車進孝、会首車奉魁、王宏欽、王宏有、王宏信、王立元、王宏德、孟志邦、孫其功、孫得禄、孫怀林、孫怀、孫欽功、孫光彦、孫克錡、孫怀科、孫德章、孫德助、会首孫怀璞、会首孫立、潘志文、潘世能、会首潘世松、潘世才、潘世語、潘志純。

董清实、董清栢、董玉連、董玉華、孟興仁、孟興智、孟德志、何連溶、董旺山、董世珩、会首冉清爵、冉光俊、冉大榮、冉光友、冉光祥、監生冉光居、冉大德、監生冉光平、冉光□、監生冉光梅、冉大嶺、冉大義、冉大礼、監生冉大友、冉光智、会首王廷立、王富荣、王振江、王振邦、王廷鳳、王継若、李六明、王福立、会首彭克海、于貞、郝象彝、彭克旺、楊克孝、郝盛彝、郝勤。

会首宋邦彦、張見、宋天成、宋天禄、宋天才、宋邦珍、楊安、陶旺、潘世傳、潘曰鳳、潘宣、宋振盈、九品孫樂湘、楊化先、王會文、王永亮、賈德會、陳明远、王鳳臨、張大文、赵士中、孟興泗、馮興貴、李光福、潘世法、会首趙立德、監生耿九梅、趙曰胡、赵士科、赵永炳、孫廷福、赵存五、赵士迪、赵立訓、会首張見聡、田甲魁、赵景義、張継業、張盛文、張士立。

張克祥、張俊選、会首張継堯、張継禹、張來成、李啓、陳大禄、張士太、武中孝、馮大魁、会首李萬成、郭興旺、竇天棟、李萬显、賈思誠、于永先、魏成功、賈德能、冉光禄、冉光也、冉大旺、□□冉傳科、冉光太、冉德沖、監生冉大效、冉光清、冉光興、会首楚存義、刘思信、張明吉、楚曰珠、王元棟、王邦玉、孫承吉、会首王曰坦、王明智、王見士、魏坤、王敬顔、王法魁。

会首王家齡、田守先、周文河、会首張平、毛志礼、辛盛德、張曰九、李克信、張永信、張曰文、辛楨、辛盛林、李廷選、韩旺、刘方興、李宗崑、張国玉、李周、韩志順、会首刘曰成、尹怀信、孫振、王曰琯、林宗舜、張希堯、孫樂溪、武進文、龐永渭、監生武君玺、武君榮、龐国林、朱存水、王琯、王�、王玉亭、王法、王章、王希文、王文、王鴻崙。

王汝奉、史進功、王汝坤、王汝立、王家如、王曰連、会首王加彦、王百亮、庠生王中慮、王汝棟、監生王汝宗、王汝义、王汝岱、会首潘志同、車泗輝、車奉安、車奉曰、潘志堯、潘志亮、会首郝為能、葛思孝、李蘭亭、冉大和、監生熊元中、監生王慶楹、胡占魁、会首張順天、孟元、孫士拔、郝邦吉、王显清、張文、王進明、郝□忠、会首車明、車旺、車見龍、車文明、車禄安、蔡友舜。

羅明典、張明起、周大旺、鄭其海、会首郭殿魁、竇天荣、楊□桂、張太平、李萬林、郭玉明、張佩功、邱鳳亭、楊継文、毛志義、会首魏占岐、魏玢亮、魏玢文、魏甫、魏継堯、魏継舜、魏海、会首王朝臣、陳宗文、陳九思、陳国樞、陳国祥、陳国楨、陳国太、張士林、張守才、郝宗圣、王臣、王溥、王文樞、張克正、張克文、会首張克紹、張克聚、張仁輝、蔡友臣。

孟乙□、李曰勤、王振河、王振剛、王振殿、王廷文、会首王廷宝、孫進才、張荣德、位立先、位立德、孫樂淋、位貴、王序、羅明月、付華邦、王官、庠生付鴻臨、王先明、孫德考、付国華、潘世傳、潘德奉、張子成、孫德亮、孫德宏、王家奉、王家禄、徐丕承、張文長、張文振、張仁海、張仁河、張孝中、張憲章、張子明、張律、張見、張孝成、張孝亮。

王継禄、王継怀、会首李矣如、李紹彦、李紹宣、李承先、李希如、李北如、李聡如、傅殿、王敬賢、時曰松、会首王進湖、王廷念、王福禄、王継亮、燕緒、孫文玉、李一蘭、李緯、車文若、車文亮、会首趙明倫、趙德洽、趙珩、趙玉、李曰功、趙継平、王邦宣、李永太、李永清、李永平、李永廷、張殿臨、尹鴻寬、尹鴻亮、閆永福、李斗祥、監生李継朋、会首張佩業。

張丕基、張相坤、孫存信、喬公堂、王文聖、胡三枚、孟曰珩、孟成訓、孟成恩、胡三亮、周文江、尹鴻栢、監生胡清和、安其玉、高云路、王来成、喬公、王自興、田玉貢、田玉章、羅鳳官、羅鳳為、王準、王統能、付濟廷、会首李廷河、李萬倉、張文耀、会首王進如、監生董先明、董清□、董先哲、賈□、李□、付□邦、付玉邦、会首冉大□、会首冉継周、冉廷玉、冉興爵。

潘德文、王德山、付永昌、張立準、闫興义、魏显功、郭殿文、王仁功、孟玉玺、車義、王振安、董玉均、楊杰、王思讓、会首馬□山、顧思礼、顧全德、顧永义、顧思魁、顧思長、顧思有、顧思讓、□□政、付□文、付振孝、王□正、□典、会首王文太、□国圣、尹□元、□太文、□希仲、□傳江、□光聚、冉廷□、冉□□、冉□□、冉継□、冉継□、冉□□。

張荣、会首魏奉祥、錢開龍、吴建、魏秀亮、□向召、魏鳳儀、魏鳳臨、張子湯、孟永恒、張建义、会首王永魁、会首王元沖、王净、王貞、王欽、王羣、王居、王在亮、王在勳、王永寧、王統俊、王会、王能、王永吉、王有武、王殿、王雷、王周、王乾、馬志勇、李孝有、馬□、李孝彦、会首張義、会首尹樂天、会首冉大寬、韩永俊、郝聚仪、周圣安。

付□邦、付玘全、付玘荣、付雷、付盈、付貴、会首付玘仁、王知明、赵大啟、趙行止、趙京明、趙明士、楊泗恭、会首尹宗玉、会首王藍玉、王宗典、張六雲、王思啟、王士周、王士林、王大安、袁盛禄、袁盛林、王永安、王怀、王其福、王全、会首王仲有、魏大武、魏孝信、刘九峯、武均仲、武振时、会首武輝先、孟德旺、楊淩魁、郝世朴、会首楊□霞、冉大安、周大泗。

付憲邦、付宏邦、会首王元興、李文孝、李曰生、張安、王文奉、王乙佩、張丕倫、郭乙成、会首王作林、会首赵福山、王興仁、王宗、赵克功、赵克讓、王玉山、王作师、赵廷松、魏士範、王立經、張才、王興貴、田永清、武進臣、武進美、会首刘継奉、会首赵桂、付興、潘志孝。

会首臧安氏、臧鄧氏、尹楊氏、尹王氏、丁胡氏、耿潘氏、王臧氏、郭朱氏、会首刘葛氏、錢刘氏、宗毛氏、王李氏、鄭屈氏、刘盧氏、陳尹氏、吕湯氏、陳胡氏、姜鹿氏、姜鄭氏、尹王氏、尹姜氏、田刘氏、尹張氏、毛董氏、王李氏、張羅氏、張周氏、尹車氏、張馬氏、張李氏、王樊氏、赵張氏、董席氏、赵賈氏、楊尹氏、董李氏、王樊氏、赵鹿氏、王唐氏、李顧氏。

武蔡氏、刘武氏、魏徐氏、魏姜氏、武李氏、武王氏、武邱氏、会首武付氏、付石氏、李冉氏、王田氏、黄于氏、彭王氏、孟張氏、張楊氏、孫王氏、顧冉氏、顧王氏、顧李氏、顧王氏、顧尹氏、顧冉氏、王趙氏、趙李氏、魏張氏、陳辛氏、会首潘孫氏。

金槐村關帝廟創建鐘樓記殘碑

碑在山東省泰安市肥城市王瓜鎮金槐村，立碑時間不詳。石灰石質。殘高100厘米，寬65.5厘米，厚18厘米。正文楷書，字徑3厘米。碑僅存殘片，剩餘部分文字清晰。該碑記載了創修關帝廟鐘樓之事，並附善男信女題名。

（上殘）善始者不必善終，善作者不必善成。余謂不然，使繼述無（下殘）禾黍丘墟，可勝慨哉！即如張家庄旧有」（下殘）久矣，而鐘楼未建，墻垣傾圮，荒凉蕭索，幾等古观（下殘）傅敬等，目擊心傷，願創立而修葺之。於是，一鄉父（下殘）已森然，向之蕭索者，今已燦然。事成，又有善人（下殘）於余，噫！余何文哉？余惟即事之始末而序之，以不（下殘）」

東里曲華魯撰文」。

本社董廷儀書丹」。

（上殘）潘成賓、妻王氏，張存智、妻趙氏□氏、子輝（下殘）

張存義、妻潘氏，付廷仁、妻武氏，刘文俊、妻趙氏，付隆邦、妻王氏，潘九明、妻王氏，潘九德、妻尹氏，潘福德、妻周氏，孫輝先、妻張氏。

付玉、妻李氏、焦氏，孫景先、妻王氏，孫化先、妻張氏，付成邦、妻趙氏，付興邦、妻車氏，潘欽、妻趙氏，付榮、妻毛氏，付聡、妻孫氏。

付安邦，羅鳳岐，付欽，潘九高，孫志先，付焕章，付馬氏、子治邦，付田氏、子玘文，付李氏、子守財，張張氏、子忠，付鄧氏、子焕枚。

高大□，高大來，林東周，付琯，羅鳳□、張存信，張存孔，張存忠。

金槐村關帝廟創建鐘樓記殘碑

□□成，史興，潘來□，潘傑，付智，付琳，高全，刘文用。
（上殘）孫守先，潘德敬，付□，潘九湘，張存寬，潘九玉。
（上殘）付貴□，刘文□，□□□，潘□章。
鐫字匠：孫永□（下殘）
（上殘）六月穀旦立」。

車廟村

清康熙五十二年重建關聖帝君廟宇記碑

碑在山東省泰安市肥城市王瓜鎮車廟村，清康熙五十二年(1713)立。石灰石質。高242厘米，寬66厘米。正文楷書，字徑3.5厘米。額題“永垂不休”，楷書，單行，字徑8厘米。碑陰題名楷書，字徑1.5厘米。碑陰額題“碑陰題名”，楷書，單行，字徑9厘米。副額題“創建廟宇民安物阜施財善人”，楷書，2行，字徑5厘米。碑體完整，文字基本清晰。該碑記載，顏村車氏原建有關帝廟一府，後遇河水暴漲，廟宇損毀，清康熙年間重建關帝廟，並立碑以記其事，且附善信題名。

重建関聖帝君廟宇碑記

歷覽宇宙間廟貌之盛，幾與恒河沙比数者，惟我」関聖帝君夫子為最。蓋帝君之精忠貫日月，義氣滿乾坤，寔為古今來之一人。故敬之者衆，自祀之者多，愈久而愈增也。肥邑車氏舊貫洪同，自洪武間喬遷」至肥，其始遷之祖，敬帝為尤至，家有帝君銅法身一座，事之有日矣。當其來遷，依依不忍舍，因載與俱行。行至顏村里，將卜居焉，先于顏村北河」之滸，築室数楹，以棲帝君像，而事之如舊焉。嗣是，車氏之宗遂繁，皆荷帝君之所福庇也。不意十四、十八年間河水暴蕟，帝君之廟與法像竟漂流」無蹤，其帝君之厭居此土而尋仙境

清康熙五十二年重建關聖帝君廟宇記碑(一)

耶？是未可知也。而車氏自失帝君法像所在，舉族忽忽如失此父母，復糾合庄並同鄉善士，捐資招工，于顔村里」别營古地，重盖帝君廟三間，另整法像焉。其事帝君之誠，亦可謂至矣。今工事告成，将刻石焉，囑予記之。予嘉其能継前人之志，事帝君之處□□」□，帝君之靈，能使車氏之族祖孫父子数傳以來，敬承如一日，愈久而不替，故樂述其巔末，而為之記」。

清康熙五十二年重建關聖帝君廟宇記碑(二)

生員王瑄作撰。

生員張象咸施捨土堂一方。

李見龍，李門徐氏，施捨廟地一方。

管正尊董養素，陰陽曹來會書。

王進忠，李冲什，李重修、子小昭，李珠、子小元。

時進□、時□、時显、時成、時法、時孝、時自美、時自榮、時□□、時貴□、時貴□、時□□。

王显忠、楊興明、董养玄、董养忠、董养全、董养信、董养成、董养来、董养順、董养雷、董怀安、董三臣。

董正舉、董三□、董三礼、董先荣、董正起、王在周、王治、王在可、王在成、王進舉、王進先、王現龍、王進龍、王進甫。

車朋、車猛、車大立、車大成、車京、車申、車方、車治、車自明、車自現、車自興、車自友。

車自显、車自仁、車自禎、車自祥、車自云、車自行、車自登、車信、車自雷、車自端、車崇如、車奉□。

車□如、車敬、車貴、車富、車荣、車順、車店龍、車显宗、車成宗、車玉海、車興隆、車田隆。

車道隆、車美隆、車云路、車世禄、車世爵、車世魁、車世純、車世振、車世朴、車祥明、車路。

車街、車店、車印、車盒、車標、車孛、車文、車礼、車峯、車進、車如、車輻、車珠。

車永禄、車已恭、車素、車永貴、車珍、車存仁、車存義、車存礼。

車存智、車存信、車文龍、車文明、車文□、車文轄、車百□、車百□。

車行、車顔、車楊□、車□祖、車□祖、車耀祖、車輝祖、車継祖。

清康熙五十二年重建
關聖帝君廟宇記碑碑陰

木匠：于河、于海、孟緒□、孫兑、孫志美、王曰華。

石匠：高自然、車高、王□松。

化緣人：車自府。

旹」大清康熙歲次癸巳季夏伍拾貳年六月二十日吉旦立」。

（以下碑陰）

潘計明、潘計海、潘計德、潘景信趙氏、潘景如、潘世杰、潘景論、潘景禄、潘景美、潘景魯、潘現奇、潘景廣、潘秀如、潘景大、潘良秀、潘良才、潘良一、潘景柱、潘景法、潘計亨、潘洪吉、潘計興、石才。

高奉魁、潘良奇、潘云禄、潘景澤、潘動、高自元、潘良則、潘良用、潘景仁、潘景立、潘景翠、潘一荣、潘興如、潘計能、潘智如、潘景寬、潘景爵、潘現章、潘景新、潘良珍、潘景先、李思謙、李思皇、王都、潘計堂。

孫燦、孫志更、孫夫起、孫重、孫夫昌、孫東旭、孫志海、孫明松、孫東哲、孫貴、孫茂魁、孫敬、孫明蘭、孫明楷、孫任、孫光前、孫明得、孫志祥、孫成、孫志宝、孫知、孫立山、孫元清、孫有、孫志成、孫明楊、孫志江、孫明竹、孟成、孟河、孟养現。

孟养观、孟坤、孟振如、孟敦高、孟思孔、孟孝化、孟养□、孟养□、孟文□、孟敬如、孟湖、孟江、趙海、趙湖、趙太、趙奐、趙朗、趙清如、趙要、趙乾、趙忠如、趙汗如、趙全、趙洪如、趙明礼、趙興如、趙明義、趙明仁、陳興、陳玘龍。

李添夫、張汗禄、王玉、張永富、張永禄、董正邦、孟□祥、孟□才、□廷立、馮□旺、任□□、朱□□、朱□□、張□□、孟□□、□湖□、付□□、付玺文、付玘爵、付約、付足、付光英、王显昧、孟世訓、孟興、孟已、孟魁、付玘明、趙應魁。

張明升、紀明江、王尚璜、白玉池、□□祥、□□海、張魁基、張□□、□□□、□□□、□□□、王□□、王惟成、王元興、王□□、王□□、□□□、王惟□、王惟精、張□□、刘□□、張□□、翟□、李荣、李祥周、李瑞周、張洪度、王信、張丕基、張廷立。

孟貞吉、孟文洁、王永□、王□□、□□□、□□□、□□□、□□□、白玉□、白如□、□□□、□□□、□□□、□□□、□□信、王太□、王□進、□□□、□□亮、王成吉、王進□、趙敬□、趙之升、耿玉德、耿显德、趙敬玺、趙敬明、位邦順、位邦仲、位成義。

楊孝安、□德亮、□□□、□永□、□□文、□□□、□□□、□□□、□□□、□□□、耿□□、刘□□、□明□、位成□、位成□、位先春、位行春、位亮春、位魁春、位九書、位□春、位成吉、位成章、位成寬、位金升、張有富、位□春、楊孝富、位景春。

白茂己、白茂典、白茂興、白茂剛、白且堅、白□清、白錦、白□□、□□□、趙□□、王自貴、王自孝、王自富、王自周、□□□、□□□、□士禄、□欽錫、郝□粲、高自樂、喬正、楊士□、王光宦、刘安焦、聶常、張敬、彭显光、耿元方、陳洪基、樊世智、李在興、紀德立、刘京山。

張奪、張存仁、王成玉、向興、王玉□、張□祥、□□□、□□、張德魁、向□、宋□興、張天元、□汝增、李玘、車門余氏、王得玉、王守荣、杜思孝、許养素、王天禄、鄒懋□、畢興、位序春、刘貴、臧嘉、臧孝礼、王明河、李計美、王明礼、白無欲。

車文倫、車文秋、車判、車云輔、車云珍、車云暇、車□、車文興、刘廷礼、生員董汝檪、張□豹、屈□□、李見、朱玉、蔡士貴、蔡文弟、蔡文春、蔡文得、刘志高、屈□□、蔡□□、蔡可禄、蔡文孝、蔡可九、蔡可礼、蔡文信、蔡可止。

蔡可知、楊社九、錢添四、蔡可体、王克勤、蔡可経、張玉、蔡勇江、蔡可□、朱光显、付廷貴、王昭公、刘斌、孟勤、孟旺吉、王興邦、白献長、夏国珠、刘文柱、紀三倫、尹緒青、樊有松、王永美、白玉朴、白玉珩、白献成、李茂周。

刘廷玉、白玉知、夏国珍、張正美、尹長青、王丕忠、張璉、王文圣、紀正安、刘貴、王□、王显□、許連成、樊玘、王邦□、彭士巡、王礼賢、王進才、王召信、王貴忠、白雪、白振全、趙显禄、楊興九、王志檁、殷成禄、□奉□、王得亮、于礼。

李仲禄、王賢臣、王国臣、王良臣、王相臣、王夫臣、王修府、王京□、王□臣、王修荣、王修高、王文臣、王仲臣、王修府、付從、孫敬礼、陳堯、孫自成、王元相、羅奇成、陳章、付道□、羅嵩生、王見中、王培中、秦士偉、趙之祥。

趙洪印、趙大訟、李明義、趙文显、趙文光、趙邦智、趙邦梅、趙之約、趙之□、桑文光、陳車、陳法湯、耿显、韓乙虎、曹夫旺、李□、刘安爵、閆進忠、楊士珍、彭永吉、徐旺、梁緒吉、張立端、楊見德、胡□生、堯興、龐厭伶、胡有隆。

張盈、張士英、位法相、王惟竹、位象選、王惟英、王惟賢、白茂栢、張□基、王世禎、紀倫、張幾、王先玉、張美秀、齊茂現、張要基、趙国禎、張全基、李悦、張壁、張擴基、張□、張弘法、張元美、王法文、張利美、王养忠、王経、王美忠、樊成月、樊有枚、王夫禎。

趙巡、白士義、白士仁、白茂賢、白信、白茂公、白敬、張国禎、張□□、□□□、張□□、張士□、屈□、刘文成、董洪亮、紀官生、張瑾、王玘、李秀、張其方、張進才、刘显君、王惟忠、刘显福、屈臻、張世基、王惟高、張師、白□礼、□□□。

付尔茂、張守信、王士貴、付海、喬德安、林松、付玘落、孟云、孟魁現、□旺、□整、□□□、□□禄、王自升、王曰松、曹振松、朱□□、曹玉、随世興、趙榮、王京□、黄梅、刘文夫、王賢、付可則、刘廷宗、張文如、付廷璜、張自魁、張自臣、羅之□、羅之正。

付□玉、刘□正、王□孝、付□強、張□實、張宗武、張玺太、栾□清、孟□公、王□真、王□敬、曹□显、刘□明、曹□強、曹□□、阮□賓、付□孝、付□論、張之茂、王

□文、王□刚、□□荣、□□栾、□□竹、張养浩、王□柱、王□得、王□祥、□□貴、□□祥、□□□。

耿省□、錢開元、張應存、張敬新、趙国太、趙国圣、趙国印、趙敬新、裴有礼、閆濟九、鹿盌、鹿湛、鹿澄、鹿膚、鹿從虎、楊玉、王□□、袁洪祥、楊正方、楊順方、翟得□、王惟泰、楊世□、楊世明、楊東魁、張□□、□大□。

大王村

清光緒十年重修七聖堂記碑

碑在山東省泰安市肥城市潮泉鎮大王村,清光緒十年(1884)立。石灰石質。高155厘米,寬66.5厘米,厚19厘米。正文楷書,字徑3厘米。額題"萬古流芳",楷書,單行,字徑5厘米。碑體完整,文字清晰。該碑記載了清光緒年間重修王家莊七聖堂之事,並附捐資善信題名。

重修七聖堂碑記

清光緒十年重修七聖堂記碑

嘗思能禦大災則祀之,能捍大患則祀之,此固有功德於民,而為祀典之共載者矣。我肥邑城東十里許寨左小」王家莊,舊有七聖堂一座。自前明崇禎三年善人張公名平領袖創建,至康熙五十一年,又有善人張公名」發松等領袖重修,至今將近二百年矣。廟貌神像俱各摧殘,固非所以妥神靈而壯觀瞻也。自住持道人張永方」入廟以來,廟中少有贏餘,帖請本莊善士張淑涸、□□□等以作領袖,本莊皆樂意倡捐。但工費浩大,支木難成,於是張」永方募化四方,各施貲財。大殿山門一帶反蓋,神像、畫壁煥然重新。此雖衆善之同歸,豈非神靈之默佑哉! 後之」覩斯文者,相繼重修,永久無替,此又余之厚望也夫」。

邑增生張錫命撰文」。

邑庠生孫賡虞書丹」。

領袖:文庠孫賡虞、增生張錫命、文庠田云注、文庠孫培儉。

張玉本五百、監生張淑涵一千、張立本二千、介賓張淑沺一千、尹武安一千、張士寬一千、張士樂一千、王衍珩四百、李治邦二千、張光利六百、張光明四百、張景鴻一千、張相甲二千、張信本六百、張務本□□、張合本□□、張士合五百、張士年三百、張長本四百、張士宏六百、張德本五百、高傳東四百、張元巍四百、王衍孔五百、張景唐五百、張同本四百、張學本三百、張成本六百、王萝鳳一千、張淑汶四百、張淑瀛四百、張淑治四百、張光平五百、張庫本五百、張財本五百、張金本五百、張富本三百、張來本三百、張春本三百、張光言三百、張光峯三百、張光林四百、張國安、張良本三百、張振本三百、張允元三百、尹序成三百。

住持:張永方。

石工:孫立泉。

泥水:王衍珩。

大清光緒拾年歲次甲申良月上澣穀旦」。

民國十三年重修關帝廟記碑

碑在山東省泰安市肥城市潮泉鎮大王村，民國十三年(1924)立。石灰石質。高165厘米，寬71厘米。正文楷書，字徑2.6厘米。碑體完整，文字清晰。該碑記載，民國十三年(1924)，在王昌坤、王明儉等倡議下，重修大王莊關帝廟，事成立碑以記其事，並附捐資善信題名。

重修關帝廟碑記

重也者，崇也，即重之也。惟重之，故崇之，惟崇之，是以不禁於重也。邑治城東大王莊街心舊有帝君廟一座，廟前有影」壁，壁前左右多砌石。創始以来，重修者數矣。近以歲久，影壁倒，砌石壞，有本莊王昌坤、王明儉等，倡捐啟事。影壁倒，另建而潤」焉；砌石壞，復完而峻焉，更於近壁位南起置香台一石。於戲！其增之也，增而崇之，重帝君也。夫帝君，神也，亦人也。人何以」神，盖有重大之德，始獲崇高之位，故歷久常新。而其廟易致後人之重修，與人能於帝廟喜重修，其来崇之殷念，求重之」深心，想亦不問而可知矣。神也，人也，毋乃相與有成之一真機乎？然乎？否乎？請以此徧質同樂輸者」。

儒學廪生王淑昌謹誌」。

師範教員趙質齊書丹」。

領袖：王昌坤捐錢二十千、王昌禧捐錢十千、丙子舉人濟南城守衆將王庚午捐錢十千、太學生孫鴻業捐錢十千、王昌和捐錢十千、趙立禎捐錢十千、王明俊捐錢十千。

民國十三年重修關帝廟記碑

王明儉捐錢十四千、王德浴捐錢十千、教員王德峻捐錢十千、教員王德一捐錢十千、王德馨捐錢十五千、王明興捐錢十二千、王明彦捐錢十六千、王德讓捐錢十三千、王昌道捐錢七千、王明倉捐錢六千。

王明桂、王德元、前街王明榮、王明學、王昌秋、王昌鑫、王昌魁、王昌瀛、王明山、王明道、王德符、王德蘭、王昌餘、王明渭、王昌海、王明漳、王明溱、趙立廷，以上各捐錢五仟。

王明喜、王德長、王明咸、王明玉，以上各捐錢四仟。

王明賢、王德堂、王明文、王明韓、趙慶漢、後街王明容、王德英、王明鴻、王明章、趙立常，以上各捐錢三仟。

王明訓、王鍊祥、田德考、羅起誥、張相法、王德潤、王明寅、王明辛、王昌符、王明昇、王德倫、王昌致、王明院、後街王明湘、王明典、王明常、王昌勤、王明春、王明舜、趙中志、王明林、孫王氏、王德印、西街王明中、王明蘭、王昌禮，以上各捐錢二仟。

王德林、王明讓、王明科、東街王明忠、王明佐、王□良、王昌義、趙中信、王德洞、趙曰容、王昌田、趙曰保、王丙祥、王昌有、趙立其、王昌啓、趙立梅、王德山、王明祥、高家旺、前街王明箱、趙立安、趙中魁、趙立全、趙中財、孫毓其、王同祥、王明□、高家福、王德餘、王明午、張□本、王明□、高家□、□□□，以上各捐錢一仟。

王明坤。

鉄筆趙德坤。

民國拾叁年歲次甲子夏曆梅月上浣吉立」。

民國二十五年創修關聖帝君廟記碑

碑在山東省泰安市肥城市潮泉鎮大王村，民國二十五年(1936)立。石灰石質。高106厘米，寬119厘米，厚23.5厘米。正文楷書，字徑3厘米。碑陰題名楷書，字徑2厘米。碑陰額題“本莊助款”，楷書，單行，字徑4厘米。碑體完整，文字清晰。該碑記載了民國二十五年(1936)大王莊創修關帝廟之事，並附發起人及捐資善信題名。

創修關聖帝君廟碑記

古之聖人多矣。三皇五帝，以及三代聖王，莫不班班可攷。而」聲名洋溢乎中國，施及蠻貊，舟車所至，人力所通，天之所覆」，地之所載，日月所照，霜露所隊，凡有血氣，莫不尊親。其配天」之祭，馨香百世，俎豆千秋者，孔子以外，關帝一人而已。彼世」之贊揚關帝者，動云秉燭達旦、華容放曹、單刀赴會、匹」馬成功，以此為

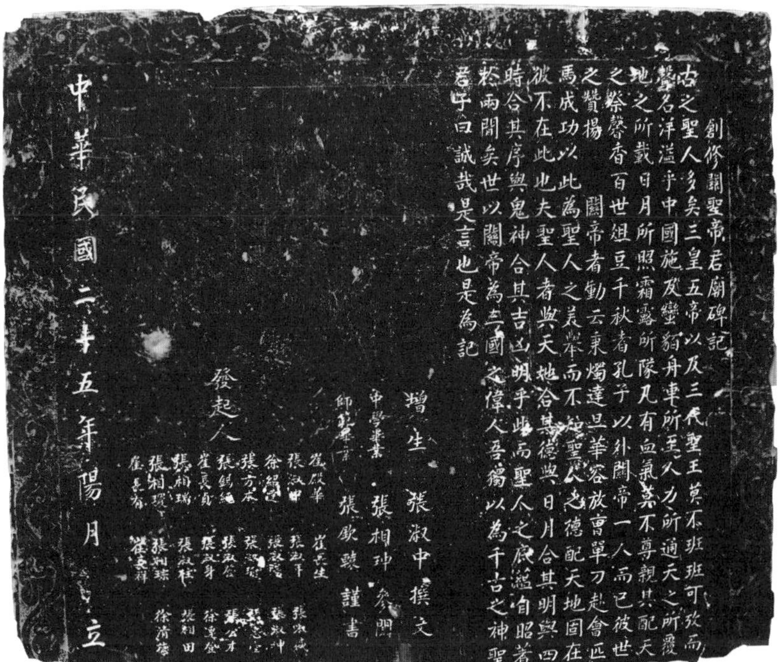

民國二十五年創修關聖帝君廟記碑

聖人之美舉，而不知聖人之德配天地，固在」彼不在此也。夫聖人者，與天地合其德，與日月合其明，與四」時合其序，與鬼神合其吉凶。明乎此，而聖人之底蘊自昭著」於兩間矣。世以關帝為三國之偉人，吾獨以為千古之神聖」。君子曰：誠哉！是言也。是為記」。

增生張淑中撰文」。

中學畢業張相珅參閱」。

師範畢業張欽轅謹書」。

發起人：崔殿華、張淑中、徐紹達、張方本、張錫純、陸軍步兵上尉崔長貞、張相瑞、張相環、崔長有、崔長生、張淑年、張淑陽、張淑瑜、張淑發、張淑身、張淑柱、張相琮、崔長祥、張淑盛、張淑坤、張忠堂、張公本、徐連登、張相田、徐清德」。

中華民國二十五年陽月立」。

（以下碑陰）

張相琚募捐自捐拾五元、張相金捐洋拾五元、崔長乾捐洋五元、孫立身捐洋五元、張淑印捐洋三元。張相雨、張相生、張相元、張相才、徐紹福、王淑勳、裕源長、黄傳印、王家本、趙傳庚、張長寅，以上十一名各捐式元。楊寶山捐洋肆元、鉉振剴捐洋式元、德義厚捐洋壹元。

張相寬、劉尚賢、王立東、王德水、李廷憲、張振江、王錫順、曹文清、王德祥、李兆田、李兆成、李兆敏、張相湯、張欽香、張衍芩、張衍成、張相泗、張相彬、張相金，以上十九名各捐洋一元。

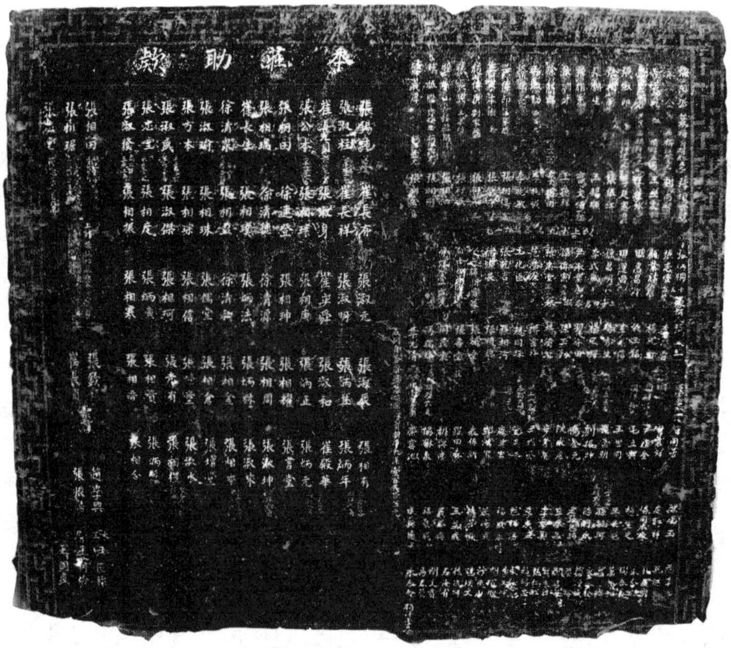

民國二十五年創修關聖帝君廟記碑碑陰

張炳桐、張志堂、顧業祥、田惠昌、田運昌、孫昌明、李式嵐、尹承業、孫傳寅、張忠堂、范鴻友、王化臣、張乾吉、德源長，以上十四名各捐一元，以上諸捐皆募自于谷寨除匯費净洋壹百元。

募捐人張淑一捐洋拾五元、李學舜捐壹元弍角、楊毓□捐洋拾元、姚玉福捐洋拾元。李允信、楊秀生、楊鳳鐸、翟守田、孫玉勤，以上五名各捐洋伍元。楊清魁、傅書祥、趙同珠、張相河、張相德、張禄堂、張壽堂、同茂東，以上八名各捐大洋叁元。馮瑞珍捐洋弍元、李允清捐壹元弍角。

趙同方、尹式祥、尹祚奎、毛立興、王世同、羅盈朝、劉振坤、馮金元、陳永厚、步書榮、尹式登、冀慶貴以上十二名各捐弍元。鹿英富、鄧鴻賓、袁傳新、羅曰森、胡興魯、協楙東、榮窑池，以上七名各捐一元。

陳兆玉、慶和祥、協同木廠、趙宣之、王良魁、孫毓珂、德利永、老張包鋪、李學昌、李學美、李崇孟、魁祥湧、福成永、萬德成、德發順、三益成、義合興、福聚成、成興德，以上十九名各捐洋一元。

范李氏、孔述□、孔慶明、永合成、同合義、萬順和、益興、永合發、德源成、梁財、□萬順、福家祥、張仁松、趙錫忠、永盛合、李玉坤、閆百順，以上十六名各捐洋□元。沙慶山、魁焕文、德盛祥、石汝有、閆文貴、馬春萱，以上七名各捐洋□元。永合發捐洋壹元。

右列自哈爾濱募捐，除匯費折净大洋壹百弍拾伍元。

本莊助款：

張錫純捐洋伍元，張淑柱捐洋陸元，崔長貞捐洋三元，張公本捐洋□元九角，張相田、張相瑞、崔長生，上三名各捐□元；徐清泉、張淑瑜，上二名各捐洋三元九角；張方本、張淑盛、張忠堂，上三名各捐洋三元二角；張淑發捐洋三元三角。

崔長有、崔長祥，上二名捐洋三元四角五分；張淑身捐洋三元，張相環、徐連登，上二名各捐洋二元一角；徐清德捐洋□元八角，張相璞捐洋弍元五角，張相盈捐洋□元□角，張相珠捐洋□元四角，張相琮捐洋弍元一角五分，張淑傑捐洋弍元二角，張相度捐洋一元五角，張相振捐洋一元八角。

張淑元、張淑明、崔立舜、張相庚，上四名各捐壹元七角；張相珅、徐清源、張炳法，上三名各捐洋壹元□角；徐清和捐洋壹元八角，張儒堂、張相信，上二名各捐洋壹元五角；張相珂、張炳廉、張相寒，上三名各捐洋壹元四角五分。

張淑辰、張炳其、張淑和、張炳正，上四名各捐洋壹元八角；張相耀、張相周，上二名各捐洋壹元八角；張炳林捐洋□元一角，張相金捐洋弍元，張相倉、張睦堂、張光有，上三名各捐洋壹元；張相貴、張相晋，上二名各捐洋□元；張相有、張炳年，上二名各捐洋九角；崔殿華、張炳元、張言堂，上三名各捐洋八角；張淑坤捐洋六角，張淑來、張相本、張增堂，上三名各捐洋五角；張淑水、張相禮、張炳茂，上三名各捐洋四角；張相合捐洋三角。

張相田……張相琚（下殘）張忠堂……上計共施地基叁厘四毫六絲，廟□地基永無收回，浄論等□……

張欽轅、崔長貞彙書。

鐵筆：趙學興、張振誥。

木工：尹臣祚。

泥工：王明儉、王明盛。

玉皇山村

明嘉靖二十七年重修靈感塔山三清聖像記碑

碑在山東省泰安市肥城市潮泉鎮玉皇山村，明嘉靖二十七年(1548)立。石灰石質。圓首。高130厘米，寬65厘米。正文楷書，字徑3厘米。額題“重脩三清像記”，楷書，2行，字徑6厘米。碑斷爲三截，文字清晰。該碑記載了明嘉靖年間重修靈感塔山三清聖像之事，並附參與其事者題名。

重脩靈感塔山三清聖像記

肥城縣之東南半舍許有山，名曰陽金山，其山形勢坦漫，圓容□□」田孤報山之頂，石廣土微，還生樹木參天，中有古」玉帝闕。闕後有□□宫闕，前有三清殿，殿之陽有石窟，每出黄雲白」氣，聚則成叚為霖，□則飄颺化風。或年蝗旱相仍，疫癘侵染，民有志誠」懇禱，必獲雨露，稼穡全实，人境康泰。如是感應，功化昭著，稱揚遐遠」，随題名曰玉清觀。然雖如是，豈免日月曝露，風雨吹敲歟？夫寒□□」催，物成有壞，目觀殿宇破漏，聖像癃殘，見者酸心，聞者興嘆。今有□」人趙君一道等，豈敢坐觀成敗，自思身生盛世，全仗四恩扶持。由是」同發虔心，各抽己資，营致合用之物，外脩宫闕内憝真，金碧交輝，焕」然重新。今者□成告畢，請匠伐石，徵予為文。予素不善文，既吾門之」勝事，不敢固辭，強成俚言，直録本末，輒記歲月，俾善道悠久弗墜云耳」。

明嘉靖二十七年重修靈感塔山三清聖像記碑

肥城縣知縣文侍郎□□□,縣丞王薄,典史,腆膳馮志仁,生員趙堯咨,省祭石應龍、王爵。

重脩信人:趙善、趙一魁、張朝現、趙一道、王禄。

大明嘉靖二十七年八月上旬吉旦」。

清順治十二年重修玉皇山玉帝廟記碑

碑在山東省泰安市肥城市潮泉鎮玉皇山村，清順治十二年(1655)立。石灰石質。圓首。高108厘米，寬60厘米。正文楷書，字徑3厘米。額題“重修碑記”，楷書，單行，字徑5厘米。碑體基本完整，碑面局部破損。該碑記載了清順治年間重修玉皇山三清玉帝廟之事。

縣治東南八里有玉皇山」，三清」玉帝尊神在上。建修日久，風雨摧殘，殿宇神」像破壞。有張耀明等，不忍坐观，同本處居民」，菩提為心，願施資財重修，廟貌煥然。道楼」一座，永載芳名。予遂抽毫試墨，不以俚言」贅謬，是為記」。

武舉張耀明、阮獻章、栾輝。

生員孫脉引、王夢懷、王承禎。

大清順治十二年三月吉日立」。

清順治十二年重修玉皇山玉帝廟記碑

百福圖村

清康熙三十年重修關帝廟鐘樓記碑

碑在山東省泰安市肥城市潮泉鎮百福圖村，清康熙三十年(1691)立。石灰石質。高40厘米，寬119厘米，厚15厘米。正文楷書，字徑2厘米。碑斷爲三截，文字清晰。該碑記載了清康熙年間重修白浮圖莊關帝廟之事，並附參與其事者題名。

大清国山東濟南府肥城縣城東南」離城七里白浮圖庒，古有」関帝廟一座，鍾樓滩塌，今有石鍾玉」等重修建立」。

清康熙三十年重修關帝廟鐘樓記碑

石鍾玉、妻李氏、男石炳然、石煜然。石炯然、閆守業、李振、閆終業、田若琚、閆允業、申應得、閆文英、宋可住、石滿玉、牛明玉、石全玉、張顯明、孫士豪、張連明、孫士英、王子行、孫安邦。

施財信士：石得芳、石茂、石隱□、鹿千鍾、石灼然、石□然、周□□、石穩、宋可京、張隆、石開玉、石正、張揚。

典吏石荊玉、男石炬然。

典吏閆遜、石斑玉、孫桂馨、石露玉、孫起邦、孫興邦、孫孚邦、孫保柱、□□春、王欽。

北尺庒尹福振、李三。

石匠：李秀。

住持：魯普密。

康熙三十年六月二十一日立」。

新集村

清嘉慶二十四年重修五聖堂記碑

碑在山東省泰安市肥城市汶陽鎮新集村，清嘉慶二十四年(1819)立。石灰石質。高 188 厘米，寬 77 厘米，厚 32 厘米。正文楷書，字徑 2 厘米。額題“為善最樂”，楷書，單行，字徑 7 厘米。碑陰額題“碑陰題名”，楷書，單行，字徑 7 厘米。碑陰題名楷書，字徑 1.8 厘米。碑體完整，文字清晰。該碑記載了清嘉慶年間重修新集村五聖堂之事，並附領袖以及捐資善信題名。

重修五聖堂碑記

蓋聞：有德必崇，有功必報，此古今之通義。則然，但為理之所應有，何必事之所必無？此益民則祀，祭義炳」然，而八蜡之賽，貓虎猶得索以饗，而又況其大焉者乎？此神祠之所由設也。然使前人創之，後人湮之，則」好義之風幾乎熄矣，此重修之所以亟也。泰邑治西南新集村，有五聖堂，舊矣。首观音，崇慈航也；次関帝」，崇忠義也；次二郎，報其斬魔以除慝也。至作善降之祥，則有神予以馭其富，不善降之殃，則有神奪以馭」其貧也。此皆功德在所崇報者。而今，顧聽其風饕雨蝕，瓦落榱崩，而莫為之鼎革焉。安乎？村善士武子斌、徐紹□」等，慕義心競，首倡義舉，糾同四方諸檀越，廣施貲財，肇始於戊寅，告竣於己卯。於是斯堂也，向也頹然，今」也巍然，向也黯然，今也煥然。謂非是村崇德報功之心切能臻此乎？余聞之，心則藏神，誠能感神，以人之」神而奉神，自無不可格之神。佇見法雨慈雲，普降醍醐，青龍赤兔，丕著聲靈，魑魅潛踪，福禄操券，則皆由」此好義之一念基之也。所望後之視今，亦猶今之視昔焉。是為序」。

清嘉慶二十四年重修五聖堂記碑

欽賜進士出身候選主事，榆山凌漢奎撰文，本村增廣生員李阿鋒題額，後學武夢齡書丹」。

領袖：武子成、武仲學、武文揚、徐紹孟、武子東。武文伊、宋國平、監生徐紹孔、李其俊、董懷亮；李若林、李玉光、徐紹曾、宋景言、武文美；武正康、武子本、宋國安、徐蕃成、李緒光；徐紹禄、董懷玉、宋景水、武子孟、徐紹丹；武平安、李惟寅、李照光、武仁安、武正義；徐紹公、李惟勤、李英、徐蕃乙、徐蕃忠；武明安、武子祥、武臣安、徐榮興、武□安；武子貴、武子傳、徐榮相、李惟心、徐紹貴；武際安、李惟漢、宋興剛、宋國柱、武常安；武子勤、徐榮魁、武保安、武子乾、武文安；武子儉、徐榮易、武子道、李運光、李芳林；武文德、徐紹久、徐蕃朴、徐蕃□。

畫匠：武魁、武□。木匠：張思、張玉。石匠：張北。泥水：張楷。

仝立」。

嘉慶貳拾肆年歲次己卯孟冬之月上浣穀旦」。

（以下碑陰）

□□□□□、□更□□□、房長清一千、趙臨孔一千、馬勳一千、任仲一千、孫桂一千、桑一心一千、武為良一千、貢生□□□一千、□□□二千、汪在□一千、汪三澤一千、張從端一千、李遜廷一千、武文斋一千、武文典一千、張如桂一千。

孟興海一千、李永安一千、王殿元一千、馬淑身八百、蕭汝亮一千、蕭有學一千、趙堂一千、楊得臣二千、汪三寬一千、□□□一千、□□林一千、□立廷一千四百、王永魁一千、□□林一千、劉□聚一千、王興士一千、聶學臣二千、長盛店一千。

□□□□□、□□□□□、李友海一千、馬淑尹一千、李大安一千、李富八百、杜興聖一千、劉曰楫一千、吴永和一千、汪廷和八百、康楫五百、辛學益一千、張曰湖一千、贾文朴一千、馬沂一千、李青林一千、汪大富一千、于在文一千。

侯□□□、李知□□□、盧得成一千、趙文卓一千、汪三聘一千、袁百緒七百、孫楫一千、宋梅一千、王士清一千、孔光平八百、李言林一千、李文起一千、王知聰一千、李秀一千、李廷均一千、張北一千、李宗安一千三百五、武文仁一千。

□□□□□、趙□□□□、張朝上八百、李友化八百、石繼道一千、王嶺一千、王松年一千、王克礼一千、馬政揆一千、張岳一千、劉大賓一千、明廷佩一千、張思山一千、賈斌一千、孟傳倫一千、楊志高一千、孫召見一千、歐陽德玉一千。

□□廩一千、□文斐一千、張宏梅一千、李子法一千、侯合七百、楊志榮一千、張光尊一千、趙國賢一千、汪士楝一千、郭學曾一千、張光東一千、袁泰一千、徐榮魁一千、徐紹徵八百、張宏登八百、李士義一千、劉潤一千、王本一千。

□□□□□、□□□□□、劉宏文□百、生員李儒林一千、義全店五百、義順店五百、宏成店五百、武文燦五百、萬思恭一千、合順店五百，恒昌店五百，喻義店五百、王國秀五百、李泰年一千、歐陽欣一千、孫魯一千、劉迥一千、李學朋六百。

□□□□□、□□□□百、張欲曾一千、張廷誌六百、武子貴八百、武子乾五百、朱得康六百、明仲言一千、朱繼禄一千、武子傳五百、張思玉五百、武振清八百、武際安五百、張安樂八百、蕭應泰六百、武子瑞五百、蕭君泰八百、趙得剛八百。

歐陽德超六百、武子科五百、明國吏五百、宋景言三百、宋欲坤六百、董懷玉一千、□□周五百、□照光五百、侯正一千、程閔辛五百、李宏秋五百。

公立」。

張孝門村

清光緒元年重修泰山行宮記碑

碑在山東省泰安市肥城市汶陽鎮張孝門村，清光緒元年(1875)立。石灰石質。高188厘米，寬75厘米，厚26.5厘米。正文楷書，字徑3厘米。額題“萬福攸同”，楷書，單行，字徑7.5厘米。碑陰題名楷書，字徑1.5厘米。碑體完整，文字清晰。該碑記載了自清道光年間以來歷次重修孝門村泰山行宮之事，並附捐資善信題名。

重修泰山行宮碑記

孝門地方張家店舊有泰山行宮，錫民福，護民生，遠近禱者無不有求必應焉。其創修始於何戢，継修成於何年，俱有碑誌可考」。然歷年久遠，又被風雨損壞，大殿、山門半即傾圮，往來行人咸為觸目而神傷矣。有鄉飲耆賓張洪焯於道光二十六年，自輸京錢貳」伯仟。由是糾合莊衆，鳩工庀材，損墜者復為重修，殘缺者更為補葺，将向之頹焉就廢者復焕然一新。不意是年正值水災流行，廟貌」雖經修飾，尚未告厥成功。遲至同治十二年，有九品職銜張志俊、鄉飲耆賓張志傳等，不忍坐視，善継先志，又廣募四方，仁人君子，共輸貲財，粧飾神像」、繪畫墻壁，而殿宇自此赫煊矣。古人云：莫為之前雖美弗彰，莫為之後雖盛弗傳。誠哉，其斯言乎」！

邑廩生李月芳譔文」。

邑庠生李潤生、邑庠生張建中、邑庠生張含輝仝書」。

本莊：張志湘錢八百、張志傳錢四仟八百、張志俊錢五仟四百、張廣正錢弍百、張志秋錢弍百、張大紅錢六百、張志東錢弍百、劉洪貞錢七百。

張志坦三佰、張志美二佰、張廣香五佰、張廣和五佰、張廣泰四佰、張大謙二佰、張大□七佰、張廣循二佰。

張大塊二百、張廣會二佰、張廣聚二佰、張廣□二佰、張志雷二佰、張大□八佰、張大金二佰、張大印六佰。

張廣松二佰、張大錦二千二、張廣孝二佰、張廣廉二佰、張大中六佰、張廣臣七佰、李元孝二佰、張廣鐸二佰、張廣琢二仟、張廣成二佰、張廣潤二佰、張廣山二佰。

趙蘭、陳志剛、張永淮三佰、張大錫五佰、張志壇八佰、張廣亭五佰、張志遠三佰、張大福八佰、張廣本二佰、張廣□二佰、張大鎬五佰、張廣玉二百、張大元□佰。

范玉倉、荊万錦、張大純四佰、張大紀三佰、張大倫二佰、張廣峯九佰、張廣柱二佰、張廣順乙仟、張廣楷四佰、張廣安二佰、張志禄乙仟、張大□三佰、張大安二佰。

張永□四佰、張大本二佰、張志華五佰、張志科乙仟六、張光縣二佰、張光□二佰、張光漢□佰、趙得興二佰、張永亭四佰、張廣五二佰、張廣遠二佰。

張廣淮二仟、張大廷二佰、張廣蘊二佰、張永水二佰、張志海二佰、張光聖二佰、張廣江乙仟五、張廣居二佰、于子康二佰、張光忠二佰、張光有二佰。

張光在二佰、張光勇二佰、張志禎二佰、張大聖二佰、張大義三佰、張光義□□、張光立二佰、楊汝河四佰、張廣桂九百、張洪甌二佰、張志然二佰。

張大□□□、張大禮□佰、張光卓二佰。

四方信女共□錢乙百仟。

張大本施條石十二塊。

住持：石元良。

石工：趙□蘭。

皇清光緒元年歲次乙亥蒲月中浣之吉仝立」。

清光緒元年重修泰山行宫記碑

東百尺村

民國七年祈雨壇記碑

碑在山東省泰安市肥城市老城街道東百尺村，民國七年(1918)立。石灰石質。高 158 厘米，寬 70 厘米，厚 18 厘米。正文楷書，字徑 3 厘米。題名楷書，字徑 1.5 厘米。碑體完整，文字清晰。該碑記載，東百尺村舊有祈雨壇，主壇者爲關聖大帝，自清光緒年間起，曾多次重修。因歷次祈雨有應，當地善信重修關帝廟與觀音堂，事成立碑以記其事，並附闔壇信衆題名。

祈雨壇記

夫物有附而生機鬯，人得助而庶事舉。惟神也妙所憑而化育，伸真精默合天地之大，應亦如是焉已耳。吾」鄉舊有祈雨壇，每逢旱甚，祈禱輒應，主此壇者」關聖大帝。廟在西百尺街中，而壇場則就觀音堂，適為東百尺東首。伊先，祈禱不悉紀。光緒歲丁未旱甚，地且廣」，訓德張君為倡議，將張公育德等管存錢項歸作底費，更有尹君慶祚，張君興文、厚德、振珩並予弟淑均，約」共廿餘人，祈求應驗，四方感帝德者，樂輸資財，劇謝外，以餘存枚補觀音大殿，建修東屋三間。甲寅」歲旱，祈應；至丁巳歲，旱殊甚，祈尤應。三次倡首皆張君，與事不必悉前人，四方之感帝德者，盡如舊。兹」歲戊午，有豐稔象，訓德張君商於衆曰："帝君之廟滲矣，請翻瓦之。觀音大殿前雖補，今又漏矣，盍重」之？"衆皆諾。鳩工庀材，月不逾而竣。信哉！翻瓦之事，固感帝德，而觀音堂之重修，亦無非重帝德」也。盖祈雨一事，壇場者，神所憑，即人得所助，而物之生機乃大有所附矣。於戲！神也，人也，物也，要真精默」合，始與天地為感召也。特此碑不建於帝君之廟，而建於觀音堂，非就也，説者謂神功昭施，莫重於」壇場云」。

儒學優廩生王淑昌謹誌，府庠生張瓏軒敬書，住持定崑」。

闔壇：張炳嵐、張振佑、張振常、王立祥、尹良祚、張永瑞、王立乾、張興澤、張成德、王明烈、張相緒、張興芝、張振斑、尹祚峯、張樹德、張炳獻、王立亨、張道貴、高學詩、張振亭。

石工張振輔」。

民國七年歲戊午夏六月上浣穀旦立」。

大石鋪村

大石鋪村關帝廟題名殘碑

碑在山東省泰安市肥城市老城街道大石鋪村，立碑時間不詳。石灰石質。高58厘米，寬78厘米。正文楷書，字徑2厘米。碑僅存殘片，文字漫漶。該碑爲題名碑，著録了捐資善信及商號題名。

（上殘）□盛和、□盛永、□萬盛。

以下各捐七百：□家莊、□家庄、□守畲。

以下各捐□百：□家□、□□□、□□□、□□□、□盛□、□盛号、□祥号、□泰号、□□□、□□□、□□滋、□家庄、□家崖、□窩庄捐一千三。

以下各捐一千二：□家林、□□珍。

以下各捐二千：□家庄、□□庄、□□峪、□□峪。

大石鋪村關帝廟題名殘碑

尚家庄、□曰貴、楊家紆、刘萬成、于家庄、□□莊、□家□、□□□、□□□、□□□、□□□、刘殿臣、姜太强、袁□範、袁□福、陰太公、泉□公、義□□、普□公、和順興、王衍成、李兆楊、孫庚長、李元海、董延聰、張淑安、尹兆臣、何來清、刘選、刘振□、張進美、張進□、刘萬□、刘萬□、刘□皆、刘曰法、刘汝□、□□□、□□清、□□詩、黄香亭、王文朗、王允祥、張□常、張丙信、尹鴻文、邢振生、□□□、同順号、刘文□、以上各捐□□。

以下各捐□□:張安□、袁大華、宋一河、傅寬、李家庄。

以下各捐四百:南崑漢、廣太□。

袁太永、崔志清、郝□玉、李玉□、馮興貴,以上各捐□□。

袁繼貴、張克文、蘇德亮、□□公、羅曰□、楊曰照、楊清元、李曰美、李□□,以上各捐□□。

附録一:方志資料

清康熙《肥城縣誌書》

(清)尹任修,尹足法纂《肥城縣誌書》,清康熙十一年(1672)刻本。

清康熙《肥城縣誌書》上卷《山川》

金牛山,在城西八里。宋真宗曾駐蹕於此,又封爲鬱葱山,高聳蒼翠,雲樹深鎖,内有資聖院,山半有池,相傳龍潛其中,歲旱禱雨輒應。

陶山,在城西三十里。相傳越范蠡變姓名爲陶朱公,浮海出齊,間行隱此,故名。

鳳凰山,在城南四十里。漢章帝元和二年鳳凰集於此,故名。

塔山,在城東六七里,上有石塔,因名。崇寧二年鄉人建玉皇廟於上,又名玉皇山。

清康熙《肥城縣誌書》上卷《廟祠》

曰廟曰祠,皆奉神之所,九以崇德報功也。今推祀典,當祀者則祀之,否則,非其鬼而祭之,諂也。黜而不載。

城隍廟,在縣治西北。洪武三年知縣丘思齊建。

關王廟,一在文安門上,一在縣治西北。

真武廟,在武安門上。

三義廟,在城北。世傳劉關張曾會此地,後人立廟祀之。

三官廟,在城北門外。

東嶽廟,在三官廟後。

炳靈王祠,在沙溝社。

東嶽行祠,在城東南八里。

玉皇廟,在塔山上。

清康熙《肥城縣誌書》下卷《寺觀》

雲溪觀，在城東南十八里。

佑德觀，在城西北八十里。元大德年建，有元學士李謙記。

南極庵，在城東北十五里玄武山前。道士李教才建，有邑人都憲李邦珍記。

玉皇廟，在城西北三里櫻桃峪。邑人李邦佐、李邦弼創建，廟東有王母殿，殿前有池，謂之瑶池，三月三日士女争遊，謂之赴蟠桃會。

泰山行宫，在北門外。邑人王庭、王廕創建。

重修城隍廟記

尹庭　邑人　監察御史

廟何以也？祀城與隍也。城隍何以祀也？崇報功之典也。報功何在也？保障防衛，禦災捍患，功在生民，載在祀典。其《周官》所謂“有功於民則祀之”者與？肖像，貌者非古也。有所瞻仰而敬畏之心生，是亦明民者之所不廢。故有情屬曖昧者，百辨而不解，一至神前而不欺；事關隱伏者，累官刑而不輸，一禱廟而遂明；有司禱雨、捕寇之類，無不响應，其赫靈昭應，前記之者詳矣。廟在縣治之西北，創建于元，明太祖誕膺寶位，特崇是祀。弘治甲寅，沔池張侯守和嘗修葺之。迄今歲月滋久，棟宇傾圮，規制弗備。嘉靖丙辰，高陵王侯以明進士來令玆邑，召集鄉耆質愿者謀玆重修，得封君李公第暨良民張仲德總領其綱。先是仲德與黄世用等約會積財，鄉耆吕富等輔之，與會人協心董治，相與勸募。由是，邑之薦紳耆老善良輩，樂施貲財，輸送争先。固人之向義，而神之威靈感召，豈淺淺哉？于是鳩財，陶甓、程物、僝工，新建殿厦五楹、香亭一座、假山三峯、望石二柱，見建二司門獅二座，整飭正寢二殿，眼增二宇左右兩廊，廣瘫一祠，各門甬道之類，皆補葺焕然。又以門外車馬之行直突神祠，虞其褻也。遂于門外建屏壁一座。舍餘，雷聲施己業，通神道一區，又建鼓樓一楹。工興於嘉靖丙辰正月之吉，落成于是歲季秋之末。垣墉崇麗，儀像烜赫，黝堊丹青，繪藻合度，内外規模，秩然改觀，以妥神靈而展特祀矣。李封君等鑿他山之石，請予記焉。余聞，古人先成人道，而後致力于神。孔子曰：“未能事人，焉能事鬼？”若夫人者，皆修孝友、尚德義，而敦人道者，其以事鬼神宜也。使或不孝不弟、無禮無仁，壞義利之防，墮奸邪之刑，而欲媚神徼福，神必不與也。雖牲帛之日陳，徒貽神羞耳。自今伊始，陟降庭上，凛然生畏，遷善敏德，修己敦倫，而香楮之奉，神明必享之矣。神其默佑吾人，使聿修厥德，保障吾人，使永享平康，則是廟之修將與國祚同其靈長，而億萬年隆崇奉之禋矣。

清嘉慶《肥城縣新誌》

（清）曾冠英修，（清）李基熙纂《肥城縣新志》，清嘉慶二十年（1815）裕德堂刻本。

清嘉慶《肥城縣新誌》卷三《山水》

山

陶山，在城西二十里。與牛山相連，局勢宏厰，頂圓結列，如屏風，多陡絶，不可上。

大峯山，在城西北四十五里。積翠迷空，層巒映遠，山形似箕，俗呼爲簸箕掌云。

鳳山，在城西北六十里。俗亦呼爲鳳凰山。

鳳凰山，在城西南三十里。漢章帝二年，鳳凰集於此，故名。

洞

金牛洞，在牛山之陽。甚曲折，中有一穴，用磚石填塞，人傳以爲深遠不可測云。

八仙洞，在陶山東北嶺。

八卦洞，在八仙洞西。

朝陽洞，在陶山西峪山之半。中多菩薩像，又名菩薩洞，極幽静寬闊，可容百餘人。

西施洞，在朝陽洞東。

蝙蝠洞，在西施洞南。

黄花洞，在陶山東面。險極，人迹罕到，洞亦甚多，舊傳七十有二，然亦不可名。

石屋洞，在石屋山，中有佛像，洞頂光潤，自結花卉禽鳥形。洞旁有石，石上自成碁盤，人呼爲仙人碁，亦甚奇異。

清嘉慶《肥城縣新誌》卷六《金石志》

風雨竹石刻，舊在城西南四十里龍庄關帝廟中，今嵌於大成殿後壁。世傳以爲關公從袁軍尋先主至此所作。按：此直是律句，疑與磁鼎讚同爲永興公之筆，詞意亦似借竹以頌公忠義，當非公自作。

隋

洞靈觀三大字石刻，在城西三十里陶山東北麓，王通書。

元

天和觀碑，至元二十三年。

全道觀碑，在城東北十五里山嶺上。至元二十一年甲申八月二十五日，知觀劉道源立石，楊志運撰。

武安王廟碑，王載撰，在城西北傅家岸。

明

二郎神廟碑，林廷庸撰，在城西十五里大封莊。

迎恩橋碑，修城隍碑，以上二碑俱尹庭撰。

白衣觀音堂記碑，田井授撰。

國朝

鸞臺二大字石刻，顏懋价書。

重修二郎神廟記，尹統撰。

櫻桃峪王母殿碑記，黄洙撰。

清嘉慶《肥城縣新誌》卷十《祀祠志》

關帝廟，一在城北門内路東。正殿五楹，前有大厦，厦前有戲樓，南向三門，西向一門，後殿三楹，東舍三楹，西舍三楹。一在文安門上。

元武廟，在武定門上。

龍神廟，在縣署後堂，三楹。

城隍廟，在縣治西北。正殿五楹，寢宫三楹，東廊七楹，西廊七楹。前爲戟門，門前有戲樓，向陽三門。

藥王廟，在城隍廟東。

東嶽廟，在城西南五里。

二郎神廟，在城西二十里。
保真庵，在城南二里。
全道觀，在城東五里。
洞靈觀，在陶山東北麓。

清嘉慶《肥城縣新誌》卷十八《藝文志》

媧皇廟

王子溪

媧皇煉石補天處，石破天驚有洞天。
我欲劈開三十六，不知何地隱真仙。

送潘羽士朝東嶽

萍水相逢即故人，又聞東嶽欲朝真。
忙忙别去青山曉，歷歷愁看芳樹春。
造化有情收肺腑，乾坤何處住風塵。
丹砂藥就升天日，莫惜瑶音寄我頻。

贈朝陽洞道士

張　梧

開卷習清净，誰能避塵囂。
山中閒日月，洞裏任逍遥。
養氣如鬭雞，凝神似承蜩。
不知春秋改，寧同時物凋。
鹿豕兢儦逐，木石自寂寥。
三年如一日，飛舄羨王喬。

題昇仙臺

陳　恭

聳起雲端幾許尋，斷巖緑樹一望深。
乘鸞人去今何在，衹剩仙臺掛碧岑。

重修肥城城隍廟記

御史　尹庭

廟何以也？祀城與隍也。城隍何以祠也？崇報功之典也。報功何在也？保障防衛，御災捍患，功在生民，載在祀典。其《周官》所謂“有功於民則祀之”者與？肖像，貌者非古也。有所瞻仰而敬畏之心生，是亦明民者之所不廢。故有情屬曖昧者，百辨而不解，一至神前而不欺；事關隱伏者，累官刑而不輸，一禱廟而遂明；有司禱雨、捕寇之類，無不响應，其赫靈昭應，前記之者詳矣。廟在縣治之西北，創建於元，明太祖誕膺寶位，特崇是祀。宏治甲寅，沔池張侯守和嘗修葺之，迄今歲月滋久，棟宇傾圮，規制弗備。嘉靖丙辰，高陵王侯以明進士來令兹邑，召集鄉耆質愿者，謀兹重修。得封君李公第暨良民張仲德總領其綱。先是仲德與黄世用等約會積財，鄉耆吕富等輔之，與會人協心董治，相與勸募。由是，邑之薦紳耆老善良輩，樂施貲財，輸送争先。固人之向義，而神之威靈感召，豈淺淺哉？於是鳩財，陶甓、程物、僝工，新建殿厦五楹，香亭一座，假山三峯，望石二柱，又建二司門獅二座，整飭正寢二殿，眼增二宇左右兩廊，廣瘞一祠，各門甬道之類，皆補葺焕然。又以門外車馬之行直突神祠，虞其褻也。遂於門外建屏壁一座，雷聲施己業，通神道一區，又建鼓樓一楹。工興於嘉靖丙辰正月之吉，落成於是歲季秋之末。垣墉崇麗，儀像烜赫，黝堊丹青，繪藻合度，内外規模，秩然改觀，以妥神靈而展特祀矣！李封君等鑿他山之石，請予記焉。余聞，古人先成人道，而後致力於神。孔子曰：“未能事人，焉能事鬼？”若夫人者，皆修孝友，尚德義，而敦人道者，其以事鬼神宜也。使或不孝不友，無禮無仁，壞義禮之防，墮奸邪之刑，而欲媚神徼福，神必不與也。雖牲帛之日陳，徒貽神羞耳。自今伊始，陟降庭止，凜然生畏，遷善敏德，修己敦倫，而香楮之奉，神明必享之矣。神其默佑吾人，使聿修厥德，保障吾人，使永享平康，則是廟之修將與國祚同其靈長，而億萬年隆崇奉之禋矣。

肥城縣大石舖創建玉帝閣記

兵部侍郎　孫光祀

夫羣山盤紆之中，無危樓傑閣以聳秀於其際，選勝者弗取焉。故樓名烟雨，閣表滕王，臺號超然，亭摽捉月，攷之往蹟，有自來矣。若乃葺理川巖，區畫林岫，剏祠高阜，啓宇崇巒，蘇頲之紀龍興，王勃之铭净寺，鴻工偉搆，勝槩尤多。致夫深山僻谷，閭里編氓，篤志勤修，樂善慕義，因陵就麓，審曲面材，建置神居以增名勝，誠孚衆志，勛著山靈。王公大人，樂施不厭，黄童黧叟，瞻拜維虔，神道設教，良足稱也。肥邑，舊肥子國。壤接长清，境連省會，城北大石舖，距邑十里許，山亘巘綿，草蓊木鬱，岉嵸環匝，邱壑縱横。其上數武，傍五道嶺，嶺南茆舍數家，僅成村落。莊西南隅爲關夫子祠及大士殿，悉屬舊建，歷有年所。殿東爲南北孔道，車馬如織。乘牛服賈，往來憩息；族人遊士，登眺盤桓。叢磧之餘，斯爲砥矢。莊民崔尚孝者，欲建閣其間，與二廟鼎峙，持疏廣募，願力精専。會方伯施公，德洋恩普，久懋徽猷，臬長余公，弼教明刑，聿新風紀。

旌節至止，倡助伊先，士庶咸從，遂襄厥事。閲歲閣成，祀玉帝於其上。磐基跨險，倚嶂憑霄，壯閭里之垣墉，爲城邑之鎖鑰。巍峩竦峙，下鎮偏隅；虚敞峥嶸，上干躔象。簷翬楝焕，通輻輳之周行；鶴翥鸞翔，疏車書之達道。裁成圭表，峻雉堞之防維；啓閉陰陽，瞰原隰之風雨。登斯閣也，東瞻泰岱，杳冥日觀之峯，西接陶牛，逶迤仙人之洞。馬陵衛北，雄襟带於齊疆；康河匯南，分洪流於魯甸。蒼虬繞拱，抗雲竇而將騫；彩鳳蟠甍，拂霞濤而欲起。爐烟微動，隱徹青冥；鼎氣常浮，遂騰碧落。晴窻啣靄，攬澄霽之朝暉；曲檻廻嵐，增蒼茫之夕景。時而憑軒遐聽，傳伐木鳴鳥之聲；亦或坐嘯興懷，寄白露蒼葭之想。丹崖返照，蔭絶磴之参差；緑樹藏陰，引長虹之高下。雖無瓊題瑶砌，用餙美於穹窿；然非梵刹禪宫，祇託緣於香火。天無不覆，仰帝座之清虚；民可使由，淑人心於敬畏。萬天宗主，威儀凛法象之尊；三界真元，化育居變蕃之始。過而作肅，智愚咸戴乎於昭；退而繹思，媟慢潜消於有赫。於此嚴鈴柝之警，則户將可封；於此講仁讓之風，則俗能成聚。斯興建之所以爲善，而落成之所以可紀也。若尚孝者，固足並傳也與！

重修二郎神祠碑記

恩貢　尹統

唐狄仁傑爲河南巡撫大使，奏毁吴楚淫詞一千七百餘所，識明而胆决，後人韙之。降是唐元宗、宋真宗諸君，惑於異教，崇信鬼神，若世俗所謂閻羅、鬼伯、諸佛、菩薩之屬。隨時增修祠宇、宫觀，幾遍布於名山勝地、鄉城市井之間。豈特如吴楚之廣，始僅僅有此一千七百餘所也哉！此其爲世道人心，害有甚於洪水猛獸之災，恨不遇狄梁公其人者，盡爲毁廢而壇空之，以快人意。而世之鄙儒，反孜孜記文刻石，頌無謂之神德於不衰。嘻！助海若而鼓狂瀾，其亦不仁甚也。然竊博觀記傳，見夫古來鬼神之祀夥矣，言鬼神之祀者亦衆矣。不特修熙重該，傳著其文，水庸貓虎，禮垂其典，即狄梁公所毁淫祠外，猶留大禹、吴太伯、季札、伍員四祠而不盡毁焉。太伯、季子身曾治吴，祀之宜也。如大禹之祀，豈不以其治水之功遠在千古，望三江五湖之津，慨然思明德之猶存。祀伍員者，豈不以胥門波潮上下，永不爲災，而子胥之靈爽，固有不可没没者。《禮》云：有功德於民則祀之，能禦大災則祀之，能捍大患則祀之。然則，鬼神其亦有未可盡廢者耶？我邑二郎神祠，在大封之鄉，由來舊矣。其始神以斬蛟冷源，著名於隋之嘉州，後又顯靈於嘉陵江上，二方人遂相與祀之，以爲水神。夫物之怪，唯水中最奇，水之怪，惟蛟龍難近，而神顧仗劍投波，毅然斬之，而不爲異之人也，之神也。其諸澹台子羽、周處將軍之流亞，與鄉之中，其始必以水患蒙神力而獲福惠焉，乃廟而祀之，飲水不忘源，禮也。祠舊敗壞，今年春，鄉人撤其舊而新之。工訖，慫記其修造、歲時、捐修、姓字，與夫攻金之工、攻木之工、陶甓、滲漉、畫繪之工，物若干，役若干也。又慾記夫有霤之門，有曲之廊、有翼之堂，與夫庖廚、齋房、繚垣之屬，丈若干，尺若干也。來致予言，刻諸石以告來茲。予嘉其有合於禦災捍患之義，而非如世俗之所謂淫祠也，遂諾之，而書予意以告之如此。至於神之姓名、出處，與夫歷代爵封，閩海林公前記詳矣，兹不復道。時乾隆四十三年夏四月初旬也。造予而請者，督其事之李子蕚堂，名曰基煒者也。

清光緒《肥城縣志》

(清)邵承照、淩紱曾修,陳士煥、張宗瀚纂《肥城縣志》,清光緒十七年(1891)刻本。

清光緒《肥城縣志》卷一《方域・山川》

金牛山,在城西北。其東北麓距城三里,蜿蜒而西,距城十里、二十里不等。俗呼牛山,宋真宗東巡臨幸,賜名"鬱蔥山"。翠柏千章,流泉百疊,爲肥邑第一名勝。山之中峪距城八里,初入山爲文昌峯,有文昌閣在焉。不一里,一高岡當路,是爲印山。由印山沿溪北行,不一里爲資聖院。院西高亢處爲同川書院,下有牛山洞,深遠不可測,相傳與陶山通。又西爲龍沼,亦名五龍池,東北有泉,自山嶺而下,所謂落石泉也。適當資聖院之後。西北爲獐猴崖,上爲老鷹石,屹然如鷹立。西嶺爲木閣砦,又名木頭塔,俗傳爲黄巢負嵎所,然不可考。其西有石曰仙人石。又西曰迎仙石,如人舉袂相揖狀。砦之西南麓爲大紅澗、小紅澗,土石皆赤。大紅澗之北,曰小砦山,山西麓有石高數丈,四面各丈餘,紅黑色,擊之作金鐵聲,三小石支其下,名垛子石。小砦山南有石如老翁形,面目酷肖,長髯垂胸,是爲老叟峯。東南里許爲黑龍潭,發源於山後雲山。至此陡起,瀑布數十丈,奔流之聲可聞數里。小砦山之西爲紅山頭,其上多土,少石,色赤,故曰紅山,與陶山、東崦之小泰山相連。此皆山之陽也。山之北爲雲山,在木閣砦後,前有大刹曰迴佛寺。山陰爲書堂峪,與長清接壤,而山之東北麓窈然而深者,爲櫻桃峪,距城最近。乃全山之勝概焉。○舊志附會"牛山疊翠"爲邑八景之一,今删。

陶山,在城西三十里。舊説范蠡三徙而隱於此山,故名陶山,又名鴟夷山。山高五里有奇,方稜四削,負陰抱陽,有東西二崦左右環列如屏障,正中山頂爲翔鸞臺,上有天池。臺東爲春暉巖、迎日洞,又有黄華洞,在懸崖峭壁間,樵者倒縋乃得入,中深窈不可窮,有佛像刻壁者,若隱若現,又有石林石几之屬。臺西爲明月嶂,有夕陽洞。臺北爲瓔珞岡,俗呼鷹落岡,有盤鶻洞。又北接引巖,有元武洞、象鼻洞。又北臥牛峽,有飯牛洞。臺南爲師子巖,有菩薩洞,一名菩薩巖,"菩薩洞"一名快哉!洞居山之半,人跡罕至。左有飛泉洞,一名三尖洞,洞泉常涌。右有金草洞、丹砂洞。又左爲丹屏峯，赭石壁立如屏，有慈雲洞，每亢旱，望洞中雲出，即雨。下有鍾乳洞，又右爲車蓋峯，有歸雲洞，與夕陽洞相接。有紡車洞，在獅子巖西南。其南爲伏虎岡，有蟋蟀洞。獅子巖南爲掛燈巖，其下爲疊石山，右有巨石曰印峯，曰卓筆峯、丹屏峯。南下爲螭首峯，圓椒戴土，下有積水洞。疊石山東南爲鼓臺，下圓而上平，有響鼓洞。疊石山南下爲浮羊坪，坪南爲青梯關，登山者必由之，有石星洞。坪西南爲展旗岡，陂陀曼延，有燕泥洞、淡竹葉洞，上水石洞。鼓臺南爲困峯，形勢圓峭，下有貓兒洞。展旗岡南爲黄山，有白藏洞、金蛇洞，又有牧羊洞。青梯關南爲魯羅山，有水洞四，皆挾陶陽渚壑之水，南出分流而匯於澗。東峪自接引巖，迤東爲青霞峽，有青霞洞。又東稍北爲横石嶂。又東爲攢洞嶺，其下有通樵洞，可通人行。舞鶴洞、木公洞皆有石象，團圜洞東三尖洞，皆形似。又東爲柿子岡，有丹水洞。又東爲鳳味峯，有丹穴洞。其下有墨濤洞，洞南爲團瓢谷，有柏坡。其南有天王萬歲寺佛殿，今稱東幽寺。岱畎圖經記陶山有二峪，左曰東幽，右曰西幽，此寺之名所由來也。鳳味峯迤南爲報恩巖，巖北有白姑洞、黄姑洞，南有柏香洞。其下有關帝廟，廟南爲報恩宫，門前溪澗縈迴，有泉甚清洌，或曰東泉洞。宫西石壑廣數丈，瀑布飛瀉，東峪之水於此南下出陶山，南會諸山溪，西南流爲大澗。宫東南有十二重樓，樓東有淅米洞、報恩巖，東南爲小日觀，有八仙洞、八卦洞。又南爲小泰山，上有石廟，祠元君。其陰亦有元君洞，下有碧雲洞。其東北巖有金牛洞，相傳與牛山洞相通，可二十里。下有逐狼洞、小泰山，南下有五福觀，觀東有鹿遊洞、九芝洞。西峪自臥牛峽而北爲仙人巖，有西施洞；南爲蝙蝠洞，中有蝙蝠盈萬。又北爲牛女嶂，有織女、牽牛二石，下有羅漢洞，又下有采石洞，其上有石柱峯，後爲牛角峪。又北迤西爲寶藏岡，其下有黄金洞、黑金洞，其上有彌勒洞。又西爲五湖山，有西三尖洞，下有包山洞。又西爲幽棲巖，南有竹林寺，俗呼無影寺。寺有石屋三楹，在懸崖數仞間，旁有井，泉曰無影。洞右有瀑布崖，下有藏真洞。竹林寺南里許爲幽棲寺，俗呼西幽寺，本名陶公幽棲寺，爲范少伯立也。唐時供佛，而祠少伯於其右。寺北半里爲少伯墓，墓前有碑，幽棲巖西爲望湖巖，下爲大谿。在幽棲寺左有流泉洞、泛舟洞，旁有神魚洞，西峪之水逕此南流而下匯於澗。流泉洞泉流數泓，禱雨輒應。望湖巖前有巨石爲峯，曰纜船椿，上有青松洞，虬枝横出，山色俱蒼。又西稍南爲忠智巖，有鑄金洞，再下即少伯墓。又西南爲曼陀巖，有朝陽洞，洞門南向，方可容車，廣如堂室，爲朝陽初洞。又登二十級，亦如之，爲朝陽中洞。又登二十級，深廣倍於前洞，爲朝陽上洞。三洞四壁皆刻諸佛法相，入洞陰黯，定睛視之，生動莊嚴。初洞之右有竅穴，上通上洞，旁入無底，疑有神物往來，元明之季，居民多避兵於此。明李攀龍《肥城城碑記》云：在昔陶山之役，動勤王師，余猶及見之。蓋二峪，天然石墉，外峻内奥，諸洞皆可受多人，固嘗有負山爲砠者矣。又西南有梳粧臺，其西北又有西施洞，洞内有石樓，高峭不能上。又南爲嘯猢谷，有白猿洞。又南爲孝福嶺，二山相連,或云孝福即嘯猢音相似也。上有穿雲洞,又南爲蟒牛山,有百泉洞,洞水常流崖石間,如匹練也。又南爲小華山,東有蓮花洞,石瓣攢簇如蓮,西岩有西王母洞。此陶山之大概也。○舊志附會"陶洞清幽"爲邑八景之一,今删。

塔山,在城東南七里。俗名玉皇山,上有玉皇廟。中有石塔,名白浮圖,建自唐時,禱雨輒應。

石屋山,在城東南二十里。山頂有石屋,故名。迤東有石屋洞,可容數百人,洞内有泉,冬夏不涸。

鳳凰山,在城西南三十里東禮社。漢章帝時,鳳凰集此,故名。曬書城在其陽,玉皇閣峙其上者。

白雲山,在城西南二十五里東禮社。山腹有洞曰"白雲洞",由洞口傴僂而入,石壁嶙峋,寬步餘,長丈餘,中有一竇,深不可測。洞外古柏参天。

肥豬山,在城南五十里。四面懸崖,勢如刀削。東偏稍北有石窟,名風谷洞,能容數百人。循崖南行三里,有仙人洞,深不可測。

福山,在城西南六十里石横西北。俗名石廟山,山腰立石,大書"飛來"二字,石壁題"七佛傳燈"四字。上有春秋閣、奎星樓,皆尹氏所建。

大峯山,在城西北四十五里。峭壁崚嶒,鬱然深秀。南面有平地,不盈丈,面仰如掌,俗呼爲簸箕掌。東有璇璣洞,北有金蟾洞,西爲天麻峪,上有昇仙臺,泉從石壁間出。又有石魚、石鼓,形狀奇異,亦邑中一勝境也。

清光緒《肥城縣志》卷二《古蹟》

瞻岱亭,在學署東北。其地高聳,上有元張起巖碑記。

保真菴,在城南三里刁家屯。菴久廢,斷碑僅存,碑爲金大定八年戊子太湊上人立。舊志載。碑已斷碎,碑首云:"東平府平陰縣翔鸞鄉肥城村保真菴田園記",末刻有提控、都統、副統、萬户、千户、巡檢、判官、敦武校尉、武略將軍、昭信校尉、總領等官名。今此碑尚在村西。

雲溪觀,在城東十八里。俗名三教寺,四山環抱,門臨沙河,左右古木叢雜,亦一勝境也。有元大德五年羽士魏道明創修碑。

洞靈觀,在城西三十里陶山東北麓。廟額石刻爲隋王通題。

媧皇廟,在陶山東,小泰山北。有明崇禎元年楚北閔文衡真草隸篆四詩石刻,款題玉皇香案散吏。嘉慶年舊志僅録二首,又誤作王子溪。閔文衡詩:媧皇煉石補天處,石破山空名洞天。我欲劈開三十六,不知何地隱真仙。　東山有石祖龍鞭,八駿奔山自遠天。山石無心亦榮辱,白雲封處祀金仙。　獨乘款段策長鞭,來弄陶朱洞裏天。一樹梅魂招不得,欲將此地訪神仙。　馬式銅聲已罷鞭,巖巖一石獨攢天。神芝夜燭幽岩上,誰識龍津調劍仙。

護國永甯宫，陶山東麓。有康熙三十五年劉文質撰碑云：前明萬曆年間，有羽士周姓者，爲後宫宗人，賜真人之封，敕建此宫，額曰“護國永甯”。前殿三楹，以奉關帝聖像，後殿如前，乃萬曆皇帝金容。左爲五福觀，右有報恩宫，十二重樓，同時鼎新。歲六月六日建醮設會，士女雲集。

五福觀，見前。《岱覽》云：小泰山南下有五福觀，觀内古柏二株，大數抱，供洪範五福像。内外古柏四株，小橋流水，致爲清邃。

報恩宫，見前。《岱覽》云：關帝廟南爲報恩宫，奉元君，宫内古柏皆數百年物，門前溪澗縈迴。南有亭，亭左有泉，甚清冽。宫西石壑廣數丈，瀑布飛瀉，東崦之水於此南下。

石廟，小泰山頂。《岱覽》云：陶山東崦鳳味峯，迤南爲報恩巖，巖東南爲小日觀。又南爲小泰山，岑崿絶類。岱頂上有石廟，祠元君，歲六月六日，遠近村民祈賽於此。

天和觀，陶山下澗北莊西。有元至元十三年碑，又有明弘治、嘉靖、崇禎年各碑，今呼爲三官堂。

重修天和觀碑記　唐鑑

道光八年冬十有一月，重修天和觀成，鄉人請記於余。余惟觀奉祖師而名曰天和，得非莊子所謂“和之以天倪”者乎？觀重建於元至元二十三年，其後復屢修，皆有碑紀其事。所以爲澗北之靈祐者，由來舊矣。澗北莊當鴟夷山南，水從山之兩崦奔流而下，曲折繞出莊前，聚居二三百户，茅舍棗籬，炊烟相接，蓋一大村落也。余竊喜其人安耕牧，涫樸風成，無澆漓浮薄之氣，倘所謂各全其天，無滑其和者，非耶？祖師知道德者也。鑒吾鄉人之誠，眷吾鄉人之勤且儉也，其必使物不疵癘而年穀熟，熙熙然皆登於康樂和親也。因謹記之於石。

吕祖團瓢，在陶山東麓。明天啟年間，有羽士曲全善（東光人）來此，感夢慕化，鳩工創建團瓢，供奉吕祖，工未竟仙去。其徒高真立、趙沖瀛等繼其志，工成塑吕祖像於其上，而以全善旁列焉。有崇禎七年參之右三才撰碑，澹然子古超凡書。今其村即以團瓢名，水明山秀，亦一勝境也。

牛馬王廟，在城西南四十里老僧臺。山路崎嶇，兩旁各建一廟，俗名雙廟。明嘉靖十一年孟、王二姓建碑記嵌石壁間。

太素觀，在城南五十里西六房莊。有元至元二十一年杜成寬撰碑，款稱門人崇道廣演大師休菴道人前進士杜成寬。

三清觀，在城南四十五里辛家莊。元至元三年，道士潘道源募，張都監捨地創修，有碑。款稱宣差嚴四萬户門下士宋人方從龍撰記，宣差前東平路行軍萬户嚴相公門下柳廷輔書丹。碑後又書太師、國王、夫人、徒胷善成。又一行書宣差東平路達魯花赤管民官昆，偕弟永吉、女阿魯土。又一行書大朝至元三年歲次丙寅五月吉日，秃辛，曰咬女。又一行書宣差東平路達魯花赤功德主，塔塔女官人娘子名里帖立石，蓋至元三年、宋度宗之咸湻二年也。

佑德觀，在城西北八十里黿窩土寺。元元真元年王德善肇建，有大德十一年碑。

南極庵，在城東北十五里。俗名壽星菴，明道士李教□建，李邦珍記。

全道觀，在城東北十五里山嶺上。

櫻桃峪，在城西北三里金牛山東北麓。有玉皇廟、王母殿，前明邑人李邦弼創修。櫻桃峪爲牛山勝境，峯不高而秀，水不深而清，古柏數百株，植於懸崖峭壁，蟠根石上，其下泉流汩汩，曲折迴環。又有椑柿干雲，藤蘿蔽日。初至山麓，不見有廟，一羊腸小道，沿溪而入，及見紅牆，則已至焉。前殿祀玉帝，左右爲金星殿、三星閣，東偏爲客舍，爲書堂。又東爲王母殿，殿前有池，名曰瑶池。廟内有柏二株，皆大十圍，高數十丈，雜蒔花竹。李氏子孫世守而時修之，延羽士奉香火焉。歲三月三日，遊人畢集，咸以爲赴蟠桃會云。殿前有嘉慶年間縣令黄洙碑記。

二郎神祠，一在城西二十里大封社。有明成化間知縣林廷鏞撰碑，碑稱神姓趙名昱，隋人，爲青城太守，斬蛟除民患。唐太宗賜謚神勇，建祠灌江口。宋真宗加封昭惠靈顯王，與史傳不合。舊志及碑"郎"作"浪"，尤誤。乾隆年間重修神祠，尹統作記，頗寓諷論之意。一在城西南二十里新鎮，僅有明正德十一年碑在焉。

重修二郎神祠碑記　恩貢尹統

唐狄人傑爲河南巡撫大使，奏毁吴楚淫祠一千七百餘所，識明而胆决，後人韙之。降是唐元宗、宋真宗諸君，惑於異教，崇信鬼神，若世俗所謂閻羅、鬼伯、諸佛、菩薩之屬，隨時增修祠宇、宫觀，幾遍布於名山勝地、鄉城市井之間。豈特如吴楚之廣，始僅僅有此一千七百餘所也哉！此其爲世道人心，害有甚於洪水猛獸之災，恨不遇狄梁公其人者，盡爲毁廢而壇空之，以快人意。而世之鄙儒，反孜孜記文刻石，頌無謂之神德於不衰。嘻！助海若而鼓狂瀾，其亦不仁甚也。然竊博觀記傳，見夫古來鬼神之祀夥矣，言鬼神之祀者亦衆矣。不特修熙重該，傳著其文，水庸貓虎，禮垂其典，即狄梁公所毁淫祠外，猶留大禹、吴太伯、季札、伍員四祠，而不盡毁焉。太伯、季子身曾治吴，祀之宜也；如大禹之祀，豈不以其治水之功，遠在千古，望三江五湖之津，慨然思明德之猶存；祀伍員者，豈不以胥門波潮，上下永不爲災，而子胥之靈爽，固有不可没没者哉！《禮》云：有功德於民則祀之，能禦大災則祀之，能捍大患則祀之。然則鬼神其亦有未可盡廢者耶？吾邑二郎神祠在大封之鄉，由來舊矣。其始神以斬蛟冷源，著名於隋之嘉州，後又顯靈於嘉陵江上，二方人遂相與祀之，以爲"水神"。夫物之怪，惟水中最奇，水之怪，惟蛟、龍難近，而神顧仗劍投波，毅然斬之，而不爲異之人也，之神也。其諸澹臺子羽、周處將軍之流亞，與鄉之中，其始必以水患，蒙神力而獲福惠焉，乃廟而祀之，飲水不忘源，禮也。祠久敗壞，今年春，鄉人撤其舊而新之。工訖，欲記其修造歲時、捐修姓字，與夫攻金之工、攻木之工、攻石之工、陶甓滲漉畫繢之工，物若干、役若干也。又欲記夫有霤之門、有曲之廊、有翼之堂，與夫庖厨、齋房、繚垣之屬，丈若干，尺若干也。來致予言，刻諸石以告來茲。予嘉其有合於禦災、捍患之義，而非如世俗之所謂淫祠也，遂諾之而書予意以告之如此。至於神之姓名、出處，與夫歷代爵封，閩海林公前記詳矣，兹不復道。時乾隆四十三年夏四月初旬也，造予而請者，督其事之李子萼，堂名曰基煒者也。

藥王廟，在城西三十五里興隆莊。歲四月十五日賽會，士女雲集焉。

東嶽廟、天齊廟、炳靈王廟，或稱廟，或稱祠，或稱行宫，皆祀東嶽仁聖帝者也。境内大小各村所在多有，兹特著其廟宇宏敞，有古蹟可考者。一在城西五里，舊志載於祠祀。一在城東十里沙溝，明天順六年建，有碑。一在城東二十里石屋，明萬歷六年邑人李邦珍撰重修碑，有宏治四年石香爐座記。一在城西南七里儀仙莊，有宏治十年邑人張文質撰碑。一在城南二十五里義陽莊，有元至元二十年石香爐座題記，明成化十二年碑。碑文云：至元間舊有東嶽廟，正統間岳景元重修，成化丙申尼僧道明又募化重修焉。又有宏治八年張文質撰重修碑，鴻臚寺序班杜顯書。又有正德十年石柱重修題名碑二。一在城西南三十里颜村，有成化三年、嘉靖十六年重修碑。一在城西南三十里東禮村，東有宋大觀元年傅賛石香爐座記，元至元壬辰教諭晉顯忠、萬曆二十年金溪江萬頓撰碑。一在城西四十五里湖屯，有宋崇甯石香爐座記，明嘉靖三十一年碑。一在城西南四十五里固留社塔子山上，元大德丁未落成，至大元年立石，李之紹撰文，李貞篆額。一在城西三十里張家店，嘉靖二十四年重修碑，市居習撰文，徐邦臣書；萬曆二年重修碑，李邦珍撰，孟養性書。一在城南五十里西六房莊，有宋至和嘉祐、元大德年各碑。一在城西六十五里石横，創於元至治元年，有明正德十年重修碑。

泰山行宫、泰山聖母廟、碧霞宫、元君廟，以上各名皆祀碧霞元君者也，境内大小各村所在多有，著其有古蹟可考者。一在北門外，前明邑人王庭、王蔭重建，四月十八賽會，商賈雲集，進香者不絶於途。一在東關。一在小泰山頂，見前石廟注。一在湖屯，有明嘉靖三十一年石香爐座記。一在石横，明泰昌元年建。一在張家店，隆慶五年修，有王應璧、朱應聘同撰，朱衣書碑。

玉皇廟，所在多有，最著者城東七里塔山玉皇廟，見山川。城西三里櫻桃峪玉皇廟，見前。城西南三十里鳳凰山頂玉皇閣，順治四年張養謙記明季避難事，有碑。道光八年孫萬欽、王顯謨重修玉皇閣，并創建書院，碑文平陰張詮撰，李德成、張淑仁同書碑。石屋北山玉皇廟，萬曆年間邑人李邦俊創建。大石舖玉皇閣，國朝孫光祀有碑。其餘録不勝録焉。

肥城大石鋪創建玉帝閣記　孙光祀

夫羣山盤紆之中，無危樓傑閣以聳秀於其際，選勝者弗取焉。故樓名烟雨，閣表滕王，臺號超然，亭標捉月，攷之往蹟，有自來矣。若乃葺理川巖，區畫林岫，刱祠高阜，啓宇崇巒，蘇頲之紀龍興，王勃之銘净寺，鴻工偉搆，勝槩尤多。致夫深山僻谷，閭里編氓，篤志勤修，樂善慕義，因陵就麓，審曲面材，建置神居以增名勝，誠乎衆志，勛著山靈；王公大人樂施不厭，黄童黧叟瞻拜維虔，神道設教，良足稱也。肥邑，舊肥子國。壤接长清，境連省會。城北大石舖，距邑十里許，山亘巘綿，草蓊木鬱，岗㠊環匝，邱壑縱横。其上數武，傍五道嶺，嶺南茆舍數家，僅成村落。莊西南隅爲關夫子祠及大士殿，悉屬舊建，歷有年所。殿東爲南北孔道，車馬如織，乘牛服賈，往來憩息，族人遊士，登眺盤桓。叢磧之餘，斯爲砥矢。莊民崔尚孝者，欲建閣其間，與二廟鼎峙，持疏廣募，願力精専。會方伯施公，德洋恩普，久懋徽猷，臬長余公，弼教明刑，聿新風紀。旌節至止，倡助伊先，士庶咸從，遂襄厥事。閱歲閣成，祀玉帝於其上。磐基跨險，倚嶂憑霄，壯閭里之垣墉，爲城邑之鎖鑰。巍峩竦峙，下鎮偏隅；虚敞峥嶸，上干躔象。簷翬棟焕，通輻輳之周行；鶴翥鸞翔，疏車書之達道。裁成圭表，峻雉堞之防維；啓閉陰陽，瞰原隰之風雨。登斯閣也，東瞻泰岱杳冥日觀之峯，西接陶牛逶迤仙人之洞。馬陵衛北，雄襟带於齊疆；康河匯南，分洪流於魯甸。蒼虬繞拱，抗雲竇而將騫；彩鳳蟠甍，拂霞濤而欲起。爐烟微動，隱徹青冥；鼎氣常浮，遂騰碧落。晴窗啣靄，攬澄霽之朝暉；曲檻迴嵐，增蒼茫之夕景。時而憑軒遐聽，傳伐木鳴鳥之聲；亦或坐嘯興懷，寄白露蒼葭之想。丹崖返照，蔭絶磴之参差；绿樹藏陰，引長虹之高下。雖無瓊題瑶砌，用餙美於穹窿，然非梵刹禪宫，祇託緣於香火。天無不覆，仰帝座之清虚；民可使由，淑人心於敬畏。萬天宗主，威儀凛法象之尊；三界真元，化育居變蕃之始。過而作肅，智愚咸戴乎於昭；退而繹思，媟慢潛消於有赫。於此嚴鈴柝之警，則户將可封；於此講仁讓之風，則俗能成聚。斯興建之所以爲善，而落成之所以可紀也。若尚孝者，固足並傳也與！

觀音堂，一在城北門内，明萬曆年間建。一在城西南隅城隍廟南，明萬曆年間薛文焕建。一在東湖屯高廟子，明嘉靖九年、崇禎四年重修，有碑。一在東禮村，天啓七年生員張雲翼重修，崇禎八年生員張養謙續修，俱有碑。一在西禮村，明隆慶二年馮嘉音、姜大成重修，有碑。一在城西南五十五里中高余村，明宏治十一年重修，有碑，袁汝弼撰，任璘書。一在城南二十五里義陽下莊，明成化七年創修，宏治八年重修，有趙文舉撰碑。一在安甯社長龍山北水盤嶺，明正德三年重修。一在城西北六十里。〇舊志作觀音寺。一在石横，嘉靖元年知縣劉瓚立碑。

真武廟，或作玄帝廟，或作北極廟，皆祀佑聖真君，廟不勝書，書其著者。一在武定門城上。一在西禮村，有明隆慶五年、崇禎三年重修各碑。一在東湖屯，明萬曆十年建。一在城西三十里陶山東安門圈，明萬曆三十年重修，有平陰王子溪撰書碑。

石屋三聖堂，在城東二十里石屋。有元大德三年題名碑，大德五年石香爐座記。

三官廟，在城内西南隅。明萬曆年建，廟廢，僅存石額。一在東禮社楊家莊，嘉靖九年建。

屯頭龍王廟，在城西南四十里。明正德十四年重修，有碑。

龍頭寺，在城西南二十七里楊家莊北。有萬曆三十七年吕化齊碑。

昇仙臺，在城西北四十五里大峯山簸箕掌，古雲峯菴東。雲峯庵久廢，臺猶存。其地有泉自石壁間出，其聲泠泠然，似銅壺滴漏。古木千章，境殊幽勝。明天啓年間有羽士蘇守智於此搆廟，邑庠生王世法爲之撰碑焉。

風雨竹石刻，舊在龍莊關帝廟，今移文廟大成殿後壁。舊傳關公從袁紹軍，訪尋昭烈蹤迹至此所作。

隋

洞靈觀三大字石刻，在陶山東北麓。○王通書。

唐

貞觀元年石鼎題字，在城西南五十里龍莊關帝廟，俗呼爲烏磁鼎者是也。

宋

至和二年造炳靈公行宫記石刻，在西六房莊炳靈王祠。

嘉祐二年炳靈公廟施主姓名記，在西六房莊炳靈王祠。

元祐七年壬申石香爐座題字，在塔山玉皇廟。

元符二年武帝祠石柱題字，在幽棲寺。

崇甯三年塔山靈迹碑，在塔山玉皇廟，汶陽董淪記，東平王稷書，歷山譚焕篆額。

香爐座題名，在城西南四十里湖屯，馮時可書。

大觀元年炳靈王廟石香爐座記，在城西南東禮村東，傅賓記。

宣和二年塔山石柱題名，在塔山玉皇廟。

元

至元三年三清觀碑,在城南五十里西六房莊,方從龍撰,柳廷輔書。

至元二十年東嶽廟石香爐座題記,在城南二十五里義陽莊,周潤記。

至元二十一年全道觀碑,在城東北十五里山嶺上,楊志運撰,知观劉道源立。

至元二十一年太素觀碑,在城南五十里西六房莊,杜成寬撰,知觀孫德定立石。

至元二十九年重修炳靈廟碑,在東禮村東,晉顯忠撰,彭彧書。

大德三年重修三聖堂題名記,在石屋莊雲溪觀,劉知觀等立石。

大德四年重修炳靈王祠碑,在西六房莊,葛世榮撰書。

大德五年雲溪觀碑,在城東南十八里雲溪觀,道士魏道明撰。

大德五年三聖堂石香爐座記,在石屋莊。

大德十一年佑德觀碑,在佑德觀,李謙撰,李進道書。肥城縣達魯花赤阿剌台、肥城縣尹萬愻、肥城主簿高徽、肥城尉李全立。

至大元年固留鎮重修神廟碑,在固留社塔子山上,李之紹撰,李貞篆額。

武安王廟碑,在城西北九十里傅家岸。

明

宏治六年重修天和觀碑,在澗北莊,崔珪撰并書。

宏治八年重修東嶽廟碑,在義陽莊,張文質撰,杜顯書。

宏治十年重修天齊廟碑,在城西七里儀仙莊,張文質撰書。

正德十六年新修城隍廟碑,縣令杜世瑞撰,于潭書。

嘉靖三十五年重修城隍廟碑,尹庭撰,李邦珍書。

嘉靖四十二年重修過化廟碑,在西六房莊,知縣萬鵬程撰書。

天啓三年王維精書虞世南關夫子風雨竹讚,在龍莊,舊志誤入唐,又誤爲虞世南書,烏磁鼎讚,今審爲王維精書,改入明。讚曰:利不動,色不悦,威不屈,害不折,忠耿耿,義烈烈,偉丈夫,真豪傑,綱常備,古今絶。

崇禎六年贈雲侶子修真陶山歌并序,在陶山蝙蝠洞,盧錫惠書。

崇禎七年創修吕祖團瓢記,在團瓢村,參之右三才撰,澹然子古超凡書。

清光緒《肥城縣志》卷三《建置》

道會司,在城隍廟。

清光緒《肥城縣志》卷四《禮儀·祝釐》

元旦及冬至與萬壽聖節,皆以縣署西北大關帝廟爲公所,恭設龍亭,各官恭詣慶祝。儀注詳元旦。

元旦於大關帝廟恭設龍亭，恭奉皇帝萬歲牌於亭南向，設香案於亭之南，其日五鼓，設燎於庭，懸燈於門廡。知縣及在城文武各官，皆朝服畢集，文東武西，立位東西，面北上拜位北面，東班西上，西班東上，齊班前立，行三跪九叩。禮畢，坐班各退。

文昌祠，每歲仲春三日、仲秋吉日致祭。祭品：牛一、羊一、豕一、果品五、簠簋各一、籩豆各四。祭儀：前一日，承祭官補服詣正殿前揖，赴省牲所揖省牲，復詣殿前揖。祭日五鼓，承祭官朝服詣盥洗所盥洗，詣殿前就位，分獻助祭各就位迎神，行三跪九叩禮，興。行初獻禮，承祭官捧帛，詣神位前跪，獻帛，獻爵，叩首，興。詣讀祝位，讀畢，叩首，興，復位。行亞獻、三獻禮，除獻帛、讀祝外，餘儀同前。獻畢，飲福受胙，叩首，興，復位。徹饌送神，仍行三跪九叩首禮，興，捧帛詣燎，復位，禮畢。

關帝廟，每歲春秋仲月、五月十三日三次致祭。城内關帝廟凡五：一在縣署西北，一在縣署前，一在文安門上，一在縣署照壁西街，一在縣署西十字街東。惟縣署西北者，俗呼大關帝廟，廟莫知其始。明萬曆十一年，邑人李邦珍重修，有重修碑，李邦珍撰。又有天啓七年重修碑，胡會賓撰。國朝廟圮，監當錢商人等出資重修。因爲公所，俗呼會館。大殿三楹，前建抱廈，南爲戲樓，樓下為大門，左右爲東西角門。街南建照壁一座，嵌石摹“忠精貫日月，義氣滿乾坤”對聯。後殿三楹，祀光昭公、裕昌公、成忠公，東西廂各三楹，規模宏敞，有司即以此爲祭告之所。光緒九年，南人等又於廟後隙地建東廳三楹，向西别建大門，命名陰會館。其東菜圃改爲客商義園。議立條規，停柩以三月爲率，浮厝以一年爲率，雖係廟後，實與廟爲二焉。四鄉關帝廟所在多有，最著者為縣城西南四十五里龍莊關帝廟，有萬曆十八年重修碑，又有風雨竹石刻，唐虞世南作贊，明縣令王惟精書之。又有惟精“超羣絶倫”四大字，惟風雨竹石刻今移置文廟大成殿後牆。又縣東南二十里石屋莊關帝廟，明萬曆間李邦珍重修，“忠精貫日月”對聯以及“龍莊關帝廟”諸石刻，各摹刻一石嵌壁上，亦大觀也。此外，舊志載，縣西北七十里傅家岸有元王載撰武安王廟碑，衡魚社湖屯莊有萬曆十八年重修義勇協天大帝廟碑。

蓋關帝廟之在各社者，書不勝書，而祀典所關，惟縣署西北之大關帝廟焉。正殿陳設：制帛一、白色，鉶二，簠二，簋二，籩豆各十，酒罇一，爵三。祭品：牛一、羊一、豕一，餘與文廟大略相同。夏祭制帛牲醴。祭儀：三獻各禮一如文廟儀，無配獻樂舞，後殿以公爵禮，不用太牢，餘悉同，與正殿同日祭。學官承祭儀，同祀文昌先代之儀。正殿祝文：惟帝，浩氣凌霄，丹心貫日。扶正統而彰信義，威震九州；完大節以篤忠貞，名高三國。神明如在，過祠宇於寰區；靈應丕昭，薦馨香於歷代。屢徵勳跡，顯佑羣生。恭值某日嘉辰，遵行祀典，筵陳籩豆，几奠牲醪，尚饗。後殿祝文：惟公，世澤貽庥，靈源積慶。德能昌後，篤生神武之英；善則歸親，宜享尊崇之報。列上公之封爵，錫命優隆；合三世以肇禋，典章明備。恭逢諏吉，祇事薦馨，尚饗。

封號考：關廟，本名漢前將軍壽亭侯廟，元天曆初封“顯靈威勇武安英濟王”，明萬曆間賜額曰“英烈廟”，國朝順治九年敕封“忠義神武關聖大帝”，每歲五月十三日致祭。雍正三年詔令天下郡縣祀關帝以太牢，又追崇三代。乾隆三十三年加封“靈佑”，嘉慶十九年加封“仁勇”，道光八年加封“威顯”。

城隍廟，在縣署西北。正殿五楹，寢宫三楹，東廊七楹，西廊七楹。前爲戟門，門前有戲樓，向南三門，藥王廟、魯般廟、竈君廟、眼光痘神廟皆在廟前後。明宏治七年重修碑，王泰撰，張守和書。明正德十六年重修碑，縣令林世瑞撰，于譚書。明正德十六年新建眼光、增福二祠碑，在廟西廡，祇存上截。

明嘉靖三十五年重修碑　尹庭撰　李邦珍書

廟何以也？祀城與隍也。城隍何以祠也？崇報功之典也。報功何在也？保障防衛，禦災捍患，功在生民，載在祀典，其《周官》所謂“有功於民則祀之”者與？肖像貌者，非古也。有所瞻仰而敬畏之心生，是以明民者之所不廢。故有情屬曖昧者，百辨而不解，一至神前而不欺；事關隱伏者，累官刑而不輸，一禱廟而遂明；有司禱雨、捕寇之類，無不嚮應，其赫靈昭應，前記之者詳矣。廟在縣治之西北，創建於元，明太祖誕膺寶位，特崇是祀。宏治甲寅，沔池張侯守和嘗修葺之。迄今歲月滋久，棟宇傾圮，規制弗備。嘉靖丙辰，高陵王侯以明進士來令兹邑，召集鄉耆質愿者，謀貲重修，得封君李公第暨良民張仲德總領其綱。先是仲德與黄世用等約會積財，鄉耆吕富等輔之，與會人協心董治，相與勸募。由是，邑之薦紳耆老善良輩，樂施貲財，輸送争先。固人之向義，而神之威靈感召，豈淺淺哉？於是鳩財、陶甓、程物、僝工，新建殿厦五楹、香亭一座、假山三峯、望石二柱，又建二司門獅二座，整飭正寢二殿，眼增二宇左右兩廊，廣瘕一祠，角門、甬道之類，皆補葺焕然。又以門外車馬之行直突神祠，虞其褻也。遂於門外建屏壁一座，雷聲施已業，通神道一區，又建鼓樓一楹。工興於嘉靖丙辰正月之吉，落成於是歲季秋之末。垣墉崇麗，儀像烜赫，黝堊丹青，繪藻合度，内外規模，秩然改觀，以妥神靈而展特祀矣。李封君等鑿他山之石，請予記焉。余聞古人先成人道，而後致力於神。孔子曰：“未能事人，焉能事鬼？”若夫人者，皆修孝友、尚德義，而敦人道者，其以事鬼神宜也。使或不孝不友、無禮無仁，壞義禮之防，墮奸邪之刑，而欲媚神徼福，神必不與也。雖牲帛之日陳，徒貽神羞耳。自今伊始，陟降庭止，凛然生畏，遷善敏德，修己敦倫，而香楮之奉，神明必享之矣。神其默佑吾人，使聿修厥德，保障吾人，使永享平康，則是廟之修將與國祚同其靈長，而億萬年隆崇奉之禋矣。

明萬曆二年重修碑，李邦珍撰，趙同言書。明天啓七年重修碑。明崇禎三年重修碑，陳贊化撰。按：廟碑林立，蓋時有修葺，皆立一碑，僅列明碑，以後皆不載。按：唐令天下通祀城隍，各立廟。明洪武初頒賜封爵，縣為顯佑伯，七年仍改稱城隍之神，知縣涖任及每月朔望行香，春秋祭祀，詳各壇。

龍神廟，在縣署後。三楹，乾隆三十三年知縣李品鎬創修。

創修龍王廟記　李品鎬撰書　貢生趙文龍督工

凡物有其名則必有其形，有其形則人皆得而見之，故皆得而知之。韓昌黎云："角者，吾知其爲牛；鬣者，吾知其爲馬；至於麟，不可知。"夫麟且不可知，而矧其首尾難窺，端倪莫測，迥出乎凡。鱗，品介之上而所謂龍者，又孰從而見之？孰從而知之？《周易》首"乾"取象於龍，乃曰"雲行雨施，品物流行"，又曰"雲從龍"，是知油然沛然之興作也。始而膚寸，繼而瀰漫，微而霡霂，大而滂沱，皆龍之鼓鬣奮爪、躍淵飛天、取攜而浥注之者，人固不可得而知也。夫不可知之謂神，然則龍其神乎？乾隆三十二年六月之間，雨澤愆期，禾苗欲槁，百姓有雲霓之望，閭閻深卒歲之憂。則呼籲祈禱，固莅斯土者之責也。肥邑舊無龍神廟，乃假城隍廟於六月初六日設壇展拜，秉信申虔，爰有若獲甘霖，當崇廟貌之祝。越明日大雨，禾黍勃興，民情慰藉，夫固龍神之靈爽也。大凡有所與則生感，有所受則思報，壺飧之惠，且有不敢忘者，而况膏潤澤施郊圻、普遍霖雨蒼生之大功哉！《禮》：有功社稷則祀之，有惠生民則祀之。龍神者，朝廷隆褒封之號，春秋備祭享之儀，耑祠薦牲，列於祀典。肥雖褊小，典禮何可廢也？於是，相地卜基，庀材鳩工，將擇期興築。以太歲在亥，而廟基適當其處，惑於陰陽之説，不果。今夏，天道亢旱，膏雨不能時若，雖復有事於祈禱，乃設位於學宫之敬一亭，虔惕悚惶，朝夕弗斁。祈自初一日，歷初三、初五等日，皆略爲澤施，以昭感應。至初七日，甘雨如澍，四野霑足。斯時也，耕耔者青葱在望，播種者甲坼盈疇，易歉歲而爲豐年。則龍神之有求必應，加惠無已者，又何不可知之有哉？且夫，初念既蒙，不可或昧，人神相接，不可或欺。當此相地已宜，材物已備，儻再因循而姑待之，不惟不能妥神，而且無以備典禮，是滋過也。於是興工於九月朔六日辛卯，落成於十月十七日辛未，爲宇三楹，門牆周匝，雖不能威崇其貌，以彰物彩，而地處爽塏，位居幽閒，亦足以肅觀瞻而生畏敬。若夫宏其規模，美其輪奐，所以光祀典而垂永久，是所望於後之莅斯士者。

祭儀：雍正五年頒像各省設祠，每歲春秋諏吉與神祇壇同日致祭。祭品：羊豕各一，簠簋各二，籩豆各十，制帛一、色黑，尊一，爵一，香燭。承祭官朝服行二跪六叩禮。祝文：惟神澤潤生民，膏流甸服，雨暘時若。夙彰孚應之靈，年穀順成；溥被綏豐之福，念神庥之丕著。惟祀典之宜崇。兹值仲春秋，用申報饗，尚其歆格，鑒此精誠。尚饗。

清光緒《肥城縣志》卷十《雜記》

李邦珍襁褓時，與其兄同患痘，兄以痘殤，邦珍亦殆垂危之際，其保母驚呼有赤面長髯神人執大刀在此痘，遂轉危爲安。後服官歸里，乃倡捐重修關帝廟，以答神佑云。見李邦珍關帝廟碑記。

明道士燕陽秀，邑人，修道於大峰山八十餘年，壽逾百歲，尸解而去，其徒即以坐化之肉身供奉焉。見大峰山碑記。

錦川吴奇，號振川，明末隱於陶山之蝙蝠洞，自號雲侶子。一日，見有異物伏洞門下，長丈餘，斗粗，元色如鐵，鈴眼箭鬚，形狀怪異。奇揖之，祝曰："得無試我乎？不懼也。"其物即摇首掉尾而去，渺不知其所之。見蝙蝠洞雲侶子修真碑記。

清光緒《肥城縣鄉土志》

（清）李傳熙、（清）鍾樹森纂修《肥城縣鄉土志》，清光緒三十四年（1908）刊本。

清光緒《肥城縣鄉土志》卷七《古蹟》

雲溪觀，在城東南八十里石塢莊東北。俗名三教寺，四山環抱，門臨沙河，左右古木叢雜，亦勝境也。有元大德五年創修碑。

洞靈觀，在城西三十里陶山東北麓。奇峯屏列，雜樹鬱蔥。廟額石刻爲隋王通題。

護國永甯宫，在陶山東麓。康熙間劉文質撰碑云：明萬曆間有羽士周姓，為後宫宗人，賜封真人，敕建此宫，額曰"護國永甯"，奉關帝及萬曆金容。左爲五福觀，右爲報恩宫、十二重樓。六月六日建醮賽會，士女雲集。

五福觀，殿内古柏二株，大數抱。供洪範五福像。觀外小橋流水，致爲清邃。

報恩宫，門前溪澗縈廻，南有亭，亭左有泉，甚清洌。宫西壑廣數丈，瀑布飛瀉，東崦之水於此南下。

吕祖團瓢，在陶山東麓。明天啓間，有羽士曲全善（東光人）來此，感夢募化，鳩工創建團瓢，供奉吕祖，工成仙去。今成村落，即命名團瓢，水秀山明，亦一勝境也。

保真庵，在城南三里刁家屯。庵久廢，有金大定間殘碑，碑首云"東平府東平縣鸞翔鄉肥城村保真庵田園記"。今此碑尚在村外。

昇仙臺，在城西北四十五里大峯山簸箕掌，古雲峯庵東。庵久廢，臺猶存，其地有泉自石壁間出，其聲泠泠然，似銅壺滴漏。古木千章，境殊幽勝。

清光緒《肥城縣鄉土志》卷七《金石》

漢風雨竹石刻，舊在龍莊關帝廟，今移文廟大成殿後壁。舊傳關公從袁紹軍訪尋昭烈，至此所作。

隋洞靈觀三大字，在洞靈觀，王通書。

宋崇寧三年塔山靈迹碑，在塔山玉皇廟，汶陽董淪記，東平王稷書，歷山譚煥篆額。

明嘉靖三十五年重修城隍廟碑,尹庭撰,李邦珍書。

明天啓三年王惟精書虞世南關夫子風雨竹讚,在龍莊,又有烏磁鼎讚。

明崇禎三年奎星閣紀勝詩石刻,在文廟奎星樓,宋光蘭撰并書。

清光緒《肥城縣鄉土志》卷七《祠庙》

龍神廟,在縣署後。乾隆間創修,知縣李品鎬撰書碑記。

八蜡廟,舊在塔山上,明嘉靖二十二年,知縣蘇廷舉改建於城東,僉事袁士奇撰碑。碑在東關外泰山行宫,今移西南郭外。

媧皇廟,在陶山東,小泰山北。有崇禎元年楚北閔之衡真草隸篆詩石刻。

石廟,在小泰山。供碧霞元君,六月六日遠近村民祈賽於此。

天齊廟,在城西八里北儀仙。有宏治十年張文質撰碑,歲三月二十八日賽會,商賈雲集。

泰山行宫,俗曰娘娘廟,所在多有。最著爲北門外,明邑人王庭建,四月八日賽會,商賈雲集,進香者不絶於途。

玉皇廟,所在多有。最著爲城西南三十里鳳凰山頂玉皇閣,順治四年張養謙記明季避亂事,有碑。

藥王廟,在城西三十五里興隆莊。四月十五日賽會,士女雲集,有數百里外來進香者。

二郎神祠,在城西二十里大封莊。有明成化間知縣林建鏞撰碑,又有乾隆間尹統重修碑記,頗寓譏諷之意。

清光緒《肥城縣鄉土志》卷七《山》

金牛山,在城西北,距城三里至十里、二十里許不等,宋真宗臨幸賜名"鬱葱山"。疊嶂參差,翠如點黛,林壑之美,自昔稱最。山之中峪,距城八里。初入山,有文昌閣,不一里,突起一岡爲印山。沿溪北行爲資聖院,院西爲金峯書屋,屋後爲金牛洞,洞西高亢處爲同川書院。又西爲龍沼,東北爲落石泉,下瀉爲河。西北爲獐猴崖,上有老鷹石,西嶺最高處爲木閣砦,頗據形勝,相傳爲黄巢負隅處,然不可攷。砦西有石曰"迎仙石"。西南麓爲大紅澗、小紅澗,土石皆赤。大紅澗北曰砦山,南爲老僧峯,西爲紅山頭,與陶山東崦之小泰山相連,此山之陽也。山陰爲書堂峪,與長清接壤,而山之東麓爲山神廟,入東北為櫻桃峪。乃全山之大概焉。

陶山,在城西三十里。一名鴟夷山,高五里有奇。負陰抱陽,方稜四削,有東西二崦,左右環列如屏障。山上有洞,相傳爲七十二洞,多深窈不可窮。洵爲一邑勝境。

塔山,在城東南七里彈子山西南。上有玉皇廟,中有石塔,名白浮圖,建自唐時,禱雨輒應。

石屋山,在城東南二十里。山頂有石屋,故名。迤東有石屋洞,洞内有泉,冬月不涸。

福山,在城西六十里石横西北,俗名石廟山。山腰立石大書“飛來”二字,石壁題“七佛傳燈”四字,上有春秋閣、奎星樓。

大峯山,在城西北四十五里。峭壁崚嶒,鬱然深秀。南爲簸箕掌,東有斑璣洞,北爲金蟾洞,西爲天麻峪,上有昇仙臺。又有石魚石鼓,形狀奇異。亦邑中一勝境也。

山東泰安岱嶽區魯里村《張氏族譜》

清順治三年重修玉皇閣記碑

重修玉皇閣記

九州環多名山，王制崇昭祀典，凡以爲民禦災捍患也。肥子，山城也。郭西南隅三十里許有山焉，巉巖秀聳，古木茂森，輝映陶牛，嵐焕康水，稽其名曰鳳凰山也。絶頂之際有臺焉，封砌拱斗，殿宇壯麗，曰玉皇閣，東魯孔先師曾偕弟冉賢挾書遊其下。邑侯每遇祀期，邀賢士大夫握手攀躋，逍遥忘倦，稱勝地焉。考之石記，其創建也，經始於嘉靖之甲子，其落成也，竣事於隆慶之戊辰，五載營謀，悉皆鄉善士郝君榮、梁士舉等齋心虔築所由成也。久之，漸就傾圮，後於崇禎五年，有鄉耆冉在進，竭誠募化，鄉官張雲翰首先捐貲，翻移四殿，神像重新，倏爾榱桷輪奂，金碧輝煌，燦然改觀矣。次於崇禎十四年頹其東壁，郝楚等募化修葺之。維時，李賊揭竿東下，士女伏避其上，咸保無虞。又次於大清順治三年，秋雨暴作，灘其北垣，郝楚等復率衆輸財鳩工，不逾月而功成焉。時當周賊四起，克城者十之二三，克樓者十之八九。野居露處，老稚啼寒烟之淚；北歸南逃，少壯呼莫依之天。附近士民，挾妻抱子，相與泣祝其上，默禱安全。又蒙縣劄委練長郝嘉賓統鄉兵盤據以彈壓之，以故戰則勝，守則固，卒之堅壁，以保安堵，雖曰人之功哉，實維神之力歟？向謂幽杳誕玄，布化於雨暘寒暑耳，今則呵護生全，有顯用也。維時，山之人皆神之人已，究也鞏固皇圖，奠安萬姓，端必賴之，豈特禦災捍患也哉？略述巔末，敬兹刻珉，以俟後之繼脩云。

順治三年歲次丁亥季春吉旦立石。

邑庠廩生張養謙撰記并書丹。

附録二:肥城未收碑刻目録

1.漫漶摩崖石刻。石刻在山東省泰安市肥城市湖屯鎮小泰山玉皇洞外,摩刻時間不詳。螭首龜趺。高196厘米,螭首高80厘米,龜趺高50厘米,寬108厘米。正文楷書,字徑2.5厘米。題名楷書,字徑2～2.5厘米。刻在山崖上,幅面受損嚴重,文字漫漶。

2.明萬曆元年建修玄帝殿記碑。碑在山東省泰安市肥城市新城街道西尚里村白雲山桃園觀,明萬曆元年(1573)立。石灰石質。圭首。高212厘米,寬上94厘米,下86厘米。正文楷書,字徑2厘米。題名楷書,字徑1～1.5厘米。額題"……記",楷書,字徑5厘米。碑體完整,文字漫漶。

3.清乾隆十四年題名摩崖石刻。石刻在山東省泰安市肥城市儀陽鎮石塢洞山石塢洞外,清乾隆十四年(1749)刻。圭首。高101厘米,寬63厘米。題名楷書,字徑2厘米。幅面完整,文字漫漶。

4.清同治二年漫漶碑。碑在山東省泰安市肥城市安臨站鎮陳家樓村,清同治二年(1863)立。石灰石質。高165厘米,寬64厘米,厚18厘米。碑斷爲兩截,文字嚴重漫漶,除立碑時間外,其他幾乎無一字可讀。

5.重修寶金山廟記碑。碑在山東省泰安市肥城市邊院鎮興隆村寶金山泰山行宫,立碑時間不詳。石灰石質。高166厘米,寬64厘米,厚28厘米。正文行書,字徑5～6厘米。碑由兩塊組成,其中一塊碑體完整,另一塊殘損,僅剩餘一半。

6.李明立等題名殘碑。碑在山東省泰安市肥城市孫伯鎮大石橋村岱陽觀,立碑時間不詳。石灰石質。殘高129厘米,殘寬45厘米,厚16厘米。題名楷書,字徑1厘米。碑僅餘殘片,文字嚴重漫漶。

7.李成仁、張行奇等善信題名殘碑。碑在山東省泰安市肥城市孫伯鎮大石橋村岱陽觀,立碑時間不詳。石灰石質。高235厘米,殘寬46厘米,厚12.5厘米。題名楷書。字徑1厘米。碑僅餘殘片。文字嚴重漫漶。

8.乾坤洞碑。碑在山東省泰安市肥城市安臨站鎮鳳凰山,立碑時間不詳。石灰石質。高33厘米,寬55厘米,厚11厘米。正文楷書,字徑12厘米。額題"乾坤洞",楷書,單行,字徑12厘米。碑體完整,文字清晰。

9.殘碑。碑在山東省泰安市肥城市孫伯鎮雲蒙山白衣庵,立碑時間不詳。石灰石質。殘高22厘米,殘寬46厘米。正文楷書,字徑3厘米。碑僅餘殘片一塊,而且文字漫漶。

10.殘碑。碑在山東省泰安市肥城市新城街道伊家溝村,立碑時間不詳。石灰石質。殘高96厘米,寬80厘米,厚20厘米。碑僅餘殘片,文字漫漶。

11.題名殘碑。碑在山東省泰安市肥城市王莊鎮玉皇山,立碑時間不詳。正文楷書,字徑2.5厘米。題名楷書,字徑1厘米。碑僅存一部分,文字漫漶。

12.題名殘碑。碑在山東省泰安市肥城市老城街道大石鋪村,立碑時間不詳。石灰石質。高28厘米,寬232厘米,厚27厘米。文字漫漶。

目録索引

唐代

元代

明代

清代

民國

其他

後　記

在香港青松觀的大力支持下,《山東道教碑刻集》目前已出版四卷四册,即《青州、昌樂卷》《臨朐卷》以及《博山卷》上下册。自 2013 年《博山卷》出版以後,《山東道教碑刻集》没有再繼續出版,學界許多朋友非常關心此事,紛紛來信詢問原因,我在此作一下簡要説明。

《山東道教碑刻集》之所以自 2013 年後未繼續出版,原因主要有以下幾個方面:首先,碑刻收集的難度越來越大。《山東道教碑刻集》所收碑刻絶大多數是傳世文獻未曾著録的碑刻,主要來自於田野調查,隨著文物管理制度越來越嚴格,以及人們的文物保護意識越來越强,碑刻收集的難度也越來越大。其次,碑刻收集的花費越來越高。隨著社會的飛速發展,人們的消費水平不斷提高,與十年前相比,收集碑刻的花費幾乎翻了幾倍。按照目前的消費水平,若雇傭兩個人做拓片,每天所需勞務費、食宿費、車油費、材料費等約 2000 元,而每一個縣差不多需要二至三個月時間纔能完成,這顯然是一筆非常龐大的支出。最後,碑刻的整理需要花費大量的時間。碑刻收集起來之後,接下來就需要整理,而整理碑文是一個既繁重而又要求極高的工作。以我的熟練程度來説,每天也只能抄寫五塊左右的碑文,而自碑文抄好到正式出版,差不多還需要校對至少五遍,這無疑是一項非常費力耗時的工作。況且,抄寫碑文並非人人皆可勝任,因爲這是一項要求極高的工作,抄寫者不僅需要具有文字識讀、字體辨認、碑文句讀等基本能力,而且還需要對道教有一定的研究,這也是很少有人願意和能够去做這項工作的原因。除此之外,因爲要應付單位考核,我需要做項目、寫文章以及給本科生和研究生上課,不能全身心地去做這項工作,這也是《山東道教碑刻集》出版緩慢的一個重要原因。2018 年 7 月,我由山東師範大學調至山東大學,經過近兩年的熟悉與調整,目前各項工作已基本穩定,《山東道教碑刻集》的收集、整理與出版工作已再次啓動,接下來即將出版的是《肥城卷》。

《肥城卷》的順利出版是集體辛苦工作和共同努力的結果。首先,要感謝肥城市博物館的王新華館長,他在本書的收集、整理方面出力最多。實際上,早在我打算收集肥城的道教碑刻之前,王館長及其團隊已經開始了這項工作,而且還抄寫了大部分的碑文，我的工作就是在他們前期工作的基礎上來完成的。其次，要感謝泰山學院的周郢教授，正是在他的引見之下，我纔與王新華館長相識，也纔有了後來的一起合作，其引見之功不能忘記。再次，要感謝楊西輝、張友軍、于海元、王彪等朋友幫助收集碑刻，感謝學生魏淑賢、樊盛豔幫助抄寫碑文，感謝學生劉嘉欣幫助處理拓片照片。最後，還要感謝香港青松觀對本書出版的支持，感謝齊魯書社武良成編輯的辛勞與付出，感謝學界各位朋友對《山東道教碑集》收集、整理與出版工作一直以來的關心與支持。謝謝大家！

趙衛東

2020 年 5 月 18 日